사단법인 **한국경비지도사협회 공식교재**

NEW Target
경비업법

- 2차시험 완벽대비 · 100% 적중에 도전
- 신경향 핵심이론+개정법령 단기간 총정리
- 고득점 위한 기출 · 실전예상문제 수록

최경철 · 안황권

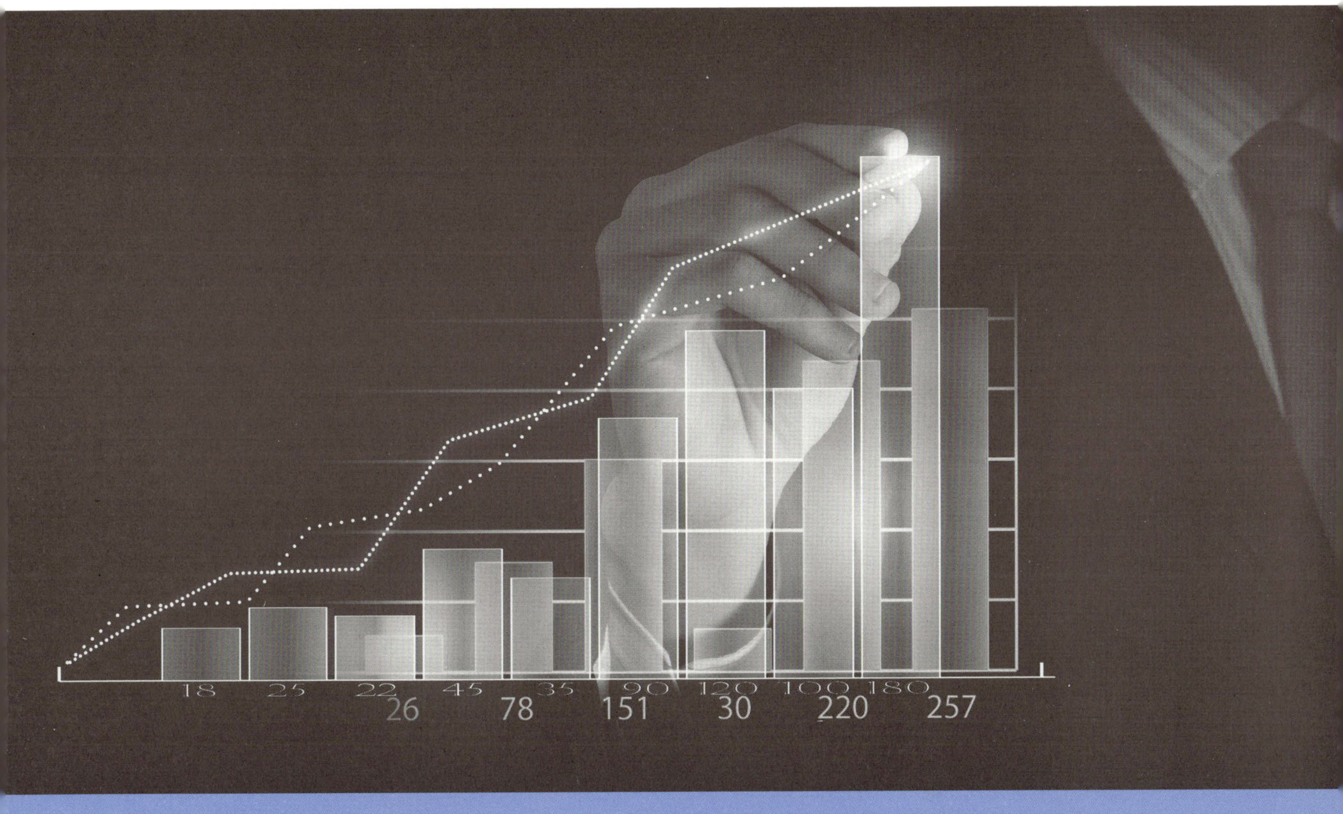

머리말 Preface

민간경비산업의 양적인 성장과 더불어 질적인 발전은 오랜 숙원이고 과제이다. 경비원의 자질 향상을 도모하기 위하여 1995년 경비원을 지도·감독 및 교육을 전담하는 경비지도사제도를 국가자격증으로 신설하여 시행하고 있다.

민간경비 분야에서 경비지도사 자격증은 유일한 국가자격증이다. 이것은 민간경비 분야에 대한 지식이나 기술의 습득 정도를 평가받고 직무수행에 필요한 전문능력을 인정하는 제도이다. 경비지도사 시험의 경쟁률이 높은 것은 능력 중심 사회에서 관련 산업계와 사회에서 경쟁력을 높이고 객관적으로 능력을 인정받을 수 있기 때문이다. 그러나 최근에는 경쟁률은 물론 시험의 난이도도 계속하여 상승하고 있어 시험을 준비하는 수험생들에게 많은 부담이 되고 있다.

오랜 기간 대학 강단에서 학생들에게 경비업법과 민간경비론 등을 강의하면서 학문적인 접근도 중요하지만, 현실적으로 학생들이 경비지도사 시험에 합격할 수 있도록 수험적합성 교재도 필요하다고 생각하였다. 따라서 학생들의 수험 기간을 조금이나마 단축시키는데 보탬이 되고자 교과서와는 별도로 수험서를 집필하게 되었다.

이 책은 경비업법을 보다 쉽게 이해할 수 있도록 그림으로 표현하여 전체 내용을 한눈에 파악할 수 있도록 하였다. 그림으로 전체적인 내용을 파악한 후 그림에 맞추어 구성된 목차와 세부적인 내용을 학습함으로써 연상 작용에 의하여 자연스럽게 이해 및 암기가 가능하도록 서술하였다. 특히, 빈출 내용 및 함정 단어는 별색으로 처리하여 학습 시 강약을 조절할 수 있도록 하였으며, 복잡한 내용은 일목요연하게 도표화하여 정리하였으며, 각종 별표는 효율적으로 암기할 수 있도록 재구성하였다. 한편, 직접적으로 출제되는 내용은 아니나 이해에 도움이 되는 내용은 각주로 처리하여 본문의 가독성을 높였다.

문제편에서는 2004년 이후 공개된 모든 기출문제를 분석하여 출제 이후 개정된 지문은 현행 법령에 맞게 수정하고, 중복되거나 재 출제 가능성이 없는 문제들은 삭제하였다. 그리고 기출문제는 출제 연도를 표시함으로써 출제 빈도 및 출제경향을 파악할 수 있도록 하였으며, 현재까지 출제되지 않은 내용은 예상문제로 수록하여 시험대비에 만전을 기할 수 있도록 하였다. 아울러 해설에서는 함정 단어들을 비교하여 제시함으로 실제 시험장에서 신속하게 정답을 선택할 수 있는 능력을 학습과정에서 체화되도록 구성하였다.

이상과 같이 이 책은 합격으로 가는 길에 놓인 이정표가 되고자 세심한 부분까지 수험생의 입장을 배려하여 구성하였다. 따라서 이 책 한 권만 반복하여 학습한다면 최단기간 내에 고득점을 할 수 있으리라 본다. 아무쪼록 이 책으로 공부하는 모든 수험생들에게 합격의 영광이 함께 하기를 바란다. [출간 후 법령 개정 시 "한국경비지도사협회" 홈페이지 또는 다음(daum) 카페 "경비지도사 학당"에서 추록 참조]

2025년 3월
광교산 연구실에서

Target 경비지도사 자격증 안내

1. 경비지도사란?

(1) 경비지도사 제도의 도입 취지

경비지도사 제도는 1995년 경비업법 제5차 개정 시 도입된 제도이다. 도입 취지는 최근 사회적인 여건변화로 인하여 경비업무 수요증대 및 전문화·고급화에 필요성이 요구되어 있으나 현 실정은 경비원에 대한 현장 및 전문교육이 거의 전무한 상태에서, 경비원들의 경비업무 수행능력 및 기능 등 전문성의 수준이 매우 낮아 사회적 수요에 부응하지 못하고 있는 실정이므로, 소정의 자격을 갖춘 경비지도사로 하여금 경비원의 지도·교육을 전담케 하여 경비원의 자질향상 및 전문성을 제고하기 위한 것이었다.

(2) 경비지도사의 의의

'경비지도사'란 경비원을 지도·감독 및 교육하는 자를 말하며, 일반경비지도사와 기계경비지도사로 구분한다.

일반경비지도사	시설경비업무, 호송경비업무, 신변보호업무, 특수경비업무, 혼잡·교통유도경비업무에 종사하는 경비원을 지도·감독 및 교육하는 경비지도사
기계경비지도사	기계경비업무에 종사하는 경비원을 지도·감독 및 교육하는 경비지도사

(3) 경비지도사의 직무

① 경비원의 지도·감독·교육에 관한 계획의 수립·실시 및 그 기록의 유지
② 경비현장에 배치된 경비원에 대한 순회점검 및 감독
③ 경찰기관 및 소방기관과의 연락방법에 대한 지도
④ 집단민원현장에 배치된 경비원에 대한 지도·감독
⑤ 기계경비업무를 위한 기계장치의 운용·감독(기계경비지도사의 경우만 해당)
⑥ 오경보방지 등을 위한 기기관리의 감독(기계경비지도사의 경우만 해당)

(4) 경비지도사의 진로 및 전망

① 경비업체에서 경비지도사로 역할을 수행할 수 있다.
② 경비업체에서 자격증으로 인하여 상위 직급으로 승진할 기회가 높아진다.
③ 앞으로 경비업에 대한 역할의 증가가 예상되므로 그에 따른 경비지도사의 역할도 증대될 것으로 전망된다.

(5) 경비지도사 자격증 혜택

① 민간경비분야(방호원·청원경찰·보안관 등) 채용심사 시 각종 우대 혜택
② 학점은행제 대학 경찰관련학과 자격증 소지자 20학점 인정

③ 신임경찰관 교육평가시 자격증 소지자 3점 추가 가점 부여
④ 전국 100여개 경찰관련학과 자격증 소지자 각종 혜택 부여
⑤ 공군 부사관 근무 평정시 가점 부여

2. 경비지도사 시험

(1) 관련부처 및 시행기관
   ① 관련부처 : 경찰청
   ② 시행기관 : 한국산업인력공단

(2) 시험시행일정(2025년 제27회)

원서접수기간	면제서류 제출기간	시험시행일	합격자 발표일
2025.09.22. ~ 2025.09.26. 빈자리추가접수기간 2025.10.30. ~ 2025.10.31.	추후공지	2025.11.15.(토) ※ 1, 2차 동시시행	2025.12.31.(수)

※ 위 일정은 '2025년도 국가자격시험 시행일정 및 사전공고'에 의한 안내이므로 최종 시행일정은 자격별 시행계획 공고문을 반드시 확인하시기 바랍니다.

(3) 시험과목 및 방법

시험구분	과목구분	과목명		출제문항	수험자교육	시험시간	시험방법
		일반 경비지도사	기계 경비지도사				
제1차 시험	필수	1. 법학개론 2. 민간경비론		과목당 40문항 (총 80문항)	09:00~ 09:30 (30분)	09:30 ~10:50 (80분)	객관식 4지 택일형
휴식시간 10:50~11:10(20분)							
제2차 시험	필수	1. 경비업법(청원경찰법 포함)		과목당 40문항 (총 80문항)	11:10~ 11:40 (30분)	11:40 ~13:00 (80분)	객관식 4지 택일형
	선택 (택1)	1. 소방학 2. 범죄학 3. 경호학	1. 기계경비개론 2. 기계경비기획 및 설계				

※ 법률 등을 적용하여 정답을 구하여야 하는 문제는 시험 시행일(2025.11.15.) 현재 시행 중인 법률 등을 적용하여 정답을 구하여야 함

Target 경비지도사 자격증 안내

(4) 합격자 결정기준

제1차 시험	• 매 과목 100점을 만점으로 하여 매 과목 40점 이상, 전 과목 평균 60점 이상 득점한 자 • 제1차 시험에 불합격한 자는 제2차 시험에 합격하더라도 이를 무효로 함
제2차 시험	• 선발예정인원의 범위 안에서 전 과목 평균 60점 이상을 득점한 자 중에서 고득점 순으로 결정 • 동점자로 인하여 선발예정인원이 초과되는 때에는 동점자 모두를 합격자로 결정

※ 선발예정인원(2024년 기준) : 900명(일반경비지도사 840명, 기계경비지도사 60명)
→ 최종 선발예정인원은 시험시행일 90일 전까지 공고

(5) 응시자격 및 결격사유

① 응시자격 : 제한 없음

② 결격사유

1. 18세 미만인 사람 또는 피성년후견인
2. 파산선고를 받고 복권되지 아니한 자
3. 금고 이상의 실형의 선고를 받고 그 집행이 종료(집행이 종료된 것으로 보는 경우를 포함한다) 되거나 집행이 면제된 날부터 5년이 지나지 아니한 자
4. 금고 이상의 형의 집행유예선고를 받고 그 유예기간 중에 있는 자
5. 다음 각 목의 어느 하나에 해당하는 죄를 범하여 벌금형을 선고받은 날부터 10년이 지나지 아니하거나 금고 이상의 형을 선고받고 그 집행이 종료된(종료된 것으로 보는 경우를 포함한다) 날 또는 집행이 유예·면제된 날부터 10년이 지나지 아니한 자
   가. 「형법」 제114조의 죄
   나. 「폭력행위 등 처벌에 관한 법률」 제4조의 죄
   다. 「형법」 제297조, 제297조의2, 제298조부터 제301조까지, 제301조의2, 제302조, 제303조, 제305조, 제305조의2의 죄
   라. 「성폭력범죄의 처벌 등에 관한 특례법」 제3조부터 제11조까지 및 제15조(제3조부터 제9조까지의 미수범만 해당한다)의 죄
   마. 「아동·청소년의 성보호에 관한 법률」 제7조 및 제8조의 죄
   바. 다목부터 마목까지의 죄로서 다른 법률에 따라 가중 처벌되는 죄
6. 다음 각 목의 어느 하나에 해당하는 죄를 범하여 벌금형을 선고받은 날부터 5년이 지나지 아니하거나 금고 이상의 형을 선고받고 그 집행이 유예된 날부터 5년이 지나지 아니한 자
   가. 「형법」 제329조부터 제331조까지, 제331조의2 및 제332조부터 제343조까지의 죄
   나. 가목의 죄로서 다른 법률에 따라 가중 처벌되는 죄
7. 제5호 다목부터 바목까지의 어느 하나에 해당하는 죄를 범하여 치료감호를 선고받고 그 집행이 종료된 날 또는 집행이 면제된 날부터 10년이 지나지 아니한 자 또는 제6호 각 목의 어느 하나에 해당하는 죄를 범하여 치료감호를 선고받고 그 집행이 면제된 날부터 5년이 지나지 아니한 자
8. 이 법이나 이 법에 따른 명령을 위반하여 벌금형을 선고받은 날부터 5년이 지나지 아니하거나 금고 이상의 형을 선고받고 그 집행이 유예된 날부터 5년이 지나지 아니한 자

※ 최종 합격예정자를 대상으로 경찰청에서 범죄 경력 등 결격 사유 조회
※ 결격사유 심사 기준일은 응시원서 접수 마감일(2025. 9. 26.)임
※ 결격사유에 해당하는 자는 시험 합격 여부와 관계없이 시험을 무효 처리함

(6) 제1차 시험의 면제
　① 전 회차 제1차 시험 합격에 의한 면제 : 2024년도 제26회 경비지도사 제1차 시험에 합격한 사람은 2025년도 제27회 경비지도사 제1차 시험을 면제(별도의 서류제출 필요 없음)
　② 경력 또는 자격에 의한 제1차 시험 면제(「경비업법 시행령」 제13조)
　　1) 「경찰공무원법」에 따른 경찰공무원으로 7년 이상 재직한 사람
　　2) 「대통령 등의 경호에 관한 법률」에 따른 경호공무원 또는 별정직공무원으로 7년 이상 재직한 사람
　　3) 「군인사법」에 따른 각 군 전투병과 또는 군사경찰병과 부사관 이상 간부로 7년 이상 재직한 사람
　　4) 「경비업법」에 따른 경비업무에 7년 이상(특수경비업무의 경우에는 3년 이상) 종사하고 행정안전부령으로 정하는 교육과정을 이수한 사람
　　5) 「고등교육법」에 따른 대학 이상의 학교를 졸업한 사람으로서 재학 중 제12조제3항에 따른 경비지도사 시험과목을 3과목 이상을 이수하고 졸업한 후 경비업무에 종사한 경력이 3년 이상인 사람
　　6) 「고등교육법」에 따른 전문대학을 졸업한 사람으로서 재학 중 제12조제3항에 따른 경비지도사 시험과목을 3과목 이상을 이수하고 졸업한 후 경비업무에 종사한 경력이 5년 이상인 사람
　　7) 일반경비지도사의 자격을 취득한 후 기계경비지도사의 시험에 응시하는 사람 또는 기계경비지도사의 자격을 취득한 후 일반경비지도사의 시험에 응시하는 사람
　　8) 「공무원임용령」에 따른 행정직군 교정직렬 공무원으로 7년 이상 재직한 사람

(7) 응시원서 접수
　① **접수시간** : 원서접수 첫날 09:00부터 마지막 날 18:00임. 제1차 시험 면제자도 해당 기간 내에 반드시 제2차 시험 원서접수를 하여야 하며, 원서접수 마감(제1차 시험 면제서류 제출자는 마지막 날 17:00 마감) 이후에는 접수 불가
　② **시험장소 선택** : 인터넷 원서접수 시 수험자가 직접 시험장 선택
　③ **접수방법** : Q-Net 경비지도사 홈페이지(www.Q-Net.or.kr/site/security)를 통한 인터넷 원서접수만 가능. 단, 인터넷 활용 불가능자의 내방접수(공단 지부·지사)를 위해 원서접수 도우미 지원
　④ **첨부파일** : 원서접수 시 최근 6개월 이내에 촬영한 본인의 탈모 상반신 반명함판 사진 파일(jpg) 등록
　⑤ **응시수수료** : 일반응시자(제1·2차 시험 모두 응시)는 28,000원, 제1차 시험 면제자(제2차 시험만 응시)는 18,000원이며, 전자결제(신용카드, 계좌이체, 가상계좌, 퀵계좌결제, 간편결제)로 납부함

Target 경비지도사 자격증 안내

(8) 합격자 발표 및 자격증 교부

합격자 발표	• Q-Net 경비지도사 홈페이지(www.Q-Net.or.kr/site/security) : 60일간 • ARS(☎ 1666-0100) : 4일간 ＊알림 서비스 수신 동의 시에 합격 축하 알림톡 발송
자격증 교부	• 시험 합격자는 경찰청장 지정교육기관에서 40시간의 기본교육을 이수하여야 경찰청장 명의의 자격증이 교부됨 • 경비지도사 기본교육 종료 후 교육기관에서 일괄 자격증 신청함 • 경찰청에서 교육 사항 점검 후, 20일 이내 주소지로 우편 발송함

※ 시험 및 기본교육 문의 : 사단법인 한국경비지도사협회 (☎ 02-470-4262)

3. 경비지도사 선임현황 및 자격시험 통계

(1) 경비지도사 선임현황   (2021.05.31. 기준)

기관	경비지도사 선임 인원수	일반	기계
서울청	3,594	3,401	192
부산청	440	433	6
대구청	287	275	12
인천청	359	347	11
광주청	200	192	7
대전청	281	273	8
울산청	97	95	2
세종청	24	24	0
경기남부청	1,063	1,023	39
경기북부청	233	228	5
강원청	111	108	3
충북청	96	89	7
충남청	154	147	7
전북청	176	168	7
전남청	175	167	8
경북청	176	174	1
경남청	211	205	6
제주청	27	27	0
총선임수	7,704	7,376	321

(2) 경비지도사 자격시험 통계

회수	시행일자	대상인원			합격인원			경쟁률/합격률	커트라인
		계	일반	기계	계	일반	기계		
제1회	97.02.23	13,004	12,317	687	2,398	2,161	237	5.4:1	2001년제3회 시험부터 600명 선발
제2회	99.10.31	18,474	17,061	1,413	7,875	7,205	670	2.3:1	
제3회	01.12.09	10,462	9,385	1,077	635	554	81	16.5:1	일반 86.00 기계 80.00
제4회	02.11.10	5,667	5,051	616	796	734	62	7.1:1	일반 80.00 기계 78.00
제5회	03.11.09	5,938	5,435	503	769	683	86	7.7:1	일반 82.00 기계 72.00
제6회	04.11.21	5,141	4,795	346	647	586	61	7.9:1	일반 78.75 기계 76.25
제7회	05.11.13	6,891	6,492	400	670	609	61	10.3:1	일반 86.25 기계 81.25
제8회	06.11.19	7,850	7,400	450	719	658	61	10.7:1	일반 86.25 기계 80.50
제9회	07.11.18	8,943	8,397	546	760	698	62	11.7:1	일반 87.50 기계 83.75
제10회	08.11.09	9,654	9,084	570	672	604	68	14.4:1	일반 87.50 기계 80.00
제11회	09.11.08	10,964	10,365	599	666	594	72	16.5:1	일반 90.00 기계 83.75
제12회	10.11.14	11,741	11,077	664	642	579	63	18.3:1	일반 86.25 기계 76.25
제13회	11.11.13	9,483	8,953	5,301	673	612	61	18.5:1	일반 90.00 기계 82.25

Target 경비지도사 자격증 안내

회차	시행일	대상	응시	응시율	합격	합격자	경쟁률	합격선
제14회	12.11.17	10,297	9,696	601	621	553	68	18.7:1	일반 88.75 기계 83.75
제15회	13.11.16	11,162	10,576	586	632	567	65	19.0	일반 93.75 기계 87.50
제16회	14.11.15	10,977	10,367	610	668	606	62	19.0	일반 91.25 기계 86.25
제17회	15.11.21	10,910	10,348	562	641	579	62	13.6	일반 95.00 기계 86.25
제18회	16.11.19	10,588	9,892	696	754	679	75	11.07	일반 93.75 기계 90.00
제19회	17.11.18	11,462	10,839	623	713	632	81	9.17	일반 87.50 기계 88.75
제20회	18.11.17	12,278	11,641	637	776	710	66	10.76	일반 92.50 기계 83.75
제21회	19.11.16	13,617	12,956	661	711	640	71	8.39	일반 93.75 기계 91.25
제22회	20.11.21	13,151	12,578	573	862	791	71	10.66	일반 93.75 기계 85.00
제23회	21.11.06	12,956	12,418	538	724	659	65	9.02	일반 96.25 기계 91.25
제24회	22.11.12	12,459	11,919	540	648	573	75	8.43	일반 97.50 기계 91.25
제25회	23.11.11	10,783	10,325	458	647	574	73	9.55	일반 95.00 기계 91.25
제26회	24.11.09	10,497	10,102	395	942	873	69	13.97	일반 93.75 기계 92.50
총계				총 27,261명 경비지도사합격자배출					

4. 경비지도사 시험 합격전략

(1) 제1차 시험 합격전략
① 계획수립 : 제1차 시험의 경우 절대평가이므로 전략적으로 계획을 수립하여 학습할 필요가 있다. 즉, 각 과목별 한권의 교재로만 학습계획을 수립하여야 한다.
② 목표점수 : 상대적으로 난이도가 낮은 과목인 민간경비론은 80점을 목표로 학습하되, 법학개론은 60점을 목표로 학습하는 것이 바람직하다. 법학개론을 고득점을 목표로 학습하게 되면 학습량이 방대해질 뿐만 아니라 많은 학습시간을 투자해야 하므로 비효율적이다.
③ 학습방법 : 민간경비론은 독학으로 고득점이 가능하다. 그러나 법학개론은 생소한 용어로 인하여 독학이 쉽지 않을 뿐만 아니라 많은 시간을 소요할 수 있으므로 강의를 통하여 빈출 및 중요내용 위주로 학습한다면 단기간 내에 60점대를 확보할 것으로 보인다.

(2) 제2차 시험 합격전략
① 계획수립 : 제2차 시험의 경우 상대평가이므로 고득점 전략으로 학습계획을 수립해야 한다. 따라서 시험대비 일정을 고려, 처음 선정된 교재에 집중한 후 별도의 교재와 최신 문제를 선정하여 학습할 수 있도록 계획을 수립하여야 한다.
② 목표점수 : 학습방법 여하에 따라 계획했던 목표점수의 오차가 없음을 명심하여야 하며, 통계적으로 3~4문제의 실수 범위 내에 있어야 최종목적을 달성할 수 있다.
③ 학습방법 : 경비업법의 경우 시험범위가 법령의 범위내로 한정되어 있으므로 분량이 적을 뿐만 아니라 조문을 벗어난 문제는 출제되지 않는다. 따라서 강의 및 New Target 경비업법 교재를 통하여 법령 해석방법을 익히고 문제풀이를 통하여 조문의 출제포인트를 정확하게 암기한다면 충분히 고득점을 할 수 있을 것이다. 한편, 법령의 범위내로 한정된 경비업법과는 달리 경호학은 학문의 차원으로 출제범위가 다소 포괄적이므로 우선 중요한 사항으로, New Target 경호학 교재를 신뢰하고 수강시 반드시 정독하여 전반적인 이해가 선행되어야 한다. 그런 다음 기출문제를 반복학습하다보면 이해하기 어려웠던 관련용어와 업무절차의 흐름, 기존 출제경향 등을 자연스럽게 습득하게 되어 자신감이 생길 것이다. 아울러 정리와 암기로, 학습 간 이해되지 않은 내용을 나만의 방법으로 체크, 메모하여 그 부분에 집중하는 것이다. 마지막으로 New Target 경호학 모의고사를 실전처럼 도전해보라. 자신도 모르는 사이 여러분은 합격라인을 넘어서게 될 것이다.

목 차 Contents

PART 01 경비업법

CHAPTER 01 경비업

제1절 경비업의 의의 ··· 16
제2절 경비업의 허가 ··· 18
제3절 경비업자의 의무 ·· 29
기출 및 예상문제 ·· 35

CHAPTER 02 경비원

제1절 경비원의 의의 및 의무 ··· 75
제2절 경비원의 교육 ··· 80
제3절 경비원의 배치 ··· 88
제4절 경비원의 복장·장비·출동차량 ·· 96
제5절 특수경비원의 직무 및 무기 ·· 101
기출 및 예상문제 ·· 107

CHAPTER 03 경비지도사

제1절 경비지도사의 선발 ·· 171
제2절 경비지도사의 선임·배치 및 직무 ··· 182
기출 및 예상문제 ·· 185

CHAPTER 04 경비협회 및 보칙

제1절 경비협회 ·· 210
제2절 보 칙 ·· 212
기출 및 예상문제 ·· 216

CHAPTER 05 행정처분 및 벌칙·과태료

제1절 행정처분 ·· 244
제2절 벌칙 및 과태료 ··· 249
기출 및 예상문제 ·· 256

PART 02 청원경찰법

CHAPTER 01 청원경찰의 의의 및 직무

제1절 청원경찰의 의의 ·· 298
제2절 청원경찰의 직무 및 복무 ···························· 299
기출 및 예상문제 ·· 302

CHAPTER 02 청원경찰의 배치·임용 및 교육

제1절 청원경찰의 배치·임용 ································ 316
제2절 청원경찰의 교육 ·· 323
기출 및 예상문제 ·· 325

CHAPTER 03 청원경찰의 경비 및 표창·징계

제1절 청원경찰의 경비(經費) ······························· 349
제2절 청원경찰의 표창·징계 등 ··························· 354
기출 및 예상문제 ·· 360

CHAPTER 04 청원경찰의 복제 및 무기

제1절 청원경찰의 복제 등 ··································· 388
제2절 청원경찰의 무기 ·· 391
기출 및 예상문제 ·· 395

CHAPTER 05 보칙 및 벌칙·과태료

제1절 보 칙 ··· 415
제2절 벌칙 및 과태료 ··· 417
기출 및 예상문제 ·· 420

경비업법

CHAPTER 01 경비업

제1절 경비업의 의의

I 경비업법의 연혁 및 목적

1 경비업법의 연혁

오늘날 사회구조의 복잡 다기화 현상에 따라 국가·사회적으로 보호를 요하는 대상물건이 증급(增急)되고 있을 뿐 아니라 이에 따른 경비업무도 점차 전문화되고 있는 추세에 있으므로 타인의 위탁에 응하여 영업으로 시설 등을 경비하는 용역경비업을 제도화하고자 1976년 12월 31일 「용역경비업법」을 제정하게 되었다. 이후 30여 차례 이상의 개정을 겪었다. 특히, 1995년 제5차 개정 시 경비지도사제도를 도입하였으며, 1999년 제7차 개정 시 제명을 「경비업법」으로 변경[1] 하였으며, 2001년 제8차 전부개정 시 특수경비원제도를 도입하였다. 2024년 개정 시에는 경비업무의 종류에 혼잡·교통유도경비업무를 추가하였다.

2 경비업법령[2]의 목적

(1) 경비업법의 목적

이 법은 경비업의 육성 및 발전과 그 체계적 관리에 관하여 필요한 사항을 정함으로써 경비업의 건전한 운영에 이바지함을 목적으로 한다(법 제1조).

(2) 경비업법 시행령의 목적

이 영은 경비업법에서 위임된 사항과 그 시행에 관하여 필요한 사항을 규정함을 목적으로 한다(영 제1조). 따라서 「경비업법」에서 '대통령령'으로 정한다라고 하면 「경비업법 시행령」에서 규정함을 의미한다.

(3) 경비업법 시행규칙의 목적

이 규칙은 경비업법 및 동법시행령에서 위임된 사항과 그 시행에 관하여 필요한 사항을 규정함을 목적으로 한다(규칙 제1조). 따라서 「경비업법」 및 「경비업법 시행령」에서 '행정안전부령'으로 정한다라고 하면 「경비업법 시행규칙」에서 규정함을 의미한다.

---

1) 개정이유를 보면, 용역(用役)은 사전적 의미로 물재(物財)를 제공하지 아니하고 생산과 소비에 필요한 노무(勞務)를 제공하는 영업으로서 본래의 의미와 다르게 일반에 인식되어 있어 경비업의 건전한 육성을 위해 개명할 필요가 있는 것이다.
2) 경비업법, 경비업법 시행령, 경비업법 시행규칙을 통칭하여 '경비업법령'이라 칭한다.

Ⅱ 경비업의 의의 및 종류

1 경비업의 의의
경비업이라 함은 경비업무의 전부 또는 일부3)를 도급4)받아 행하는 영업을 말한다(법 제2조 제1호).

2 경비업무의 종류

(1) 시설경비업무
경비를 필요로 하는 시설 및 장소(이하 '경비대상시설'이라 함)에서의 도난·화재 그 밖의 혼잡 등으로 인한 위험발생을 방지하는 업무를 말한다(법 제2조 제1호 가목).

(2) 호송경비업무
운반 중에 있는 현금·유가증권·귀금속·상품 그 밖의 물건에 대하여 도난·화재 등 위험발생을 방지하는 업무를 말한다(법 제2조 제1호 나목).

(3) 신변보호업무
사람의 생명이나 신체에 대한 위해의 발생을 방지하고 그 신변을 보호하는 업무를 말한다(법 제2조 제1호 다목).

(4) 기계경비업무
경비대상시설에 설치한 기기에 의하여 감지·송신된 정보를 그 경비대상시설 외의 장소에 설치한 관제시설의 기기로 수신하여 도난·화재 등 위험발생을 방지하는 업무5)를 말한다(법 제2조 제1호 라목).

(5) 특수경비업무
① 공항(항공기 포함) 등 '대통령령이 정하는 국가중요시설'의 경비 및 도난·화재 그 밖의 위험발생을 방지하는 업무를 말한다(법 제2조 제1호 마목).
② '대통령령이 정하는 국가중요시설'이라 함은 공항·항만, 원자력발전소 등의 시설 중 국가정보원장이 지정하는 국가보안목표시설과 「통합방위법」의 규정에 의하여 국방부장관이 지정하는 국가중요시설을 말한다(영 제2조).

(6) 혼잡·교통유도경비업무
도로에 접속한 공사현장 및 사람과 차량의 통행에 위험이 있는 장소 또는 도로를 점유하는 행사장 등에서 교통사고나 그 밖의 혼잡 등으로 인한 위험발생을 방지하는 업무를 말한다(법 제2조 제1호 바목).

---

3) 일부라 함은 경비업무 중 일부 절차에 해당하는 도급이 아닌 업무 전체의 완전성을 갖춘 상태에서의 일부를 의미하는 것으로 예를 들어 기계경비업무의 일부 절차인 관제만을 도급받아 행할 수는 없고 '감지→관제→지령→출동' 등 기계경비업무 일련의 절차를 모두 갖춘 상태에서 도급이 가능한 것으로 2가입자의 업무 중 1가입자 업무 전체를 도급하는 형태를 취하여야 한다(2005 경찰청 경비업 업무처리 매뉴얼). 한편, 기계경비업자가 관제 또는 출동 등 도급받은 기계경비업무의 일부를 다른 기계경비업자에게 하도급할 수 있다(법제처 06-0329, 2006.12.29, 경찰청).
4) 도급이란 타인(시설주)의 경비업무를 받아 경비서비스를 제공하는 것이므로, 자신의 경비업무를 위한 경비원의 사용은 현행 경비업법상 경비원이 아니므로 적용대상이 아니다(2005 경찰청 경비업 업무처리 매뉴얼).
5) 관제시설의 설치위치를 경비대상시설 '외'의 장소로 규정하고 있으므로 경비대상시설 '내'에 관제실이 있는 것은 기계경비의 영역에 포함되지 않는다. 한편, '관제시설'이란 당해 경비대상시설 이외의 장소에 설치하여 경비대상시설의 이상 유무를 확인·제어하고, 경비원의 출동 등 필요한 조치를 취하는 시설을 말한다(2018 경찰청 경비업 업무처리 매뉴얼).

제2절 경비업의 허가

I 허가의 종류 및 의의

경비업법상 허가의 종류에는 신규허가, 변경허가, 갱신허가가 있다.

신규허가란 최초로 경비업 허가를 받는 것을 말하며, 변경허가란 신규허가를 받은 법인이 허가를 받은 경비업무를 변경하거나 새로운 경비업무를 추가하고자 할 때 받는 허가를 말한다. 갱신허가란 경비업 허가의 유효기간이 만료된 후 계속하여 경비업을 하고자 하는 법인이 받는 허가를 말한다.

II 허가권자 및 허가대상

1 허가권자

경비업을 영위하고자 하는 법인은 도급받아 행하고자 하는 경비업무를 특정하여 그 법인의 주사무소의 소재지를 관할하는 시·도경찰청장의 허가를 받아야 한다.[6][7]

도급받아 행하고자 하는 경비업무를 변경하는 경우에도 또한 같다(법 제4조 제1항). 즉, 도급받아 행하고자 하는 경비업무를 변경하는 경우에도 시·도경찰청장의 허가를 받아야 한다.

2 허가대상(경비업의 주체)

경비업의 허가대상은 경비업을 영위하고자 하는 법인이다. 따라서 경비업은 법인이 아니면 이를 영위할 수 없다(법 제3조). 즉, 개인, 조합, 법인이 아닌 사단은 경비업을 영위할 수 없다.

III 허가요건

경비업의 허가를 받고자 하는 법인은 허가요건 중 어느 하나라도 충족하지 못할 경우 허가처분 대상에서 제외된다. 허가요건과 관련하여 경비업법 제4조 제2항에서 자본금, 경비인력, 시설과 장비 등을 갖추어야 한다고 규정하고 있으며, 세부적인 사항은 대통령령(경비업법 시행령 제3조 제2항 별표1)에서 규정하고 있다.

1 경비업법상 허가요건

경비업의 허가를 받으려는 법인은 다음의 요건을 갖추어야 한다(법 제4조 제2항).

---

6) 주택법과 경비업법은 입법 목적과 적용범위 등을 달리하는 법률로서 상호 모순되거나 어느 법률이 다른 법률에 우선하여 배타적으로 적용되는 관계에 있다고는 해석되지 아니하므로, 피고인이 운영하는 甲 회사가 주택법 제53조 제1항에 의하여 주택관리업등록을 마쳤다고 하더라도 집합건물의 시설경비업무를 적법하게 영위하기 위해서는 이와는 별도로 경비업법 제4조의 규정에 의한 허가를 받아야 한다(대법원 2014.3.27. 2013도11969).
7) 경비업무를 직접 수행하지 않고 경비업무 전체를 경비업자에게 도급하는 주택관리업자는 「경비업법」 제4조 제1항에 따른 경비업의 허가를 받지 않아도 된다(법제처 20-0224, 2020.6.11. 경찰청).

구분	내용
자본금	대통령령으로 정하는 1억원 이상의 자본금의 보유
경비인력	• 시설경비업무 : 경비원 10명 이상 및 경비지도사 1명 이상 • 시설경비업무 외의 경비업무 : 대통령령으로 정하는 경비 인력
시설과 장비	경비인력을 교육할 수 있는 교육장을 포함하여 대통령령으로 정하는 시설과 장비의 보유
기타	그 밖에 경비업무 수행을 위하여 대통령령으로 정하는 사항

2 대통령령으로 정하는 경비업의 시설 등의 기준(영 제3조 제2항 별표1)

업무별 \ 시설 등 기준	경비인력	자본금	시설	장비 등
시설 경비업무	• 일반경비원 10명 이상 • 경비지도사 1명 이상	1억원 이상	기준 경비인력 수 이상을 동시에 교육할 수 있는 교육장	• 기준 경비인력 수 이상의 경비원 복장 및 경적, 단봉, 분사기
호송 경비업무	• 무술유단자인 일반경비원 5명 이상 • 경비지도사 1명 이상	1억원 이상	기준 경비인력 수 이상을 동시에 교육할 수 있는 교육장	• 호송용 차량 1대 이상 • 현금호송백 1개 이상 • 기준 경비인력 수 이상의 경비원 복장 및 경적, 단봉, 분사기
신변 보호업무	• 무술유단자인 일반경비원 5명 이상 • 경비지도사 1명 이상	1억원 이상	기준 경비인력 수 이상을 동시에 교육할 수 있는 교육장	• 기준 경비인력 수 이상의 무전기 등 통신장비 • 기준 경비인력 수 이상의 경적, 단봉, 분사기
기계 경비업무	• 전자·통신 분야 기술자격증소지자 5명을 포함한 일반경비원 10명 이상 • 경비지도사 1명 이상	1억원 이상	• 기준 경비인력 수 이상을 동시에 교육할 수 있는 교육장 • 관제시설	• 감지장치·송신장치 및 수신장치 • 출장소별로 출동차량 2대 이상 • 기준 경비인력 수 이상의 경비원 복장 및 경적, 단봉, 분사기
특수 경비업무	• 특수경비원 20명 이상 • 경비지도사 1명 이상	3억원 이상	기준 경비인력 수 이상을 동시에 교육할 수 있는 교육장	• 기준 경비인력 수 이상의 경비원 복장 및 경적, 단봉, 분사기
혼잡·교통유도 경비업무	• 일반경비원 10명 이상 • 경비지도사 1명 이상	1억원 이상	기준 경비인력 수 이상을 동시에 교육할 수 있는 교육장	• 기준 경비인력 수 이상의 경비원 복장 및 경적, 단봉, 분사기, 무전기, 경광봉

3 시설 등의 구비요건

(1) 자본금
① 자본금의 경우 납입자본금을 말하고, 하나의 경비업무에 대한 자본금을 갖춘 경비업자가 그 외의 경비업무를 추가로 하려는 경우 자본금을 갖춘 것으로 본다.
② 다만, 특수경비업자 외의 자가 특수경비업무를 추가로 하려는 경우에는 이미 갖추고 있는 자본금을 포함하여 특수경비업무의 자본금 기준에 적합하여야 한다.

(2) 교육장
교육장의 경우 하나의 경비업무에 대한 시설을 갖춘 경비업자가 그 외의 경비업무를 추가로 하려는 경우에는 경비인력이 더 많이 필요한 경비업무에 해당하는 교육장을 갖추어야 한다.

(3) 무술유단자
「국민체육진흥법」에 따른 대한체육회에 가맹된 단체 또는 문화체육관광부에 등록된 무도 관련 단체가 무술유단자로 인정한 사람을 말한다.

(4) 호송용 차량
현금이나 그 밖의 귀중품의 운반에 필요한 견고성 및 안전성을 갖추고 무선통신시설 및 경보시설을 갖춘 자동차를 말한다.

(5) 현금호송백
현금이나 그 밖의 귀중품을 운반하기 위한 이동용 호송장비로서 경보시설을 갖춘 것을 말한다.

(6) 전자·통신 분야 기술자격증소지자
「국가기술자격법」에 따라 전자 및 통신 분야에서 기술자격을 취득한 사람을 말한다.

IV 허가의 제한 및 임원의 결격사유

1 허가의 제한

(1) 동일명칭에 따른 제한
누구든지 경비업 허가를 받은 경비업체와 동일한 명칭으로 경비업 허가를 받을 수 없다(법 제4조의2 제1항).

(2) 취소사유에 따른 제한

① 허가받은 경비업무 외의 업무에 경비원을 종사하게 한 사유 및 소속 경비원으로 하여금 경비업무의 범위를 벗어난 행위를 하게 한 사유로 경비업체의 허가가 취소된 경우에는 허가가 취소된 날부터 10년이 지나지 아니한 때에는 누구든지 허가가 취소된 경비업체와 동일한 명칭으로 경비업 허가를 받을 수 없다(법 제4조의2 제2항).

② 허가받은 경비업무 외의 업무에 경비원을 종사하게 한 사유 및 소속 경비원으로 하여금 경비업무의 범위를 벗어난 행위를 하게 한 사유로 허가가 취소된 법인은 법인명 또는 임원의 변경에도 불구하고 허가가 취소된 날부터 5년이 지나지 아니한 때에는 경비업 허가를 받을 수 없다(법 제4조의2 제3항).

2 임원의 결격사유[8]

(1) 공통 결격사유

다음에 해당하는 자는 경비업을 영위하는 법인의 임원이 될 수 없다(법 제5조 제1호·제2호·제3호·제6호).

① 피성년후견인
② 파산선고를 받고 복권되지 아니한 자
③ 금고 이상[9]의 형의 선고를 받고 그 형이 실효[10]되지 아니한 자
④ 허가받은 경비업무 외의 업무에 경비원을 종사하게 한 사유 및 소속 경비원으로 하여금 경비업무의 범위를 벗어난 행위를 하게 한 사유로 허가가 취소된 법인의 허가취소 당시의 임원이었던 자로서 허가가 취소된 날부터 5년이 지나지 아니한 자

(2) 특수경비업체 임원의 결격사유

「경비업법」 또는 「대통령 등의 경호에 관한 법률」에 위반하여 벌금형의 선고를 받고 3년이 지나지 아니한 자는 특수경비업무를 수행하는 법인의 임원이 될 수 없다(법 제5조 제4호).

(3) 동종경비업체 임원의 결격사유

「경비업법」[11] 또는 「경비업법」에 의한 명령에 위반하여 허가가 취소된 법인의 허가취소 당시의 임원이었던 자로서 그 취소 후 3년이 지나지 아니한 자는 허가취소사유에 해당하는 경비업무와 동종의 경비업무를 수행하는 법인의 임원이 될 수 없다(법 제5조 제5호).[12]

---

8) 임원의 결격사유는 허가여부 결정시 검토 사항이기도 하지만, 허가 후에도 임원이 계속적으로 유지해야 할 기준이 된다. 따라서 허가 후 임원의 결격사유가 새로이 발생하면 해당 법인의 임원에서 제외된다.
9) 형의 경중 : 몰수 < 과료 < 구류 < 벌금 < 자격정지 < 자격상실 < 금고 < 징역 < 사형
10) 수형인이 자격정지 이상의 형을 받지 아니하고 형의 집행을 종료하거나 그 집행이 면제된 날부터 다음 각 호의 구분에 따른 기간이 경과한 때에 그 형은 실효된다(형의 실효 등에 관한 법률 제7조 제1항).
  1. 3년을 초과하는 징역·금고 : 10년   2. 3년 이하의 징역·금고 : 5년   3. 벌금 : 2년
11) 허가받은 경비업무 외의 업무에 경비원을 종사하게 한 때와 소속 경비원으로 하여금 경비업무의 범위를 벗어난 행위를 하게 한 때는 제외한다.
12) 예를 들면, 호송경비업무를 수행하는 법인이 경비업법을 위반하여 허가가 취소된 경우, 취소 당시 재직중이던 임원은 3년간 호송경비업무를 수행하는 법인의 임원이 될 수 없으나, 다른 업종인 시설경비업무를 수행하는 법인의 임원은 될 수 있다.

Ⅴ 허가절차

경비업의 허가 또는 신고의 절차, 신고의 기한 등 허가 및 신고에 관하여 필요한 사항은 대통령령으로 정한다(법 제4조 제4항).

1 신규허가 및 변경허가절차

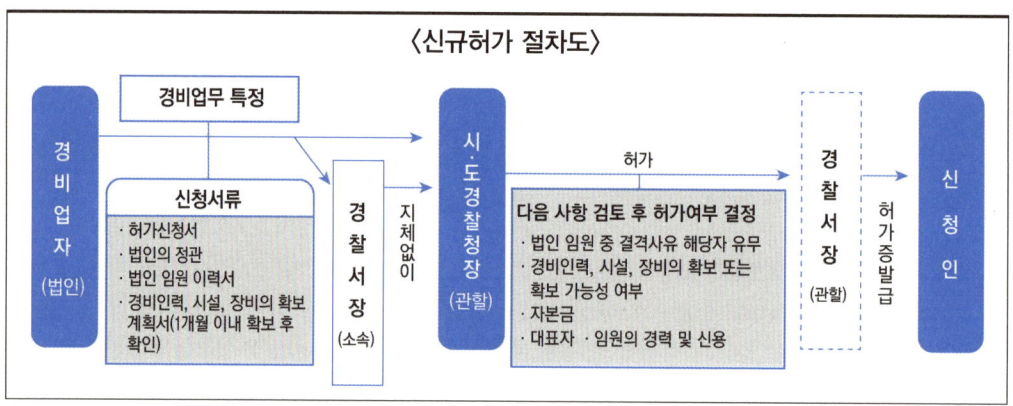

(1) 허가신청

① **신규허가신청** : 경비업의 허가를 받으려는 경우에는 허가신청서에 행정안전부령으로 정하는 서류를 첨부하여 법인의 주사무소를 관할하는 시·도경찰청장 또는 해당 시·도경찰청 소속의 경찰서장에게 제출하여야 한다. 이 경우 신청서를 제출받은 경찰서장은 지체 없이 관할 시·도경찰청장에게 보내야 한다(영 제3조 제1항).

② **변경허가신청** : 경비업의 허가를 받은 법인(경비업자)이 허가를 받은 경비업무를 변경하거나 새로운 경비업무를 추가하려는 경우에는 변경허가신청서에 행정안전부령으로 정하는 서류를 첨부하여 법인의 주사무소를 관할하는 시·도경찰청장 또는 해당 시·도경찰청 소속의 경찰서장에게 제출하여야 한다. 이 경우 신청서를 제출받은 경찰서장은 지체 없이 관할 시·도경찰청장에게 보내야 한다(영 제3조 제1항).

(2) 첨부서류

경비업의 허가를 받으려는 경우 또는 경비업자가 허가를 받은 경비업무를 변경하거나 새로운 경비업무를 추가하려는 경우에는 경비업 허가신청서 또는 변경허가신청서(전자문서로 된 신청서 포함)에 다음의 서류(전자문서 포함)를 첨부하여 법인의 주사무소를 관할하는 시·도경찰청장 또는 해당 시·도경찰청 소속의 경찰서장에게 제출하여야 한다(규칙 제3조 제1항).

① 법인의 정관 1부[13]
② 법인 임원의 이력서 1부[14]
③ 경비인력·시설 및 장비의 확보계획서 1부(경비업 허가의 신청시 이를 갖출 수 없는 경우에 한함)[15]

(3) 허가요건구비

① 허가 또는 변경허가 신청서를 제출하는 법인은 법정16) 경비인력·자본금·시설 및 장비를 갖추어야 한다(영 제3조 제2항 본문).

② 다만, 경비업의 허가 또는 변경허가를 신청하는 때에 시설 등(자본금 제외17))을 갖출 수 없는 경우에는 허가 또는 변경허가의 신청시 시설 등의 확보계획서를 제출한 후 허가 또는 변경허가를 받은 날부터 1월 이내에 시설 등을 갖추고 시·도경찰청장의 확인을 받아야 한다(영 제3조 제2항 단서).18)

(4) 등기사항증명서 확인

허가 또는 변경허가 신청서를 제출받은 시·도경찰청장은 「전자정부법」에 따른 행정정보의 공동이용을 통하여 법인의 등기사항증명서19)를 확인하여야 한다(규칙 제3조 제2항).

(5) 허가여부 검토 및 결정

시·도경찰청장은 허가 또는 변경허가의 신청을 받은 때에는 경비업을 영위하고자 하는 법인의 ① 임원 중 결격사유에 해당하는 자가 있는지의 유무, ② 경비인력·시설 및 장비의 확보 또는 확보가능성의 여부, ③ 자본금과 ④ 대표자·임원의 경력 및 신용 등을 검토하여 허가여부를 결정하여야 한다(영 제4조 제1항).20)

(6) 허가증 발급 및 재발급

① **허가증 발급** : 시·도경찰청장은 허가여부에 대한 검토를 한 후 경비업을 허가하거나 변경허가를 한 경우에는 해당 법인의 주사무소를 관할하는 경찰서장을 거쳐 신청인에게 허가증을 발급하여야 한다(영 제4조 제2항).

② **허가증 재발급**

   ㉠ 재발급 신청절차 : 경비업자는 경비업 허가증을 잃어버리거나 경비업 허가증이 못쓰게 된 경우에는 법인의 주사무소를 관할하는 시·도경찰청장 또는 해당 시·도경찰청 소속의 경찰서장에게 재발급을 신청하여야 하고, 신청서를 제출받은 경찰서장은 지체 없이 관할 시·도경찰청장에게 보내야 한다(영 제4조 제3항).

   ㉡ 첨부서류

분실된 경우	허가증을 잃어버린 경우에는 허가증 재교부 신청서에 그 사유서를 첨부함
훼손된 경우	허가증이 못쓰게 된 경우에는 허가증 재교부 신청서에 그 허가증을 첨부함

---

13) 정관으로 경비업무를 특정하고 있는지 여부를 검토한다.
14) 임원의 이력서로 임원의 결격사유 해당 여부를 검토한다.
15) 경비업 허가시 허가기준을 갖추는 것이 원칙이나, 허가신청시 경비인력·시설 및 장비를 갖출 수 없는 경우에는 확보계획서를 제출하여 허가신청이 가능하다.
16) 경비업법 시행령 제3조 제2항 별표1(경비업의 시설 등의 기준)을 말한다.
17) 그러므로 자본금은 확보계획서를 제출할 수 없고 허가신청시 반드시 갖추어야 한다.
18) 확보계획서가 제출된 경우에는 실현가능성을 검토하여 1개월 이내에 갖출 것을 조건(부관)으로 허가하고, 갖추지 못할 경우 부관에 의해 허가취소 됨을 명시한다(2018 경찰청 경비업 업무처리 매뉴얼).
19) 법인의 등기사항증명서 신청권한이 있는지 여부를 검토한다.
20) 경비업법에 규정된 소정의 허가조건을 충족하였다면 허가를 하여야 하는 기속재량이다(2018 경찰청 경비업 업무처리 매뉴얼).

(7) 수수료 납부

① **납부사유** : 「경비업법」에 따른 경비업의 허가를 받거나 허가증을 재교부 받고자 하는 자는 대통령령이 정하는 바에 따라 수수료를 납부하여야 한다(법 제27조의2).

② **납부금액** : 경비업의 허가(추가·변경·갱신허가 포함)를 받고자 하는 자는 1만원의 수수료를 납부하여야 하며, 허가사항의 변경신고로 인하여 허가증을 재교부받고자 하는 자는 2천원의 수수료를 납부하여야 한다(영 제28조 제1항).

③ **납부방법** : 수수료는 허가신청서에 수입인지를 첨부하여 납부한다(영 제28조 제2항). 다만, 경찰청장 및 시·도경찰청장은 정보통신망을 이용하여 전자화폐·전자결제 등의 방법으로 수수료를 납부하게 할 수 있다(영 제28조 제5항).

2 갱신허가절차

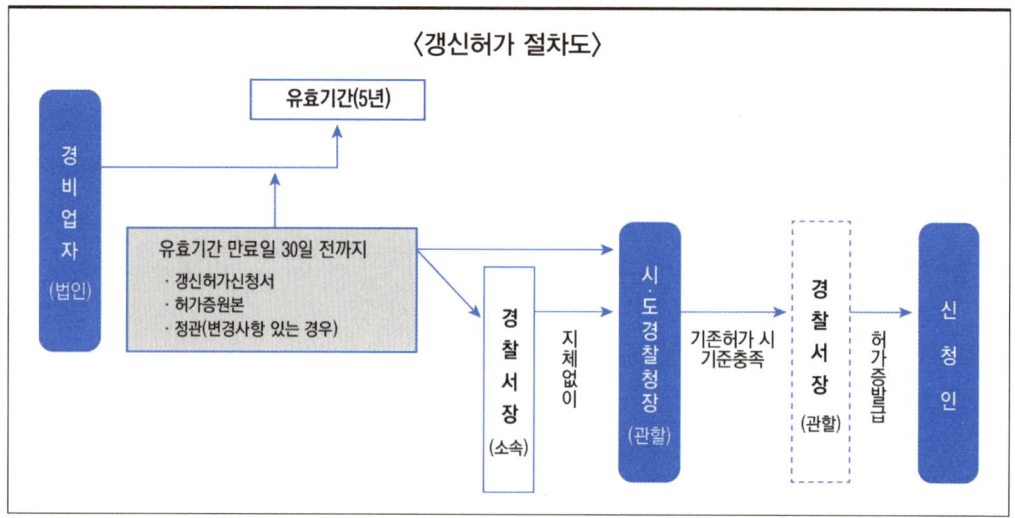

(1) 유효기간

① 경비업 허가의 유효기간은 허가받은 날부터 5년으로 한다(법 제6조 제1항).[21]

② 유효기간이 만료된 후 계속하여 경비업을 하고자 하는 법인은 행정안전부령이 정하는 바에 의하여 갱신허가를 받아야 한다(법 제6조 제2항).[22]

---

[21] 부실업체, 명의대여 업체들을 정비하여 경비업의 건전한 육성을 도모하고 국민들의 경비업체에 대한 신뢰성 향상을 위하여 유효기간 5년 경과 시 갱신허가를 받도록 하여 허가기준 준수여부 등을 재검토한다. 따라서 자본금·경비인력 등 최초 허가기준을 유지하고 있는지 여부를 확인하여 최초 허가조건을 지키지 않고 있다면, 갱신허가를 불허한다(2018 경찰청 경비업 업무처리 매뉴얼).

[22] 경비업 허가는 허가 시 유효기간을 5년으로 정하여 허가하는 것으로 5년이 경과하면 그 허가는 기한이 경과함으로써 별도의 행위를 기다릴 것이 없이 당연히 효력이 상실되는 것이므로, 허가 유효기간이 경과된 후에도 경비업을 영위하였다면 무허가 영업에 해당한다(2018 경찰청 경비업 업무처리 매뉴얼). 따라서 갱신허가 없이 5년의 유효기간이 경과한 후 계속하여 경비업 영업을 한다면 무허가 경비업 영업이 되어 형사처벌의 대상이 된다.

(2) 허가신청 및 신청서류

① 경비업의 갱신허가를 받으려는 자는 허가의 유효기간 만료일 30일 전까지 경비업 갱신허가신청서(전자문서로 된 신청서 포함)에 허가증 원본 및 정관(변경사항이 있는 경우만 해당)을 첨부하여 법인의 주사무소를 관할하는 시·도경찰청장 또는 해당 시·도경찰청 소속의 경찰서장에게 제출하여야 한다.

② 경비업 갱신허가신청서를 제출받은 경찰서장은 이를 지체 없이 관할 시·도경찰청장에게 보내야 한다(규칙 제6조 제1항).

(3) 법인등기사항증명서 확인

신청서를 제출받은 시·도경찰청장은 「전자정부법」에 따른 행정정보의 공동이용을 통하여 법인의 등기사항증명서를 확인하여야 한다(규칙 제6조 제2항).

(4) 허가증 교부

시·도경찰청장은 갱신허가를 하는 때에는 유효기간이 만료되는 허가증을 회수한 후 허가증을 교부하여야 한다(규칙 제6조 제3항).

Ⅵ 경비업자의 신고

1 신고관청 및 신고사유

(1) 신고관청

경비업의 허가를 받은 법인은 신고사유가 발생한 때에는 시·도경찰청장에게 신고하여야 한다(법 제4조 제3항, 영 제5조 제4항).

(2) 신고사유

① 영업을 폐업하거나 휴업한 때
② 법인의 명칭이나 대표자·임원을 변경한 때
③ 법인의 주사무소나 출장소를 신설·이전 또는 폐지한 때
　▶ 신설·이전 또는 폐지한 때에 신고를 하여야 하는 출장소는 주사무소 외의 장소로서 일상적으로 일정 지역안의 경비업무를 지휘·총괄하는 영업거점인 지점·지사 또는 사업소 등의 장소로 한다(영 제5조 제3항).[23]
④ 기계경비업무의 수행을 위한 관제시설을 신설·이전 또는 폐지한 때
⑤ 특수경비업무를 개시하거나 종료한 때
⑥ 그 밖에 대통령령이 정하는 중요사항을 변경한 때(정관의 목적을 변경한 때)

---
[23] 경비업무를 수행하지 않고 업무를 보조(가입자·고객확보 등)하는 사무소 등은 출장소에 해당하지 않는다. 다만, 법인등기부 등본에 등재되어 있는 경우에는 해당한다(2018 경찰청 경비업 업무처리 매뉴얼).

2 휴업·폐업 신고

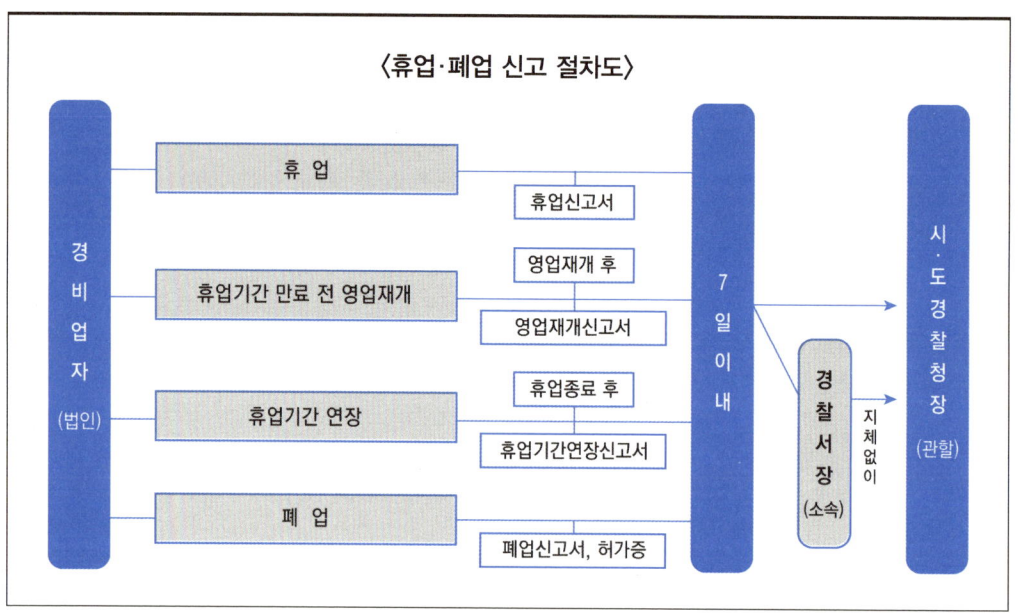

(1) 휴업신고

경비업자는 휴업을 한 경우에는 휴업한 날부터 7일 이내에 휴업신고서를 법인의 주사무소를 관할하는 시·도경찰청장 또는 해당 시·도경찰청 소속의 경찰서장에게 제출하여야 하고, 휴업신고서를 제출받은 경찰서장은 지체 없이 관할 시·도경찰청장에게 보내야 한다(영 제5조 제2항 전단).

(2) 영업재개신고

휴업신고를 한 경비업자가 신고한 휴업기간이 끝나기 전에 영업을 다시 시작한 경우에는 영업을 다시 시작한 후 7일 이내에 영업재개신고서를 제출하여야 한다(영 제5조 제2항 후단).

(3) 휴업기간연장신고

휴업신고를 한 경비업자가 신고한 휴업기간을 연장하려는 경우에는 신고한 휴업기간이 끝난 후 7일 이내에 휴업기간연장신고서를 제출하여야 한다(영 제5조 제2항 후단).

(4) 폐업신고

경비업자는 폐업을 한 경우에는 폐업을 한 날부터 7일 이내에 폐업신고서에 허가증을 첨부하여 법인의 주사무소를 관할하는 시·도경찰청장 또는 해당 시·도경찰청 소속의 경찰서장에게 제출하여야 한다. 이 경우 폐업신고서를 제출받은 경찰서장은 지체 없이 관할 시·도경찰청장에게 보내야 한다(영 제5조 제1항).

3 변경신고 등

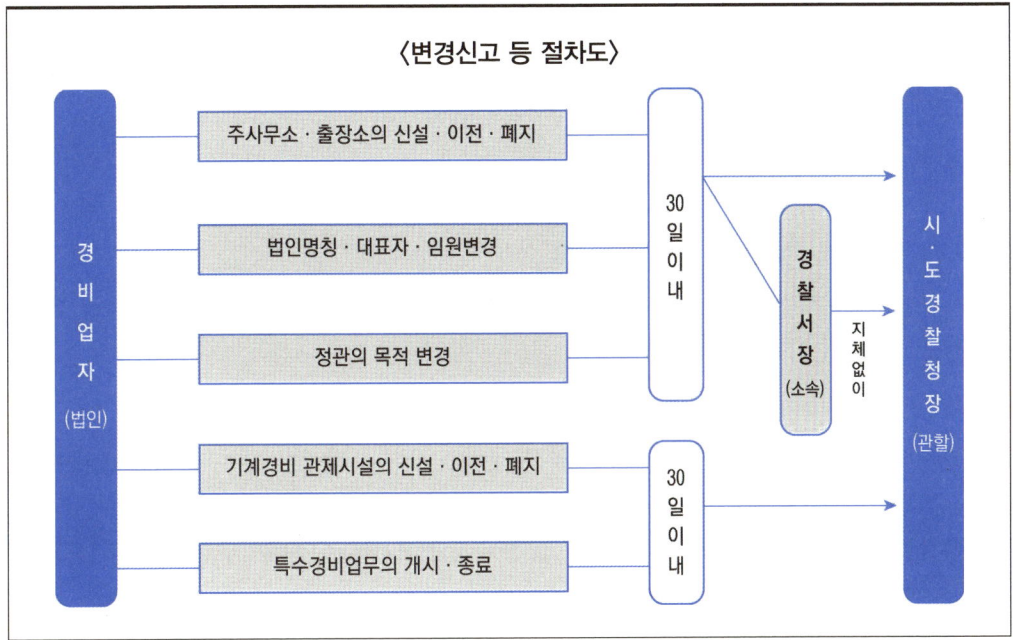

(1) 허가사항 등의 변경신고

① 신고기한 : 법인의 명칭·대표자·임원·주사무소·출장소·정관의 목적 변경신고는 그 사유가 발생한 날부터 30일 이내에 하여야 한다(영 제5조 제5항).24)

② 신고절차

㉠ 법인의 명칭·대표자·임원, 주사무소·출장소나 정관의 목적이 변경되어 신고를 하는 경우에는 경비업 허가사항 등의 변경신고서(전자문서로 된 신고서 포함)에 구비서류(전자문서 포함)를 첨부하여 법인의 주사무소를 관할하는 시·도경찰청장 또는 해당 시·도경찰청 소속의 경찰서장에게 제출하여야 한다(규칙 제5조 제2항 전단).

㉡ 변경신고서를 제출받은 경찰서장은 이를 지체 없이 관할 시·도경찰청장에게 보내야 한다(규칙 제5조 제2항 후단).

㉢ 변경신고서를 제출받은 시·도경찰청장은 「전자정부법」에 따른 행정정보의 공동이용을 통하여 법인의 등기사항증명서를 확인하여야 한다(규칙 제5조 제3항).

---

24) 법인의 명칭·대표자·임원 등을 변경한 경우 신고기한의 기산일은 '등기일'이 아닌 실제 변경일인 '발생일'을 기준으로 한다.

③ 구비서류

법인 명칭 변경	허가증 원본
법인 대표자 변경	법인 대표자의 이력서 1부, 허가증 원본
법인 임원 변경	법인 임원의 이력서 1부[25]
주사무소·출장소 변경	허가증 원본
정관의 목적 변경	법인의 정관 1부

(2) 기계경비 관제시설 신설·이전·폐지신고

기계경비업무의 수행을 위한 관제시설의 신설·이전·폐지신고는 그 사유가 발생한 날부터 30일 이내에 하여야 한다(영 제5조 제5항).

(3) 특수경비업무의 개시·종료신고

① 신고기한 : 특수경비업무 개시·종료신고는 그 사유가 발생한 날부터 30일 이내에 하여야 한다(영 제5조 제5항). [26)27)]

② 신고방법 : 특수경비업무의 개시 또는 종료의 신고는 특수경비업무 개시·종료 신고서에 의한다(규칙 제5조 제4항).

③ 업무개시 전의 조치

㉠ 비밀취급인가 : 특수경비업자는 첫 업무개시의 신고를 하기 전에 시·도경찰청장의 비밀취급인가를 받아야 한다(영 제6조 제1항).

㉡ 보안측정요청 : 시·도경찰청장은 특수경비업자에게 비밀취급인가를 하고자 하는 때에는 특수경비업자로 하여금 경찰청장을 거쳐 국가정보원장에게 보안측정을 요청하도록 하여야 한다(영 제6조 제2항).

---

25) 그러므로 법인의 임원 변경 신고시에는 허가증 원본을 첨부하지 않는다.
26) 특수경비업무의 개시란 해당 법인이 특수경비업무를 최초로 시작한 것이 기준이 아니라 국가중요시설별로 경비원을 새로이 배치하는 것을 말한다(2018 경찰청 경비업 업무처리 매뉴얼).
27) 국가중요시설에 어떤 특수경비업자가 배치되어 근무하고 있는지를 파악할 수 있도록 특수경비업무의 도급개시·종료 신고 의무를 규정하여 유사 시 시설주와 특수경비업자 및 경찰 간의 유기적인 협조체제를 구축하고 국가중요시설 경비를 효율적으로 지도·감독하려는 것인바, 특수경비업자가 특수경비업무 개시 신고를 한 후 동일한 시설에 대해 기간의 단절 없이 도급계약이 갱신되었다면 시·도경찰청에서 그 도급계약의 갱신 사실을 알 수 있도록 해당 특수경비업자가 특수경비업무의 개시 및 종료 신고를 해야 한다(법제처 24-0548, 2024. 10. 2, 민원인).

제3절 경비업자의 의무

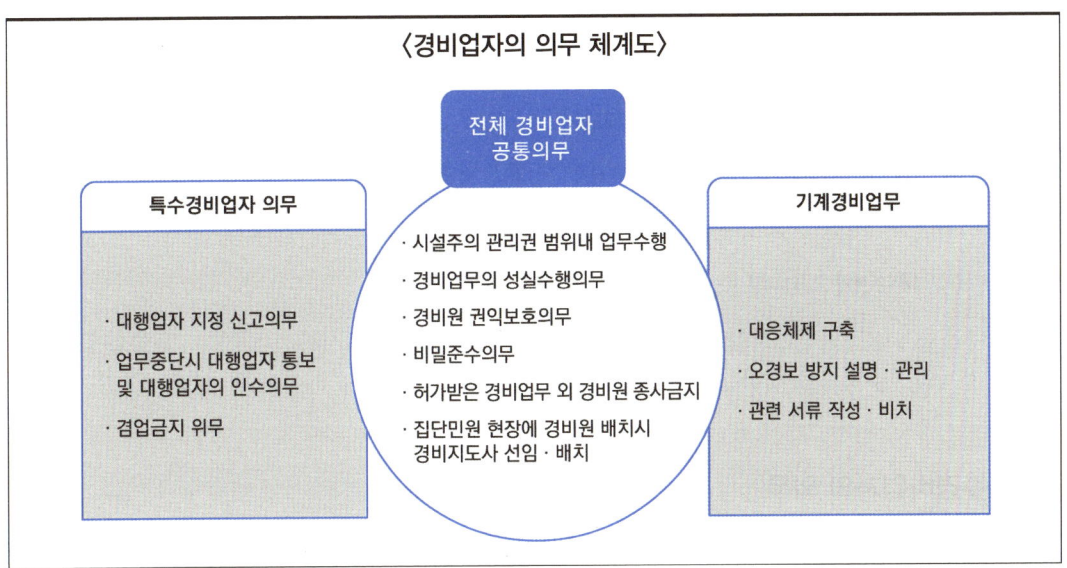

〈경비업자의 의무 체계도〉

I 전체 경비업자의 공통의무

1 시설주의 관리권 범위 내 업무수행

경비업자는 경비대상시설의 소유자 또는 관리자(이하 '시설주'라 함)의 관리권의 범위 안에서 경비업무를 수행하여야 하며, 다른 사람의 자유와 권리를 침해하거나 그의 정당한 활동에 간섭하여서는 아니된다(법 제7조 제1항).[28]

2 경비업무의 성실수행의무

경비업자는 경비업무를 성실하게 수행하여야 하고, 도급을 의뢰받은 경비업무가 위법 또는 부당한 것일 때에는 이를 거부하여야 한다(법 제7조 제2항). 그러므로 위법하지 않더라도 부당하면 거부하여야 한다.

3 경비원 권익보호의무

경비업자는 불공정한 계약으로 경비원의 권익을 침해하거나 경비업의 건전한 육성과 발전을 해치는 행위를 하여서는 아니된다(법 제7조 제3항).[29]

---

28) 경비업자의 일반적 한계를 규정한 것으로 위반시 행정처분 및 벌칙 규정을 두고 있지 않다.
29) 경비업자의 일반적 한계를 규정한 것으로 위반시 행정처분 및 벌칙 규정을 두고 있지 않다.

4 비밀준수의무

경비업자의 임·직원이거나 임·직원이었던 자는 다른 법률에 특별한 규정이 있는 경우를 제외하고는 그 직무상 알게 된 비밀을 누설하거나 다른 사람에게 제공하여 이용하도록 하는 등 부당한 목적을 위하여 사용하여서는 아니된다(법 제7조 제4항).

5 허가받은 경비업무 외 경비원 종사금지

경비업자는 허가받은 경비업무 외의 업무에 경비원을 종사하게 하여서는 아니된다(법 제7조 제5항). 30)31)

6 집단민원현장에 경비원 배치시 경비지도사 선임·배치

경비업자는 집단민원현장에 경비원을 배치하는 때에는 경비지도사를 선임하고 그 장소에 배치하여 행정안전부령으로 정하는 바에 따라 경비원을 지도·감독하게 하여야 한다(법 제7조 제6항).

II 특수경비업자의 의무

1 경비대행업자 지정·신고의무

특수경비업무를 수행하는 경비업자(이하 '특수경비업자'라 함)는 특수경비업무의 개시신고를 하는 때에는 국가중요시설에 대한 특수경비업무의 수행이 중단되는 경우 시설주의 동의를 얻어 다른 특수경비업자 중에서 경비업무를 대행할 자(이하 '경비대행업자'라 함)를 지정하여 허가관청에 신고하여야 한다. 경비대행업자의 지정을 변경하는 경우에도 또한 같다(법 제7조 제7항). 즉, 경비대행업자의 지정을 변경하는 경우에도 허가관청에 신고하여야 한다.

2 경비대행업자의 승계의무

특수경비업자는 국가중요시설에 대한 특수경비업무를 중단하게 되는 경우에는 미리 이를 경비대행업자에게 통보하여야 하며, 경비대행업자는 통보받은 즉시 그 경비업무를 인수하여야 한다. 이 경우 경비업무를 인수한 경비대행업자는 시설주의 동의를 얻어 다른 특수경비업자 중에서 경비대행업자를 지정하여 허가관청에 신고하여야 한다(법 제7조 제8항). 32)

---

30) 법 제7조 제5항의 입법취지는 경비업무가 국민의 생명과 재산의 안전을 지키는 공공적(公共的)인 특성이 있음에도 불구하고, 경비원을 경비업 이외의 비윤리적인 기업행위 및 타업종에 종사시킴으로써 발생할 수 있는 여러 가지 부작용을 방지하기 위한 것이다(용역경비업법중개정법률안 심사보고서 1995년 12월 내무위원회).

31) 경비업법 제7조 제5항에 의하여 시설경비업자가 당해 시설경비업체에 고용된 일반경비원으로 하여금 경비대상시설인 아파트 등 공동주택에서 발생한 재활용 쓰레기 분리작업에 종사하게 할 수 없다(법제처 07-0041, 2007.3.23, 경찰청). 그러나 경비원이 경비업무 이외의 업무를 병행하고 있는 현실을 반영하기 위하여 「공동주택관리법」을 개정(2020.10.20.)하여 「경비업법」 적용 예외 규정을 마련하였다. 즉, 공동주택에 경비원을 배치한 경비업자는 「경비업법」 제7조 제5항에도 불구하고 대통령령으로 정하는 공동주택 관리에 필요한 업무(청소·미화보조, 재활용 가능 자원의 분리배출 감시·정리, 안내문의 게시 및 우편수취함 투입)에 경비원을 종사하게 할 수 있다(동법 제65조의2, 동법 시행령 제69조의2 참조).

32) 이는 특수경비업무 도중 부도 등으로 경비업무 중단 시 국가중요시설 방호에 문제가 발생할 수 있으므로 국가중요시설 경비의 연속성을 보장하기 위해 대행업체를 지정하고 지정된 대행업체의 승계의무에 관하여 특별히 규정한 것이다(헌재 2009.10.29, 2007헌마1359 참조).

3 겸업금지의무

(1) 의의

특수경비업자는 「경비업법」에 의한 경비업과 경비장비의 제조·설비·판매업, 네트워크를 활용한 정보산업, 시설물 유지관리업 및 경비원 교육업 등 대통령령이 정하는 경비관련업 외의 영업을 하여서는 아니된다(법 제7조 제9항). [33)34)]

(2) 특수경비업자가 할 수 있는 경비관련업

위 의의에서 '경비장비의 제조·설비·판매업, 네트워크를 활용한 정보산업, 시설물 유지관리업 및 경비원 교육업 등 대통령령이 정하는 경비관련업'이란 다음 표에 따른 영업과 이 영업에 부수되는 것으로서 경찰청장이 지정·고시하는 영업을 말한다(영 제7조의2 제1항).

영업의 범위에 관하여는 「경비업법」 또는 「경비업법 시행령」에 특별한 규정이 있는 경우를 제외하고는 「통계법」에 따라 통계청장이 고시하는 한국표준산업분류표에 따른다(영 제7조의2 제2항).

분야	해당 영업
금속가공제품 제조업 (기계 및 가구 제외)	• 일반철물 제조업(자물쇠제조 등 경비 관련 제조업에 한정) • 금고 제조업
그 밖의 기계 및 장비제조업	• 분사기 및 소화기 제조업
전기장비 제조업	• 전기경보 및 신호장치 제조업
전자부품, 컴퓨터, 영상, 음향 및 통신장비 제조업	• 전자카드 제조업 • 통신 및 방송 장비 제조업 • 영상 및 음향기기 제조업
전문직별 공사업	• 소방시설 공사업 • 배관 및 냉·난방 공사업(소방시설 공사 등 방재 관련 공사에 한정) • 내부 전기배선 공사업 • 내부 통신배선 공사업
도매 및 상품중개업	• 통신장비 및 부품 도매업
통신업	• 전기통신업
부동산업	• 부동산 관리업
컴퓨터 프로그래밍, 시스템 통합 및 관리업	• 컴퓨터 프로그래밍 서비스업 • 컴퓨터시스템 통합 자문, 구축 및 관리업

---

33) 특수경비업자의 겸영 금지조항을 신설한 이유는 "특수경비업자가 경비업무외의 제조업, 근로자파견업 등 다른 업무를 병행할 경우 무자격자의 유입, 총기유출의 위험성이 높으므로 이를 차단하기 위함"이었다(헌재 2004.4.25, 2001헌마614 참조).
34) 특수경비업이 아닌 시설경비업·호송경비업·신변보호업·기계경비업의 허가를 받은 법인에 대하여는 이러한 제한을 하고 있지 아니하므로, 특수경비업이 아닌 경비업의 허가를 받은 법인은 경비업이 아닌 업종의 영업에 대한 관련 법령의 요건을 충족하는 경우에 경비업 외의 영업을 할 수 있다(법제처 06-0323, 2006.12.8, 경찰청).

건축기술, 엔지니어링 및 관련기술 서비스업	• 건축설계 및 관련 서비스업(소방시설 설계 등 방재 관련 건축설계에 한정) • 건물 및 토목엔지니어링 서비스업(소방공사 감리 등 방재 관련 서비스업에 한정)
사업시설 관리 및 조경 서비스업	• 사업시설 유지관리 서비스업 • 건물 산업설비 청소 및 방제 서비스업
사업지원 서비스업	• 인력공급 및 고용알선업 • 경비, 경호 및 탐정업
교육서비스업	• 직원훈련기관 • 그 밖의 기술 및 직업훈련학원(경비 관련 교육에 한정)
수리업	• 일반 기계 수리업 • 전기, 전자, 통신 및 정밀기기 수리업
창고 및 운송 관련 서비스업	• 주차장 운영업

Ⅲ 기계경비업무(기계경비업자의 의무)

1 대응체제 구축

(1) 의 의

기계경비업무를 수행하는 경비업자(이하 '기계경비업자'라 함)는 경비대상시설에 관한 경보를 수신한 때에는 신속하게 그 사실을 확인하는 등 필요한 대응조치를 취하여야 하며, 이를 위한 대응체제를 갖추어야 한다(법 제8조).35)

(2) 대응체제

기계경비업자는 관제시설 등에서 경보를 수신한 때에는 경보를 수신한 때부터 늦어도 25분 이내에는 도착시킬 수 있는 대응체제를 갖추어야 한다(영 제7조).

2 오경보 방지 설명·관리

(1) 의 의

기계경비업자는 경비계약을 체결하는 때에는 오경보를 막기 위하여 계약상대방에게 기기사용요령 및 기계경비운영체계 등에 관하여 설명하여야 하며, 각종 기기가 오작동되지 아니하도록 관리하여야 한다(법 제9조 제1항).

---

35) 기계경비업체는 모든 경보에 대해 법 제8조에 따라 현장출동 등 대응조치를 취하여야 하며, 경보의 범죄관련성이 확인된 경우에 한하여 경찰로 신고하여야 한다(경찰청 감독명령 제2013-1호 제4조).

(2) 설명방법

기계경비업자가 계약상대방에게 하여야 하는 설명은 다음의 사항을 기재한 서면 또는 전자문서(이하 '서면등'이라 함)를 교부하는 방법에 의한다. 다만, 전자문서는 계약상대방이 원하는 경우에 한하여 교부할 수 있다(영 제8조 제1항). 또한 기계경비업자는 다음의 사항을 기재한 서면등과 함께 손해배상의 범위와 손해배상액에 관한 사항을 기재한 서면등을 계약상대방에게 교부하여야 한다(영 제8조 제2항).

> ① 당해 기계경비업무와 관련된 관제시설 및 출장소의 명칭·소재지
> ② 기계경비업자가 경비대상시설에서 발생한 경보를 수신한 경우에 취하는 조치
> ③ 기계경비업무용 기기의 설치장소 및 종류와 그밖의 기계장치의 개요
> ④ 오경보의 발생원인과 송신기기의 유지·관리방법

3 관련 서류 작성·비치

(1) 의의

기계경비업자는 대응조치 등 업무의 원활한 운영과 개선을 위하여 대통령령이 정하는 바에 따라 관련 서류를 작성·비치하여야 한다(법 제9조 제2항).

(2) 관리서류

기계경비업자는 출장소별로 다음의 사항을 기재한 서류를 갖추어 두어야 한다(영 제9조 제1항). 특히, ③과 ④를 기재한 서류는 당해 경보를 수신한 날부터 1년간 이를 보관하여야 한다(영 제9조 제2항).

> ① 경비대상시설의 명칭·소재지 및 경비계약기간
> ② 기계경비지도사의 명단·배치일자·배치장소와 출동차량의 대수
> ③ 경보의 수신 및 현장도착 일시와 조치의 결과
> ④ 오경보인 경우 오경보가 발생한 경비대상시설 및 그 오경보에 대한 조치의 결과

Ⅳ 호송경비의 통지

경비업자는 호송경비업무를 수행하기 위하여 관할경찰서의 협조를 얻고자 하는 때에는 현금 등의 운반을 위한 출발 전일까지 출발지의 경찰서장에게 호송경비통지서(전자문서로 된 통지서 포함)를 제출하여야 한다(규칙 제2조).[36]

---

36) 호송차량에서 하차하여 현금 등 중요물품을 도보로 호송할 경우 2인 이상이 하여야 한다(경찰청 감독명령 제10-1호 제2조).

Ⅴ 경비업무 도급인 등의 의무

1 무허가업자에 대한 경비업무 도급금지의무

누구든지 경비업 허가를 받지 아니한 자에게 경비업무를 도급하여서는 아니된다(법 제7조의2 제1항).

2 집단민원현장 경비인력의 직접 고용금지의무

누구든지 집단민원현장에 경비인력을 20명 이상 배치하려고 할 때에는 그 경비인력을 직접 고용하여서는 아니되고, 경비업자에게 경비업무를 도급하여야 한다. 다만, 시설주 등이 집단민원현장 발생 3개월 전까지 직접 고용하여 경비업무를 수행하는 피고용인의 경우에는 그러하지 아니하다(법 제7조의2 제2항).[37]

3 무자격자 등의 채용관여금지의무

경비업무를 도급하는 자는 그 경비업무를 수급한 경비업자의 경비원 채용 시 무자격자나 부적격자 등을 채용하도록 관여하거나 영향력을 행사해서는 아니된다(법 제7조의2 제3항).

4 무자격자 및 부적격자 등의 범위

무자격자 및 부적격자의 구체적인 범위 등은 대통령령으로 정한다(법 제7조의2 제4항). 즉, 다음의 경비업무를 도급하려는 자는 다음의 구분에 해당하는 사람을 그 경비업무를 수급한 경비업자의 경비원으로 채용하도록 관여하거나 영향력을 행사해서는 아니된다(영 제7조의3).

집단민원현장이 아닌 곳의 시설경비업무, 신변보호업무, 혼잡·교통유도경비업무	• 경비지도사 및 일반경비원의 결격사유에 해당하여 경비지도사 또는 일반경비원이 될 수 없는 사람 • 「아동·청소년의 성보호에 관한 법률」에 따라 경비업무에 종사할 수 없는 사람
호송경비업무, 기계경비업무	
특수경비업무	• 특수경비원의 결격사유에 해당하여 특수경비원이 될 수 없는 사람 • 「아동·청소년의 성보호에 관한 법률」에 따라 경비업무에 종사할 수 없는 사람
집단민원현장의 시설경비업무, 신변보호업무, 혼잡·교통유도경비업무	• 경비지도사 및 일반경비원의 결격사유에 해당하여 경비지도사 또는 일반경비원이 될 수 없는 사람 • 「아동·청소년의 성보호에 관한 법률」에 따라 경비업무에 종사할 수 없는 사람 • 집단민원현장 배치결격사유에 해당하여 집단민원현장에 일반경비원으로 배치할 수 없는 사람

---

[37] 이는 집단민원현장에 시설경비 및 신변보호를 위해 20명 이상의 일반경비원을 배치할 경우 시설주 등의 도급인이 직접 고용하지 못하도록 하고 경비업자에게만 도급할 수 있도록 한 규정이다. 시설주 등 도급인이 경비원을 고용하는 방식으로는 ⅰ)「경비업법」상 경비업체와 도급계약을 맺어 경비원을 고용하는 것과 ⅱ) 개별적으로 직접 경비원을 고용하는 것이 있는바, 전자는「경비업법」의 규제대상인 반면, 후자는 사인간의 계약관계로서「경비업법」의 대상이 되지 않아「경비업법」의 규제를 적용받지 않는다. 따라서 동 규정은 집단민원현장에서 도급인이 20명 이상의 일반경비원을 배치할 경우 이를 직접 고용하는 것을 원천적으로 배제함으로써, 「경비업법」상의 규제를 회피하여 경비원들이 폭력을 행사하는 행위 등을 사전에 예방하기 위한 취지이다. 판례도 "집단민원현장에 경비인력을 직접 고용 및 배치하는 행위를 금지하는 경비업법의 취지는, 집단민원현장에 무자격 경비인력을 동원하여 발생하는 폭력사태 등을 예방하고 경비업자 및 경비원에 대한 규제를 강화하기 위한 것이다(부산지방법원 2017.6.13, 2016노4089)."라고 판시하였다.

1 기출 및 예상문제 경비업
Target · 경비업법

제1절 경비업의 의의

01 다음 경비업법에 관한 설명 중 틀린 것은?
2004년 기출

① 경비업법은 경비업의 건전한 운영에 이바지함을 목적으로 한다.
② 경비업의 허가권자는 시·도경찰청장이다.
③ 경비업법은 경비업의 종류로 시설경비업무, 호송경비업무, 신변보호업무의 3가지를 규정하고 있다.
④ 경비업은 법인이 아니면 이를 영위하지 못한다.

해설 ① 법 제1조
② 법 제4조 제1항
③ 경비업법은 경비업의 종류로 시설경비업무, 호송경비업무, 신변보호업무, 기계경비업무, 특수경비업무, 혼잡·교통유도경비업무의 6가지를 규정하고 있다(법 제2조 제1호).
④ 법 제3조

정답 ③

02 다음 ( ) 안에 알맞은 것은?
2006년 기출

> 경비업법상의 경비업은 시설경비업무, 호송경비업무, ( ), 기계경비업무, ( ), 혼잡·교통유도경비업무의 전부 또는 일부를 ( ) 받아 행하는 영업을 말한다.

① 신변보호업무, 특수경비업무, 도급
② 신변보호업무, 특수경비업무, 위탁
③ 신변보호업무, 특수경비업무, 임대
④ 요인경비업무, 특별경비업무, 위임

해설 경비업은 시설경비업무, 호송경비업무, "신변보호업무", 기계경비업무, "특수경비업무", 혼잡·교통유도경비업무의 전부 또는 일부를 "도급" 받아 행하는 영업을 말한다(법 제2조 제1호).

정답 ①

03 경비업법령상 용어의 정의로 옳지 않은 것은? 2014년 기출

① 신변보호업무는 사람의 생명이나 신체에 대한 위해의 발생을 방지하고 그 신변을 보호하는 업무이다.
② 기계경비업무는 경비를 필요로 하는 시설 및 장소에서의 도난·화재 그 밖의 혼잡 등으로 인한 위험발생을 방지하는 업무이다.
③ 호송경비업무는 운반 중에 있는 현금·유가증권·귀금속·상품 그 밖의 물건에 대하여 도난·화재 등 위험발생을 방지하는 업무이다.
④ 특수경비업무는 공항 등 대통령령이 정하는 국가중요시설의 경비 및 도난·화재 그 밖의 위험발생을 방지하는 업무이다.

> **해설** ① 법 제2조 제1호 다목
> ② 기계경비업무 → 시설경비업무(법 제2조 제1호 라목)
> ③·④ 법 제2조 제1호 나목·마목

정답 ②

04 경비업법에 규정된 용어의 정의이다. ( )안에 들어갈 단어가 올바르게 짝지어진 것은? 2016년 기출

> 시설경비업무란 경비를 필요로 하는 시설 및 장소에서의 (ㄱ)·화재 그 밖의 (ㄴ) 등으로 인한 위험발생을 방지하는 업무를 말한다.

① ㄱ: 위해, ㄴ: 소란
② ㄱ: 도난, ㄴ: 혼잡
③ ㄱ: 위해, ㄴ: 혼잡
④ ㄱ: 도난, ㄴ: 소란

> **해설** 시설경비업무란 경비를 필요로 하는 시설 및 장소에서의 "도난·화재" 그 밖의 "혼잡" 등으로 인한 위험발생을 방지하는 업무를 말한다(법 제2조 제1호 가목).

정답 ②

05 경비업법상 용어에 관한 설명으로 옳지 않은 것은? 2017년 기출

① 시설경비업무는 경비를 필요로 하는 시설 및 장소에서의 도난 등으로 인한 위험발생을 방지하는 업무이다.
② 호송경비업무는 운반 중에 있는 현금 등 물건에 대하여 도난 등 위험발생을 방지하는 업무이다.
③ 신변보호업무는 사람의 생명이나 신체에 대한 위해발생을 방지하고 그 신변을 보호하는 업무이다.
④ 특수경비업무는 경비대상시설에 설치한 기기에 의하여 감지·송신된 정보를 그 경비대상시설 외의 장소에 설치한 관제시설의 기기로 수신하여 도난 등 위험발생을 방지하는 업무이다.

> **해설** ①·②·③ 법 제2조 제1호 가목·나목·다목
> ④ 특수경비업무 → 기계경비업무(법 제2조 제1호 라목)

정답 ④

06 경비업법령상 규정된 용어에 관한 설명으로 옳은 것은? 2018년 기출

① 경비지도사는 일반경비지도사와 특수경비지도사로 구분한다.
② 국가중요시설에는 공항·항만, 원자력발전소 등의 시설 중 국가정보원장이 지정하는 국가보안목표시설도 해당된다.
③ 무기라 함은 인명을 살상할 수 있도록 제작·판매된 권총·소총·분사기를 말한다.
④ 특수경비원은 시설경비, 호송경비, 신변보안, 특수경비업무를 수행하는 자이다.

> **해설**
> ① 경비지도사는 일반경비지도사와 기계경비지도사로 구분한다(법 제2조 제2호).
> ② 영 제2조
> ③ 무기라 함은 인명 또는 신체에 위해를 가할 수 있도록 제작된 권총·소총 등을 말한다(법 제2조 제4호).
> ④ 특수경비원은 특수경비업무를 수행하는 자이다(법 제2조 제3호).

정답 ②

---

07 경비업법령상 용어의 정의이다. (　)에 들어갈 내용이 바르게 나열된 것은? 2023년 기출

> ○ 신변보호업무: 사람의 생명이나 신체에 대한 (ㄱ)의 발생을 방지하고 그 신변을 보호하는 업무
> ○ 특수경비업무: 공항(항공기를 포함) 등 대통령령이 정하는 국가중요시설의 (ㄴ) 및 도난·화재 그 밖의 위험발생을 방지하는 업무
> ○ 기계경비업무: 경비대상시설에 설치한 기기에 의하여 감지·송신된 정보를 그 경비대상시설외의 장소에 설치한 (ㄷ)의 기기로 수신하여 도난·화재 등 위험발생을 방지하는 업무

① ㄱ: 위해, ㄴ: 경비, ㄷ: 관제시설
② ㄱ: 위해, ㄴ: 보호, ㄷ: 관제시설
③ ㄱ: 침해, ㄴ: 경비, ㄷ: 감지시설
④ ㄱ: 침해, ㄴ: 보호, ㄷ: 감지시설

> **해설** ㄱ은 위해, ㄴ은 경비, ㄷ은 관제시설이 각각 들어간다(법 제2조 제1호 참조).

정답 ①

---

08 경비업법령상 운반중에 있는 현금·유가증권·귀금속·상품 그 밖의 물건에 대하여 도난·화재 등 위험발생을 방지하는 업무는? 2024년 기출

① 특수경비업무
② 신변보호업무
③ 기계경비업무
④ 호송경비업무

> **해설** 설문은 호송경비업무에 대한 내용이다(법 제2조 제1호 나목 참조).

정답 ④

09 다음 중 경비업법상 경비업의 정의에 대한 설명으로 틀린 것을 모두 고른 것은?

> ㄱ. 시설경비업무란 대통령령이 정하는 국가중요시설의 경비 및 도난·화재 그 밖의 위험발생을 방지하는 업무를 말한다.
> ㄴ. 호송경비업무란 경비대상시설에 있는 현금·유가증권·귀금속·상품 그 밖의 물건에 대하여 도난·화재 등 위험발생을 방지하는 업무를 말한다.
> ㄷ. 신변보호업무란 사람의 생명이나 재산에 대한 위해의 발생을 방지하고 그 신변을 보호하는 업무를 말한다.
> ㄹ. 기계경비업무란 경비대상시설에 설치한 기기에 의하여 감지·송신된 정보를 그 경비대상시설 내의 장소에 설치한 관제시설의 기기로 수신하여 도난·화재 등 위험발생을 방지하는 업무를 말한다.
> ㅁ. 혼잡·교통유도경비업무란 도로에 접속한 공사현장 및 사람과 차량의 통행에 위험이 있는 장소 또는 도로를 점유하는 행사장 등에서 도난·화재 그 밖의 혼잡 등으로 인한 위험발생을 방지하는 업무

① ㄱ, ㄹ
② ㄱ, ㄴ, ㄷ
③ ㄴ, ㄷ, ㅁ
④ ㄱ, ㄴ, ㄷ, ㄹ, ㅁ

해설
ㄱ. 시설경비업무 → 특수경비업무(법 제2조 제1호 마목)
ㄴ. 경비대상시설에 있는 → 운반 중에 있는(법 제2조 제1호 나목)
ㄷ. 재산 → 신체(법 제2조 제1호 다목)
ㄹ. 경비대상시설 내의 → 경비대상시설 외의(법 제2조 제1호 라목)
ㅁ. 도난·화재 → 교통사고(법 제2조 제1호 바목)

정답 ④

제2절 경비업의 허가

01 경비업법령상 경비업의 허가권자는?
2008년 기출

① 경찰청장
② 시·도경찰청장
③ 행정안전부장관
④ 관할시장, 군수, 구청장

해설 경비업을 영위하고자 하는 법인은 도급받아 행하고자 하는 경비업무를 특정하여 그 법인의 주사무소의 소재지를 관할하는 '시·도경찰청장'의 허가를 받아야 한다(법 제4조 제1항).

정답 ②

02 경비업법령상 경비업 허가에 관한 설명으로 옳지 않은 것은?
2013년 기출

① 경비업 허가의 유효기간은 허가 받은 날부터 5년으로 한다.
② 경비업 허가의 유효기간이 만료된 후 계속하여 경비업을 하고자 하는 법인은 행정안전부령이 정하는 바에 의하여 갱신허가를 받아야 한다.
③ 법인이 도급 받아 행하고자 하는 경비업무를 변경하는 경우에는 관할 경찰관서장에게 신고하면 된다.
④ 허가관청은 영업정지처분을 하는 때에는 경비업자가 허가 받은 경비업무 중 영업정지사유에 해당되는 경비업무에 한하여 처분을 하여야 한다.

해설 ①·② 법 제6조 제1항·제2항
③ 법인이 도급받아 행하고자 하는 경비업무를 변경하는 경우에는 그 법인의 주사무소의 소재지를 관할하는 '시·도경찰청장의 허가'를 받아야 한다(법 제4조 제1항 후단).
④ 법 제19조 제3항

정답 ③

03 경비업법령상 경비업의 경비원 인력과 자본금에 관한 기준을 연결한 것으로 옳지 않은 것은? (경비인력에 경비지도사는 제외함)
2009년 기출수정

① 신변보호업무 - 경비원 인력 : 무술유단자 3인 이상, 자본금 : 1억원 이상
② 호송경비업무 - 경비원 인력 : 무술유단자 5인 이상, 자본금 : 1억원 이상
③ 시설경비업무 - 경비원 인력 : 10인 이상, 자본금 : 1억원 이상
④ 특수경비업무 - 경비원 인력 : 특수경비원 20인 이상, 자본금 : 3억원 이상

해설 ① 신변보호업무 - 경비원 인력 : 무술유단자 5인 이상, 자본금 : 1억원 이상
②·③·④ 영 제3조 제2항 별표1 참조

정답 ①

04 경비업법령상 경비업의 허가를 받고자 하는 법인이 갖추어야 하는 업무별 자본금의 기준이 옳게 짝지어진 것은?　　　2011년 기출

① 시설경비업무 – 5천만원 이상
② 호송경비업무 – 5천만원 이상
③ 특수경비업무 – 5천만원 이상
④ 기계경비업무 – 1억원 이상

> **해설**　시설경비업무, 호송경비업무, 신변보호업무, 기계경비업무, 혼잡·교통유도경비업무는 1억원 이상이며, 특수경비업무는 3억원 이상이다(영 제3조 제2항 별표1 참조).
>
> 정답 ④

05 경비업법령상 경비업 허가를 받고자 하는 법인이 갖추어야 할 경비원 인력·자본금 기준의 내용으로 옳지 않은 것은? (경비인력에 경비지도사는 제외한다)　　　2012년 기출수정

① 시설경비업무는 10명 이상의 일반경비원과 1억원 이상의 자본금을 갖추어야 한다.
② 호송경비업무는 무술유단자 10명 이상의 일반경비원과 5천만원 이상의 자본금을 갖추어야 한다.
③ 기계경비업무는 전자·통신분야 기술자격증소지자 5명을 포함한 10명 이상의 일반경비원과 1억원 이상의 자본금을 갖추어야 한다.
④ 특수경비업무는 특수경비원 20명 이상의 경비인력과 3억원 이상의 자본금을 갖추어야 한다.

> **해설**　①·③·④ 영 제3조 제2항 별표1 참조
> ② 호송경비업무는 무술유단자 '5명' 이상의 일반경비원과 '1억원' 이상의 자본금을 갖추어야 한다(영 제3조 제2항 별표1 제2호).
>
> 정답 ②

06 경비업법령상 시설경비업의 허가를 받고자 하는 법인의 경비인력 요건으로 옳은 것은?　　　2019년 기출수정

① 일반경비원 10명 이상 및 경비지도사 1명 이상
② 일반경비원 20명 이상 및 경비지도사 2명 이상
③ 무술유단자인 일반경비원 5명 이상 및 경비지도사 1명 이상
④ 무술유단자인 일반경비원 10명 이상 및 경비지도사 2명 이상

> **해설**　①은 시설경비업체 경비인력 요건이며, ③은 호송·신변보호 경비업체 경비인력 요건이다(영 제3조 제2항 별표1).
>
> 정답 ①

07 경비업법령상 특수경비업의 경비인력 및 자본금의 허가요건으로 옳은 것은?   2021년 기출

① 특수경비원 10명 이상, 경비지도사 1명 이상, 자본금 1억원 이상
② 특수경비원 20명 이상, 경비지도사 1명 이상, 자본금 1억원 이상
③ 특수경비원 10명 이상, 경비지도사 1명 이상, 자본금 3억원 이상
④ 특수경비원 20명 이상, 경비지도사 1명 이상, 자본금 3억원 이상

해설 특수경비업의 경우 특수경비원 20명 이상, 경비지도사 1명 이상, 자본금 3억원 이상을 갖추어야 한다(영 제3조 제2항 별표1).

정답 ④

08 경비업법령상 경비업의 시설 등의 기준에 따라 기계경비업 허가신청서를 제출하는 법인이 출장소를 서울, 인천, 대전의 3곳에 두려고 하는 경우에 최종적으로 갖추어야 할 출동차량은 최소 몇 대인가?   2015년 기출

① 3대　　　　　　　　　　　② 6대
③ 9대　　　　　　　　　　　④ 12대

해설 출장소별로 출동차량 2대 이상 갖추어야 하므로 최소 6대의 출동차량을 갖추어야 한다(영 제3조 제2항 별표1 참조).

정답 ②

09 경비업법령상 경비업의 허가요건으로 옳은 것을 모두 고른 것은?   2017년 기출

> ㄱ. 시설경비업무와 특수경비업무를 겸업하고자 하는 경우 자본금은 1억원 이상을 보유하여야 한다.
> ㄴ. 호송경비업무의 장비 등의 기준은 호송용 차량 1대 이상, 현금호송백 1개 이상, 기준 경비인력 수 이상의 경비원 복장 및 경적, 단봉, 분사기가 구비되어야 한다.
> ㄷ. 기계경비업무의 시설은 기준 경비인력 이상을 동시에 교육할 수 있는 교육장·관제시설이 있어야 한다.
> ㄹ. 기계경비업무의 경비인력은 전자·통신 분야 기술자격증소지자 3명을 포함한 일반경비원 10명 이상, 경비지도사 1명 이상이 있어야 한다.
> ㅁ. 특수경비업자 외의 자가 특수경비업무를 추가하려는 경우에는 이미 갖추고 있는 자본금을 포함하여 특수경비업무의 자본금 기준에 적합하여야 한다.

① ㄱ, ㄴ, ㄷ　　　　　　　　② ㄱ, ㄹ, ㅁ
③ ㄴ, ㄷ, ㄹ　　　　　　　　④ ㄴ, ㄷ, ㅁ

해설 영 제3조 제2항 별표1 참조
ㄱ. 1억원 → 3억원
ㄹ. 3명 → 5명

정답 ④

10
다음은 경비업법령상 '경비업의 시설 등의 기준'에 대한 설명이다. 틀린 것을 모두 고른 것은?

> ㄱ. 신변보호업무의 경우 기준 경비인력 수 이상의 복장 및 경적, 단봉, 분사기를 갖추어야 한다.
> ㄴ. 기계경비업무의 경우 감지장치·송신장치·수신장치 및 통신장비를 갖추어야 한다.
> ㄷ. 특수경비업무의 경우 무술유단자인 특수경비원 20명 이상을 갖추어야 한다.
> ㄹ. 호송경비업무의 경우 기준 경비인력 수 이상의 복장 및 경적, 단봉, 분사기, 무전기, 경광봉을 갖추어야 한다.
> ㅁ. 시설경비업무의 경우 출장소별로 출동차량 2대 이상을 갖추어야 한다.
> ㅂ. 특수경비업무의 경우 기준 경비인력 수 이상의 복장 및 경적, 단봉, 분사기, 무기를 갖추어야 한다.

① 없음
② ㄱ, ㄷ, ㅁ
③ ㄴ, ㄹ, ㅂ
④ ㄱ, ㄴ, ㄷ, ㄹ, ㅁ, ㅂ

해설 영 제3조 제2항 별표1 참조
ㄱ. 신변보호업무의 경우 복장은 갖추지 않아도 된다.
ㄴ. 통신장비는 신변보호업무의 경우에 갖추어야 한다.
ㄷ. 특수경비업무의 경우에는 무술유단자일 필요는 없다.
ㄹ. 혼잡·교통유도경비업무의 경우 갖추어야 하는 장비이다.
ㅁ. 기계경비업무의 경우에 출장소별로 출동차량 2대 이상을 갖추어야 한다.
ㅂ. 특수경비업무의 경우 무기는 갖추지 않아도 된다.

정답 ④

11
경비업법령상 '경비업의 시설 등의 기준'에서 정한 호송용 차량에 관한 내용 중 (   ) 안에 들어갈 용어로 옳지 않은 것은? **2012년 기출**

> "호송용 차량"이란 현금이나 그 밖의 귀중품의 운반에 필요한 (ㄱ) 및 (ㄴ)을 갖추고 (ㄷ) 및 (ㄹ)을 갖춘 자동차를 말한다.

① ㄱ : 견고성
② ㄴ : 안전성
③ ㄷ : 영상녹화시설
④ ㄹ : 경보시설

해설 "호송용 차량"이란 현금이나 그 밖의 귀중품의 운반에 필요한 '견고성' 및 '안전성'을 갖추고 '무선통신시설' 및 '경보시설'을 갖춘 자동차를 말한다(영 제3조 제2항 별표1 비고).

정답 ③

12 경비업법령상 '경비업의 시설 등의 기준'에 관한 설명으로 옳은 것은?

① 자본금의 경우 실질자본금을 말하고, 하나의 경비업무에 대한 자본금을 갖춘 경비업자가 그 외의 경비업무를 추가로 하려는 경우 자본금을 갖춘 것으로 본다. 다만, 특수경비업자 외의 자가 특수경비업무를 추가로 하려는 경우에는 이미 갖추고 있는 자본금을 제외하고 특수경비업무의 자본금 기준에 적합하여야 한다.
② 교육장의 경우 하나의 경비업무에 대한 시설을 갖춘 경비업자가 그 외의 경비업무를 추가로 하려는 경우에는 경비인력이 더 많이 필요한 경비업무에 해당하는 교육장을 갖추어야 한다.
③ 무술유단자란 「국민체육진흥법」에 따른 대한체육회에 가맹된 단체 또는 경찰청에 등록된 무도 관련 단체가 무술유단자로 인정한 사람을 말한다.
④ 현금호송백이란 현금이나 그 밖의 귀중품을 운반하기 위한 이동용 호송장비로서 무선통신시설 및 경보시설을 갖춘 것을 말한다.

> **해설** 영 제3조 제2항 별표1 비고 참조
> ① 실질자본금 → 납입자본금 / 제외하고 → 포함하여
> ③ 경찰청 → 문화체육관광부
> ④ 무선통신시설 및 경보시설 → 경보시설

 ②

13 경비업법령상 경비업의 시설 등의 기준에 관한 설명으로 틀린 것을 모두 고른 것은?

> ㄱ. 교육장의 경우 하나의 경비업무에 대한 시설을 갖춘 경비업자가 그 외의 경비업무를 추가로 하려는 경우에는 교육장을 갖춘 것으로 본다.
> ㄴ. 호송용 차량이란 현금이나 그 밖의 귀중품을 운반하기 위한 이동용 호송장비로서 경보시설을 갖춘 것을 말한다.
> ㄷ. 전자·통신분야 기술자격증소지자란 「국가기술자격법」에 따라 전기 및 통신 분야에서 2급 이상의 기술자격을 취득한 사람을 말한다.
> ㄹ. 현금호송백이란 현금이나 그 밖의 귀중품의 운반에 필요한 견고성 및 안전성을 갖추고 무선통신시설 및 경보시설을 갖춘 것을 말한다.

① ㄱ, ㄴ, ㄷ, ㄹ ② ㄱ, ㄷ
③ ㄴ, ㄹ ④ 없음

> **해설** 영 제3조 제2항 별표1 비고 참조
> ㄱ. 교육장의 경우 하나의 경비업무에 대한 시설을 갖춘 경비업자가 그 외의 경비업무를 추가로 하려는 경우에는 경비인력이 더 많이 필요한 경비업무에 해당하는 교육장을 갖추어야 한다.
> ㄴ. 호송용 차량 → 현금호송백
> ㄷ. 전자·통신분야 기술자격증소지자란 「국가기술자격법」에 따라 전기 및 통신 분야에서 기술자격을 취득한 사람을 말한다. 즉 급수제한은 없다.
> ㄹ. 현금호송백 → 호송용 차량

 ①

14 다음 중 경비업을 영위하는 법인의 임원의 결격사유가 아닌 것은?   2007년 기출

① 피성년후견인
② 파산선고를 받고 복권되지 아니한 자
③ 금고 이상의 형을 선고를 받고 그 형이 실효되지 아니한 자
④ 경비업법 또는 대통령 등의 경호에 관한 법률에 위반하여 벌금형의 선고를 받고 4년이 지나지 아니한 자

해설 ①·②·③ 법 제5조 제1호·제2호·제3호
④ 4년 → 3년(법 제5조 제4호)

정답 ④

15 경비업법령상 경비업을 영위하는 법인의 임원이 될 수 있는 경우는?   2010년 기출

① 경비업법에 위반하여 벌금형의 선고를 받고 2년이 된 자가 특수경비업무를 수행하는 법인의 임원이 되는 경우
② 파산선고를 받고 복권되지 아니한 자가 시설경비업무를 수행하는 법인의 임원이 되는 경우
③ 금고 이상의 형의 선고를 받고 그 형이 실효되지 아니한 자가 신변보호업무를 수행하는 법인의 임원이 되는 경우
④ 호송경비업무를 수행하는 법인이 경비업법(제19조 제1항 제2호 및 제7호는 제외한다)을 위반하여 허가가 취소된 경우, 그 당시 재직 중이던 임원이 그 취소 후 1년 만에 시설경비업무를 수행하는 법인의 임원이 되는 경우

해설 ① 경비업법에 위반하여 벌금형의 선고를 받은 경우 '3년'이 지나야 특수경비업무를 수행하는 법인의 임원이 될 수 있다(법 제5조 제4호).
② 파산선고를 받고 복권되지 아니한 자는 경비업을 영위하는 법인의 임원이 될 수 없다(법 제5조 제2호).
③ 금고 이상의 형의 선고를 받고 그 형이 실효되지 아니한 자는 경비업을 영위하는 법인의 임원이 될 수 없다(법 제5조 제3호).
④ 호송경비업무를 수행하는 법인이 경비업법(제19조 제1항 제2호 및 제7호는 제외한다)을 위반하여 허가가 취소된 경우, 그 당시 재직 중이던 임원은 그 취소 후 3년이 지나지 아니하면 '동종'의 경비업무를 수행하는 법인의 임원이 될 수 없고, 그 외 경비업무를 수행하는 법인의 임원은 될 수 있다(법 제5조 제5호).

정답 ④

16 경비업법령상 경비업을 영위하는 법인의 임원의 결격사유에 관한 설명으로 옳은 것은?

2012년 기출수정

① 피한정후견인은 신변보호업무를 수행하는 법인의 임원이 될 수 없다.
② 파산선고를 받고 복권되지 아니한 자는 시설경비업무를 수행하는 법인의 임원이 될 수 있다.
③ 내란죄로 징역 1년에 집행유예 3년의 형의 선고를 받고 그 형이 실효된 자는 특수경비업무를 수행하는 법인의 임원이 될 수 없다.
④ 집회 및 시위에 관한 법률에 위반하여 200만원의 벌금형의 선고를 받고 그 형이 실효되지 아니한 자는 호송경비업무를 수행하는 법인의 임원이 될 수 있다.

> 해설 ① 없다 → 있다(법 제5조 제1호 참고).
> ② 있다 → 없다(법 제5조 제2호).
> ③ 금고 이상의 형의 선고를 받고 그 형이 실효된 자는 경비업을 영위하는 법인의 임원이 될 수 있다(법 제5조 제3호).
> ④ '금고 이상'의 형의 선고를 받고 그 형이 실효되지 아니한 자는 경비업을 영위하는 법인의 임원이 될 수 없다(법 제5조 제3호). 따라서 벌금형을 선고 받은 경우에는 법인의 임원이 될 수 있다.
>
> 정답 ④

17 경비업법상 경비업을 영위하는 법인의 임원 결격사유에 해당하지 않는 것은?

2015년 기출

① 피성년후견인
② 파산선고를 받고 복권되지 아니한 자
③ 금고 이상의 형의 선고를 받고 그 형이 실효되지 아니한 자
④ 시설경비업무를 수행하는 법인의 경우, 경비업법에 위반하여 벌금형의 선고를 받고 3년이 지나지 아니한 자

> 해설 ①·②·③ 법 제5조 제1호·제2호·제3호
> ④ 「경비업법」 또는 「대통령 등의 경호에 관한 법률」에 위반하여 벌금형의 선고를 받고 3년이 지나지 아니한 자는 '특수'경비업무를 수행하는 법인의 임원이 될 수 없다(법 제5조 제4호).
>
> 정답 ④

18 경비업법상 경비업을 영위하는 법인의 임원이 될 수 있는 자는?

2016년 기출

① 60세인 사람
② 피성년후견인
③ 파산선고를 받고 복권되지 아니한 자
④ 금고 이상의 형의 선고를 받고 그 형이 실효되지 아니한 자

> 해설 ① 특수경비원의 결격사유에는 해당하나, 임원의 결격사유에는 해당하지 않는다(법 제5조, 제10조 제2항 제1호 참조).
> ②·③·④ 임원의 결격사유에 해당한다(법 제5조 참조).
>
> 정답 ①

19 경비업법상 법인임원의 결격사유에 해당하는 것은? 2017년 기출

① 파산선고를 받고 복권된 자
② 금고 이상의 형의 선고를 받고 그 형이 실효된 자
③ 대통령 등의 경호에 관한 법률에 위반하여 벌금형의 선고를 받고 3년이 경과된 자
④ 경비업법에 의한 명령에 위반하여 허가가 취소된 법인의 허가취소 당시 임원이었던 자로서 그 허가 취소 후 3년이 경과되지 아니한 자

해설 ① 파산선고를 받고 복권되지 아니한 자가 결격사유에 해당한다(법 제5조 제2호).
② 금고 이상의 형의 선고를 받고 그 형이 실효되지 아니한 자가 결격사유에 해당한다(법 제5조 제3호).
③ 대통령 등의 경호에 관한 법률에 위반하여 벌금형의 선고를 받고 3년이 지나지 아니한 자가 결격사유에 해당한다(법 제5조 제4호).
④ 이에 해당하는 자의 경우에는 허가취소사유에 해당하는 경비업무와 동종의 경비업무를 수행하는 법인임원의 결격사유에 해당한다(법 제5조 제5호).

정답 ④

20 경비업법령상 2018년 11월 16일을 기준으로 특수경비업무를 수행하는 법인의 임원이 될 수 없는 자는? (단, 경비업법 제19조 제1항 제2호 및 제7호는 제외) 2018년 기출

① 2015년 11월 14일 파산선고를 받고 2018년 11월 14일 복권된 자
② 호송경비업무를 수행하던 법인이 경비업법에 의한 명령에 위반하여 2015년 11월 14일 허가가 취소된 경우 해당 법인의 허가 취소 당시의 임원이었던 자
③ 「대통령 등의 경호에 관한 법률」을 위반하여 2015년 11월 14일에 벌금형의 선고를 받은 자
④ 2015년 11월 14일 상해죄로 징역 1년에 집행유예 3년의 형을 선고 받고 그 형이 실효되지 아니한 자

해설 ①은 복권되었으므로, ②는 동종의 경비업무를 수행하는 법인의 임원이 아니므로, ③은 3년이 지났으므로 각각 임원이 될 수 있다(법 제5조 제2호·제5호·제4호 참조). 그러나 ④는 실효되지 아니하였으므로 임원이 될 수 없다(법 제5조 제3호 참조).

정답 ④

21 경비업법령상 경비업을 영위하는 법인의 임원이 될 수 없는 자는? 2019년 기출

① 파산선고를 받고 복권된 지 3년이 지나지 아니한 갑(甲)
② 금고 이상의 형의 선고를 받고 그 형이 실효된 후 3년이 지난 을(乙)
③ 「대통령 등의 경호에 관한 법률」에 위반하여 벌금형의 선고를 받은 후 1년이 지나지 않고 특수경비업무를 수행하는 법인의 임원이 되려는 병(丙)
④ 「경비업법」을 위반하여 벌금형의 선고를 받고 3년이 지난 후 특수경비업무를 수행하는 법인의 임원이 되려는 정(丁)

해설 ① 복권되면 임원이 될 수 있다(법 제5조 제2호 참조).
② 형이 실효되면 임원이 될 수 있다(법 제5조 제3호 참조).
③·④ 「경비업법」 또는 「대통령 등의 경호에 관한 법률」에 위반하여 벌금형의 선고를 받고 3년이 지나지 아니한 자는 특수경비업무를 수행하는 법인의 임원이 될 수 없다(법 제5조 제4호). 따라서 병(丙)은 3년이 지나지 않았으므로 특수경비업체 임원이 될 수 없으며, 정(丁)은 3년이 지났으므로 특수경비업체 임원이 될 수 있다.

정답 ③

22 경비업법령상 경비업을 영위하는 법인의 임원 결격사유에 관한 설명으로 옳은 것은?

2020년 기출

① 한정후견인 또는 성년후견인은 임원이 될 수 없다.
② 이 법에 위반하여 벌금형의 선고를 받고 5년이 지나지 아니한 자는 임원이 될 수 없다.
③ 「대통령 등의 경호에 관한 법률」에 위반하여 벌금형의 선고를 받고 3년이 지나지 아니한 자는 특수경비업무를 수행하는 법인의 임원이 될 수 없다.
④ 관할 경찰관서장의 배치폐지명령에 따르지 아니하여 허가가 취소된 법인의 허가취소 당시의 임원이었던 자로서 허가가 취소된 날부터 5년이 지나지 아니한 자는 특수경비업무를 수행하는 법인의 임원이 될 수 없다.

해설 ① 피성년후견인은 임원이 될 수 없으나(법 제5조 제1호), 피한정후견인, 한정후견인, 성년후견인은 임원이 될 수 있다.
②·③ 이 법 또는 「대통령 등의 경호에 관한 법률」에 위반하여 벌금형의 선고를 받고 "3년"이 지나지 아니한 자는 "특수"경비업무를 수행하는 법인의 임원이 될 수 없다(법 제5조 제4호).
④ 관할 경찰관서장의 배치폐지명령에 따르지 아니하여 허가가 취소된 법인의 허가취소 당시의 임원이었던 자로서 그 취소 후 "3년"이 지나지 아니한 자는 허가취소사유에 해당하는 경비업무와 "동종"의 경비업무를 수행하는 법인의 임원이 될 수 없다(법 제5조 제5호).

정답 ③

23 경비업법령상 경비업을 영위하는 법인의 임원이 될 수 없는 자는?

2021년 기출

① 징역형의 선고를 받고 형이 실효된 자
② 파산선고를 받고 복권된 자
③ 허위의 방법으로 허가를 받아 허가가 취소된 법인의 허가취소 당시의 임원이었던 자로서 그 취소 후 3년이 지난 자
④ 허가받은 경비업무외의 업무에 경비원을 종사하게 하여 허가가 취소된 법인의 허가취소 당시의 임원이었던 자로서 그 취소 후 3년이 지난 자

해설 ① 형이 실효되었으므로 임원이 될 수 있다(법 제5조 제3호 참조).
② 복권되었으므로 임원이 될 수 있다(법 제5조 제2호 참조).
③ 경비업법 제19조 제1항 제2호 및 제7호의 사유(경비업무 외의 업무에 경비원을 종사하게 한 때, 경비업무의 범위를 벗어난 행위를 하게 한 때)를 제외한 사유로 허가가 취소된 경우이므로 3년이 지나면 임원이 될 수 있다(법 제5조 제5호 참조).
④ 경비업법 제19조 제1항 제2호 및 제7호의 사유로 허가가 취소된 경우이므로 5년이 지나야 임원이 될 수 있다(법 제5조 제6호 참조).

정답 ④

24 경비업법령상 경비업을 영위하는 법인의 임원 결격사유에 해당하지 않는 것은? 2022년 기출

① 피성년후견인
② 피한정후견인
③ 파산선고를 받고 복권되지 아니한 자
④ 금고 이상의 형의 선고를 받고 그 형이 실효되지 아니한 자

해설 ①·③·④ 법 제5조 제1호·제2호·제3호
② 피한정후견인은 결격사유에 해당하지 않는다(법 제5조 참조).

정답 ②

25 경비업법령상 특수경비업을 영위하는 법인 임원의 결격사유를 모두 고른 것은? 2023년 기출

ㄱ. 경비업법에 위반하여 벌금형의 선고를 받고 3년이 지나지 아니한 자
ㄴ. 「대통령 등의 경호에 관한 법률」에 위반하여 벌금형의 선고를 받고 3년이 지나지 아니한 자
ㄷ. 금고 이상의 형의 선고를 받고 그 형이 실효되지 아니한 자

① ㄷ
② ㄱ, ㄴ
③ ㄴ, ㄷ
④ ㄱ, ㄴ, ㄷ

해설 ㄱ·ㄴ은 특수경비업을 영위하는 법인 임원만의 결격사유이며, ㄷ은 모든 경비업을 영위하는 법인 임원의 결격사유이다. 따라서 ㄱ·ㄴ·ㄷ 모두 특수경비업을 영위하는 법인 임원의 결격사유에 해당한다(법 제5조 제3호·제4호 참조).

정답 ④

26 경비업법령상 특수경비업을 영위하는 법인의 임원이 될 수 없는 자를 모두 고른 것은?

2024년 기출

ㄱ. 파산선고를 받고 복권된 자
ㄴ. 징역형의 선고를 받고 그 형이 실효되지 아니한 자
ㄷ. 「대통령 등의 경호에 관한 법률」에 위반하여 벌금형의 선고를 받고 3년이 지나지 아니한 자

① ㄱ
② ㄱ, ㄴ
③ ㄴ, ㄷ
④ ㄱ, ㄴ, ㄷ

해설 ㄱ. 파산선고를 받고 복권되지 아니한 자가 법인의 임원이 될 수 없다(법 제5조 제2호).
ㄴ. 금고 이상의 형의 선고를 받고 그 형이 실효되지 아니한 자는 법인의 임원이 될 수 없다(법 제5조 제3호). 금고 이상의 형이므로 징역형도 포함된다.
ㄷ. 「대통령 등의 경호에 관한 법률」에 위반하여 벌금형의 선고를 받고 3년이 지나지 아니한 자는 특수경비업을 영위하는 법인의 임원이 될 수 없다(법 제5조 제4호).

 정답 ③

27 경비업법령상 경비업의 허가 등에 관한 설명으로 옳은 것은?

2010년 기출

① 경비업은 원칙적으로 법인만이 영위할 수 있으나, 법률이 정한 일정규모 이상의 시설이나 자본금을 갖춘 경우 조합이나 법인이 아닌 사단도 경비업을 영위할 수 있다.
② 징역형을 받고 그 형이 실효되지 아니한 자는 경비업을 영위하는 법인의 임원이 될 수 없다.
③ 경비업을 영위하고자 하는 경우 법인 주사무소의 소재지를 관할하는 시·도경찰청장의 허가를 받아야 하는데 허가시에 행하고자 하는 경비업무를 특정할 필요는 없다.
④ 영업을 폐업하거나 휴업한 때는 관할 시·도경찰청장에게 신고하여야 하지만 대통령령이 정하는 중요사항을 변경하고자 하는 때에는 허가를 받아야 한다.

해설 ① 경비업은 법인이 아니면 이를 영위할 수 없다(법 제3조).
② 금고 이상의 형의 선고를 받고 그 형이 실효되지 아니한 자는 경비업을 영위하는 법인의 임원이 될 수 없다(법 제5조 제3호). 즉, 징역형은 금고 이상의 형이므로 옳은 내용이다.
③ 허가시에 행하고자 하는 경비업무를 특정하여야 한다(법 제4조 제1항 참조).
④ 대통령령이 정하는 중요사항을 변경하고자 하는 때에도 시·도경찰청장에게 신고하여야 한다(법 제4조 제3항 제6호).

 정답 ②

28 경비업법령상 경비업의 허가에 관한 설명으로 옳지 않은 것은?

2010년 기출

① 경비업의 허가를 받은 법인이 도급받아 행하고자 하는 경비업무를 변경하는 경우에는 그 법인의 주사무소 소재지 관할 시·도경찰청장의 허가를 받아야 한다.
② 경비업을 영위하고자 하는 법인은 대통령령으로 정하는 경비인력·자본금·시설 및 장비를 갖추지 못한 경우 허가신청시 그에 대한 확보계획서를 제출한 후 허가를 받은 날부터 1월 이내에 필요한 법정시설 등을 갖추고 시·도경찰청장의 확인을 받아야 한다.
③ 경비업의 허가여부를 결정하는 경우에 대표자, 임원의 경력 및 신용 등은 검토의 대상이 된다.
④ 특수경비업의 허가기준 중 경비인력(경비지도사 제외)은 특수경비원 20명 이상, 자본금은 3억원 이상을 갖추어야 한다.

해설
① 법 제4조 제1항
② 경비업을 영위하고자 하는 법인은 '경비인력·시설 및 장비'를 갖추지 못한 경우 허가신청시 그에 대한 확보계획서를 제출한 후 허가를 받은 날부터 1월 이내에 필요한 법정시설 등을 갖추고 시·도경찰청장의 확인을 받아야 한다(영 제3조 제2항). 그러나 '자본금'은 확보계획서를 제출할 수 없고 허가신청시에 반드시 갖추어야 한다.
③ 영 제4조 제1항
④ 영 제3조 제2항 별표1

정답 ②

29 경비업법령상 경비업 허가를 받으려는 자가 신청서에 첨부하여야 하는 서류를 모두 고른 것은?

2023년 기출

ㄱ. 법인의 정관 1부
ㄴ. 법인 임원의 이력서 1부
ㄷ. 법인 임원의 인감증명서 1부

① ㄱ, ㄴ
② ㄱ, ㄷ
③ ㄴ, ㄷ
④ ㄱ, ㄴ, ㄷ

해설 경비업의 허가를 받으려는 경우에는 경비업 허가신청서에 ⅰ) 법인의 정관 1부, ⅱ) 법인 임원의 이력서 1부, ⅲ) 경비인력·시설 및 장비의 확보계획서(경비업 허가의 신청시 이를 갖출 수 없는 경우에 한함) 1부를 첨부하여야 한다(규칙 제3조 제1항).

정답 ①

30 A법인은 경비업을 영위하고자 한다. 이 경우 A법인이 시·도경찰청장의 허가를 받기 위하여 제출하여야 하는 서류를 모두 고른 것은? (단, 현재 A법인은 경비인력·시설 및 장비를 갖추었음)

ㄱ. 허가신청서	ㄴ. 법인 대표자의 이력서
ㄷ. 법인 임원의 이력서	ㄹ. 법인의 정관
ㅁ. 법인 등기사항증명서	ㅂ. 법인 납세증명서
ㅅ. 경비인력·시설 및 장비의 확보계획서	ㅇ. 경비원 배치신고서

① ㄱ, ㄷ, ㄹ
② ㄱ, ㄴ, ㄹ, ㅁ
③ ㄱ, ㄴ, ㄷ, ㅁ, ㅅ
④ ㄱ, ㄴ, ㄷ, ㄹ, ㅁ, ㅂ, ㅅ, ㅇ

해설 허가신청서에 법인의 정관 1부와 법인 임원의 이력서 1부를 첨부하여 제출하여야 한다(규칙 제3조 참조).

정답 ①

31 경비업법령상 허가신청 등에 관한 내용이다. ( ) 안에 들어갈 내용을 순서대로 나열한 것은?

2013년 기출

경비업의 허가신청서를 제출하는 법인이 시행령 별표 1의 규정에 의한 시설 등(자본금을 제외한다. 이하 같음)을 갖출 수 없는 경우에는 허가신청시 시설 등의 확보계획서를 제출한 후 허가를 받은 날부터 ( ) 이내에 시설 등을 갖추고 법인의 주사무소 관할 ( )의 확인을 받아야 한다.

① 15일, 경찰서장
② 15일, 시·도경찰청장
③ 1월, 경찰서장
④ 1월, 시·도경찰청장

해설 허가를 받은 날부터 '1월' 이내에 시설 등을 갖추고 법인의 주사무소 관할 '시·도경찰청장'의 확인을 받아야 한다(법 제4조 제1항, 영 제3조 제2항).

정답 ④

32 경비업법령상 경비업 허가신청 등에 관한 설명으로 옳은 것은?

2020년 기출

① 경비업 허가 신청시 시설을 갖출 수 없는 경우에는 시설 확보계획서를 제출한 후 허가를 받은 날부터 1월 이내에 법령 규정에 의한 시설을 갖추고 시·도경찰청장의 확인을 받아야 한다.
② 경비업의 허가를 받은 법인은 기계경비업무 수행을 위한 관제시설을 이전한 때에는 관할 경찰서장에게 신고하여야 한다.
③ 경비업 변경허가 신청시 자본금을 갖출 수 없는 경우에는 자본금 확보계획서를 제출한 후 변경허가를 받은 날부터 1월 이내에 자본금을 갖추고 시·도경찰청장의 확인을 받아야 한다.
④ 경비업자가 허가 받은 경비업무를 변경하려는 경우에는 변경허가신청서를 경찰청장 또는 관할 시·도경찰청장에게 제출하여야 한다.

> **해설** ① 영 제3조 제2항
> ② 관할 경찰서장 → 시·도경찰청장(법 제4조 제3항 제4호)
> ③ 자본금은 확보계획서를 제출할 수 없고 변경허가 신청시 반드시 갖추어야 한다(영 제3조 제2항 참조).
> ④ 변경허가신청서를 법인의 주사무소를 관할하는 "시·도경찰청장 또는 해당 시·도경찰청 소속의 경찰서장"에게 제출하여야 한다(영 제3조 제1항).
>
> **정답** ①

33 경비업법령상 경비업 허가에 관한 설명으로 옳은 것은? 2020년 기출

① 시·도경찰청장은 경비업 변경허가를 한 경우 해당 법인의 주사무소를 관할하는 지구대장을 거쳐 신청인에게 허가증을 발급하여야 한다.
② 경비업자는 경비업 허가증이 못쓰게 된 경우에는 그 사유서를 첨부하여 해당 시·도경찰청 소속의 경찰서장에게 재발급을 신청하여야 한다.
③ 시·도경찰청장이 경비업 허가를 신청 받아 허가여부를 결정할 때, 임원의 신용은 검토 대상이 아니다.
④ 누구든지 허가를 받은 경비업체와 동일한 명칭으로 경비업 허가를 받을 수 없다.

> **해설** ① 지구대장 → 경찰서장(영 제4조 제2항)
> ② 사유서를 → 허가증을(영 제4조 제3항)
> ③ 임원의 신용도 검토 대상이다(영 제4조 제1항 참조).
> ④ 법 제4조의2 제1항
>
> **정답** ④

34 경비업법령상 경비업을 영위하고자 하는 법인의 허가 여부 결정을 위한 검토사항에 해당하지 않는 것은? 2024년 기출

① 첫 업무개시의 신고에 따른 비밀취급인가 가능성 유무
② 경비인력·시설 및 장비의 확보 또는 확보가능성 여부
③ 임원중 경비업법에 의한 결격사유에 해당하는 자가 있는지의 유무
④ 대표자·임원의 경력 및 신용

> **해설** 시·도경찰청장은 허가의 신청을 받은 때에는 경비업을 영위하고자 하는 법인의 임원중 결격사유에 해당하는 자가 있는지의 유무, 경비인력·시설 및 장비의 확보 또는 확보가능성의 여부, 자본금과 대표자·임원의 경력 및 신용 등을 검토하여 허가여부를 결정하여야 한다(영 제4조 제1항). 따라서 ①은 허가 여부 결정을 위한 검토사항에 해당하지 않는다. 다만, 허가를 받은 특수경비업자는 첫 업무개시의 신고를 하기 전에 비밀취급인가를 받아야 한다(영 제6조 제1항).
>
> **정답** ①

35 경비업법령상 수수료 납부에 관한 설명으로 옳은 것은? 2015년 기출

① 경비업의 갱신허가를 받고자 하는 자는 2만원의 수수료를 납부하여야 한다.
② 허가사항의 변경신고로 인한 허가증 재교부의 경우에는 2천원의 수수료를 납부하여야 한다.
③ 시험에 응시하고자 하는 자의 귀책사유로 시험에 응시하지 못한 경우 납부한 응시수수료 전액을 반환받는다.
④ 경찰청장은 시험응시자가 시험시행일 20일 전까지 접수를 취소하는 경우, 응시수수료의 100분의 50을 반환하여야 한다.

> **해설**
> ① 2만원 → 1만원(영 제28조 제1항 제1호)
> ② 영 제28조 제1항 제2호
> ③ '시험시행기관'의 귀책사유로 시험에 응시하지 못한 경우 납부한 응시수수료 전액을 반환받는다(영 제28조 제4항 제2호).
> ④ 100분의 50 → 전액(영 제28조 제4항 제3호)

 ②

36 경비업법령상 허가증 등의 수수료에 관한 설명으로 옳지 않은 것은? 2017년 기출

① 경비지도사 시험에 응시하고자 하는 자는 경찰청장이 정하여 고시하는 수수료를 납부하여야 한다.
② 경비업의 변경·추가허가의 경우에는 1만원의 수수료를 납부하여야 한다.
③ 경찰서장은 정보통신망을 이용하여 전자화폐·전자결제 등의 방법으로 수수료를 납부하게 할 수 있다.
④ 경비업의 허가를 받거나 허가증을 재교부 받고자 하는 자는 대통령령이 정하는 바에 따라 수수료를 납부하여야 한다.

> **해설**
> ①·② 영 제28조 제3항·제1항 제1호
> ③ 경찰서장 → 경찰청장 및 시·도경찰청장(영 제28조 제5항)
> ④ 법 제27조의2

 ③

37 경비업법령상 허가증 등의 수수료에 관한 설명으로 옳지 않은 것은? 2023년 기출

① 경비업 허가사항의 변경신고로 인한 허가증 재교부의 경우에는 1만원의 수수료를 납부하여야 한다.
② 경찰청장은 시험시행기관의 귀책사유로 시험에 응시하지 못한 경우 납부한 응시수수료 전액을 반환하여야 한다.
③ 경찰청장 및 시·도경찰청장은 정보통신망을 이용하여 전자화폐·전자결제 등의 방법으로 수수료를 납부하게 할 수 있다.
④ 경비지도사 시험에 응시하고자 하는 자는 경찰청장이 정하여 고시하는 수수료를 납부하여야 한다.

해설 ① 1만원 → 2천원(영 제28조 제1항 제2호)
② · ③ · ④ 영 제28조 제4항 제2호 · 제28조 제5항 · 제28조 제3항

정답 ①

38 경비업법령상 경비업 허가에 관한 설명으로 옳은 것은? 2008년 기출

① 경비업 허가의 유효기간은 허가 받은 날부터 5년이다.
② 정관을 변경하지 아니한 경비업체가 갱신허가를 받고자 하는 경우에는 유효기간 만료일 30일 전까지 경비업 갱신허가신청서에 허가증 원본과 정관을 첨부하여 경찰청장에게 제출하여야 한다.
③ 경비업 갱신허가신청서를 제출받은 담당공무원은 경비업법상 행정정보의 공동이용을 통하여 법인의 등기사항증명서를 확인하여야 한다.
④ 경찰청장은 경비업의 갱신허가를 하는 때에는 유효기간이 만료되는 허가증을 회수하여야 한다.

해설 ① 법 제6조 제1항
② 정관은 변경사유가 있는 경우에만 첨부하여 시 · 도경찰청장 또는 해당 시 · 도경찰청 소속의 경찰서장에게 제출하여야 한다(규칙 제6조 제1항).
③ 담당공무원은 경비업법상 → 시 · 도경찰청장은 전자정부법상(규칙 제6조 제2항)
④ 경찰청장 → 시 · 도경찰청장(규칙 제6조 제3항)

정답 ①

39 경비업법령상 경비업의 허가와 관련한 설명으로 옳은 것은?

① 허가받은 경비업무 외의 업무에 경비원을 종사하게 하여 경비업체의 허가가 취소된 경우 허가가 취소된 날부터 10년이 지나지 아니한 때에는 누구든지 허가가 취소된 경비업체와 동일한 명칭으로 허가를 받을 수 없다.
② 소속 경비원으로 하여금 경비업무의 범위를 벗어난 행위를 하게 하여 허가가 취소된 법인은 법인명 또는 임원의 변경에도 불구하고 허가가 취소된 날부터 10년이 지나지 아니한 때에는 허가를 받을 수 없다.
③ 경비업의 허가를 신청하는 때에 자본금을 갖출 수 없는 경우에는 허가신청시 자본금 확보계획서를 제출한 후 허가를 받은 날부터 1월 이내에 자본금을 갖추고 시 · 도경찰청장의 확인을 받아야 한다.
④ 경비업의 갱신허가를 받으려는 자는 허가의 유효기간 만료일 30일 전까지 경비업 갱신허가신청서(전자문서로 된 신청서 포함)에 허가증 원본 및 정관(변경사항이 있는 경우만 해당)을 첨부하여 법인의 주사무소를 관할하는 경찰서장을 거쳐 시 · 도경찰청장에게 제출하여야 한다.

해설 ① 법 제4조의2 제2항
② 10년 → 5년(법 제4조의2 제3항)
③ 자본금은 허가신청시 반드시 갖추어야 한다(영 제3조 제2항 참조).
④ 경찰서장을 거쳐 시·도경찰청장에게 제출 → 시·도경찰청장 또는 해당 시·도경찰청 소속의 경찰서장에게 제출(규칙 제6조 제1항)

정답 ①

40 경비업법상 허가사항에 해당하는 것은? 2015년 기출

① 경비업의 허가를 받은 법인이 영업을 폐업한 때
② 경비업의 허가를 받은 법인이 영업을 휴업한 때
③ 경비업의 허가를 받은 법인이 임원을 변경한 때
④ 경비업의 허가를 받은 법인이 경비업무를 변경하는 경우

해설 ①·②·③ 신고사항에 해당한다(법 제4조 제2항).
④ 허가사항에 해당한다(법 제4조 제1항).

정답 ④

41 다음 중 경비업법상의 경비업의 허가를 받은 법인이 시·도경찰청장에게 신고를 해야 할 경우가 아닌 것은? 2006년 기출

① 영업을 폐업하거나 휴업한 때
② 법인의 명칭이나 대표자·임원을 변경한 때
③ 법인의 주사무소나 출장소를 신설·이전 또는 폐지한 때
④ 시설경비업무의 수행을 위한 관제시설을 신설·이전 또는 폐지한 때

해설 ①·②·③ 법 제4조 제3항 참조
④ 시설경비업무 → 기계경비업무(법 제4조 제3항 제4호)

정답 ④

42 경비업법상 경비업의 허가를 받은 법인의 시·도경찰청장에 대한 신고사항에 해당하지 않는 것은? 2011년 기출

① 정관의 목적을 변경한 때
② 기계경비업무의 수행을 위한 관제시설을 이전한 때
③ 법인의 임원을 변경한 때
④ 경비업의 허가증을 분실한 때

해설 ①·②·③ 법 제4조 제3항 참조
④ 경비업 허가증을 잃어버린 경우에는 법인의 주사무소를 관할하는 시·도경찰청장 또는 해당 시·도경찰청 소속의 경찰서장에게 재발급을 신청하여야 한다(영 제4조 제3항).

정답 ④

43 경비업법령상 경비업의 허가에 관한 설명으로 옳지 않은 것은?   2014년 기출

① 경비업의 허가를 받고자 하는 법인은 1억원 이상의 자본금을 보유해야 한다.
② 시설경비업의 허가를 받고자 하는 법인은 경비원 10명 이상 및 경비지도사 1명 이상을 확보해야 한다.
③ 기계경비업무의 수행을 위한 관제시설의 신설·이전에 관해서는 시·도경찰청장의 허가를 받아야 한다.
④ 경비업의 허가를 받은 법인은 영업을 폐업하거나 휴업한 때에는 시·도경찰청장에게 신고해야 한다.

해설　①·② 법 제4조 제2항 제1호·제2호
　　　　③ 기계경비업무의 수행을 위한 관제시설의 신설·이전에 관해서는 시·도경찰청장에게 '신고'하여야 한다(법 제4조 제3항 제4호).
　　　　④ 법 제4조 제3항 제1호

 ③

44 경비업법상 경비업 허가를 받은 법인이 시·도경찰청장에게 신고해야 하는 경우가 아닌 것은?   2016년 기출

① 영업을 폐업한 때
② 도급받아 행하고자 하는 경비업무를 변경하는 때
③ 법인의 주사무소를 이전한 때
④ 특수경비업무를 개시한 때

해설　①·③·④ 법 제4조 제3항 참조
　　　　② 도급받아 행하고자 하는 경비업무를 변경하는 때에는 그 법인의 주사무소의 소재지를 관할하는 시·도경찰청장의 허가를 받아야 한다(법 제4조 제1항 후단).

 ②

45 경비업법령상 경비업자가 시·도경찰청장에게 신고하여야 하는 경우가 아닌 것은?   2021년 기출

① 법인의 출장소를 신설·이전한 경우
② 정관의 목적을 변경한 경우
③ 영업을 폐업하거나 휴업한 경우
④ 시설경비업무를 개시하거나 종료한 경우

해설　①·②·③ 법 제4조 제3항 제3호·제6호·제1호
　　　　④ '특수'경비업무를 개시하거나 종료한 경우에 신고하여야 한다(법 제4조 제3항 제5호).

 ④

46 경비업법령상 경비업의 허가를 받은 법인이 시·도경찰청장에게 신고하여야 하는 경우에 해당하는 것은? 2024년 기출

① 법인의 정관 시행일을 변경한 때
② 법인의 주사무소를 이전한 때
③ 기계경비업무를 개시하거나 종료한 때
④ 특수경비업무의 수행을 위한 관제시설을 신설한 때

해설 ① 시행일 → 목적(법 제4조 제3항 제6호, 영 제5조 제4항)
② 법 제4조 제3항 제3호
③ 기계 → 특수(법 제4조 제3항 제5호)
④ 특수 → 기계(법 제4조 제3항 제4호)

정답 ②

47 경비업의 허가를 받은 법인이 시·도경찰청장에게 신고하여야 하는 경우는?

① 법인의 직원을 변경한 때
② 기계경비업무의 수행을 위한 감지·수신·송신장치를 신설한 때
③ 법인의 출장소를 폐지한 때
④ 호송경비업무를 종료한 때

해설 ① 직원 → 임원(법 제4조 제3항 제2호)
② 감지·수신·송신장치 → 관제시설(법 제4조 제3항 제4호)
③ 법 제4조 제3항 제3호
④ 호송경비업무 → 특수경비업무(법 제4조 제3항 제5호)

정답 ③

48 다음 경비업자의 신고사항 중 그 최종신고 대상기관이 다른 것은? 2004년 기출

① 법인의 명칭이나 대표자·임원 변경 사항
② 영업의 폐업 또는 휴업 사항
③ 특수경비원의 배치 또는 배치 폐지 사항
④ 기계경비 관제시설의 신설·이전 사항

해설 ①·②·④ 시·도경찰청장에게 신고하여야 한다(법 제4조 제3항).
③ 관할 경찰관서장에게 신고하여야 한다(법 제18조 제2항).

정답 ③

49 경비업법령상 경비업의 폐업 또는 휴업 등의 신고에 관한 설명으로 옳지 않은 것은? 2019년 기출

① 경비업자는 폐업을 한 경우에는 폐업을 한 날로부터 7일 이내에 신고하여야 한다.
② 경비업자는 휴업을 한 경우에는 휴업한 날부터 7일 이내에 신고하여야 한다.
③ 휴업신고를 한 경비업자가 신고한 휴업기간이 끝나기 전에 영업을 다시 시작하려는 경우에는 영업을 다시 시작하기 전 7일 이내에 영업재개신고서를 제출하여야 한다.
④ 경비업자는 특수경비업무를 개시하거나 종료한 때에는 개시 또는 종료한 날부터 30일 이내에 신고하여야 한다.

> [해설] ①·② 법 제4조 제3항 제1호, 영 제5조 제1항·제2항
> ③ 시작하기 전 → 시작한 후(영 제5조 제2항)
> ④ 법 제4조 제3항 제5호, 영 제5조 제5항

정답 ③

50 경비업법령상 경비업의 허가에 관한 설명으로 옳지 않은 것은? 2018년 기출

① 경비업 허가신청서는 법인의 주사무소를 관할하는 시·도경찰청장 또는 해당 시·도경찰청 소속의 경찰서장에게 제출하여야 한다.
② 경비업 허가의 유효기간은 허가 받은 날부터 5년으로 한다.
③ 법인의 명칭을 변경할 때에는 그 법인의 주사무소의 소재지를 관할하는 시·도경찰청장의 허가를 받아야 한다.
④ 경비업 허가의 유효기간이 만료된 후 계속하여 경비업을 하고자 하는 법인은 행정안전부령이 정하는 바에 따라 갱신허가를 받아야 한다.

> [해설] ① 영 제3조 제1항
> ② 법 제6조 제1항
> ③ 시·도경찰청장에게 '신고'하여야 한다(법 제4조 제3항 제2호).
> ④ 법 제6조 제2항

정답 ③

51 경비업법령상 (   ) 안에 들어갈 숫자로 옳게 짝지어진 것은? 2010년 기출

• 경비업자는 이미 허가를 받은 법인의 명칭이나 대표자·임원을 변경한 때에는 그 사유가 발생한 날로부터 (ㄱ)일 이내에 시·도경찰청장에게 신고하여야 한다.
• 경비업자는 영업을 폐업한 때에는 폐업한 날로부터 (ㄴ)일 이내에 폐업신고서에 허가증을 첨부하여 시·도경찰청장에게 제출하여야 한다.

① ㄱ : 30, ㄴ : 7   ② ㄱ : 7, ㄴ : 15
③ ㄱ : 30, ㄴ : 15   ④ ㄱ : 7, ㄴ : 7

> [해설] ㄱ은 30일이며(영 제5조 제5항), ㄴ은 7일이다(영 제5조 제1항).

정답 ①

52
경비업법령상 (　) 안에 들어갈 내용으로 옳은 것은?　　　2015년 기출

> 경비업의 허가를 받은 법인은 법인의 주사무소나 출장소를 신설·이전 또는 폐지한 때에는 그 사유가 발생한 날부터 (　)일 이내에 신고하여야 한다.

① 7
② 10
③ 15
④ 30

해설 30일 이내에 신고하여야 한다(영 제5조 제5항).

정답 ④

53
경비업법령상 경비업 허가사항 등의 변경신고서 제출 시 첨부서류로 허가증 원본을 필요로 하는 경우가 아닌 것은?　　　2013년·2022년 기출

① 법인의 임원 변경
② 법인의 대표자 변경
③ 법인의 명칭 변경
④ 법인의 주사무소 또는 출장소 변경

해설
① 법인의 임원 변경 시에는 '법인 임원의 이력서'를 첨부하여야 하고, 허가증 원본은 첨부하지 않는다(규칙 제5조 제2항 제3호 참조).
②·③·④ 허가증 원본을 첨부하여야 한다(규칙 제5조 제2항 제1호·제2호·제4호).

정답 ①

54
경비업법령상 경비업자의 신고 등에 관한 설명으로 옳지 않은 것은?　　　2017년 기출

① 특수경비업무를 개시한 때에는 개시한 날부터 30일 이내에 시·도경찰청장에게 신고하여야 한다.
② 법인의 대표자·임원을 변경한 때에는 변경한 날로부터 30일 이내에 시·도경찰청장에게 신고하여야 한다.
③ 기계경비업무의 수행을 위한 관제시설을 이전한 때에는 이전한 날로부터 30일 이내에 관할경찰서장에게 신고하여야 한다.
④ 경비업을 폐업한 경우에는 폐업을 한 날부터 7일 이내에 폐업신고서에 허가증을 첨부하여 법인의 주사무소를 관할하는 시·도경찰청 소속의 경찰서장에게 제출하여야 한다.

해설
① 법 제4조 제3항 제5호, 영 제5조 제5항
② 법 제4조 제3항 제2호, 영 제5조 제5항
③ 관할경찰서장 → 시·도경찰청장(법 제4조 제3항 제4호, 영 제5조 제5항)
④ 영 제5조 제1항 ※ 논란의 여지가 있는 지문이다. 즉, "시·도경찰청장 또는 해당 시·도경찰청 소속의 경찰서장에게 제출하여야 한다."라고 해야 정확한 표현이다.

정답 ③

55 첫 업무개시의 신고를 하기 전에 시·도경찰청장의 비밀취급인가를 받아야 하는 경비업자는?

2005년 기출

① 기계경비업자   ② 특수경비업자
③ 시설경비업자   ④ 신변보호경비업자

해설 특수경비업자는 첫 업무개시의 신고를 하기 전에 시·도경찰청장의 비밀취급인가를 받아야 한다(영 제6조 제1항).

정답 ②

56 경비업법령상 특수경비업자에 관한 설명으로 옳은 것은?

2010년 기출

① 비밀취급인가는 첫 업무개시의 신고 후 즉시 받아야 한다.
② 비밀취급인가에 대한 인가권자는 시·도경찰청장이다.
③ 비밀취급인가 신청에 대해 시·도경찰청장은 특수경비업자로 하여금 직접 국가정보원장에게 보안측정을 요청하도록 할 수 있다.
④ 공항·항만·원자력발전소 등의 시설 중 행정안전부장관이 지정하는 국가보안목표시설에 대한 경비업무를 담당한다.

해설
① 비밀취급인가는 첫 업무개시의 신고를 하기 전에 받아야 한다(영 제6조 제1항 참조).
② 영 제6조 제1항 참조
③ 시·도경찰청장은 특수경비업자에게 비밀취급인가를 하고자 하는 때에는 특수경비업자로 하여금 경찰청장을 거쳐 국가정보원장에게 보안측정을 요청하도록 하여야 한다(영 제6조 제2항).
④ 공항·항만, 원자력발전소 등의 시설 중 국가정보원장이 지정하는 국가보안목표시설과 국방부장관이 지정하는 국가중요시설에 대한 업무를 담당한다(영 제2조 참조).

정답 ②

57 경비업법령상 보안지도·점검의 내용이다. ( )에 들어갈 내용이 바르게 연결된 것은?

2019년 기출

(ㄱ)은 특수경비업자에게 비밀취급인가를 하고자 하는 때에는 특수경비업자로 하여금 (ㄴ)을 거쳐 국가정보원장에게 보안측정을 요청하도록 하여야 한다.

① ㄱ: 관할 경찰서장,   ㄴ: 시·도경찰청장
② ㄱ: 관할 경찰서장,   ㄴ: 경찰청장
③ ㄱ: 시·도경찰청장,   ㄴ: 경찰청장
④ ㄱ: 경찰청장,   ㄴ: 시·도경찰청장

해설 ㄱ은 시·도경찰청장, ㄴ은 경찰청장이다(영 제6조 제2항).

정답 ③

제3절 경비업자의 의무

01 경비업법령상 경비업자의 의무에 관한 설명으로 옳지 않은 것은? 2009년 기출

① 특수경비업무를 수행하는 경비업자는 특수경비업무의 개시신고를 하는 때에는 국가중요시설에 대한 특수경비업무의 수행이 중단되는 경우 시설주의 동의 없이 다른 특수경비업자 중에서 경비업무를 대행할 자를 지정하여 허가관청에 신고할 수 있다.
② 경비업자는 경비업무를 성실하게 수행하여야 하고, 도급을 의뢰받은 경비업무가 위법 또는 부당한 것일 때에는 이를 거부하여야 한다.
③ 경비업자는 불공정한 계약으로 경비업의 건전한 육성과 발전을 해치는 행위를 하여서는 아니된다.
④ 특수경비업무를 수행하는 경비업자는 첫 업무개시의 신고를 하기 전에 시·도경찰청장의 비밀취급인가를 받아야 한다.

> **해설** ① 동의 없이 → 동의를 얻어 / 신고할 수 있다 → 신고하여야 한다(법 제7조 제7항)
> ②·③ 법 제7조 제2항·제3항
> ④ 영 제6조 제1항
>
> **정답** ①

02 경비업법령상 경비업자의 의무에 관한 설명으로 옳지 않은 것은? 2010년 기출

① 경비업자는 허가받은 경비업무 외에 경비원을 종사하게 하여서는 아니된다.
② 도급을 의뢰받은 경비업무가 위법 또는 부당한 것일 때에는 이를 거부하여야 한다.
③ 경비대행업자가 특수경비업자로부터 국가중요시설에 대한 특수경비업무를 중단한다는 통보를 받은 경우 7일 이내에 그 업무를 인수하여야 한다.
④ 경비업자는 경비업무를 수행함에 있어서 다른 사람의 정당한 활동에 간섭하여서는 아니된다.

> **해설** ① 법 제7조 제5항
> ② 법 제7조 제2항
> ③ 7일 이내에 → 즉시(법 제7조 제8항)
> ④ 법 제7조 제1항
>
> **정답** ③

03 다음의 (A), (B)에 들어갈 말은? 2005년 기출

> 특수경비업자는 국가중요시설에 대한 특수경비업무를 중단하게 되는 경우에는 미리 경비대행업자에게 통보하여야 하며, 통보를 받은 경비대행업자는 (A) 그 경비업무를 (B)

① A : 통보를 받은 후 일주일 내에
　B : 인수할 수 있다.
② A : 허가관청에 신고한 후
　B : 인수하여야 한다.
③ A : 통보받은 즉시
　B : 인수하여야 한다.
④ A : 검토한 후에
　B : 거절할 수 있다.

해설　특수경비업자는 국가중요시설에 대한 특수경비업무를 중단하게 되는 경우에는 미리 이를 경비대행업자에게 통보하여야 하며, 경비대행업자는 통보받은 즉시 그 경비업무를 인수하여야 한다(법 제7조 제8항).

정답 ③

04 경비업법령상 경비업자에 관한 설명으로 옳지 않은 것은? 2011년 기출

① 특수경비업자는 국가중요시설에 대한 특수경비업무의 수행이 중단되는 경우 시설주의 동의를 얻어 다른 특수경비업자 중에서 경비업무를 대행할 자를 지정하여 관할 시·도경찰청의 허가를 받아야 한다.
② 경비업자는 불공정한 계약으로 경비원의 권익을 침해하는 행위를 하여서는 아니된다.
③ 특수경비업자가 할 수 있는 경비관련업에는 전기, 전자, 통신 및 정밀기기 수리업이 포함된다.
④ 경비업자는 경비대상 시설주의 관리권의 범위 안에서 경비업무를 수행하여야 한다.

해설　① 경비업무를 대행할 자를 지정하여 '허가관청에 신고'하여야 한다(법 제7조 제7항).
　　② 법 제7조 제3항
　　③ 영 제7조의2 제1항 별표 1의2 참조
　　④ 법 제7조 제1항

정답 ①

05 경비업법령상 경비업자의 의무에 관한 설명으로 옳은 것은?

2019년 기출

① 경비업자는 허가받은 경비업무외의 업무에 경비원을 종사하게 하는 경우 관할 경찰서장에게 보고하여야 한다.
② 경비업자는 도급을 의뢰받은 경비업무가 위법 또는 부당한 것일 때에는 이를 거부하여야 한다.
③ 경비업자는 경비대상시설의 소유자 또는 관리자의 관리권의 범위와 상관없이 독립적으로 경비업무를 수행하여야 한다.
④ 특수경비업자는 부동산 관리업을 할 수 없다.

해설
① 경비업자는 허가받은 경비업무외의 업무에 경비원을 종사하게 하여서는 아니된다(법 제7조 제5항).
② 법 제7조 제2항
③ 경비업자는 경비대상시설의 소유자 또는 관리자의 관리권의 범위 안에서 경비업무를 수행하여야 한다(법 제7조 제1항).
④ 특수경비업자는 부동산 관리업을 할 수 있다(영 제7조의2 제1항 별표1의2 참조).

 ②

06 경비업법령상 경비업자 및 경비원의 의무에 관한 설명으로 옳지 않은 것은?

2023년 기출

① 경비업자는 경비대상시설의 소유자 또는 관리자의 관리권의 범위안에서 경비업무를 수행하여야 한다.
② 경비업자는 도급을 의뢰받은 경비업무가 위법 또는 부당한 것일 때에는 시·도경찰청장에게 보고하여야 한다.
③ 경비업자의 임·직원이거나 임·직원이었던 자는 다른 법률에 특별한 규정이 있는 경우를 제외하고는 그 직무상 알게 된 비밀을 누설하거나 다른 사람에게 제공하여 이용하도록 하는 등 부당한 목적을 위하여 사용하여서는 아니된다.
④ 경비원은 직무를 수행함에 있어 타인에게 위력을 과시하거나 물리력을 행사하는 등 경비업무의 범위를 벗어난 행위를 하여서는 아니된다.

해설
① 법 제7조 제1항
② 경비업자는 도급을 의뢰받은 경비업무가 위법 또는 부당한 것일 때에는 이를 거부하여야 한다(법 제7조 제2항). 즉, 시·도경찰청장에게 보고할 필요는 없다.
③ 법 제7조 제4항
④ 법 제15조의2 제1항

 ②

07 경비업법령상 경비업자 및 경비업무 도급인 등의 의무에 관한 설명으로 옳은 것은? 2014년 기출

① 경비업자는 경비업무에 해당하는 한, 시설주의 관리권의 범위를 넘어 경비업무를 수행할 수 있다.
② 경비업자는 도급을 의뢰받은 경비업무가 부당하더라도 위법하지 않는 한, 이를 거부할 수 없다.
③ 특수경비업자는 국가중요시설에 대한 특수경비업무를 중단하게 되는 경우에는 미리 이를 경비대행업자에게 통보해야 한다.
④ 누구든지 집단민원현장에 경비인력을 10명 이상 배치하려고 할 때에는 경비업자에게 경비업무를 도급해야 한다.

> 해설 ① 경비업자는 시설주의 관리권의 범위안에서 경비업무를 수행하여야 한다(법 제7조 제1항).
> ② 경비업자는 도급을 의뢰받은 경비업무가 위법 또는 부당한 것일 때에는 이를 거부하여야 한다 (법 제7조 제2항). 그러므로 부당하더라도 거부하여야 한다.
> ③ 법 제7조 제8항
> ④ 누구든지 집단민원현장에 경비인력을 20명 이상 배치하려고 할 때에는 그 경비인력을 직접 고용하여서는 아니되고, 경비업자에게 경비업무를 도급하여야 한다(법 제7조의2 제2항).
>
> 정답 ③

08 경비업법령상 특수경비업자가 할 수 있는 전자부품, 컴퓨터, 영상, 음향 및 통신장비 제조업 분야의 경비관련업에 해당하지 않는 것은? 2008년 기출

① 전자카드 제조업
② 컴퓨터시스템 통합 자문, 구축 및 관리업
③ 통신 및 방송장비 제조업
④ 영상 및 음향기지 제조업

> 해설 컴퓨터시스템 통합 자문, 구축 및 관리업은 '컴퓨터 프로그래밍, 시스템 통합 및 관리업' 분야의 경비관련업에 해당한다(영 제7조의2 제1항 별표1의2 참조).
>
> 정답 ②

09 경비업법령상 특수경비업자가 할 수 있는 통신업 분야의 경비관련업에 해당되는 것은?

① 전기통신업
② 통신장비 및 부품 도매업
③ 내부 통신배선 공사업
④ 내부 전기배선 공사업

> 해설 ② 통신장비 및 부품 도매업은 '도매 및 상품중개업 분야'에, ③·④ 내부 통신배선 공사업과 내부 전기배선공사업은 '전문직별 공사업 분야'에 각각 해당한다(영 제7조의2 제1항 별표1의2 참조).
>
> 정답 ①

10 경비업법령상 특수경비업자가 할 수 있는 영업 중 "컴퓨터 프로그래밍, 시스템 통합 및 관리업"에 해당하는 것은?

① 통신 및 방송장비 제조업
② 통신장비 및 부품 도매업
③ 컴퓨터 프로그래밍 서비스업
④ 부동산 관리업

해설 ①은 전자부품, 컴퓨터, 영상, 음향 및 통신장비 제조업, ②는 도매 및 상품중개업, ④는 부동산업에 해당한다(영 제7조의2 제1항 별표1의2 참조).

정답 ③

---

11 다음 중 경비업법령상 특수경비업자가 할 수 있는 영업에 해당하는 것은?

① 무기 및 총포탄 제조업
② 금융업
③ 부동산 임대업
④ 탐정업

해설 탐정업은 특수경비업자가 할 수 있는 영업에 해당한다(영 제7조의2 제1항 별표 1의2 참조).

정답 ④

---

12 경비업법령상 기계경비업자의 대응체제에 대한 내용이다. ( ) 안에 들어갈 숫자로 옳은 것은?
2007년·2011년 기출

> 기계경비업자는 관제시설 등에서 경보를 수신한 때에는 경보를 수신한 때부터 늦어도 ( )분 이내에 도착시킬 수 있는 대응체계를 갖추어야 한다.

① 10
② 15
③ 20
④ 25

해설 25분 이내에는 도착시킬 수 있는 대응체제를 갖추어야 한다(영 제7조).

정답 ④

---

13 경비업법령상 기계경비업자가 계약상대방에게 오경보 방지를 위한 설명서를 교부하는데 포함될 사항으로 옳지 않은 것은?
2010년 기출

① 경비대상시설의 명칭·소재지 및 경비계약기간
② 당해 기계경비업무와 관련된 관제시설 및 출장소의 명칭·소재지
③ 오경보의 발생원인과 송신기기의 유지·관리방법
④ 기계경비업무용 기기의 설치장소 및 종류와 그 밖의 기계장치의 개요

해설 ① 경비대상시설의 명칭·소재지 및 경비계약기간은 기계경비업자가 출장소별로 갖추어야 두어야 할 서류에 기재할 사항이다(영 제9조 제1항 제1호).
②·③·④ 영 제8조 제1항

정답 ①

14 경비업법령상 기계경비업에 관한 설명으로 옳지 않은 것은? 2011년 기출

① 기계경비업무란 경비대상시설에 설치한 기기에 의하여 감지·송신된 정보를 그 경비대상시설 외의 장소에 설치한 관제시설의 기기로 수신하여 도난·화재 등 위험발생을 방지하는 업무를 말한다.
② 기계경비업자는 경비원의 업무수행 중 고의 또는 과실로 경비대상에 손해가 발생하는 것을 방지하지 못한 때에 그 손해에 대한 배상 범위와 손해배상액에 관한 사항을 기재한 서면은 출장소별로 갖추어 두어야 한다.
③ 기계경비업자는 경비계약을 체결하는 때에는 오경보를 막기 위하여 계약상대방에게 기기사용요령 및 기계경비운영체계 등에 관하여 설명하여야 한다.
④ 기계경비업의 허가와 관련된 경비원인력의 기준은 전자·통신분야 기술자격증소지자 5명을 포함한 10명 이상이어야 한다.

> 해설 ① 법 제2조 제1호 라목
> ② 기계경비업자는 손해배상의 범위와 손해배상액에 관한 사항을 기재한 서면을 계약상대방에게 교부하여야 한다(영 제8조 제2항).
> ③ 법 제9조 제1항
> ④ 영 제3조 제2항 별표1

 ②

15 경비업법령상 기계경비업무에 관한 설명으로 옳지 않은 것은? 2012년 기출

① 기계경비업자는 경비대상시설에 관한 경보를 수신한 때에는 신속하게 그 사실을 확인하는 등 필요한 대응조치를 취하여야 하며, 이를 위한 대응체제를 갖추어야 한다.
② 기계경비업자는 경비계약을 체결하는 때에 계약상대방에게 기기사용요령 및 기계경비운영체계 등에 관하여 서면 또는 구두로 설명하여야 한다.
③ 기계경비업자가 경보의 수신 및 현장도착 일시와 조치의 결과에 의한 사항을 기재한 서류는 당해 경보를 수신한 날부터 1년간 이를 보관하여야 한다.
④ 기계경비업자는 경비계약을 체결하는 때에는 오경보를 막기 위하여 각종 기기가 오작동되지 아니하도록 관리하여야 한다.

> 해설 ① 법 제8조
> ② 기계경비업자는 경비계약을 체결하는 때에 계약상대방에게 기기사용요령 및 기계경비운영체계 등에 관하여 서면 또는 전자문서(계약상대방이 원하는 경우에 한한다)를 교부하는 방법으로 설명하여야 하다(법 제9조 제1항, 영 제8조 제1항).
> ③ 영 제9조 제2항
> ④ 법 제9조 제1항

 ②

16 경비업법령상 기계경비업자가 오경보의 방지를 위하여 계약상대방에게 하여야 하는 설명은 서면등을 교부하는 방법에 의한다. 이 때 서면등에 기재하는 사항을 모두 고른 것은? 2020년 기출

ㄱ. 기계경비업무용 기기의 설치장소 및 종류
ㄴ. 오경보의 발생원인과 송신기기의 유지·관리방법
ㄷ. 당해 기계경비업무와 관련된 관제시설 및 출장소의 명칭·소재지

① ㄱ, ㄴ
② ㄱ, ㄷ
③ ㄴ, ㄷ
④ ㄱ, ㄴ, ㄷ

해설 ㄱ, ㄴ, ㄷ 모두 서면등에 기재하는 사항이다(영 제8조 제1항 참조).

 ④

17 경비업법령상 기계경비업자가 오경보의 방지를 위해 계약상대방에게 설명하여야 하는 사항이 아닌 것은? 2022년·2023년 기출

① 당해 기계경비업무와 관련된 관제시설 및 출장소의 명칭·소재지
② 기계경비업무용 기기의 설치장소 및 종류와 그 밖의 기계장치의 개요
③ 기계경비지도사의 명단·배치일자·배치장소와 출동차량의 대수
④ 기계경비업자가 경비대상시설에서 발생한 경보를 수신한 경우에 취하는 조치

해설 ①·②·④ 영 제8조 제1항
③ 기계경비업자가 출장소별로 갖추어 두어야 할 서류에 해당한다(영 제9조 제1항 참조).

 ③

18 경비업법령상 기계경비업자가 출장소별로 갖추어야 할 서류에 기재하여야 할 사항이 아닌 것은? 2007년 기출

① 경보의 수신 및 현장도착 일시와 조치의 결과
② 손해배상의 범위와 손해배상액에 관한 사항
③ 경비대상시설의 명칭·소재지 및 경비계약기간
④ 기계경비지도사의 명단·배치일자·배치장소와 출동차량의 대수

해설 ①·③·④ 영 제9조 제1항
② 손해배상의 범위와 손해배상액에 관한 사항은 계약상대방에게 교부하여야 할 서면에 기재하여야 할 사항이다(영 제8조 제2항).

 ②

19 경비업법령상 기계경비업자가 출장소별로 비치하여야 할 관련 서류의 기재사항이 아닌 것은?

2009년 기출

① 경비대상시설의 명칭·소재지 및 경비계약기간
② 오경보인 경우 오경보가 발생한 경비대상시설 및 그 오경보에 대한 조치의 결과
③ 기계경비지도사의 명단·배치일자·배치장소와 출동차량의 대수
④ 경보의 발신(지) 및 현장도착 일시와 조치의 결과

> 해설 ①·②·③ 영 제9조 제1항
> ④ 기계경비업자는 출장소별로 경보의 '수신' 및 현장도착 일시와 조치의 결과 등을 기재한 서류를 갖추어 두어야 한다(영 제9조 제1항 제3호).
>
> 정답 ④

20 경비업법령상 기계경비업자가 출장소별로 갖추어 두어야 할 관리 서류의 기재사항으로 옳지 않은 것은?

2011년 기출

① 경비대상시설의 명칭·소재지 및 경비계약기간
② 경보의 수신 및 현장 도착 일시와 가해자에 대한 심문기록
③ 기계경비지도사의 명단·배치일자·배치장소와 출동차량의 대수
④ 오경보인 경우 오경보가 발생한 경비대상시설 및 그 오경보에 대한 조치의 결과

> 해설 ①·③·④ 영 제9조 제1항
> ② 경보의 수신 및 현장 도착 일시와 '조치의 결과'를 기재한 서류를 갖추어 두어야 한다(영 제9조 제1항 제3호).
>
> 정답 ②

21 경비업법령상 기계경비업자가 출장소별로 갖추어 두어야 하는 서류가 아닌 것은?

2016년 기출

① 경비대상시설의 명칭·소재지 및 경비계약기간을 기재한 서류
② 기계경비지도사의 명단·배치일자·배치장소와 출동차량의 대수를 기재한 서류
③ 가입고객의 주민등록번호 등 개인정보를 기재한 서류
④ 경보의 수신 및 현장도착 일시와 조치의 결과를 기재한 서류

> 해설 ③은 기계경비업자가 출장소별로 갖추어 두어야 하는 서류에 해당하지 않는다(영 제9조 제1항 참조).
>
> 정답 ③

22 경비업법상 기계경비업자에 대한 설명으로 틀린 것은?

2008년 기출

① 기계경비업자는 관제시설 등에서 경보를 수신한 때에는 늦어도 25분 이내에 도착시킬 수 있는 대응체제를 갖추어야 한다.
② 기계경비업자는 오경보가 발생한 경비대상시설 및 그 오경보에 대한 조치의 결과를 기재한 서류를 조치 후 계약기간 종료시까지 보관하여야 한다.
③ 기계경비업자는 경비원의 업무 수행 중 고의 또는 과실로 경비대상에 발생한 손해에 대한 손해배상의 범위와 손해배상액에 관한 사항을 기재한 서면 등을 계약상대방에게 교부하여야 한다.
④ 기계경비업자는 오경보의 발생원인과 송신기기의 유지·관리 방법을 설명한 서면 또는 전자문서(전자문서는 계약상대방이 원하는 경우에 한한다)를 계약상대방에게 교부하여야 한다.

해설
① 영 제7조
② 오경보가 발생한 경비대상시설 및 그 오경보에 대한 조치의 결과를 기재한 서류를 당해 경보를 수신한 날부터 1년간 이를 보관하여야 한다(영 제9조 제2항).
③ 영 제8조 제2항
④ 영 제8조 제1항 제4호

 ②

23 경비업법령상 기계경비업자의 기계경비업무에 관한 설명으로 옳은 것은?

2014년 기출

① 경비계약을 체결하는 때에는 계약상대방의 요청이 없는 한 손해배상에 관한 사항을 기재한 서면을 교부할 의무는 없다.
② 경비계약을 체결하는 때에는 오경보를 막기 위하여 계약상대방에게 기기사용요령 및 기계경비운영체계 등에 관하여 구두 또는 서면에 의하여 설명해야 한다.
③ 업무의 원활한 운영과 개선을 위하여 경비대상시설의 명칭·소재지 및 경비계약기간에 관한 서류를 주사무소에 비치한 경우, 이를 출장소에 비치할 필요는 없다.
④ 경보의 수신 및 현장도착 일시와 조치의 결과 사항을 기재한 서류는 당해 경보를 수신한 날부터 1년간 이를 보관해야 한다.

해설
① 계약상대방의 요청이 없더라도 손해배상에 관한 사항을 기재한 서면을 교부하여야 한다(영 제8조 제2항).
② 기계경비업자가 계약상대방에게 하여야 하는 설명은 서면 또는 전자문서(계약상대방이 원하는 경우에 한함)를 교부하는 방법에 의한다(법 제9조 제1항, 영 제8조 제1항).
③ 경비대상시설의 명칭·소재지 및 경비계약기간에 관한 서류를 출장소별로 갖추어 두어야 한다(법 제9조 제2항, 영 제9조 제1항).
④ 영 제9조 제2항

 ④

24 경비업법령상 기계경비업무에 관한 설명으로 옳지 않은 것은? · 2015년 기출

① 기계경비업무를 수행하는 경비원은 일반경비원에 해당한다.
② 기계경비업자는 관제시설 등에서 경보를 수신한 때에는 경보를 수신한 때부터 늦어도 25분 이내에는 도착시킬 수 있는 대응체제를 갖추어야 한다.
③ 기계경비업자는 경보의 수신 및 현장도착 일시와 조치의 결과를 기재한 서류를 당해 경보를 수신한 날부터 최소 2년간 이를 보관하여야 한다.
④ 기계경비지도사의 직무에는 기계경비업무를 위한 기계장치의 운용·감독 및 오경보 방지 등을 위한 기기관리의 감독이 포함된다.

해설
① 법 제2조 제3호 가목
② 영 제7조
③ 2년간 → 1년간(영 제9조 제2항)
④ 영 제17조 제1항

정답 ③

25 경비업법령상 기계경비업무 등에 관한 설명으로 옳지 않은 것은? · 2016년 기출

① 경비업 허가를 받기 위한 기계경비업무의 자본금 보유 기준은 1억원 이상이다.
② 경비업 허가를 받기 위한 기계경비업무의 경비인력 기준은 전자·통신 분야 기술 자격증소지자 5명을 포함한 일반경비원 10명 이상과 경비지도사 1명 이상이다.
③ 기계경비업자는 관제시설 등에서 경보를 수신한 때에는 경보를 수신한 때부터 늦어도 25분 이내에는 도착시킬 수 있는 대응체제를 갖추어야 한다.
④ 오경보인 경우 오경보가 발생한 경비대상시설 및 그 오경보에 대한 조치의 결과를 기재한 서류는 당해 경보를 수신한 날부터 6개월간 이를 보관하여야 한다.

해설
①·② 영 제3조 제2항 별표1 참조
③ 영 제3조
④ 6개월간 → 1년간(영 제9조 제2항)

정답 ④

26 경비업법령상 기계경비업자의 직무에 해당하지 않는 것은? · 2017년 기출

① 경비대상시설에 관한 경보를 수신한 때에는 신속하게 그 사실을 확인하는 등 필요한 대응조치를 취하여야 한다.
② 경비업과 경비장비의 제조·설비·판매업 등 대통령령이 정하는 경비관련업 외의 영업을 하여서는 안된다.
③ 기계경비업무를 위한 기계장치의 운용·감독을 하여야 한다.
④ 대응조치 등 업무의 원활한 운영과 개선을 위하여 대통령령이 정하는 바에 따라 관련 서류를 작성·비치하여야 한다.

해설 ① 법 제8조
② 특수경비업자의 직무에 해당한다(법 제7조 제9항 참조).
③ 기계경비지도사의 직무에 해당한다(법 제12조 제2항 제5호, 영 제17조 제1항). ※ 경비업자의 직무와 경비지도사의 직무는 구분되므로 논란의 여지가 있는 지문이다.
④ 법 제9조 제2항

정답 ②

27 경비업법령상 기계경비업자의 기계경비업무에 관한 설명으로 옳지 않은 것은? 2018년 기출

① 경비계약을 체결하는 때에는 오경보를 막기 위하여 계약상대방에게 기기사용요령 및 기계경비운영체계 등에 관하여 설명하여야 한다.
② 관제시설 등에서 경보를 수신한 때에는 경보를 수신한 때부터 늦어도 25분 이내에는 도착시킬 수 있는 대응체제를 갖추어야 한다.
③ 기계경비업무의 수행을 위한 관제시설의 이전에 관해서는 시·도경찰청장의 허가를 받아야 한다.
④ 출장소별로 경보의 수신 및 현장 도착 일시와 조치의 결과를 기재한 서류를 당해 경보를 수신한 날로부터 1년 간 이를 보관하여야 한다.

해설 ① 법 제9조 제1항
② 영 제7조
③ 기계경비업무의 수행을 위한 관제시설을 신설·이전 또는 폐지한 때에는 시·도경찰청장에게 신고하여야 한다(법 제4조 제3항 제4호).
④ 영 제9조 제2항

정답 ③

28 경비업법령상 기계경비업무에 관한 설명으로 옳은 것은? 2019년 기출

① 기계경비업자는 기계경비지도사의 명단·배치일자·배치장소와 출동차량의 대수를 기재한 서류를 1년간 보관하여야 한다.
② 기계경비업자는 오경보가 발생한 경비대상시설 및 그 오경보에 대한 조치의 결과를 기재한 서류를 당해 경보를 수신한 날부터 1년간 보관하여야 한다.
③ 기계경비업자는 관제시설 등에서 경보를 수신한 때에는 경보를 수신한 때부터 늦어도 30분 이내에는 도착시킬 수 있는 대응체제를 갖추어야 한다.
④ 기계경비업자는 경비대상시설의 명칭·소재지 및 경비계약기간을 기재한 서류를 주사무소에 갖추어 두어야 한다.

해설 ① 1년간 보관하는 서류에 해당하지 않는다(영 제9조 제2항 참조).
② 영 제9조 제2항
③ 30분 → 25분(영 제7조)
④ 주사무소에 → 출장소별로(영 제9조 제1항 제1호)

정답 ②

29 경비업법령상 기계경비업자의 출장소별 관리 서류에 관한 설명으로 옳지 않은 것은? 2021년 기출

① 기계경비지도사의 명단·배치일자·배치장소와 출동차량의 대수를 기재한 서류를 갖추어 두어야 한다.
② 오경보인 경우 오경보가 발생한 경비대상시설 및 그 오경보에 대한 조치의 결과를 기재한 서류를 갖추어 두어야 한다.
③ 경보의 수신 및 현장도착 일시와 조치의 결과를 기재한 서류를 갖추어 두어야 한다.
④ 오경보에 대한 조치의 결과를 기재한 서류는 당해 경보를 수신한 날부터 2년간 이를 보관하여야 한다.

> 해설 ①·②·③ 영 제9조 제1항 제2호·제4호·제3호
> ④ 2년간 → 1년간(영 제9조 제2항)

 ④

30 경비업법령상 기계경비업자의 출장소별 관리 서류에 관한 설명으로 옳지 않은 것은? 2024년 기출

① 경비대상시설의 명칭·소재지 및 경비계약기간을 기재한 서류를 갖추어 두어야 한다.
② 기계경비지도사의 명단·배치일자·배치장소와 출동차량의 대수를 기재한 서류를 갖추어 두어야 한다.
③ 오경보가 발생한 경비대상시설을 기재한 서류를 갖추어 두어야 한다.
④ 경보의 수신 및 조치의 결과를 기재한 서류는 당해 경보를 수신한 날부터 3년간 보관하여야 한다.

> 해설 ①·②·③ 영 제9조 제1항 제1호·제2호·제4호
> ④ 3년간 → 1년간(영 제9조 제2항)

 ④

31 경기도 수원시에서 경비업을 영위하고 있는 A경비법인은 수원시 소재 B은행의 현금 20억원을 2006년 10월 11일 대전광역시의 B은행으로 운반하는 업무를 담당하게 되었다. 이에 관한 설명으로 틀린 것은? 2006년 기출

① 이것은 호송경비에 해당한다.
② 현금수송을 위하여 관할경찰서의 협조를 얻고자 하는 경우에는 2006년 10월 11일 오전 12:00시까지 호송경비통지서를 제출하여야 한다.
③ 호송경비통지서는 수원경찰서장에게 제출하여야 한다.
④ 호송경비통지서는 전자문서로 된 통지서를 포함한다.

> 해설 경비업자는 호송경비업무를 수행하기 위하여 관할경찰서의 협조를 얻고자 하는 때에는 현금 등의 운반을 위한 출발 전일까지 출발지의 경찰서장에게 호송경비통지서(전자문서로 된 통지서를 포함한다)를 제출하여야 한다(규칙 제2조). 따라서 ②의 경우 10월 10일 24시까지 제출하여야 한다.

정답 ②

32. 경비업법상 경비업자 및 경비업무 도급인 등의 의무와 관련한 설명으로 옳은 것은?

① 특수경비업자는 특수경비업무의 개시신고를 하는 때에는 국가중요시설에 대한 특수경비업무의 수행이 중단되는 경우 시설주의 동의를 얻어 다른 시설경비업자 중에서 경비업무를 대행할 자를 지정하여 허가관청에 신고하여야 한다.

② 누구든지 집단민원현장에 경비인력을 20명 이상 배치하려고 할 때에는 경비업자에게 경비업무를 도급하여서는 아니 되고, 경비인력을 직접 고용하여야 한다. 다만, 시설주 등이 집단민원현장 발생 3개월 전까지 도급받아 경비업무를 수행하는 경우에는 그러하지 아니하다.

③ 기계경비업자는 경비계약을 체결하는 때에는 오경보를 막기 위하여 계약상대방에게 기기사용요령 또는 기계경비운영체계 등에 관하여 설명하여야 하며, 각종 기기가 오작동되지 아니하도록 관리하여야 한다.

④ 특수경비업자는 이 법에 의한 경비업과 경비장비의 제조·설비·판매업, 네트워크를 활용한 정보산업, 시설물 유지관리업 및 경비원 교육업 등 대통령령이 정하는 경비관련업외의 영업을 하여서는 아니된다.

해설
① 시설경비업자 → 특수경비업자(법 제7조 제7항)
② 누구든지 집단민원현장에 경비인력을 20명 이상 배치하려고 할 때에는 그 경비인력을 직접 고용하여서는 아니 되고, 경비업자에게 경비업무를 도급하여야 한다. 다만, 시설주 등이 집단민원현장 발생 3개월 전까지 직접 고용하여 경비업무를 수행하는 피고용인의 경우에는 그러하지 아니하다(법 제7조의2 제2항).
③ 또는 → 및(법 제9조 제1항)
④ 법 제7조 제9항

정답 ④

33. 경비업법령상 허가와 관련된 내용이다. ( ) 안에 들어갈 숫자의 합은? 2017년 기출수정

- 시설경비업무의 경비업을 영위하기 위해서는 경비원 (ㄱ)명 이상 및 경비지도사 (ㄴ)명 이상을 두어야 한다.
- 경비업 허가의 유효기간은 허가받은 날부터 (ㄷ)년으로 한다.
- 집단민원현장에 경비인력을 (ㄹ)명 이상 배치하려고 할 때에는 그 경비인력을 직접 고용하여서는 아니 되고, 경비업자에게 경비업무를 도급하여야 한다. 다만, 시설주 등이 집단민원현장 발생 (ㅁ)개월 전까지 직접 고용하여 경비업무를 수행하는 피고용인의 경우에는 그러하지 아니하다.

① 39
② 42
③ 45
④ 49

해설 ㄱ은 10명, ㄴ은 1명이며(영 제3조 제2항 별표1), ㄷ은 5년이며(법 제6조 제1항), ㄹ은 20명, ㅁ은 3개월이다(법 제7조의2 제2항). 따라서 10 + 1 + 5 + 20 + 3 = 39이다.

정답 ①

34 경비업법상 경비업자, 경비업무 도급인의 의무 등에 관한 설명으로 틀린 것을 모두 고른 것은?

> ㄱ. 경비업자는 경비업무를 성실하게 수행하여야 하고, 도급을 의뢰받은 경비업무가 위법 또는 부당한 것일 때에는 이를 거부할 수 있다.
> ㄴ. 누구든지 집단민원현장에 경비인력을 20일 이상 배치하려고 할 때에는 그 경비인력을 직접 고용하여서는 아니 되고, 경비업자에게 경비업무를 도급하여야 한다.
> ㄷ. 특수경비업자가 경비대행업자의 지정을 변경하는 경우에는 허가관청의 허가를 받아야 한다.
> ㄹ. 시설경비업자는 경비대상시설에 관한 경보를 수신한 때에는 신속하게 그 사실을 확인하는 등 필요한 대응조치를 취하여야 하며, 이를 위한 대응체제를 갖추어야 한다.
> ㅁ. 기계경비업자는 이 법에 의한 경비업과 경비장비의 제조·설비·판매업 등 대통령령이 정하는 경비관련업 외의 영업을 하여서는 아니된다.

① ㄱ, ㄷ
② ㄴ, ㄹ
③ ㄷ, ㄹ, ㅁ
④ ㄱ, ㄴ, ㄷ, ㄹ, ㅁ

해설 ㄱ. 거부할 수 있다 → 거부하여야 한다(법 제7조 제2항)
ㄴ. 20일 → 20명(법 제7조의2 제2항)
ㄷ. 허가관청에 신고하여야 한다(법 제7조 제7항).
ㄹ. 시설경비업자 → 기계경비업자(법 제8조)
ㅁ. 기계경비업자 → 특수경비업자(법 제7조 제9항)

정답 ④

35 경비업무를 도급하려는 자는 '무자격자 및 부적격자'를 그 경비업무를 수급한 경비업자의 경비원으로 채용하도록 관여하여서는 아니된다. 다음 중 무자격자 및 부적격자의 범위에 대한 설명으로 틀린 것은?

① 호송경비업무를 도급하려는 자는 18세 미만인 사람을 그 경비업무를 수급한 경비업자의 경비원으로 채용하도록 관여하여서는 아니된다.
② 기계경비업무를 도급하려는 자는 형법상 강간죄를 범하여 벌금형을 선고받고 10년이 지나지 아니한 자를 그 경비업무를 수급한 경비업자의 경비원으로 채용하도록 관여하여서는 아니된다.
③ 특수경비업무를 도급하려는 자는 60세 이상인 사람을 그 경비업무를 수급한 경비업자의 경비원으로 채용하도록 관여하여서는 아니된다.
④ 집단민원현장의 시설경비업무, 신변보호업무 또는 혼잡·교통유도경비업무를 도급하려는 자는 형법상 폭행·상해·체포·감금죄를 범하여 벌금형을 선고받고 10년이 지나지 아니한 자를 그 경비업무를 수급한 경비업자의 경비원으로 채용하도록 관여하여서는 아니된다.

해설 ①·② 영 제7조의3 제1호 가목
③ 영 제7조의3 제2호 가목
④ 10년 → 5년(영 제7조의3 제3호 가목)

정답 ④

CHAPTER 02 경비원

제1절 경비원의 의의 및 의무

I 경비원의 의의

경비원이라 함은 경비업의 허가를 받은 법인(경비업자)이 채용한 고용인[38]으로서 다음에 해당하는 자를 말한다(법 제2조 제3호).

일반경비원	시설경비업무, 호송경비업무, 신변보호업무, 기계경비업무, 혼잡·교통유도경비업무를 수행하는 자
특수경비원	특수경비업무를 수행하는 자

II 경비원의 결격사유

1 일반경비원과 특수경비원의 결격사유

다음의 결격사유에 해당하는 자는 경비원이 될 수 없으며, 경비업자는 결격사유에 해당하는 자를 경비원으로 채용 또는 근무하게 하여서는 아니된다(법 제10조).

일반경비원의 결격사유[39]	특수경비원의 결격사유
① 18세 미만인 사람	① 18세 미만이거나 60세 이상인 사람

② 피성년후견인
③ 파산선고를 받고 복권되지 아니한 자
④ 금고 이상의 실형의 선고를 받고 그 집행이 종료(집행이 종료된 것으로 보는 경우 포함)되거나 집행이 면제된 날부터 5년이 지나지 아니한 자[40]
⑤ 금고 이상의 형의 집행유예선고를 받고 그 유예기간 중에 있는 자
⑥ 다음의 어느 하나에 해당하는 죄[41]를 범하여 벌금형을 선고받은 날부터 10년이 지나지 아니하거나 금고 이상의 형을 선고받고 그 집행이 종료된(종료된 것으로 보는 경우 포함) 날 또는 집행이 유예·면제된 날부터 10년이 지나지 아니한 자
  ㉠ 「형법」상 범죄단체등 조직죄
  ㉡ 「폭력행위 등 처벌에 관한 법률」상 범죄단체등의 구성·활동죄
  ㉢ 「형법」상 강간죄, 유사강간죄, 강제추행죄, 준강간죄, 준강제추행죄, 강간등 상해·치상죄, 강간등 살인·치사죄, 미성년자등에 대한 간음죄, 업무상 위력등에 의한 간음죄, 미성년자에 대한 간음·추행죄

---

[38] 그러므로 경비원의 채용권자는 시설주가 아니라 경비업자이다.
[39] 일반경비원의 결격사유와 경비지도사의 결격사유는 동일하다. 한편, 위 ②부터 ⑨까지의 결격사유는 일반경비원과 특수경비원의 공통 결격사유이다.
[40] 예를 들면, 집행이 종료된 경우는 만기석방의 경우이며, 집행이 종료된 것으로 보는 경우는 가석방 후 잔형기가 경과한 경우이며, 집행면제는 특별사면을 받은 경우이다. 만약, 일반사면을 받은 경우에는 일반사면일 즉시 결격사유에서 벗어난다.

ⓔ 「성폭력범죄의 처벌 등에 관한 특례법」상 특수강도강간등죄, 특수강간등죄, 친족관계에 의한 강간등죄, 장애인에 대한 강간·강제추행등죄, 13세 미만의 미성년자에 대한 강간·강제추행등죄, 강간등 상해·치상죄, 강간등 살인·치사죄, 업무상 위력등에 의한 추행죄, 공중 밀집 장소에서의 추행죄

ⓜ 「아동·청소년의 성보호에 관한 법률」상 아동·청소년에 대한 강간·강제추행등죄, 장애인인 아동·청소년에 대한 간음등죄

ⓗ 위 ⓒ·ⓔ·ⓜ의 죄로서 다른 법률에 따라 가중처벌되는 죄

⑦ 다음의 어느 하나에 해당하는 죄를 범하여 벌금형을 선고받은 날부터 5년이 지나지 아니하거나 금고 이상의 형을 선고받고 그 집행이 유예된 날부터 5년이 지나지 아니한 자
  ㉠ 「형법」상 절도죄, 야간주거침입절도죄, 특수절도죄, 자동차등 불법사용죄, 강도죄, 준강도죄, 특수강도죄, 인질강도죄, 해상강도죄, 강도상해·치상죄, 강도살인·치사죄, 강도강간죄
  ㉡ 위 ㉠의 죄로서 다른 법률에 따라 가중처벌되는 죄

⑧ 위 ⑥의 ⓒ·ⓔ·ⓜ·ⓗ에 해당하는 죄를 범하여 치료감호를 선고받고 그 집행이 종료된 날 또는 집행이 면제된 날부터 10년이 지나지 아니한 자 또는 위 ⑦에 해당하는 죄를 범하여 치료감호를 선고받고 그 집행이 면제된 날부터 5년이 지나지 아니한 자

⑨ 「경비업법」이나 「경비업법」에 따른 명령을 위반하여 벌금형을 선고받은 날부터 5년이 지나지 아니하거나 금고 이상의 형을 선고받고 그 집행이 유예된 날부터 5년이 지나지 아니한 자

	⑩ 심신상실자, 알코올 중독자 등 대통령령으로 정하는 정신적 제약이 있는 자*
-	⑪ 금고 이상의 형의 선고유예를 받고 그 유예기간 중에 있는 자42)
	⑫ 행정안전부령이 정하는 신체조건(팔과 다리가 완전하고 두 눈의 맨눈시력 각각 0.2 이상 또는 교정시력 각각 0.8 이상)에 미달되는 자43)

* '심신상실자, 알코올 중독자 등 대통령령으로 정하는 정신적 제약이 있는 자'란 다음의 사람을 말한다(영 제10조의2).
  1. 심신상실자
  2. 마약·대마·향정신성의약품 또는 알코올 중독자
  3. 「치매관리법」에 따른 치매, 조현병·조현정동장애·양극성정동장애(조울병)·재발성우울장애 등의 정신질환이나 정신 발육지연, 뇌전증 등이 있는 사람(다만, 해당 분야 전문의가 특수경비원으로서 적합하다고 인정하는 사람은 제외).

---

41) 해당 미수범과 상습범 및 예비·음모죄의 표기는 생략함(법 제10조 제1항 제5호·제6호 참조).
42) 집행유예는 3년 이하의 징역이나 금고 또는 500만원 이하의 벌금의 형을 선고할 경우에 정상을 참작하여 일정한 기간(1년 이상 5년 이하의 범위 내에서 법원이 정하는 기간) 그 집행을 유예하는 제도이며, 선고유예는 1년 이하의 징역이나 금고, 자격정지 또는 벌금의 형을 선고할 경우에 정상을 참작하여 2년간 선고를 유예하는 제도이므로 선고유예가 집행유예보다 가벼운 처분이라 할 수 있다. 따라서 형의 선고유예를 받은 자는 해당 직업이나 영업이 고도의 윤리성을 필요로 하는 등 특별한 경우가 아니면 결격사유에 포함하지 않도록 하고, 결격사유에 포함하더라도 그 유예기간 중에 있는 경우만 결격사유로 하도록 한다(2020 법제처 법령입안 심사기준). 이에 「경비업법」에서도 선고유예기간 중에 있는 경우 일반경비원은 결격사유에 해당하지 않으나 특수경비원은 결격사유에 해당한다고 규정하고 있다.
43) 미성년자 또는 고령자 및 신체장애자를 국가중요시설 경비인력으로 투입 시 긴급 대처를 요하는 국가중요시설 방호상에 문제가 발생할 수 있으므로 유사시 대처능력이 있는 특수경비원을 확보하기 위해 경비업법에서는 일반경비원보다 결격사유를 강화하여 규정하고 있다(헌재 2009.10.29, 2007헌마1359).

2 결격사유 확인을 위한 범죄경력조회 등

(1) 의의

경찰청장, 시·도경찰청장 또는 관할 경찰관서장44)은 직권으로 또는 경비업자의 범죄경력조회 요청이 있는 경우에는 경비업자의 임원, 경비지도사 또는 경비원이 범죄경력관련 결격사유에 해당하는지를 확인하기 위하여 「형의 실효 등에 관한 법률」에 따른 범죄경력조회를 할 수 있다(법 제17조 제1항).

(2) 범죄경력조회 절차

① **조회요청** : 경비업자는 선출·선임·채용 또는 배치하려는 임원, 경비지도사 또는 경비원이 범죄경력관련 결격사유에 해당하는지를 확인하기 위하여 주된 사무소, 출장소 또는 배치 장소를 관할하는 시·도경찰청장 또는 경찰관서장에게 「형의 실효 등에 관한 법률」에 따른 범죄경력조회를 요청할 수 있다(법 제17조 제2항).

② **첨부서류**
　㉠ 범죄경력조회 요청은 범죄경력조회 신청서(전자문서로 된 신청서 포함)에 따른다(규칙 제22조 제1항). 따라서 구두로 요청할 수 없다.
　㉡ 경비업자는 범죄경력조회를 요청하는 경우 ⅰ) 경비업 허가증 사본, ⅱ) 취업자 또는 취업예정자 범죄경력조회 동의서를 첨부하여야 한다(규칙 제22조 제2항).

③ **결과통보** : 범죄경력조회 요청을 받은 시·도경찰청장 또는 관할 경찰관서장은 경비업자에게 그 결과를 통보할 때에는 경비업자의 임원, 경비지도사 또는 경비원이 결격사유에 해당하는지 여부만을 통보하여야 한다(법 제17조 제3항).

(3) 결격사유 및 위반행위의 통보

시·도경찰청장 또는 관할 경찰관서장은 경비업자의 임원, 경비지도사 또는 경비원이 범죄경력관련 결격사유에 해당하는 사실을 알게 되거나 「경비업법」 또는 「경비업법」에 따른 명령을 위반한 때에는 경비업자에게 그 사실을 통보하여야 한다(법 제17조 제4항).45) 따라서 경비업자의 요청이 없어도 통보하여야 한다.

(4) 위반행위의 보고·통보

① 경비업자의 출장소 또는 경비대상시설을 관할하는 시·도경찰청장 또는 경찰관서장은 출장소의 임·직원이나 경비원이 「경비업법」 또는 「경비업법」에 의한 명령에 위반한 사실을 안 때에는 지체 없이 그 사실을 서면등으로 당해 경비업을 허가한 시·도경찰청장에게 통보하거나 보고하여야 한다(영 제23조 제1항).46)

② 통보 또는 보고를 받은 시·도경찰청장은 그 위반행위에 대하여 행정처분을 한 때에는 이를 해당 시·도경찰청장 또는 경찰관서장에게 통보하여야 한다(영 제23조 제2항).

---

44) '관할 경찰관서장'이란 관할 경찰서장 및 공항경찰대장 등 국가중요시설의 경비책임자를 말한다(이하 같음).
45) 이는 임원, 경비지도사, 경비원의 업무배제를 위하여 '경비업자'에게 통보하는 것이다.
46) 이는 경비업자에 대한 행정처분을 요청하기 위하여 '허가관청(주사무소 관할 시·도경찰청장)'에 통보하는 것이다.

3 특수경비원의 당연 퇴직

(1) 원칙

특수경비원이 결격사유에 해당하게 될 때에는 당연 퇴직된다(법 제10조의2 본문).

(2) 예외

① 나이가 60세가 되어 퇴직하는 경우에는 60세가 된 날이 1월부터 6월 사이에 있으면 6월 30일에, 7월부터 12월 사이에 있으면 12월 31일에 각각 당연 퇴직된다.

② 파산선고를 받아 결격사유에 해당하게 된 경우에는 파산선고를 받은 사람으로서 「채무자 회생 및 파산에 관한 법률」에 따라 ⅰ) 신청기한 내에 면책신청을 하지 아니하였거나 ⅱ) 면책불허가 결정 또는 ⅲ) 면책 취소가 확정된 경우만 당연 퇴직된다.

③ 금고 이상의 형의 선고유예를 받아 결격사유에 해당하게 된 경우에는 「성폭력범죄의 처벌 등에 관한 특례법」 제2조(성폭력범죄), 「아동·청소년의 성보호에 관한 법률」 제2조 제2호(아동·청소년대상 성범죄) 및 직무와 관련하여 「형법」 제355조(횡령, 배임) 또는 제356조(업무상의 횡령과 배임)에 규정된 죄를 범한 사람으로서 금고 이상의 형의 선고유예를 받은 경우만 당연 퇴직된다(법 제10조의2 단서).[47]

Ⅲ 경비원의 의무

1 전체 경비원의 공통의무

경비원은 직무를 수행함에 있어 타인에게 위력을 과시하거나 물리력을 행사하는 등 경비업무의 범위를 벗어난 행위를 하여서는 아니된다(법 제15조의2 제1항).
누구든지 경비원으로 하여금 경비업무의 범위를 벗어난 행위를 하게 하여서는 아니된다(법 제15조의2 제2항).

2 특수경비원의 의무

(1) 직무상 명령 복종의무

특수경비원은 직무를 수행함에 있어 시설주·관할 경찰관서장 및 소속상사의 직무상 명령에 복종하여야 한다(법 제15조 제1항).

---

[47] 특수경비원은 경비업무라는 특성상 청원경찰과 유사한 측면이 있으나, 「청원경찰법」과는 달리 공무원 의제 조항이 없어 특수경비원을 공무원으로 볼 수 없으므로, 공무원 신분을 필요로 하는 신분범죄인 수뢰죄 등(「형법」 제129조부터 제132조까지)은 당연 퇴직 사유에서 제외하였다(경비업법 일부개정법률안 검토보고서 2022년 10월 법제사법위원회).

(2) 경비구역 이탈금지의무

특수경비원은 소속상사의 허가 또는 정당한 사유없이 경비구역을 벗어나서는 아니된다(법 제15조 제2항). 따라서 소속상사의 허가가 있거나 정당한 사유가 있으면 경비구역을 벗어날 수 있다.

(3) 쟁의행위 금지의무

특수경비원은 파업·태업 그 밖에 경비업무의 정상적인 운영을 저해하는 일체의 쟁의행위를 하여서는 아니된다(법 제15조 제3항).[48] 동 규정은 근로3권 중 '단체행동권'만을 제한하는 규정이므로 특수경비원도 '단결권'과 '단체교섭권'은 인정된다.[49]

(4) 무기의 안전사용수칙 준수의무

특수경비원이 무기를 휴대하고 경비업무를 수행하는 때에는 무기의 안전사용수칙을 지켜야 한다(법 제15조 제4항). 무기의 안전사용수칙에 대하여는 후술한다(p.104 참조).

---

[48] 따라서 일반경비원은 파업·태업을 할 수 있다.
[49] 특수경비원 업무의 강한 공공성과 특히 특수경비원은 소총과 권총 등 무기를 휴대한 상태로 근무할 수 있는 특수성 등을 감안할 때, 특수경비원의 신분이 공무원이 아닌 일반근로자라는 점에만 치중하여 특수경비원에게 근로3권 즉 단결권, 단체교섭권, 단체행동권 모두를 인정하여야 한다고 보기는 어렵고, 적어도 특수경비원에 대하여 단결권, 단체교섭권에 대한 제한은 전혀 두지 아니하면서 단체행동권 중 '경비업무의 정상적인 운영을 저해하는 일체의 쟁위행위'만을 금지하는 것은 입법목적 달성에 필요불가결한 최소한의 수단이라고 할 것이어서 침해의 최소성 원칙에 위배되지 아니한다(헌재 2009.10.29, 2007헌마1359).

제2절 경비원의 교육

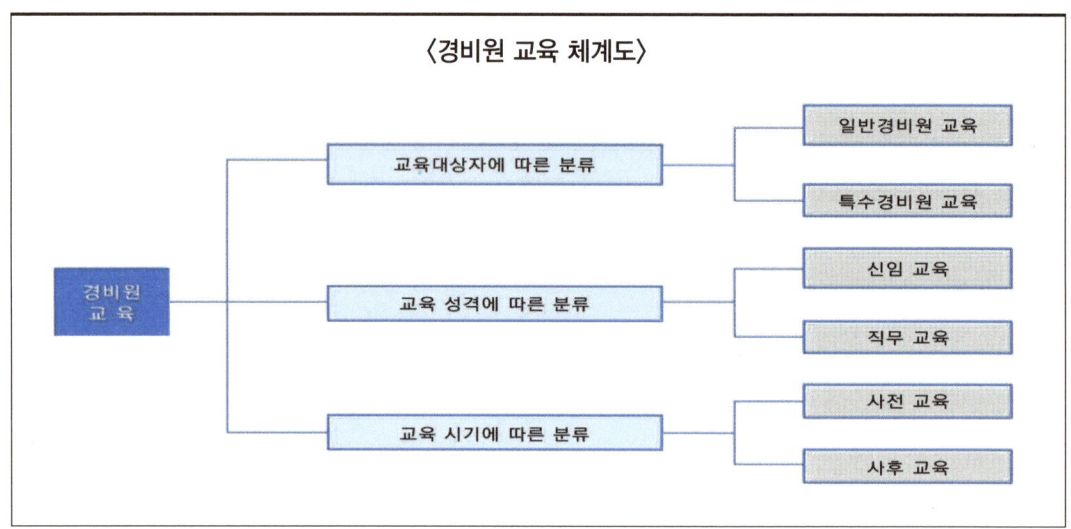

1 일반경비원 교육

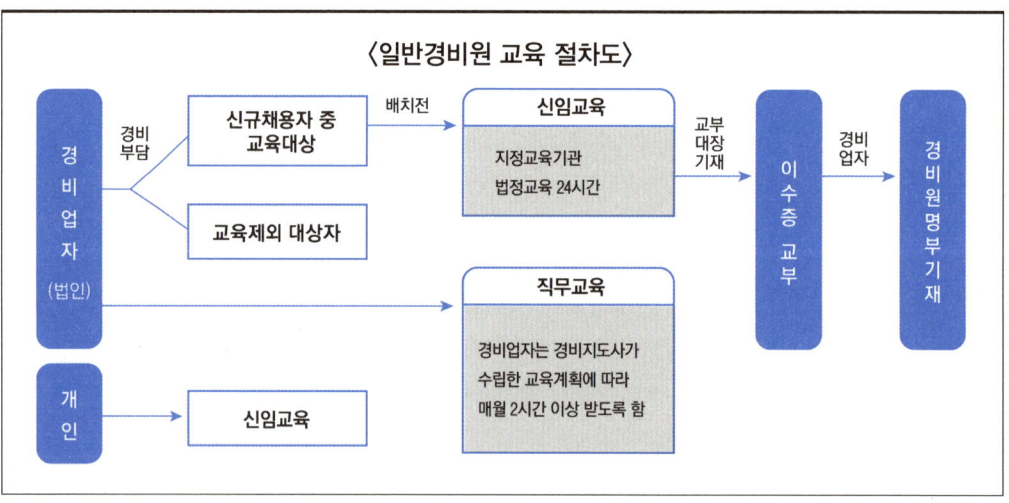

경비업자는 경비업무를 적정하게 실시하기 위하여 경비원으로 하여금 대통령령으로 정하는 바에 따라 경비원 신임교육 및 직무교육을 받게 하여야 한다. 다만, 경비업자는 대통령령으로 정하는 경력 또는 자격을 갖춘 일반경비원을 신임교육 대상에서 제외할 수 있다(법 제13조 제1항).

경비원이 되려는 사람은 대통령령으로 정하는 교육기관(일반경비원 교육기관)에서 미리 일반경비원 신임교육을 받을 수 있다(법 제13조 제2항, 영 제18조 제4항).

1 일반경비원 신임교육

(1) 교육계획수립

경찰청장은 일반경비원에 대한 신임교육의 실시를 위하여 연도별 교육계획을 수립하고, 일반경비원 교육기관이 교육계획에 따라 교육을 실시하도록 하여야 한다(규칙 제12조 제2항).

(2) 경비부담

경비업자는 일반경비원을 채용한 경우 해당 일반경비원에게 경비업자의 부담으로 경비원 교육기관 중 일반경비원 교육기관에서 실시하는 일반경비원 신임교육을 받도록 해야 한다(영 제18조 제1항).

(3) 신임교육 제외대상자

경비업자는 다음에 해당하는 사람을 일반경비원으로 채용한 경우에는 해당 일반경비원을 일반경비원 신임교육 대상에서 제외할 수 있다(영 제18조 제2항).

> ① 일반경비원 또는 특수경비원 신임교육을 받은 사람으로서 채용 전 3년 이내에 경비업무에 종사한 경력이 있는 사람
> ② 「경찰공무원법」에 따른 경찰공무원으로 근무한 경력이 있는 사람
> ③ 「대통령 등의 경호에 관한 법률」에 따른 경호공무원 또는 별정직공무원으로 근무한 경력이 있는 사람
> ④ 「군인사법」에 따른 부사관 이상으로 근무한 경력이 있는 사람
> ⑤ 경비지도사 자격이 있는 사람
> ⑥ 채용 당시 미리 일반경비원 신임교육을 받은 지 3년이 지나지 아니한 사람

(4) 신임교육 과목 및 시간

일반경비원 신임교육의 과목 및 시간, 직무교육의 과목 등 일반경비원의 교육 실시에 필요한 사항은 행정안전부령으로 정한다(영 제18조 제5항). 일반경비원 신임교육의 과목 및 시간은 다음과 같다(규칙 제12조 제1항 별표2).

구분 (교육시간)	과목	시간
이론교육 (4시간)	「경비업법」 등 관계 법령	2
	범죄예방론	2

실무교육 (19시간)	시설경비 실무	3
	호송경비 실무	2
	신변보호 실무	2
	기계경비 실무	2
	혼잡·교통유도경비 실무	2
	체포·호신술	2
	직업윤리 및 인권보호	2
	장비 사용법	2
	사고 예방대책	2
기타(1시간)	입교식, 평가 및 수료식	1
계		24

(5) 교육실시 후 조치

① **교육이수증 교부** : 일반경비원 교육기관의 장은 일반경비원 신임교육과정을 마친 사람에게 신임교육이수증을 교부하고 그 사실을 신임교육이수증 교부대장에 기록해야 하며, 교육기관, 교육일, 교육이수증 교부번호 등을 포함한 신임교육 이수자 현황을 경찰청장에게 통보해야 한다(규칙 제12조 제4항).

② **경비원명부 기재** : 경비업자는 일반경비원이 신임교육을 받은 때에는 경비원의 명부에 그 사실을 기재하여야 한다(규칙 제12조 제5항).

③ **교육이수 확인증 발급** : 시·도경찰청장 또는 경찰서장은 일반경비원 신임교육을 받은 사람이 요청하는 경우에는 신임교육 이수 확인증을 발급할 수 있다(규칙 제12조 제6항).

2 일반경비원 직무교육

(1) 직무교육 시간

경비업자는 소속 일반경비원에게 선임한 경비지도사가 수립한 교육계획에 따라 매월 행정안전부령으로 정하는 시간(2시간) 이상의 직무교육을 받도록 하여야 한다(영 제18조 제3항, 규칙 제13조 제1항).

(2) 직무교육 과목

일반경비원에 대한 직무교육의 과목은 일반경비원의 직무수행에 필요한 이론·실무과목 및 직업윤리 등으로 한다(규칙 제13조 제2항).

(3) 직무교육 방법

일반경비원에 대한 직무교육은 집합교육, 온라인교육 등 다양한 방법으로 실시할 수 있다(규칙 제13조 제3항).

Ⅱ 특수경비원 교육

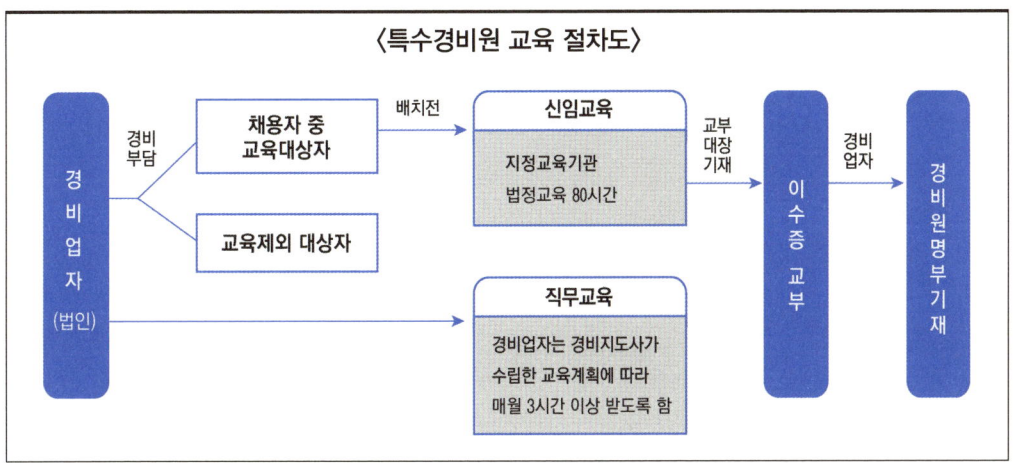

특수경비업자는 대통령령으로 정하는 바에 따라 특수경비원으로 하여금 특수경비원 신임교육과 정기적인 직무교육을 받게 하여야 하고, 특수경비원 신임교육을 받지 아니한 자를 특수경비업무에 종사하게 하여서는 아니된다(법 제13조 제3항).

특수경비원의 교육시 관할경찰서 소속 경찰공무원이 교육기관에 입회하여 대통령령이 정하는 바에 따라 지도·감독하여야 한다(법 제13조 제4항).

1 특수경비원 신임교육

(1) 경비부담

특수경비업자는 특수경비원을 채용한 경우 해당 특수경비원에게 특수경비업자의 부담으로 경비원 교육기관 중 특수경비원 교육기관에서 실시하는 특수경비원 신임교육을 받도록 해야 한다(영 제19조 제1항).

(2) 신임교육 제외대상자

특수경비업자는 채용 전 3년 이내에 특수경비업무에 종사하였던 경력이 있는 사람을 특수경비원으로 채용한 경우에는 해당 특수경비원을 특수경비원 신임교육 대상에서 제외할 수 있다(영 제19조 제2항).

(3) 신임교육 과목 및 시간

특수경비원 신임교육의 과목 및 시간, 직무교육의 과목 등 특수경비원의 교육 실시에 필요한 사항은 행정안전부령으로 정한다(영 제19조 제4항). 특수경비원 신임교육의 과목 및 시간은 다음과 같다(규칙 제15조 제1항 별표4).

구분 (교육시간)	과목	시간
이론교육 (15시간)	「경비업법」* 및 「경찰관직무집행법」 등 관계 법령	8
	「헌법」 및 형사법	4
	범죄예방론*	3
실무교육 (61시간)	사격	6
	폭발물 처리요령	6
	정보보호 및 보안업무	6
	체포·호신술*	4
	테러 및 재난 대응요령	4
	민방공	4
	직업윤리 및 인권보호*	4
	시설경비 요령	4
	혼잡·교통유도경비 업무	4
	기계경비 실무*	3
	관찰·기록기법	3
	총기조작	3
	화재대처법	3
	응급처치법	3
	장비 사용법*	3
	출입통제 요령	3
기타(4시간)	입교식, 평가 및 수료식*50)	4
계		80

(4) 교육실시 후 조치

① **교육이수증 교부** : 특수경비원 교육기관의 장은 특수경비원 신임교육과정을 마친 사람에게 신임교육이수증을 교부하고 그 사실을 신임교육이수증 교부대장에 기록해야 하며, 교육기관, 교육일, 교육이수증 교부번호 등을 포함한 신임교육 이수자 현황을 경찰청장에게 통보해야 한다(규칙 제15조 제2항).

② **경비원명부 기재** : 경비업자는 특수경비원이 신임교육을 받은 때에는 경비원의 명부에 그 사실을 기재하여야 한다(규칙 제15조 제3항).

③ **교육이수 확인증 발급** : 시·도경찰청장 또는 경찰서장은 특수경비원 신임교육을 받은 사람이 요청하는 경우에는 신임교육 이수 확인증을 발급할 수 있다(규칙 제15조 제4항).

---

50) (*)표시가 있는 과목은 일반경비원과 특수경비원의 신임교육 공통과목이다.

2 특수경비원 직무교육

(1) 직무교육 시간
특수경비업자는 소속 특수경비원에게 선임한 경비지도사가 수립한 교육계획에 따라 매월 행정안전부령으로 정하는 시간(3시간) 이상의 직무교육을 받도록 하여야 한다(영 제19조 제3항, 규칙 제16조 제1항).

(2) 직무교육 과목
특수경비원에 대한 직무교육의 과목은 특수경비원의 직무수행에 필요한 이론·실무과목 및 직업윤리 등으로 한다(규칙 제16조 제3항).

(3) 공무원 파견 직무교육 실시
관할 경찰관서장은 필요하다고 인정하는 경우에는 특수경비원이 배치된 경비대상시설에 소속 공무원을 파견하여 직무집행에 필요한 교육을 실시할 수 있다(규칙 제16조 제2항).

(4) 직무교육 방법
특수경비원에 대한 직무교육은 집합교육, 온라인교육 등 다양한 방법으로 실시할 수 있다(규칙 제16조 제4항).

정리 Note - 교육시간 비교				
구분	일반경비원	특수경비원	청원경찰	경비지도사
신임/기본 교육	24시간	80시간	2주(76시간)	40시간
직무/보수 교육	매월 2시간	매월 3시간	매월 4시간	매 3년 6시간

III 경비원 교육기관

1 교육기관의 지정

경찰청장은 경비원에 대한 신임교육의 효율성을 제고하기 위하여 전문인력 및 시설 등을 갖춘 기관 또는 단체를 경비원 교육기관으로 지정할 수 있다(법 제13조의2 제1항). 그 밖에 경비원 교육기관의 지정 기준 및 절차 등에 필요한 사항은 대통령령으로 정한다(법 제13조의2 제4항).

(1) 교육기관의 지정 기준
① 일반경비원 교육기관 : 경비원 교육기관은 일반경비원 교육기관과 특수경비원 교육기관으로 구분하되, 일반경비원 교육기관의 지정 기준은 다음과 같다(영 제19조의2 제1항, 별표3의2). 아래 표에서 규정한 사항 외에 일반경비원 교육기관의 지정에 필요한 인력 및 시설·장비의 세부기준 등은 경찰청장이 정한다(별표3의2 비고).

인력	다음의 어느 하나에 해당하는 강사를 1명 이상 갖출 것 ㉠ 교육과목 관련 석사 이상의 학위를 취득한 후 관련 분야에 1년 이상 근무한 경력이 있는 사람 ㉡ 교육과목 관련 분야에서 공무원으로 5년 이상 근무한 경력이 있는 사람 ㉢ 교육과목 관련 분야에 5년 이상 근무한 경력이 있는 사람. 다만, 체포·호신술 과목의 경우에는 무도 사범 자격을 취득한 후 관련 분야에 2년 이상 근무한 경력이 있는 사람을 말한다.
시설·장비	㉠ 지정기간 동안 교육 수행에 필요한 강의실과 사무실을 소유 또는 임차 등의 방법으로 확보할 것 ㉡ 교육 수행에 필요한 컴퓨터, 시청각 장비 등 교육훈련 기자재를 확보할 것 ㉢ 체포·호신술 과목의 경우에는 실습을 위한 별도의 공간 또는 매트 등 안전장비를 확보할 것

② **특수경비원 교육기관** : 특수경비원 교육기관의 지정 기준은 다음과 같다(영 제19조의2 제1항, 별표3의2). 아래 표에서 규정한 사항 외에 특수경비원 교육기관의 지정에 필요한 인력 및 시설·장비의 세부기준 등은 경찰청장이 정한다(별표3의2 비고).

인력	다음의 어느 하나에 해당하는 강사를 1명 이상 갖출 것 ㉠ 「고등교육법」에 따른 학교 또는 이에 준하는 학교에서 교육과목 관련 학과의 조교수 이상의 직에 1년 이상 근무한 경력이 있는 사람 ㉡ 교육과목 관련 박사학위를 취득한 후 관련 분야의 연구실적이 있는 사람 ㉢ 교육과목 관련 석사 이상의 학위를 취득한 후 관련 분야에 3년 이상 근무한 경력이 있는 사람 ㉣ 교육과목 관련 분야에서 공무원으로 7년 이상 근무한 경력이 있는 사람 ㉤ 교육과목 관련 분야에 10년 이상 근무한 경력이 있는 사람. 다만, 체포·호신술 과목 및 폭발물 처리요령 과목에 대해서는 다음의 구분에 따른다. • 체포·호신술 과목 : 무도 사범 자격을 취득한 후 관련 분야에 2년 이상 근무한 경력이 있는 사람 • 폭발물 처리요령 과목 : 관련 분야에 2년 이상 근무한 경력이 있는 사람
시설·장비	㉠ 지정기간 동안 교육 수행에 필요한 강의실과 사무실을 소유 또는 임차 등의 방법으로 확보할 것 ㉡ 교육 수행에 필요한 컴퓨터, 시청각 장비 등 교육훈련 기자재를 확보할 것 ㉢ 체포·호신술 과목의 경우에는 실습을 위한 별도의 공간 또는 매트 등 안전장비를 확보할 것 ㉣ 소총에 의한 실탄사격이 가능하고 10개 사로(射路) 이상을 갖춘 사격장을 사용할 수 있을 것. 다만, 사용계획서를 제출한 경우에는 교육기관 지정을 받은 날부터 2개월 이내에 시·도경찰청장에게 사격장 사용이 가능하다는 사실의 확인을 받아야 한다.

(2) 교육기관의 지정 절차

경비원 교육기관의 지정 절차 등에 관하여는 경비지도사 교육기관의 지정 절차에 관한 규정(영 제15조의4 제2항, 제3항 전단 및 제4항)을 준용한다.[51] 이 경우 '경비지도사 교육기관'은 '경비원 교육기관'으로 본다(영 제19조의2 제2항).

2 교육지침

경찰청장은 경비원에 대한 신임교육의 전국적 균형을 유지하기 위하여 교육수준 및 교육방법 등에 필요한 지침을 마련하여 시행할 수 있다(법 제13조의2 제2항). 경찰청장은 경비원 교육기관이 교육지침을 위반한 경우에는 기간을 정하여 시정을 명할 수 있다(법 제13조의2 제3항).

3 교육기관의 지정취소 등

(1) 지정취소 및 업무정지 사유

① 경찰청장은 경비원 교육기관이 다음의 어느 하나에 해당하는 경우에는 그 지정을 취소하거나 1년 이내의 기간을 정하여 업무의 전부 또는 일부를 정지할 수 있다. 다만, ㉠의 경우에는 그 지정을 취소하여야 한다(법 제13조의3 제1항).

> ㉠ 거짓이나 그 밖의 부정한 방법으로 경비원 교육기관의 지정을 받은 경우(필요적 지정취소사유)
> ㉡ 지정받은 사항을 위반하여 업무를 행한 경우
> ㉢ 교육지침 위반에 따른 시정명령을 받고도 정당한 사유 없이 정하여진 기간 이내에 시정하지 아니한 경우
> ㉣ 경비원 교육기관의 지정 기준에 적합하지 아니하게 된 경우

② 그 밖에 경비원 교육기관의 지정 취소 및 업무 정지에 관한 세부기준 및 절차는 그 위반행위의 유형과 위반의 정도 등을 고려하여 행정안전부령으로 정한다(법 제13조의3 제2항).

(2) 지정취소 및 업무정지 기준

① '경비원 교육기관'의 지정 취소 및 업무 정지 기준은 '경비지도사 교육기관'의 지정 취소 및 업무 정지 기준과 같다(p.180 참조).
② 경찰청장은 경비원 교육기관 지정을 취소하거나 업무 정지를 명한 경우 그 사실을 인터넷 홈페이지에 공고해야 한다(규칙 제16조의2 제2항).

---

[51] 경비원 교육기관 지정을 받으려는 자는 행정안전부령으로 정하는 바에 따라 ㉠ 경비 관련 교육 운영계획서 및 운영경력서(운영경력서의 경우에는 경비 관련 교육을 운영한 경력이 있는 자만 해당), ㉡ 인력 기준에 해당하는 강사의 인적사항 및 자격을 증명하는 서류, ㉢ 교육 시설 및 장비의 현황을 확인할 수 있는 서류를 첨부하여 경찰청장에게 지정을 신청해야 한다(영 제15조의4 제2항). 지정 신청을 받은 경찰청장은 지정 기준에 적합한지를 심사하고, 심사 결과 적합하다고 인정되는 경우에는 경비원 교육기관으로 지정할 수 있다(영 제15조의4 제3항 전단). 경찰청장은 경비원 교육기관을 지정하는 경우 그 명칭, 소재지, 지정일자 등을 인터넷 홈페이지에 공고해야 한다(영 제15조의4 제4항).

제3절 경비원의 배치

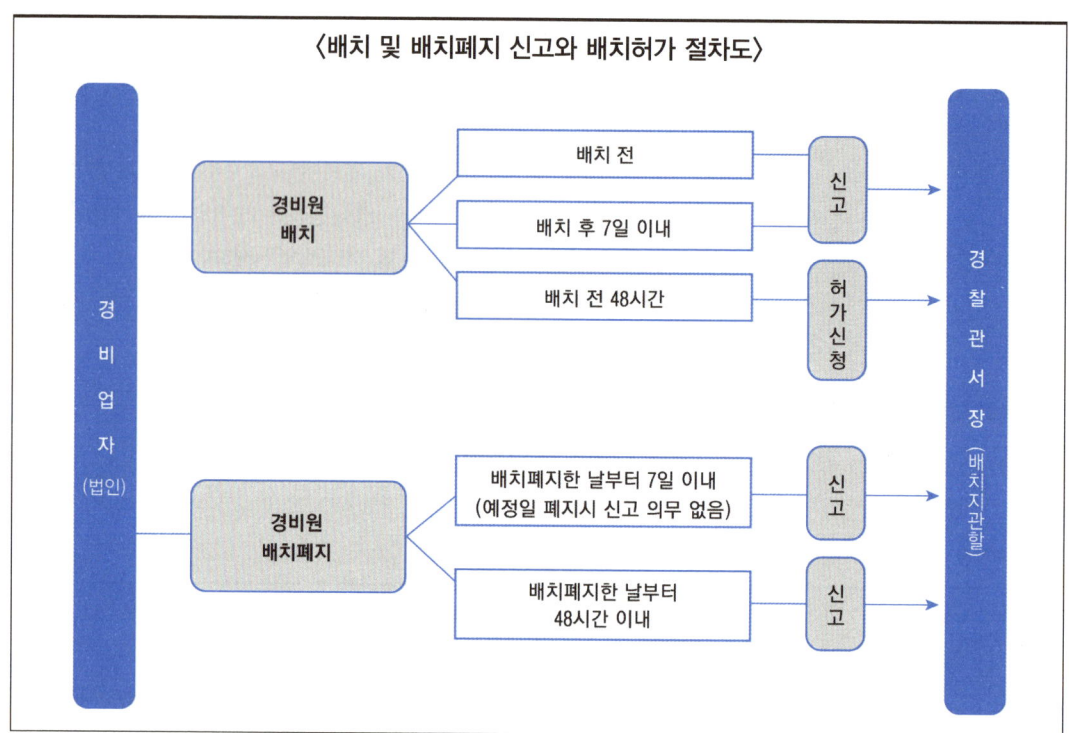

I 배치신고 및 배치폐지신고

경비업자가 경비원을 배치하거나 배치를 폐지한 경우에는 행정안전부령이 정하는 바에 따라 관할 경찰관서장에게 신고하여야 한다. 다만, 특수경비원과 집단민원현장이 아닌 곳에서 신변보호업무를 수행하는 일반경비원의 경우에는 경비원을 배치하기 전까지 신고하여야 한다(법 제18조 제2항).

1 배치신고

(1) 원칙 – 배치 후 신고

경비업자는 경비업무를 수행하기 위하여 20일 이상 경비원을 배치하거나 그 기간을 연장하려는 때에는 경비원을 배치한 후 7일 이내에 경비원 배치신고서(전자문서로 된 신고서 포함)를 배치지를 관할하는 경찰관서장에게 제출해야 한다(규칙 제24조 제1항 본문).

(2) 예외 – 배치 전 신고

다만, 특수경비원과 집단민원현장이 아닌 곳에서 신변보호업무를 수행하는 일반경비원을 배치하는 경우에는 경비원을 배치하는 기간과 관계없이 경비원을 배치하기 전까지 경비원 배치신고서(전자문서로 된 신고서 포함)를 배치지를 관할하는 경찰관서장에게 제출해야 한다(규칙 제24조 제1항 단서).

(3) 특수경비원 배치신고 절차

① 특수경비원을 배치하는 경비업자는 배치신고서에 특수경비원 전원의 병력(病歷)신고 및 개인정보 이용 동의서를 첨부하여 관할 경찰관서장에게 제출해야 한다(규칙 제24조 제2항).

② 동의서를 제출받은 관할 경찰관서장은 국민건강보험공단 등 관계기관에 치료경력의 조회를 요청할 수 있다(규칙 제24조 제3항).

③ 관할 경찰관서장은 동의서의 기재내용 또는 관계기관의 조회결과를 확인하여 필요한 경우 경비업자에게 다음의 서류를 제출하도록 요청할 수 있다. 이 경우 경비업자는 해당 특수경비원의 서류(제출일 기준 6개월 이내에 발급된 서류에 한정)를 관할 경찰관서장에게 제출해야 한다(규칙 제24조 제4항).
　㉠ 특수경비원의 결격사유인 정신적 제약에 해당하지 않음을 증명하는 해당 분야 전문의의 진단서 1부
　㉡ 치매, 정신질환이나 정신 발육지연, 뇌전증 등이 있음에도 불구하고 해당 분야 전문의가 특수경비원으로서 적합하다고 인정한 경우 이를 증명하는 해당 분야 전문의의 진단서 1부

2 배치폐지신고

(1) 원칙 – 폐지 후 신고

경비원의 배치신고를 한 경비업자가 경비원의 배치를 폐지한 때에는 배치폐지를 한 날부터 7일 이내에 경비원 배치폐지신고서(전자문서로 된 신고서 포함)를 배치지의 관할 경찰관서장에게 제출하여야 한다(규칙 제24조 제5항 본문).

(2) 예외 – 폐지 후 무신고

다만, 경비원 배치신고시에 기재한 배치폐지 예정일에 경비원의 배치를 폐지한 경우에는 그러하지 아니하다(규칙 제24조 제5항 단서). 즉, 배치폐지신고를 요하지 않는다.

Ⅱ 집단민원현장에의 배치허가신청 및 배치폐지신고

1 집단민원현장의 의의

'집단민원현장'이란 다음의 장소를 말한다(법 제2조 제5호).

> ① 「노동조합 및 노동관계조정법」에 따라 노동관계 당사자가 노동쟁의 조정신청을 한 사업장 또는 쟁의행위가 발생한 사업장
> ② 「도시 및 주거환경정비법」에 따른 정비사업과 관련하여 이해대립이 있어 다툼이 있는 장소
> ③ 특정 시설물의 설치와 관련하여 민원이 있는 장소
> ④ 주주총회와 관련하여 이해대립이 있어 다툼이 있는 장소
> ⑤ 건물·토지 등 부동산 및 동산에 대한 소유권·운영권·관리권·점유권 등 법적 권리에 대한 이해대립이 있어 다툼이 있는 장소
> ⑥ 100명 이상의 사람이 모이는 국제·문화·예술·체육 행사장
> ⑦ 「행정대집행법」에 따라 대집행을 하는 장소

2 배치허가신청

(1) 배치허가 신청기간

① **최초 배치시** : 경비업자가 시설경비업무, 신변보호업무 또는 혼잡·교통유도경비업무 중 집단민원현장에 일반경비원을 배치하려는 경우에는 경비원을 배치하기 48시간 전까지 행정안전부령으로 정하는 바에 따라 배치허가를 신청하고, 관할 경찰관서장의 배치허가를 받은 후에 경비원을 배치하여야 한다. 이 경우 관할 경찰관서장은 배치허가를 함에 있어 필요한 조건을 붙일 수 있다(법 제18조 제2항 단서).

② **배치기간 연장시** : 집단민원현장에 일반경비원 배치허가를 받은 경비업자가 경비원 배치기간을 연장하려는 경우에는 배치기간이 만료되기 48시간 전까지 배치허가 신청서를 관할 경찰관서장에게 제출하여 허가를 받아야 한다(규칙 제24조의2 제3항).

③ **새로운 경비원 배치시** : 집단민원현장에 일반경비원 배치허가를 받은 경비업자가 집단민원현장에 새로운 경비원을 배치하려는 경우에는 새로운 경비원을 배치하기 48시간 전까지 배치허가 신청서를 관할 경찰관서장에게 제출하여 허가를 받아야 한다(규칙 제24조의2 제4항).

(2) 배치허가 신청서류

집단민원현장에 일반경비원 배치허가를 신청하려는 경비업자는 집단민원현장 일반경비원 배치허가 신청서(전자문서에 의한 신청서 포함)에 집단민원현장에 배치될 일반경비원의 신임교육 이수증(일반경비원 신임교육 면제 대상의 경우 신임교육 면제 대상에 해당함을 입증할 수 있는 서류) 각 1부를 첨부하여 관할 경찰관서장에게 제출해야 한다(규칙 제24조의2 제1항).

(3) 배치허가 여부결정

① 배치허가 신청서를 받은 관할 경찰관서장은 경비원 배치예정 일시 전까지 배치허가 여부를 결정하여 경비업자에게 통보하여야 한다(규칙 제24조의2 제2항).

② 배치허가 신청을 받은 관할 경찰관서장은 배치되는 경비원 중 결격사유에 해당하는 결격자가 있는 경우에는 그 사람을 제외하고 배치허가를 하여야 한다(법 제18조 제4항).

(4) 배치불허가사유

관할 경찰관서장은 집단민원현장에 일반경비원 배치허가 신청을 받은 경우 다음의 사유에 해당하는 때에는 배치허가를 하여서는 아니된다. 이 경우 관할 경찰관서장은 다음의 사유를 확인하기 위하여 소속 경찰관으로 하여금 그 배치장소를 방문하여 조사하게 할 수 있다(법 제18조 제3항, 영 제22조).

> ① 경비원이 경비업무의 범위를 벗어난 행위를 할 우려가 있는 경우
> ② 경비원 중 결격사유에 해당하는 결격자나 신임교육을 받지 아니한 사람이 대통령령으로 정하는 기준(100분의 21) 이상으로 포함되어 있는 경우
> ③ 경비원의 복장·장비 등에 대하여 내려진 필요한 명령을 이행하지 아니하는 경우

(5) 배치결격사유

경비업자는 다음의 어느 하나에 해당하는 죄를 범하여 벌금형을 선고받고 5년이 지나지 아니하거나 금고 이상의 형을 선고받고 그 집행이 유예된 날부터 5년이 지나지 아니한 자를 집단민원현장에 일반경비원으로 배치하여서는 아니된다(법 제18조 제6항).

> ① 「형법」상 상해와 폭행 관련 죄, 체포와 감금 관련 죄,
>   특수공갈죄, 상습공갈죄, 상습특수공갈죄,
>   특수협박죄, 상습협박죄, 상습존속협박죄, 상습특수협박죄,
>   특수강요죄, 특수손괴죄, 특수주거침입죄
> ② 「폭력행위 등 처벌에 관한 법률」상 폭행등죄, 집단적 폭행등죄

(6) 경비지도사 변경통보

집단민원현장에 일반경비원 배치허가를 받은 경비업자가 집단민원현장에 배치된 경비지도사를 변경한 경우에는 변경된 내용을 관할 경찰관서장에게 통보하여야 한다(규칙 제24조의2 제6항).

3 배치폐지신고

집단민원현장에 일반경비원 배치허가를 받은 경비업자가 경비원의 배치를 폐지한 때에는 배치폐지를 한 날부터 48시간 이내에 집단민원현장 일반경비원 배치폐지 신고서(전자문서로 된 신고서 포함)를 관할 경찰관서장에게 제출해야 한다(규칙 제24조의2 제5항).

정리 Note – 제출서류·기간·기관 정리

구분		제출서류	제출기간	제출기관
경비업 신규허가시 경비업 변경허가시 (경비업무 추가시)		• 허가신청서 • 법인의 정관 • 법인 임원의 이력서 • 경비인력·시설 및 장비의 확보계획서(신청시 갖출 수 없는 경우에 한함)		시·도경찰청장 또는 해당 시·도경찰청 소속의 경찰서장
경비업 갱신허가시		• 경비업 갱신허가신청서 • 허가증 원본 • 정관(변경사항이 있는 경우에 한함)	유효기간 만료일 30일 전까지	
허가증 재교부시		• 허가증 재교부신청서 • 사유서(분실시) • 허가증(훼손시)		
폐업시		• 폐업신고서 • 허가증	폐업한 날부터 7일 이내	
휴업시		• 휴업신고서	휴업한 날부터 7일 이내	
영업재개시		• 영업재개신고서	영업을 다시 시작한 후 7일 이내	
휴업기간연장시		• 휴업기간연장신고서	휴업기간이 끝난 후 7일 이내	
허가사항 변경시	명칭 변경	• 경비업 허가사항 등의 변경신고서 • 허가증 원본	사유가 발생한 날부터 30일 이내	
	대표자 변경	• 경비업 허가사항 등의 변경신고서 • 법인 대표자의 이력서 • 허가증 원본		
	임원 변경	• 경비업 허가사항 등의 변경신고서 • 법인 임원의 이력서		
	주사무소·출장소 변경	• 경비업 허가사항 등의 변경신고서 • 허가증 원본		
	정관목적 변경	• 경비업 허가사항 등의 변경신고서 • 법인의 정관		

구분	제출서류	제출기한	제출처
시설주의 무기대여시	• 무기대여신청서		관할경찰관서장을 거쳐 시·도경찰청장
경비원 배치시, 배치기간연장시	• 경비원 배치신고서	배치한 후 7일 이내 (집단민원현장이 아닌 곳에서 신변보호업무를 수행하는 일반경비원, 특수경비원 배치시 배치하기 전까지)	관할경찰관서장
경비원 배치폐지시	• 경비원 배치폐지신고서	배치폐지를 한 날부터 7일 이내	
집단민원현장에의 일반경비원 배치시	• 집단민원현장 일반경비원 배치허가 신청서 • 신임교육이수증	배치하기 48시간 전	
집단민원현장에의 일반경비원 배치기간 연장시 /새로운 경비원 배치시	• 집단민원현장 일반경비원 배치허가 신청서	배치기간 만료되기 48시간 전 /새로운 경비원 배치하기 48시간 전	
집단민원현장에의 일반경비원 배치 폐지시	• 집단민원현장 일반경비원 배치폐지 신고서	배치폐지를 한 날부터 48시간 이내	
경비지도사 선임·해임시	• 경비지도사 선임·해임신고서 • 경비지도사 자격증 사본 (선임신고시만 첨부)	선임·해임한 날부터 15일 이내	경비현장(배치지) 관할 시·도경찰청장 또는 경찰서장
집단민원현장에 경비원 배치허가 받은 경우	• 경비지도사 선임신고서	경비원 배치하기 전	배치지 관할경찰서장
청원경찰 배치시	• 청원경찰 배치신청서 • 경비구역 평면도 • 배치계획서		관할경찰서장을 거쳐 시·도경찰청장
청원경찰 임용승인시	• 청원경찰 임용승인신청서 • 이력서 • 주민등록증 사본 • 민간인 신원진술서 • 채용신체검사서 또는 취업용 건강진단서(최근 3개월 이내 발행한 것) • 가족관계등록부 중 기본증명서	배치결정 통지를 받은 날부터 30일 이내	시·도경찰청장
청원주의 무기대여시	• 무기대여신청서		관할경찰서장을 거쳐 시·도경찰청장

Ⅲ 경비원 배치 및 배치폐지명령

1 경비원의 배치

경비업자는 경비원 명부에 없는 자를 경비업무에 종사하게 하여서는 아니되고, 경비원을 배치하는 경우에는 신임교육을 이수한 자를 배치하여야 한다(법 제18조 제7항).

2 배치폐지명령

관할 경찰관서장은 경비업자가 다음의 어느 하나에 해당하는 때에는 배치폐지를 명할 수 있다(법 제18조 제8항).

> ① 배치허가를 받지 아니하고 경비원을 배치하거나 경비원 명단 및 배치일시·배치장소 등 배치허가 신청의 내용을 거짓으로 한 때
> ② 배치결격사유에 해당하는 자를 집단민원현장에 일반경비원으로 배치한 때
> ③ 신임교육을 이수하지 아니한 자를 경비원52)으로 배치한 때
> ④ 경비업자 또는 경비원이 위력이나 흉기 또는 그 밖의 위험한 물건을 사용하여 집단적 폭력사태를 일으킨 때
> ⑤ 경비업자가 배치신고를 하지 아니하고 일반경비원을 배치한 때

3 배치폐지 확인증 발급

시·도경찰청장 또는 경찰서장은 일반경비원 또는 특수경비원이나 일반경비원 또는 특수경비원으로 근무했던 사람이 요청하는 경우에는 배치폐지 또는 현재 배치여부 확인증을 발급할 수 있다(규칙 제24조 제6항).

Ⅳ 경비원 명부 및 근무상황기록부 등

1 경비원 명부

(1) 작성·비치의무

경비업자는 행정안전부령이 정하는 바에 따라 경비원의 명부를 작성·비치하여야 한다. 다만, 집단민원현장에 배치되는 일반경비원의 명부는 그 경비원이 배치되는 장소에도 작성·비치하여야 한다(법 제18조 제1항).

---

52) 시설경비업무·신변보호업무 중 집단민원현장에 배치된 일반경비원, 집단민원현장이 아닌 곳에서 신변보호업무를 수행하는 일반경비원, 특수경비원을 말한다.

(2) 작성·비치장소

경비업자는 주된 사무소, 출장소, 집단민원현장에 경비원 명부를 작성·비치하여 두고, 이를 항상 정리하여야 한다. 다만, 출장소와 집단민원현장에 작성·비치하는 명부의 경우에는 해당 장소에 배치된 경비원의 명부를 말한다(규칙 제23조).

2 근무상황기록부

(1) 기록·보관의무

경비업자는 경비원을 배치하여 경비업무를 수행하게 하는 때에는 행정안전부령으로 정하는 바에 따라 배치된 경비원의 인적사항과 배치일시·배치장소 등 근무상황을 기록하여 보관하여야 한다(법 제18조 제5항).

(2) 비치장소

① 경비업자는 경비업무를 수행하는 경비원의 인적사항, 배치일시, 배치장소, 배치폐지일시 및 근무여부 등 근무상황을 기록한 근무상황기록부(전자문서로 된 근무상황기록부 포함)를 작성하여 주된 사무소 및 출장소에 갖추어 두어야 한다(규칙 제24조의3 제1항).
② 경비업자는 근무상황기록부를 1년 동안 보관하여야 한다(규칙 제24조의3 제2항).

3 특수경비원 배치시 비치 장부와 서류

특수경비원을 배치한 시설주와 국가중요시설의 관할 경찰관서장은 다음의 장부와 서류를 갖추어 두어야 한다. 장부 또는 서류의 서식은 경찰관서에서 사용하는 서식을 준용한다(규칙 제26조).

시설주 비치 장부·서류	관할 경찰관서장 비치 장부·서류
• 근무일지 • 근무상황카드 • 경비구역배치도 • 순찰표철 • 무기탄약출납부 • 무기장비운영카드	• 특수경비원 교육훈련실시부 • 특수경비원 전·출입관계철 • 감독순시부 • 무기·탄약대여대장 • 그 밖에 특수경비원의 관리 등을 위하여 필요한 장부 또는 서류

제4절 경비원의 복장·장비·출동차량

I 경비원의 복장

1 복장신고

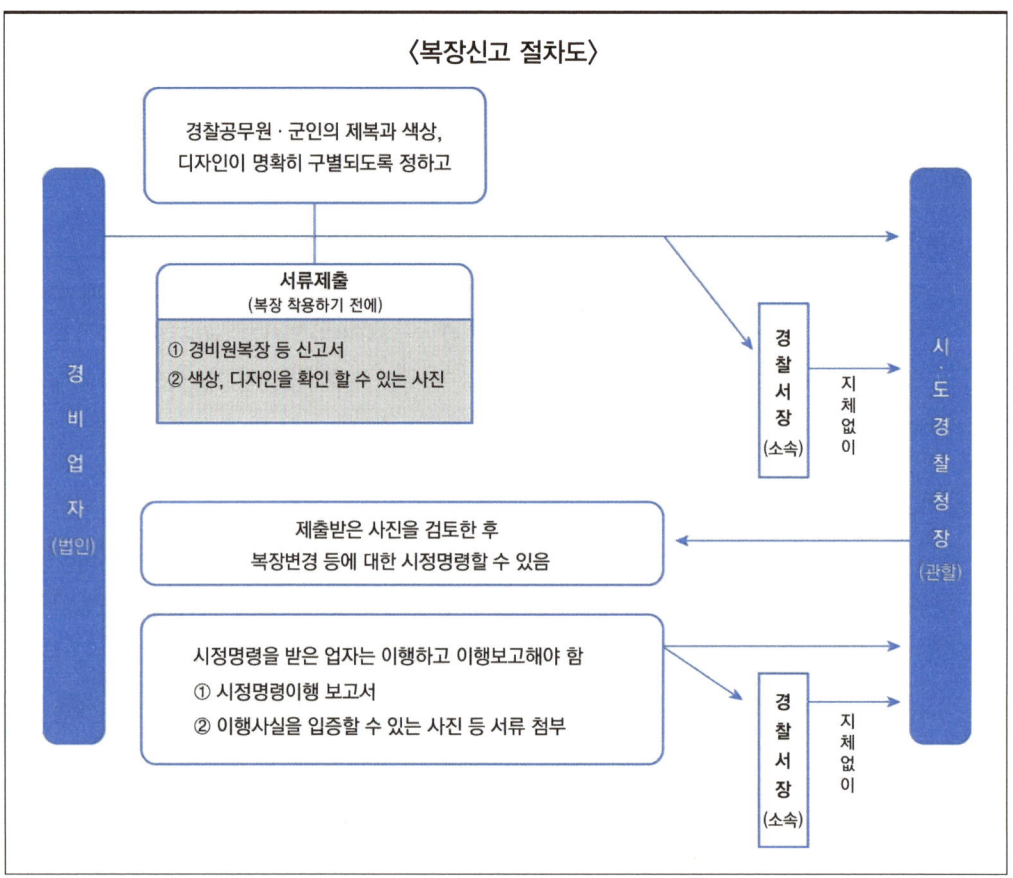

(1) 신고방법

① **신고 관청** : 경비업자는 경찰공무원 또는 군인의 제복과 색상 및 디자인 등이 명확히 구별되는 소속 경비원의 복장을 정하고 이를 확인할 수 있는 사진을 첨부하여 주된 사무소를 관할하는 시·도경찰청장에게 행정안전부령으로 정하는 바에 따라 신고하여야 한다(법 제16조 제1항).

② **신고 시기** : 경비원의 복장신고(변경신고 포함)를 하려는 경비업자는 소속 경비원에게 복장을 착용하도록 하기 전에 경비원 복장 등 신고서(전자문서로 된 신고서 포함)를 경비업자의 주된 사무소를 관할하는 시·도경찰청장에게 제출하여야 한다(규칙 제19조 제1항).

③ **신고서 제출** : 경비업자는 복장 등 신고서를 경비업자의 주된 사무소를 관할하는 시·도경찰청장 소속 경찰서장을 거쳐 제출할 수 있다. 이 경우 신고서를 받은 경찰서장은 지체 없이 경비업자의 주된 사무소를 관할하는 시·도경찰청장에게 해당 신고서를 보내야 한다(규칙 제19조 제3항).

(2) 시정명령

시·도경찰청장은 제출받은 사진을 검토한 후 경비업자에게 복장 변경 등에 대한 시정명령을 할 수 있다(법 제16조 제3항).

(3) 이행보고

① **이행보고 관청** : 시정명령을 받은 경비업자는 이를 이행하여야 하고, 시·도경찰청장에게 행정안전부령으로 정하는 바에 따라 이행보고를 하여야 한다(법 제16조 제4항).

② **이행보고서 제출**

㉠ 경비원 복장 시정명령에 대한 이행보고를 하려는 경비업자는 시정명령 이행보고서(전자문서로 된 보고서 포함)에 이행사실을 입증할 수 있는 사진 등의 서류를 첨부하여 시정명령을 한 시·도경찰청장에게 제출하여야 한다(규칙 제19조 제2항).

㉡ 경비업자는 이행보고서를 경비업자의 주된 사무소를 관할하는 시·도경찰청장 소속 경찰서장을 거쳐 제출할 수 있다. 이 경우 이행보고서를 받은 경찰서장은 지체 없이 경비업자의 주된 사무소를 관할하는 시·도경찰청장에게 해당 이행보고서를 보내야 한다(규칙 제19조 제3항).

2 이름표 부착 및 신고복장 착용

(1) 원 칙

① 경비업자는 경비업무 수행 시 경비원에게 소속 경비업체를 표시한 이름표를 부착하도록 하고, 신고된 동일한 복장을 착용하게 하여야 하며, 복장에 소속 회사를 오인할 수 있는 표시를 하거나 다른 회사의 복장을 착용하게 하여서는 아니된다(법 제16조 제2항 본문).

② 경비원은 경비업무 수행 시 이름표를 경비원 복장의 상의 가슴 부위에 부착하여 경비원의 이름을 외부에서 알아볼 수 있도록 하여야 한다(규칙 제19조 제4항).

(2) 예 외

집단민원현장이 아닌 곳에서 신변보호업무를 수행하는 경우 또는 경비업무의 성격상 부득이한 사유가 있어 관할 경찰관서장이 허용하는 경우에는 신고된 복장과 다른 복장을 착용하게 할 수 있다(법 제16조 제2항 단서).

Ⅱ 경비원의 장비

1 휴대장비

경비원이 휴대할 수 있는 장비의 종류는 경적·단봉·분사기 등 행정안전부령으로 정하되, 근무 중에만 이를 휴대할 수 있다(법 제16조의2 제1항). 경비원은 근무 중 경적, 단봉, 분사기, 안전방패, 무전기 및 그 밖에 경비 업무 수행에 필요한 것으로서 공격적인 용도로 제작되지 아니하는 장비를 휴대할 수 있으며, 안전모 및 방검복 등 안전장비를 착용할 수 있다(규칙 제20조 제1항).

2 장비의 기준

경비원 장비의 구체적인 기준은 다음에 따른다(규칙 제20조 제2항 별표5).

경적	금속이나 플라스틱 재질의 호루라기
단봉	금속(합금 포함)이나 플라스틱 재질의 전장 700㎜ 이하의 호신용 봉
분사기	「총포·도검·화약류 등의 안전관리에 관한 법률」에 따른 분사기
안전방패	플라스틱 재질의 폭 500㎜ 이하, 길이 1,000㎜ 이하의 방패로 경찰공무원이 사용하는 안전방패와 색상 및 디자인이 명확히 구분되어야 함
무전기	무전기 송신 시 실시간으로 수신이 가능한 것
안전모	얼굴을 가리지 아니하면서, 머리를 보호하는 장비로 경찰공무원이 사용하는 방석모와 색상 및 디자인이 명확히 구분되어야 함
방검복	경찰공무원이 사용하는 방검복과 색상 및 디자인이 명확히 구분되어야 함

3 장비의 사용

(1) 통상의 용법 외 사용금지

누구든지 장비를 임의로 개조하여 통상의 용법과 달리 사용함으로써 다른 사람의 생명·신체에 위해를 가하여서는 아니된다(법 제16조의2 제3항).

(2) 필요한 최소한도 사용

경비원은 경비업무를 위하여 필요하다고 인정되는 상당한 이유가 있을 때에는 필요한 최소한도에서 장비를 사용할 수 있다(법 제16조의2 제4항).

(3) 분사기의 소지허가

경비업자가 경비원으로 하여금 분사기를 휴대하여 직무를 수행하게 하는 경우에는 「총포·도검·화약류 등 단속법」[53]에 따라 미리 분사기의 소지허가를 받아야 한다(법 제16조의2 제2항).

---

53) 「총포·도검·화약류 등 단속법」의 제명은 「총포·도검·화약류 등의 안전관리에 관한 법률」로 제명이 개정되었다. 청원경찰법령에서는 타법개정에 의하여 개정된 제명이 반영되었으나, 「경비업법」에서는 타법개정 누락으로 인하여 반영되지 않았다.

Ⅲ 출동차량

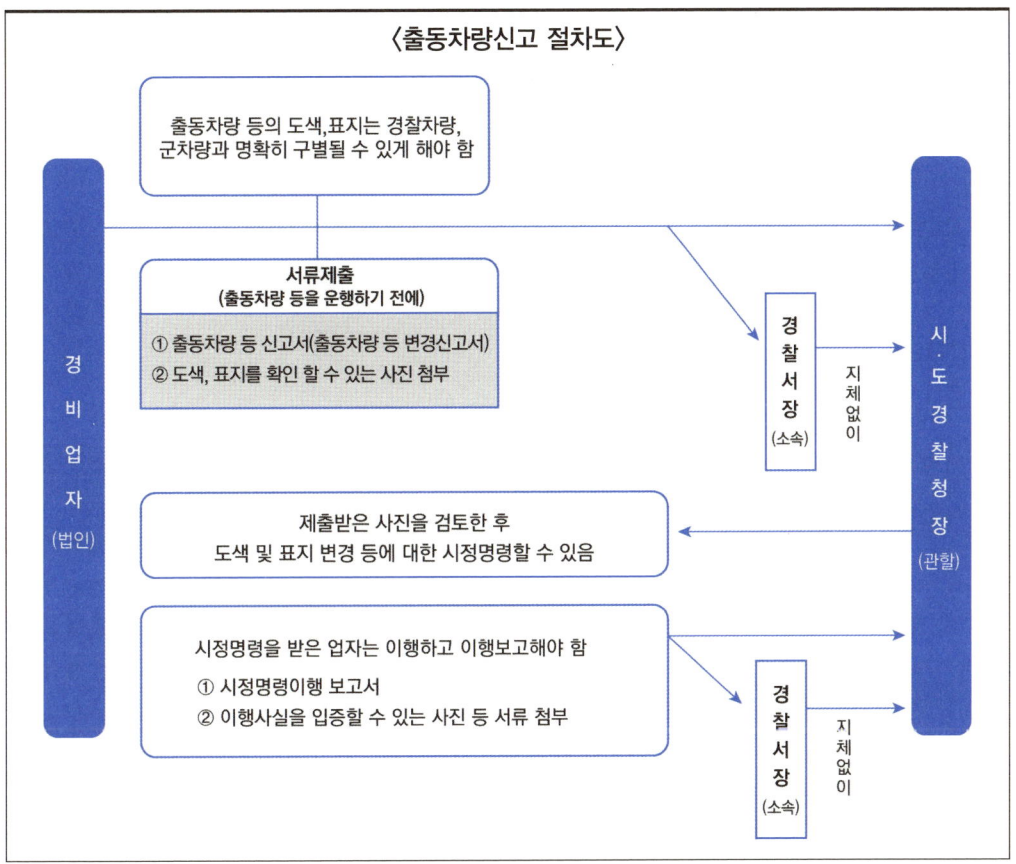

1 신고방법

(1) 신고 관청

경비업자는 출동차량 등의 도색 및 표지를 경찰차량 및 군차량과 명확히 구별될 수 있게 하여야 한다(법 제16조의3 제1항). 경비업자는 출동차량 등의 도색 및 표지를 정하고 이를 확인할 수 있는 사진을 첨부하여 주된 사무소를 관할하는 시·도경찰청장에게 행정안전부령으로 정하는 바에 따라 신고하여야 한다(법 제16조의3 제2항).

(2) 신고 시기

출동차량 등에 대한 신고(변경신고 포함)를 하려는 경비업자는 출동차량 등을 운행하기 전에 출동차량 등 신고서(전자문서로 된 신고서 포함)를 경비업자의 주된 사무소를 관할하는 시·도경찰청장에게 제출하여야 한다(규칙 제21조 제1항).

(3) 신고서 제출

경비업자는 신고서를 경비업자의 주된 사무소를 관할하는 시·도경찰청장 소속의 경찰서장을 거쳐 제출할 수 있다. 이 경우 신고서를 받은 경찰서장은 지체 없이 경비업자의 주된 사무소를 관할하는 시·도경찰청장에게 해당 신고서를 보내야 한다(규칙 제21조 제3항).

2 시정명령

시·도경찰청장은 제출받은 사진을 검토한 후 경비업자에게 도색 및 표지 변경 등에 대한 시정명령을 할 수 있다(법 제16조의3 제3항).

3 이행보고

(1) 이행보고 관청

시정명령을 받은 경비업자는 이를 이행하여야 하고, 시·도경찰청장에게 행정안전부령으로 정하는 바에 따라 이행보고를 하여야 한다(법 제16조의3 제4항).

(2) 이행보고서 제출

① 출동차량 등의 시정명령에 대한 이행보고를 하려는 경비업자는 시정명령 이행보고서에 이행사실을 입증할 수 있는 사진 등의 서류를 첨부하여 시정명령을 한 시·도경찰청장에게 제출하여야 한다(규칙 제21조 제2항).

② 경비업자는 이행보고서를 경비업자의 주된 사무소를 관할하는 시·도경찰청장 소속의 경찰서장을 거쳐 제출할 수 있다. 이 경우 이행보고서를 받은 경찰서장은 지체 없이 경비업자의 주된 사무소를 관할하는 시·도경찰청장에게 해당 이행보고서를 보내야 한다(규칙 제21조 제3항).

제5절 특수경비원의 직무 및 무기

I 특수경비원의 직무

1 직무감독권자

특수경비업자는 특수경비원으로 하여금 배치된 경비구역 안에서 관할 경찰관서장(관할 경찰서장 및 공항경찰대장 등 국가중요시설의 경비책임자)과 국가중요시설의 시설주의 감독을 받아 시설을 경비하고 도난·화재 그 밖의 위험의 발생을 방지하는 업무를 수행하게 하여야 한다(법 제14조 제1항).

2 직무수행시 국가중요시설의 장해발생 금지

특수경비원은 국가중요시설에 대한 경비업무 수행 중 국가중요시설의 정상적인 운영을 해치는 장해를 일으켜서는 아니된다(법 제14조 제2항).

II 특수경비원의 무기

1 무기의 의의

무기라 함은 인명 또는 신체에 위해를 가할 수 있도록 제작된 권총·소총 등을 말한다(법 제2조 제4호).

2 무기의 구입

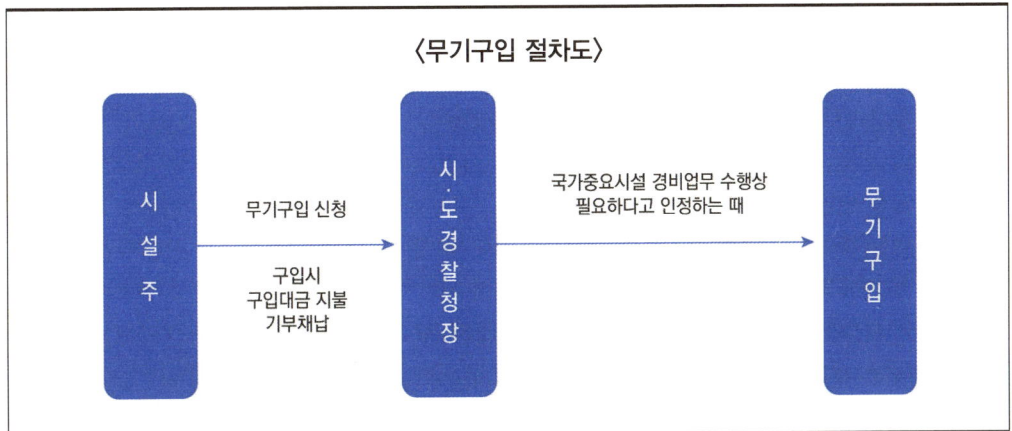

〈무기구입 절차도〉

(1) 무기구입 신청

시·도경찰청장은 국가중요시설에 대한 경비업무의 수행을 위하여 필요하다고 인정하는 때에는 시설주의 신청에 의하여 무기를 구입한다(법 제14조 제3항 전단).

(2) 구입대금 지불 및 기부채납

시·도경찰청장이 무기를 구입할 경우 시설주는 그 무기의 구입대금을 지불하고, 구입한 무기를 국가에 기부채납하여야 한다(법 제14조 제3항 후단).

3 무기의 대여 및 휴대

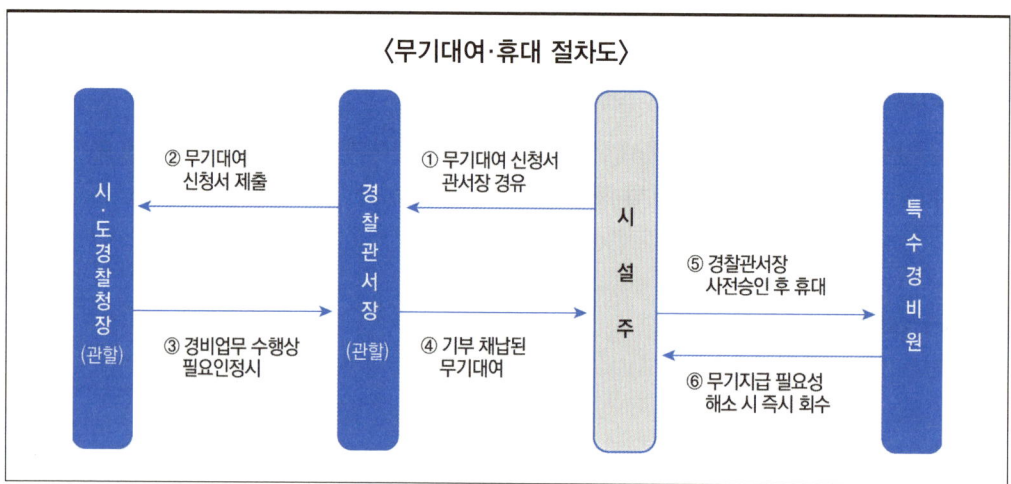

(1) 무기의 대여

시·도경찰청장은 국가중요시설에 대한 경비업무의 수행을 위하여 필요하다고 인정하는 때에는 관할 경찰관서장으로 하여금 시설주의 신청에 의하여 시설주로부터 국가에 기부채납된 무기를 대여하게 하고, 시설주는 이를 특수경비원으로 하여금 휴대하게 할 수 있다. 이 경우 특수경비원은 정당한 사유없이 무기를 소지하고 배치된 경비구역을 벗어나서는 아니된다(법 제14조 제4항).

(2) 무기의 휴대

특수경비원의 무기휴대, 무기종류, 그 사용기준 및 안전검사의 기준 등에 관하여 필요한 사항은 대통령령으로 정한다(법 제14조 제9항).

① **신청서 제출**: 시설주는 특수경비원이 휴대할 무기를 대여받고자 하는 때에는 무기대여신청서를 관할 경찰관서장을 거쳐 시·도경찰청장에게 제출하여야 한다(영 제20조 제1항).

② **사전승인**: 시설주는 관할 경찰관서장으로부터 대여받은 무기를 특수경비원에게 휴대하게 하는 경우에는 관할 경찰관서장의 사전승인을 얻어야 한다(영 제20조 제2항).

③ 무기지급 필요성 여부 판단 : 사전승인을 함에 있어서 관할 경찰관서장은 국가중요시설에 총기 또는 폭발물의 소지자나 무장간첩 침입의 우려가 있는지의 여부 등을 고려하는 등 특수경비원에게 무기를 지급하여야 할 필요성이 있는지의 여부에 관하여 판단하여야 한다(영 제20조 제3항).

④ 휴대무기종류 : 특수경비원이 휴대할 수 있는 무기종류는 권총 및 소총으로 한다(영 제20조 제5항).

⑤ 무기의 안전검사기준 : 「위해성 경찰장비의 사용기준 등에 관한 규정」상 다음의 규정은 특수경비원의 무기의 안전검사기준에 관하여 이를 준용한다(영 제20조 제6항).

경찰장비	안전검사기준	검사 내용	검사 빈도
무기	권총·소총	• 총열의 균열 유무 • 방아쇠를 당길 수 있는 힘이 1Kg 이상인지 여부 • 안전장치의 작동 여부	연간 1회

(3) 무기의 회수

시설주는 무기지급의 필요성이 해소되었다고 인정되는 때에는 특수경비원으로부터 즉시 무기를 회수하여야 한다(영 제20조 제4항).

4 무기관리 지도·감독

(1) 무기관리상황 지도·감독·점검

시설주가 대여받은 무기에 대하여 시설주 및 관할 경찰관서장은 무기의 관리책임을 지고, 관할 경찰관서장은 시설주 및 특수경비원의 무기관리상황을 대통령령이 정하는 바에 따라 지도·감독하여야 한다(법 제14조 제5항).

관할 경찰관서장은 시설주 및 특수경비원의 무기관리상황을 매월 1회 이상 점검하여야 한다(영 제21조).

(2) 무기관리를 위한 감독상 명령

관할 경찰관서장은 무기의 적정한 관리를 위하여 무기를 대여받은 시설주에 대하여 필요한 명령을 발할 수 있다(법 제14조 제6항).

(3) 관리책임자의 관리사항

시설주로부터 무기의 관리를 위하여 지정받은 책임자(이하 '관리책임자'라 함)는 다음에 의하여 이를 관리하여야 한다(법 제14조 제7항).

① 무기출납부 및 무기장비운영카드를 비치·기록하여야 한다.
② 무기는 관리책임자가 직접 지급·회수하여야 한다.

5 무기사용의 한계

(1) 필요한도 내 무기사용

특수경비원은 국가중요시설의 경비를 위하여 무기를 사용하지 아니하고는 다른 수단이 없다고 인정되는 때에는 필요한 한도 안에서 무기를 사용할 수 있다(법 제14조 제8항 본문).

(2) 위해금지 및 예외

다만, 다음에 해당하는 때를 제외하고는 사람에게 위해를 끼쳐서는 아니된다(법 제14조 제8항 단서). 즉, 다음에 해당하면 무기를 사용하여 위해를 끼칠 수 있다.

① 무기 또는 폭발물을 소지하고 국가중요시설에 침입한 자가 특수경비원으로부터 3회 이상 투기(投棄) 또는 투항(投降)을 요구받고도 이에 불응하면서 계속 항거하는 경우 이를 억제하기 위하여 무기를 사용하지 아니하고는 다른 수단이 없다고 인정되는 때
② 국가중요시설에 침입한 무장간첩이 특수경비원으로부터 투항(投降)을 요구받고도 이에 불응한 때

6 무기의 안전사용수칙

(1) 사전경고

① 원 칙 : 특수경비원은 사람을 향하여 권총 또는 소총을 발사하고자 하는 때에는 미리 구두 또는 공포탄에 의한 사격으로 상대방에게 경고하여야 한다(법 제15조 제4항 제1호 본문).
② 예 외 : 다음에 해당하는 경우로서 부득이한 때에는 경고하지 아니할 수 있다(법 제15조 제4항 제1호 단서).
  ㉠ 특수경비원을 급습하거나 타인의 생명·신체에 대한 중대한 위험을 야기하는 범행이 목전에 실행되고 있는 등 상황이 급박하여 경고할 시간적 여유가 없는 경우
  ㉡ 인질·간첩 또는 테러사건에 있어서 은밀히 작전을 수행하는 경우

(2) 범죄와 무관한 다중 위해 우려시 사용금지

① 원 칙 : 특수경비원은 무기를 사용하는 경우에 있어서 범죄와 무관한 다중의 생명·신체에 위해를 가할 우려가 있는 때에는 이를 사용하여서는 아니된다(법 제15조 제4항 제2호 본문).
② 예 외 : 무기를 사용하지 아니하고는 타인 또는 특수경비원의 생명·신체에 대한 중대한 위협을 방지할 수 없다고 인정되는 때에는 필요한 최소한의 범위 안에서 이를 사용할 수 있다(법 제15조 제4항 제2호 단서).

(3) 14세 미만자 및 임산부에 대한 사용금지

① 원 칙 : 특수경비원은 14세 미만의 자 또는 임산부에 대하여는 권총 또는 소총을 발사하여서는 아니된다(법 제15조 제4항 제3호).
② 예 외 : 14세 미만의 자 또는 임산부가 총기 또는 폭발물을 가지고 대항하는 경우에는 권총 또는 소총을 발사할 수 있다(법 제15조 제4항 제3호).

7 무기관리수칙

시설주, 관리책임자와 특수경비원은 행정안전부령이 정하는 무기관리수칙을 준수하여야 한다(영 제20조 제7항).

(1) 시설주·관리책임자의 무기관리수칙

무기를 대여받은 국가중요시설의 시설주 또는 관리책임자는 다음의 관리수칙에 따라 무기(탄약 포함. 이하 같음)를 관리해야 한다(규칙 제18조 제1항).

> ① 무기의 관리를 위한 책임자를 지정하고 관할 경찰관서장에게 이를 통보할 것
> ② 무기고 및 탄약고는 단층에 설치하고 환기·방습·방화 및 총받침대 등의 시설을 할 것
> ③ 탄약고는 무기고와 사무실 등 많은 사람을 수용하거나 많은 사람이 오고 가는 시설과 떨어진 곳에 설치할 것
> ④ 무기고 및 탄약고에는 이중 잠금장치를 하여야 하며, 열쇠는 관리책임자가 보관하되, 근무시간 이후에는 열쇠를 당직책임자에게 인계하여 보관시킬 것
> ⑤ 관할 경찰관서장이 정하는 바에 의하여 무기의 관리실태를 매월 파악하여 다음 달 3일까지 관할 경찰관서장에게 통보할 것
> ⑥ 대여받은 무기를 빼앗기거나 대여받은 무기가 분실·도난 또는 훼손되는 등의 사고가 발생한 때에는 관할 경찰관서장에게 그 사유를 지체 없이 통보할 것
> ⑦ 대여받은 무기를 빼앗기거나 대여받은 무기가 분실·도난 또는 훼손된 때에는 경찰청장이 정하는 바에 의하여 그 전액을 배상할 것. 다만, 전시·사변, 천재·지변 그 밖의 불가항력의 사유가 있다고 시·도경찰청장이 인정한 때에는 그러하지 아니하다.
> ⑧ 시설주는 자체계획을 수립하여 보관하고 있는 무기를 매주 1회 이상 손질할 수 있게 할 것

(2) 시설주·관리책임자의 무기출납시 관리수칙

무기를 대여받은 시설주 또는 관리책임자가 특수경비원에게 무기를 출납하고자 하는 때에는 다음의 관리수칙에 따라 무기를 관리하여야 한다(규칙 제18조 제3항).

> ① 관할 경찰관서장이 무기를 회수하여 집중적으로 관리하도록 지시하는 경우 또는 출납하는 탄약의 수를 증감하거나 출납을 중지하도록 지시하는 경우에는 이에 따를 것
> ② 탄약의 출납은 소총에 있어서는 1정당 15발 이내, 권총에 있어서는 1정당 7발 이내로 하되, 생산된 후 오래된 탄약을 우선적으로 출납할 것
> ③ 무기를 지급받은 특수경비원으로 하여금 무기를 매주 1회 이상 손질하게 할 것
> ④ 수리가 필요한 무기가 있는 때에는 그 목록과 무기장비운영카드를 첨부하여 관할 경찰관서장에게 수리를 요청할 것

(3) 특수경비원의 무기관리수칙

시설주로부터 무기를 지급받은 특수경비원은 다음의 관리수칙에 따라 무기를 관리하여야 한다(규칙 제18조 제4항).

> ① 무기를 지급받거나 반납하는 때 또는 무기의 인계 인수를 하는 때에는 반드시 '앞에 총'의 자세에서 '검사 총'을 할 것
> ② 무기를 지급받은 때에는 별도의 지시가 없는 한 탄약은 무기로부터 분리하여 휴대하여야 하며, 소총은 '우로 어깨걸어 총'의 자세를 유지하고, 권총은 '권총집에 넣어 총'의 자세를 유지할 것
> ③ 지급받은 무기를 다른 사람에게 보관·휴대 또는 손질시키지 아니할 것
> ④ 무기를 손질 또는 조작하는 때에는 총구를 반드시 공중으로 향하게 할 것
> ⑤ 무기를 반납하는 때에는 손질을 철저히 한 후 반납하도록 할 것
> ⑥ 근무시간 이후에는 무기를 시설주에게 반납하거나 교대근무자에게 인계할 것

8 기타 준수사항

(1) 특수경비원 교체·징계

시설주 또는 관리책임자는 고의 또는 과실로 무기(부속품 포함)를 빼앗기거나 무기가 분실·도난 또는 훼손되도록 한 특수경비원에 대하여 특수경비업자에게 교체 또는 징계 등의 조치를 요청할 수 있다. 이 경우 특수경비업자는 특별한 사유가 없는 한 이에 응하여야 한다(규칙 제18조 제2항).

(2) 무기지급제한 및 회수대상

시설주는 다음에 해당하는 특수경비원에 대하여 무기를 지급해서는 안 되며, 지급된 무기가 있는 경우 이를 즉시 회수해야 한다(규칙 제18조 제5항).

> ① 형사사건으로 인하여 조사를 받고 있는 사람
> ② 사직 의사를 표명한 사람
> ③ 정신질환자
> ④ 그 밖에 무기를 지급하기에 부적합하다고 인정되는 사람

(3) 무기의 수송

① 시설주는 무기를 수송하는 때에는 출발하기 전에 관할 경찰서장에게 그 사실을 통보하여야 한다(규칙 제18조 제6항 전단).
② 통보를 받은 관할 경찰서장은 1인 이상의 무장경찰관을 무기를 수송하는 자동차 등에 함께 타도록 하여야 한다(규칙 제18조 제6항 후단).

2. 경비원 기출 및 예상문제

Target · 경비업법

제1절 경비원의 의의 및 의무

01 경비업법령상 용어에 관한 설명으로 옳지 않은 것은?   2013년 기출

① "경비업"이란 경비업무의 전부 또는 일부를 도급 받아 행하는 영업을 말한다.
② "호송경비업무"란 운반 중에 있는 현금·유가증권·귀금속·상품 그 밖의 물건에 대하여 도난·화재 등 위험발생을 방지하는 업무이다.
③ "특수경비원"이란 신변보호업무를 수행하는 자를 말한다.
④ "무기"라 함은 인명 또는 신체에 위해를 가할 수 있도록 제작된 권총·소총 등을 말한다.

[해설]
①·② 법 제2조 제1호
③ 특수경비원이란 특수경비업무를 수행하는 자를 말한다(법 제2조 제3호).
④ 법 제2조 제4호

정답 ③

02 경비업법령상 용어에 관한 설명으로 옳은 것은?   2021년 기출

① "시설경비업무"란 경비대상시설에 설치한 기기에 의하여 감지·송신된 정보를 수신하여 도난·화재 등 위험발생을 방지하는 업무를 말한다.
② "경비지도사"란 경비원을 지도·감독 및 교육하는 자를 말하며 일반경비지도사와 특수경비지도사로 구분한다.
③ "특수경비원"은 공항(항공기 포함) 등 대통령령이 정하는 국가중요시설의 경비 및 도난·화재 그 밖의 위험발생을 방지하는 경비업무를 수행하는 자이다.
④ 110명의 사람이 모이는 문화 행사장은 "집단민원현장"이 아니다.

[해설]
① 시설경비업무 → 기계경비업무(법 제2조 제1호)
② 특수경비지도사 → 기계경비지도사(법 제2조 제2호)
③ 법 제2조 제3호 나목
④ 100명 이상의 사람이 모이는 국제·문화·예술·체육 행사장은 집단민원현장이다(법 제2조 제5호 바목).

정답 ③

03 경비업법령상 경비원의 자격 등에 관한 설명으로 틀린 것은? 2008년 기출

① 현재 60세인 사람은 특수경비원이 될 수는 없지만, 경비지도사는 될 수 있다.
② 벌금 이상의 형의 선고유예를 받고 그 유예기간 중에 있는 자는 특수경비원이 될 수 없다.
③ 특수경비원이 되고자 하는 사람은 팔과 다리가 완전하고 두 눈의 맨눈 시력이 각각 0.2 이상 또는 교정시력이 각각 0.8 이상이 되어야 한다.
④ 경비업자는 허가 받은 경비업무 외의 업무에 경비원을 종사하게 하여서는 아니된다.

해설
① 법 제10조 제1항 제1호, 제2항 제1호 참조
② 벌금 이상의 형 → 금고 이상의 형(법 제10조 제2항 제3호)
③ 법 제10조 제2항 제4호, 규칙 제7조
④ 법 제7조 제5항

정답 ②

04 경비업법령상 경비지도사 및 경비원에 관한 설명으로 옳은 것은? 2010년 기출

① 파산선고를 받고 복권되지 아니한 자는 경비지도사는 될 수 없으나 일반경비원은 될 수 있다.
② 금고 이상의 형의 집행유예선고를 받고 그 유예기간 중에 있는 자는 특수경비원이 될 수 없다.
③ 금고 이상의 형의 선고유예를 받고 그 유예기간 중에 있는 자는 일반경비원이 될 수 없다.
④ 60세 이상인 사람은 일반경비원은 될 수 없으나 특수경비원은 될 수 있다.

해설
① 파산선고를 받고 복권되지 아니한 자는 일반경비원도 될 수 없다(법 제10조 제1항 제3호).
② 법 제10조 제2항 제3호
③ 금고 이상의 형의 선고유예를 받고 그 유예기간 중에 있는 자는 특수경비원은 될 수 없으나, 일반경비원은 될 수 있다(법 제10조 제1항, 제2항 제4호).
④ 60세 이상인 사람은 특수경비원은 될 수 없으나, 일반경비원은 될 수 있다(법 제10조 제1항 제1호, 제2항 제1호).

정답 ②

05 경비업법상 일반경비원의 결격사유에 해당하지 않는 경우는? 2015년 기출

① 18세인 사람   ② 피성년후견인
③ 피한정후견인   ④ 파산선고를 받고 복권되지 아니한 자

해설
①·② 18세 '미만'인 사람 또는 피성년후견인은 결격사유에 해당한다(법 제10조 제1항 제1호).
③ 성년후견 제도의 활성화를 도모하고 직무수행능력이 인정되는 피후견인의 기본권 보장을 강화하기 위하여 2021. 1. 12. 개정법은 법인 임원·경비지도사·경비원의 결격사유에서 피한정후견인을 삭제하였다. 따라서 현행법에 의하면 피한정후견인은 결격사유에 해당하지 않는다.
④ 법 제10조 제1항 제3호

정답 ①·③

06 경비업법령상 특수경비원이 될 수 있는 자는? 2011년 기출

① 금고 이상의 형의 선고유예를 받고 그 유예기간이 종료된 날로부터 6개월이 경과한 자
② 금고 이상의 실형의 선고를 받고 집행이 면제된 날부터 3년이 경과한 자
③ 17세인 사람
④ 팔과 다리가 완전하고 두 눈의 교정시력이 각각 0.2인 자

해설
① 금고 이상의 형의 선고유예를 받고 그 유예기간 중에 있는 자는 특수경비원이 될 수 없다(법 제10조 제2항 제4호). 따라서 유예기간이 종료된 날부터는 특수경비원이 될 수 있다.
② 금고 이상의 실형의 선고를 받고 집행이 면제된 날부터 5년이 경과해야 특수경비원이 될 수 있다(법 제10조 제2항 제3호).
③ 18세 미만인 사람은 특수경비원이 될 수 없다(법 제10조 제2항 제1호).
④ 두 눈의 맨눈시력 각각 0.2 미만 또는 교정시력 각각 0.8 미만인 자는 특수경비원이 될 수 없다(법 제10조 제2항 제5호, 규칙 제7조).

정답 ①

07 경비업법령상 특수경비원이 될 수 있는 자는? 2013년 기출

① 18세로서 음주운전이 적발되어 운전면허 정지기간 중에 있는 자
② 20세로서 징역 1년의 실형을 선고받고 그 집행이 종료된 날로부터 4년 된 자
③ 22세로서 금고 1년 형의 선고유예를 받고 그 유예기간 중에 있는 자
④ 60세로서 두 눈의 교정시력이 각각 0.6인 자

해설
① 운전면허 정지기간 중인 사유는 결격사유에 해당하지 않으므로 특수경비원이 될 수 있다(법 제10조 제2항 참조).
② 5년이 지나야 특수경비원이 될 수 있다(법 제10조 제2항 제3호).
③ 금고 이상의 형의 선고유예를 받고 그 유예기간 중에 있는 자는 일반경비원은 될 수 있으나, 특수경비원은 될 수 없다(법 제10조 제2항 제4호).
④ 60세 이상인 사람이나 교정시력이 각각 0.8 미만인 자는 특수경비원이 될 수 없다(법 제10조 제2항 제1호·제5호, 규칙 제7조).

정답 ①

08 경비업법령상 일반경비원과 특수경비원 사이에 차이점이 없는 것은? 2008년 기출

① 직무교육시간
② 경비원이 될 수 있는 신체조건
③ 파업 또는 태업을 하면 처벌 받는 점
④ 피성년후견인이 경비원으로 될 수 없는 점

해설
① 일반경비원은 매월 2시간 이상이며, 특수경비원은 매월 3시간 이상이다(규칙 제13조 제1항, 제16조 제1항).
② 일반경비원은 신체조건이 없으나, 특수경비원은 팔·다리가 완전하고 두 눈의 맨눈시력 각각 0.2 이상 또는 교정시력 각각 0.8 이상이어야 한다(법 제10조, 규칙 제7조 참조).
③ 일반경비원은 파업 또는 태업을 하더라도 처벌규정이 없으나, 특수경비원이 파업 또는 태업을 하면 1년 이하의 징역 또는 1천만원 이하의 벌금에 처한다(법 제28조 제4항 제2호).
④ 피성년후견인은 일반경비원과 특수경비원이 될 수 없다(법 제10조 제1항 제1호, 제2항 제1호).

정답 ④

09 경비업법령상 특수경비원은 될 수가 없으나 경비지도사가 될 수 있는 자는? (단, 다른 결격사유는 고려하지 않음)   2015년 기출

① 팔과 다리가 완전하고 두 눈의 교정시력이 각각 0.8인 자
② 금고 이상의 형의 선고유예를 받고 그 유예기간 중에 있는 자
③ 금고 이상의 형의 집행유예선고를 받고 그 유예기간 중에 있는 자
④ 「형법」제114조(범죄단체 등의 조직)의 죄를 범하여 벌금형을 선고받은 날부터 10년이 지나지 아니한 자

> 해설 ① 특수경비원과 경비지도사 모두 될 수 있다(법 제10조 제2항 제5호, 규칙 제7조 참조).
> ② 특수경비원은 될 수가 없으나 경비지도사는 될 수 있다(법 제10조 제2항 제4호 참조).
> ③·④ 특수경비원과 경비지도사 모두 될 수 없다(법 제10조 제2항 제3호 참조).
>
> 정답 ②

10 경비업법상 경비원의 결격사유에 관한 설명으로 옳지 않은 것은?   2019년 기출

① 18세 미만이거나 60세 이상인 사람은 일반경비원이 될 수 없다.
② 금고 이상의 형의 선고유예를 받고 그 유예기간중에 있는 자는 특수경비원이 될 수 없다.
③ 금고 이상의 형의 집행유예선고를 받고 그 유예기간중에 있는 자는 일반경비원이 될 수 없다.
④ 형법 제297조(강간)의 죄로 금고 이상의 형을 선고받고 그 집행이 유예된 날부터 10년이 지나지 아니한 자는 일반경비원 및 특수경비원이 될 수 없다.

> 해설 ① 일반경비원 → 특수경비원(법 제10조 제1항 제1호·제2항 제1호 참조)
> ②·③·④ 법 제10조 제1항·제2항 참조
>
> 정답 ①

11 경비업법령상 경비지도사 및 경비원의 결격사유에 해당하지 않는 것은?   2021년 기출

① 벌금형의 선고유예를 받고 그 유예기간이 끝난 날부터 5년이 지나지 아니한 자
② 징역 3년의 실형의 선고를 받고 그 집행이 면제된 날부터 5년이 지나지 아니한 자
③ 「형법」제114조(범죄단체 등의 조직)의 죄를 범하여 벌금형을 선고받은 날부터 5년이 지나지 아니한 자
④ 「형법」제297조(강간)의 죄를 범하여 치료감호를 선고받고 그 집행이 종료된 날 또는 집행이 면제된 날부터 5년이 지나지 아니한 자

> 해설 ① 벌금형의 선고유예를 받은 경우는 결격사유에 해당하지 않는다(법 제10조 제1항 참조).
> ② '금고 이상'의 실형의 선고를 받고 그 집행이 면제된 날부터 5년이 지나지 아니한 자는 결격사유에 해당한다(법 제10조 제1항 제3호). 따라서 '징역 3년'도 당연히 결격사유에 해당한다.
> ③ 「형법」제114조(범죄단체 등의 조직)의 죄를 범하여 벌금형을 선고받은 날부터 '10년'이 지나지 아니한 자는 결격사유에 해당한다(법 제10조 제1항 제5호 가목). 따라서 '5년'이 지나지 아니한 자도 당연히 결격사유에 해당한다.
> ④ 「형법」제297조(강간)의 죄를 범하여 치료감호를 선고받고 그 집행이 종료된 날 또는 집행이 면제된 날부터 '10년'이 지나지 아니한 자는 결격사유에 해당한다(법 제10조 제1항 제7호). 따라서 '5년'이 지나지 아니한 자도 당연히 결격사유에 해당한다.
>
> 정답 ①

12 경비업법령상 경비지도사 및 경비원의 결격사유로 옳지 않은 것은?

2022년 기출

① 「형법」 제114조(범죄단체 등의 조직)의 죄를 범하여 벌금형을 선고받은 날부터 10년이 지나지 아니하거나 금고 이상의 형을 선고받고 그 집행이 종료된(종료된 것으로 보는 경우를 포함한다) 날 또는 집행이 유예·면제된 날부터 10년이 지나지 아니한 자
② 「형법」 제330조(야간주거침입절도)의 죄를 범하여 벌금형을 선고받은 날부터 5년이 지나지 아니하거나 금고 이상의 형을 선고받고 그 집행이 유예된 날부터 5년이 지나지 아니한 자
③ 「아동·청소년의 성보호에 관한 법률」 제7조(아동·청소년에 대한 강간·강제추행 등)의 죄를 범하여 치료감호를 선고받고 그 집행이 종료된 날 또는 집행이 면제된 날부터 10년이 지나지 아니한 자
④ 「성폭력범죄의 처벌 등에 관한 특례법」 제3조(특수강도강간 등)의 죄를 범하여 벌금형을 선고받은 날부터 5년이 지나지 아니하거나 금고 이상의 형을 선고받고 그 집행이 유예된 날부터 5년이 지나지 아니한 자

해설 ①·②·③ 법 제10조 제1항 제5호 가목·제6호 가목·제7호
④ 5년 → 10년(법 제10조 제1항 제5호 라목)

정답 ④

13 다음 중 경비업법상 경비원이 될 수 있는 자는?

① 강간죄를 범하여 벌금형을 선고받은 날부터 5년이 지난 자
② 강제추행죄를 범하여 금고형을 선고받고 그 집행이 종료된 날부터 5년이 지난 자
③ 강간죄를 범하여 치료감호를 선고받고 그 집행이 면제된 날부터 5년이 지난 자
④ 강도강간죄를 범하여 치료감호를 선고받고 그 집행이 면제된 날부터 5년이 지난 자

해설 ①·② 5년 → 10년(법 제10조 제1항 제5호)
③ 5년 → 10년(법 제10조 제1항 제7호 전단)
④ 법 제10조 제1항 제7호 후단

정답 ④

14 경비업법령상 특수경비원의 결격사유로 옳지 않은 것은?

2023년 기출

① 심신미약자
② 마약·대마·향정신성의약품 또는 알코올 중독자
③ 경비업법에 따른 명령을 위반하여 벌금형을 선고받은 날부터 5년이 지나지 아니한 자
④ 인질강도죄(「형법」 제336조)를 범하여 벌금형을 선고받은 날부터 5년이 지나지 아니한 자

해설 ① 심신미약자 → 심신상실자(영 제10조의2 제1호)
② 영 제10조의2 제2호
③·④ 법 제10조 제2항 제3호, 동조 제1항 제8호·제6호

정답 ①

15 경비업법령상 특수경비원의 결격사유에 해당하지 않는 사람은?

① 「치매관리법」에 따른 치매, 조현병 등의 정신질환이나 정신 발육지연, 뇌전증 등이 있는 사람
② 마약·대마·향정신성의약품 또는 알코올 중독자
③ 「감염병의 예방 및 관리에 관한 법률」에 따른 감염병환자
④ 심신상실자

해설 ③은 특수경비원의 결격사유에 해당하지 않는다(영 제10조의2 참조).

 ③

16 경비업법령상 결격사유의 조회에 관한 설명으로 옳은 것은? 2014년 기출

① 시·도경찰청장은 직권으로 경비업자의 임원이 결격사유에 해당하는지를 확인하기 위하여 형의 실효 등에 관한 법률에 따른 범죄경력조회를 할 수 있다.
② 경비업자는 선임하려는 경비지도사가 결격사유에 해당하는지를 확인하기 위하여 시·도경찰청장에게 채무자회생 및 파산에 관한 법률에 따른 채무내역을 요청할 수 있다.
③ 관할 경찰관서장은 경비업자로부터 요청받은 선임하려는 경비지도사의 범죄경력조회 결과를 경비업자에게 통보할 때에는, 결격사유에 관한 한 제한 없이 통보해야 한다.
④ 시·도경찰청장은 경비업자의 임원이 결격사유에 해당하는 사실을 알게 된 때에는 경비업법에 따른 경비업자의 요청이 없는 한 그 사실을 통보해서는 아니된다.

해설 ① 법 제17조 제1항
② 경비업자는 선임하려는 경비지도사가 결격사유에 해당하는지를 확인하기 위하여 시·도경찰청장 또는 경찰관서장에게 「형의 실효 등에 관한 법률」에 따른 범죄경력조회를 요청할 수 있다(법 제17조 제2항).
③ 결격사유에 해당하는지 여부만을 통보하여야 한다(법 제17조 제3항).
④ 경비업자의 요청이 없더라도 그 사실을 통보하여야 한다(법 제17조 제4항 참조).

 ①

17 경비업법령상 경비원 등의 결격사유 확인을 위한 범죄경력조회 등에 관한 설명으로 옳지 않은 것은? 2016년 기출

① 경찰청장, 시·도경찰청장 또는 관할 경찰관서장은 직권으로 또는 경비업자의 범죄경력조회 요청이 있는 경우 경비업자의 임원, 경비지도사 또는 경비원이 경비업법상 결격사유에 해당하는 지를 확인하기 위하여 범죄경력조회를 할 수 있다.
② 범죄경력조회 요청을 받은 시·도경찰청장 또는 관할 경찰관서장은 경비업자에게 그 결과를 통보할 때에는 경비업자의 임원, 경비지도사 또는 경비원이 경비업법상의 결격사유에 해당하는지 여부만을 통보하여야 한다.
③ 시·도경찰청장 또는 관할 경찰관서장은 경비업자의 임원, 경비지도사 또는 경비원이 경비업법상의 결격사유에 해당하는 사실을 알게 된 때에는 경비업자에게 그 사실을 통보하여야 한다.
④ 범죄경력조회 요청은 범죄경력조회 신청서(전자문서 포함) 또는 구두로 한다.

해설 ①·②·③ 법 제17조 제1항·제3항·제4항
④ 범죄경력조회 요청은 범죄경력조회 신청서(전자문서 포함)에 따른다(규칙 제22조 제1항). 따라서 구두로 요청할 수 없다.

정답 ④

18 경비업법령상 범죄경력조회 등에 관한 설명으로 옳은 것은? 2018년 기출

① 경찰청장은 범죄경력조회 요청이 있는 경우에만 경비업자의 임원에 대한 범죄경력조회를 할 수 있다.
② 시·도경찰청장은 직권으로 경비지도사에 대한 범죄경력조회를 할 수 없다.
③ 경비업자는 선출하려는 임원이 결격사유에 해당하는지를 확인하기 위하여 범죄경력조회를 요청할 수 있다.
④ 관할 경찰관서장이 경비업자에게 범죄경력조회 결과를 통보할 때에는 결격사유에 해당하는 일정한 범죄사실을 통보하여야 한다.

해설 ①·② 경찰청장, 시·도경찰청장 또는 관할 경찰관서장은 직권으로 경비업자의 임원, 경비지도사 또는 경비원이 결격사유에 해당하는지를 확인하기 위하여 범죄경력조회를 할 수 있다(법 제17조 제1항).
③ 법 제17조 제1항
④ 관할 경찰관서장이 경비업자에게 범죄경력조회 결과를 통보할 때에는 결격사유에 해당하는지 여부만을 통보하여야 한다(법 제17조 제3항).

정답 ③

19 경비업법령상 경비원의 결격사유 확인을 위해 경비업자가 범죄경력조회를 요청하는 경우 첨부하여야 하는 서류로만 옳게 나열된 것은? 2024년 기출

ㄱ. 경비업 허가증 사본
ㄴ. 주민등록초본
ㄷ. 취업자 또는 취업예정자 범죄경력조회 동의서
ㄹ. 신분증 사본

① ㄱ, ㄴ
② ㄱ, ㄷ
③ ㄱ, ㄴ, ㄷ
④ ㄴ, ㄷ, ㄹ

해설 경비업자는 범죄경력조회를 요청하는 경우 1) 경비업 허가증 사본, 2) 취업자 또는 취업예정자 범죄경력조회 동의서를 서류를 첨부하여야 한다(규칙 제22조 제2항).

정답 ②

20 경비업법령상 경비원 등의 결격사유 확인을 위한 범죄경력조회 등에 관한 설명으로 옳지 않은 것은?

2020년 기출

① 관할 경찰관서장은 직권으로 경비업자의 임원, 경비지도사 또는 경비원이 결격사유에 해당하는지를 확인하기 위하여 「형의 실효 등에 관한 법률」에 따른 범죄경력조회를 할 수 있다.
② 관할 경찰관서장은 경비업자의 임원, 경비지도사 또는 경비원이 결격사유에 해당하는 사실을 알게 된 때에는 경비업자의 요청이 있는 경우에만 그 사실을 통보하여야 한다.
③ 경비업자는 범죄경력조회를 요청하는 경우 경비업 허가증 사본과 취업자 또는 취업예정자 범죄경력조회 동의서를 첨부하여야 한다.
④ 범죄경력조회 요청을 받은 관할 경찰관서장은 경비업자에게 그 결과를 통보할 때에는 경비업자의 임원, 경비지도사 또는 경비원이 결격사유에 해당하는지 여부만을 통보하여야 한다.

> **해설** ① 법 제17조 제1항
> ② 경비업자의 요청이 없어도 통보하여야 한다(법 제17조 제4항 참조).
> ③ 규칙 제22조 제1항
> ④ 법 제17조 제3항
>
> **정답** ②

21 경비업법령상 결격사유 확인을 위한 범죄경력조회 등에 관한 설명으로 옳지 않은 것은?

2022년 기출

① 관할 경찰관서장은 범죄경력조회 요청이 있는 경우에만 범죄경력조회를 할 수 있다.
② 경비업자는 선출하려는 임원이 결격사유에 해당하는지를 확인하기 위하여 범죄경력조회를 요청할 수 있다.
③ 범죄경력조회 요청을 받은 시·도경찰청장 또는 관할 경찰관서장은 경비업자에게 그 결과를 통보할 때에는 결격사유에 해당하는지 여부만을 통보하여야 한다.
④ 시·도경찰청장 또는 관할 경찰관서장은 경비업자의 임원, 경비지도사 또는 경비원이 결격사유에 해당하는 사실을 알게 된 때에는 경비업자에게 그 사실을 통보하여야 한다.

> **해설** ① 관할 경찰관서장은 직권으로 또는 범죄경력조회 요청이 있는 경우에는 범죄경력조회를 할 수 있다(법 제17조 제1항 참조).
> ②·③·④ 법 제17조 제2항·제3항·제4항
>
> **정답** ①

22 경비업법령상 결격사유 확인을 위한 범죄경력조회 등에 관한 설명으로 옳지 않은 것은?

2023년 기출

① 시·도경찰청장 또는 관할 경찰관서장은 경비업자의 임원, 경비지도사 또는 경비원이 결격사유에 해당하는 사실을 알게 된 때에는 경비업자에게 그 사실을 통보하여야 한다.
② 범죄경력조회 요청을 받은 관할 경찰관서장은 경비업자에게 그 결과를 통보할 때에는 경비업자의 임원, 경비지도사 또는 경비원이 결격사유에 해당하는지 여부만을 통보하여야 한다.
③ 경비업자는 선출하려는 임원, 경비지도사 또는 경비원이 결격사유에 해당하는지를 확인하기 위하여 주된 사무소, 출장소 또는 배치장소를 관할하는 시·도경찰청장 또는 경찰관서장에게 「형의 실효 등에 관한 법률」 제6조에 따른 범죄경력조회를 요청할 수 있다.
④ 경비업자는 범죄경력조회를 요청하는 경우 취업자 또는 취업예정자 범죄경력조회 동의서와 주민등록초본을 첨부하여야 한다.

해설 ①·②·③ 법 제17조 제4항·제3항·제2항
④ 주민등록초본 → 경비업 허가증 사본(규칙 제22조 제2항)

 ④

23 경비업법령상 보고·통보 관련 내용으로 옳은 것은?

① 경찰청장 또는 시·도경찰청장은 경비업자의 임원, 경비지도사 또는 경비원이 결격사유에 해당하는 사실을 알게 된 때에는 경비업자에게 그 사실을 통보하여야 한다.
② 시·도경찰청장 또는 관할 경찰관서장은 경비업자의 임원, 경비지도사 또는 경비원이 「경비업법」을 위반한 때에는 경비업자에게 그 사실을 통보하여야 한다.
③ 경비업자의 출장소 또는 경비대상시설을 관할하는 시·도경찰청장 또는 경찰관서장은 출장소의 임·직원이나 경비원이 「경비업법」에 위반한 사실을 안 때에는 30일 이내에 그 사실을 서면등으로 당해 경비업을 허가한 시·도경찰청장에게 통보하거나 보고하여야 한다.
④ 위 ③의 통보 또는 보고를 받은 시·도경찰청장은 그 위반행위에 대하여 행정처분을 한 때에는 이를 해당 경비업자에게 통보하여야 한다.

해설 ① 경찰청장 또는 시·도경찰청장은 → 시·도경찰청장 또는 관할 경찰관서장은(법 제17조 제4항)
② 법 제17조 제4항
③ 30일 이내에 → 지체없이(영 제23조 제1항)
④ 경비업자에게 → 시·도경찰청장 또는 경찰관서장에게(영 제23조 제2항)

 ②

24 경비업법상 특수경비원의 당연 퇴직에 관한 설명으로 옳은 것을 모두 고른 것은?

> ㉠ 특수경비원이 금고 이상의 형의 집행유예선고를 받고 그 유예기간중에 있는 경우에는 당연 퇴직된다.
> ㉡ 특수경비원이 나이가 60세가 되어 퇴직하는 경우에는 60세가 된 날이 1월부터 6월 사이에 있으면 6월 1일에, 7월부터 12월 사이에 있으면 12월 1일에 각각 당연 퇴직된다.
> ㉢ 특수경비원이 파산선고를 받은 경우에는 「채무자 회생 및 파산에 관한 법률」에 따라 신청기한 내에 면책신청을 하였거나 면책불허가 결정 또는 면책 취소가 확정된 경우만 당연 퇴직된다.
> ㉣ 특수경비원이 「성폭력범죄의 처벌 등에 관한 특례법」 제2조(성폭력범죄), 「아동·청소년의 성보호에 관한 법률」 제2조 제2호(아동·청소년대상 성범죄)에 규정된 죄를 범하여 금고 이상의 형의 선고유예를 받은 경우에는 당연 퇴직된다.
> ㉤ 특수경비원이 직무와 관련하여 「형법」 제129조(수뢰), 제355조(횡령, 배임) 또는 제356조(업무상의 횡령과 배임)에 규정된 죄를 범하여 금고 이상의 형의 선고유예를 받은 경우에는 당연 퇴직된다.

① ㉠, ㉣
② ㉡, ㉤
③ ㉢, ㉣, ㉤
④ ㉠, ㉡, ㉢, ㉣, ㉤

해설 ㉠ 법 제10조의2 본문, 제10조 제2항 제3호 참조
㉡ 6월 1일 → 6월 30일 / 12월 1일 → 12월 31일(법 제10조의2 단서)
㉢ 면책신청을 하였거나 → 면책신청을 하지 아니하였거나(법 제10조의2 단서)
㉣ 법 제10조의2 단서
㉤ 「형법」 제129조(수뢰)에 규정된 죄를 범하여 금고 이상의 형의 선고유예를 받은 경우에는 당연 퇴직되지 않는다(법 제10조의2 단서).

정답 ①

25 경비업법령상 경비원 등의 의무에 관한 내용이다. ( )에 들어갈 내용이 옳은 것은? **2019년 기출**

> 경비원은 직무를 수행함에 있어 타인에게 ( )을 과시하거나 물리력을 행사하는 등 경비업무의 범위를 벗어난 행위를 하여서는 아니된다.

① 위력
② 권력
③ 사술(詐術)
④ 공권력

해설 경비원은 직무를 수행함에 있어 타인에게 '위력'을 과시하거나 물리력을 행사하는 등 경비업무의 범위를 벗어난 행위를 하여서는 아니된다(법 제15조의2 제1항).

정답 ①

26 경비업법령상 특수경비원이 직무상 복종하여야 하는 명령권자로 명시되지 않은 자는?

2020년 기출

① 시·도경찰청장
② 관할 경찰관서장
③ 시설주
④ 소속상사

해설 특수경비원은 직무를 수행함에 있어 시설주·관할 경찰관서장 및 소속상사의 직무상 명령에 복종하여야 한다(법 제15조 제1항).

정답 ①

27 경비업법령상 경비원의 의무에 관한 설명으로 옳지 않은 것은?

2009년 기출

① 특수경비원은 직무를 수행함에 있어 시설주·관할 경찰관서장 및 소속상사의 직무상 명령에 복종하여야 한다.
② 특수경비원은 파업·태업 그 밖에 경비업무의 정상적인 운영을 저해하는 일체의 쟁의행위를 하여서는 아니된다.
③ 특수경비원은 업무의 특성상 어떠한 경우라도 지정된 경비구역을 벗어나서는 아니된다.
④ 경비원은 직무를 수행함에 있어 경비업무의 범위를 벗어난 행위를 하여서는 아니된다.

해설
① 법 제15조 제1항
② 법 제15조 제3항
③ 특수경비원은 소속상사의 허가 또는 정당한 사유없이 경비구역을 벗어나서는 아니된다(법 제15조 제2항). 그러므로 소속상사의 허가가 있거나 정당한 사유가 있으면 경비구역을 벗어날 수 있다.
④ 법 제15조의2 제1항

정답 ③

28 경비업법상 일반경비원도 준수하여야 할 의무로 규정하고 있는 것은?

① 직무를 수행함에 있어 시설주·관할 경찰관서장 및 소속상사의 직무상 명령에 복종하여야 한다.
② 소속상사의 허가 또는 정당한 사유없이 경비구역을 벗어나서는 아니된다.
③ 직무를 수행함에 있어 타인에게 위력을 과시하거나 물리력을 행사하는 등 경비업무의 범위를 벗어난 행위를 하여서는 아니된다.
④ 파업·태업 그 밖에 경비업무의 정상적인 운영을 저해하는 일체의 쟁의행위를 하여서는 아니된다.

해설 ①·②·④ 특수경비원의 의무이다(법 제15조 제1항·제2항·제3항).
③ 일반경비원과 특수경비원의 의무이다(법 제15조의2 제1항).

정답 ③

29 경비업법령상 특수경비원의 의무를 설명하고 있는 것이 아닌 것은?   2013년 기출

① 경비업무의 정상적인 운영을 저해하는 일체의 쟁의행위를 하여서는 아니된다.
② 도급을 의뢰받은 경비업무가 위법 또는 부당한 것일 때에는 이를 거부해야 한다.
③ 직무를 수행함에 있어서 시설주 등의 직무상 명령에 복종해야 한다.
④ 소속상사의 허가없이 경비구역을 벗어나서는 아니된다.

해설 ① 법 제15조 제3항
② 경비업자는 도급을 의뢰받은 경비업무가 위법 또는 부당한 것일 때에는 이를 거부하여야 한다(법 제7조 제2항). 즉, 특수경비원의 의무가 아니라 경비업자의 의무이다.
③ 법 제15조 제1항
④ 법 제15조 제2항

 ②

30 경비업법령상 특수경비원의 의무에 관한 설명으로 옳은 것은?   2014년 기출

① 쟁의행위 유형 중 태업은 할 수 있지만, 파업은 할 수 없다.
② 관할 경찰관서장의 허가 없이 경비구역을 벗어나서는 아니된다.
③ 직무를 수행함에 있어 시설주·관할 경찰관서장 및 소속상사의 직무상 명령에 복종해야 한다.
④ 사람을 향하여 권총을 발사하고자 하는 때에는 구두에 의한 경고가 아닌 공포탄사격에 의한 경고가 선행되어야 한다.

해설 ① 태업도 할 수 없다(법 제15조 제3항).
② 소속상사의 허가 또는 정당한 사유없이 경비구역을 벗어나서는 아니된다(법 제15조 제2항).
③ 법 제15조 제1항
④ 사람을 향하여 권총을 발사하고자 하는 때에는 미리 구두 또는 공포탄에 의한 사격으로 상대방에게 경고하여야 한다(법 제15조 제4항 제1호).

 ③

31 경비업법령상 특수경비원의 의무에 관한 설명으로 옳은 것은?   2015년 기출

① 특수경비원은 시설주의 허가 또는 정당한 사유없이 경비구역을 벗어나서는 아니된다.
② 인질사건에 있어서 작전을 수행하는 경우라도 권총 또는 소총을 발사하고자 하는 때에는 반드시 미리 구두로 경고를 하여야 한다.
③ 특수경비원은 총기 또는 폭발물을 가지고 대항하는 경우에도 14세 미만의 자 또는 임산부에 대하여는 권총 또는 소총을 발사하여서는 아니된다.
④ 특수경비원은 파업·태업 그 밖에 경비업무의 정상적인 운영을 저해하는 일체의 쟁의행위를 하여서는 아니된다.

해설 ① 시설주의 허가 → 소속상사의 허가(법 제15조 제2항)
② 인질·간첩 또는 테러사건에 있어서 은밀히 작전을 수행하는 경우로서 부득이한 때에는 미리 구두로 경고하지 않고 권총 또는 소총을 발사할 수 있다(법 제15조 제4항 제1호 나목 참조).
③ 특수경비원은 총기 또는 폭발물을 가지고 대항하는 경우에는 14세 미만의 자 또는 임산부에 대하여 권총 또는 소총을 발사할 수 있다(법 제15조 제4항 제3호 참조).
④ 법 제15조 제3항

정답 ④

32. 경비업법령상 특수경비원의 의무에 관한 설명으로 옳지 않은 것은? 2023년 기출

① 특수경비원은 소속상사의 허가 또는 정당한 사유없이 경비구역을 벗어나서는 아니된다.
② 특수경비원은 쟁의행위 유형 중 태업은 할 수 있지만, 파업은 할 수 없다.
③ 특수경비원은 총기 또는 폭발물을 가지고 대항하는 경우를 제외하고는 14세 미만의 자 또는 임산부에 대하여는 권총 또는 소총을 발사하여서는 아니된다.
④ 특수경비원은 사람을 향하여 권총 또는 소총을 발사하고자 하는 때에는 미리 구두 또는 공포탄에 의한 사격으로 상대방에게 경고하는 것이 원칙이다.

해설 ① 법 제15조 제2항
② 특수경비원은 파업·태업 그 밖에 경비업무의 정상적인 운영을 저해하는 일체의 쟁의행위를 하여서는 아니된다(법 제15조 제3항).
③ 법 제15조 제4항 제3호
④ 법 제15조 제4항 제1호

정답 ②

33. 경비업법령상 특수경비원의 의무에 관한 설명으로 옳지 않은 것은? 2024년 기출

① 파업·태업을 하여서는 아니된다.
② 소속상사의 허가 또는 정당한 사유없이 경비구역을 벗어나서는 아니된다.
③ 어떠한 경우에도 14세 미만의 자에 대하여는 권총 또는 소총을 발사하여서는 아니된다.
④ 직무를 수행함에 있어 시설주의 직무상 명령에 복종하여야 한다.

해설 ① 법 제15조 제3항
② 법 제15조 제2항
③ 14세 미만의 자가 총기 또는 폭발물을 가지고 대항하는 경우에는 권총 또는 소총을 발사할 수 있다(법 제15조 제4항 제3호 참조).
④ 법 제15조 제1항

정답 ③

34 경비업법상 특수경비원의 의무에 대한 설명으로 옳은 것은?

① 특수경비원이 직무를 수행함에 있어 관할 경찰관서장의 직무상 명령에 복종하지 아니한 경우에는 3년 이하의 징역 또는 3천만원 이하의 벌금에 처한다.
② 특수경비원은 파업·태업 그 밖에 경비업무의 정상적인 운영을 저해하는 일체의 쟁의행위를 하여서는 아니된다.
③ 특수경비원은 시설주·관할 경찰관서장 및 소속상사의 허가없이 경비구역을 벗어나서는 아니된다.
④ 특수경비원은 무기를 사용하지 아니하고는 타인의 생명·신체 또는 재산에 대한 중대한 위협을 방지할 수 없다고 인정되는 때에는 필요한 최소한의 범위 안에서 무기를 사용할 수 있다.

해설 ① 위급사태가 발생한 때에 직무상 명령에 복종하지 아니한 경우 3년 이하의 징역 또는 3천만원 이하의 벌금에 처한다(법 제15조 제1항, 제28조 제2항 제8호 참조).
② 법 제15조 제3항
③ 특수경비원은 소속상사의 허가 또는 정당한 사유없이 경비구역을 벗어나서는 아니된다(법 제15조 제2항).
④ 생명·신체 또는 재산에 → 생명·신체에(법 제15조 제4항 제2호)

정답 ②

제2절 경비원의 교육

01 경비업법령상 경비원의 교육 등에 관한 설명으로 옳은 것은?

① 관할 경찰서장은 경비업무를 적정하게 실시하기 위하여 경비원으로 하여금 대통령령으로 정하는 바에 따라 경비원 신임교육 및 직무교육을 받게 하여야 한다.
② 시·도경찰청장은 일반경비원에 대한 신임교육의 실시를 위하여 연도별 교육계획을 수립하고, 일반경비원 교육기관이 교육계획에 따라 교육을 실시하도록 하여야 한다.
③ 경비원이 되려는 사람은 대통령령으로 정하는 교육기관에서 미리 특수경비원 신임교육을 받을 수 있다.
④ 일반경비원 또는 특수경비원에 대한 직무교육은 집합교육, 온라인교육 등 다양한 방법으로 실시할 수 있다.

해설
① 관할 경찰서장은 → 경비업자는(법 제13조 제1항)
② 시·도경찰청장 → 경찰청장(규칙 제12조 제2항)
③ 특수경비원 → 일반경비원(법 제13조 제2항)
④ 규칙 제13조 제3항, 제16조 제4항

 ④

02 경비업법령상 일반경비원 신임교육의 제외대상이 아닌 사람은? 2012년·2022년 기출

① 「경찰공무원법」에 따른 경찰공무원으로 근무한 경력이 있는 사람
② 「대통령 등의 경호에 관한 법률」에 따른 경호공무원 또는 별정직공무원으로 근무한 경력이 있는 사람
③ 「소방공무원법」에 따른 소방공무원으로 근무한 경력이 있는 사람
④ 「군인사법」에 따른 부사관 이상으로 근무한 경력이 있는 사람

해설
①·②·④ 영 제18조 제2항 제2호·제3호·제4호
③ 소방공무원은 일반경비원 신임교육 제외대상이 아니다(영 제18조 제2항 참조).

 ③

03 경비업법령상 경비업자가 일반경비원 신임교육 대상에서 제외할 수 있는 사람에 해당되지 않는 자는? 2014년 기출

① 일반경비원 신임교육을 받은 사람으로서 채용 5년 전에 경비업무에 종사한 경력이 있는 사람
② 경찰공무원법에 따른 경찰공무원으로 근무한 경력이 있는 사람
③ 군인사법에 따른 부사관 이상으로 근무한 경력이 있는 사람
④ 대통령 등의 경호에 관한 법률에 따른 경호공무원으로 근무한 경력이 있는 사람

해설 ① 일반경비원 신임교육을 받은 사람으로서 채용 전 '3년 이내'에 경비업무에 종사한 경력이 있는 사람이 신임교육 대상에서 제외할 수 있다(영 제18조 제2항 제1호).
②·③·④ 영 제18조 제2항 제2호·제4호·제3호

정답 ①

04 경비업법령상 경비원의 교육 등에 관한 설명으로 옳은 것은?   2021년 기출

① 경비업자는 일반경비원 신임교육을 받은 사람으로서 채용 전 3년 이내에 경비업무에 종사한 경력이 있는 사람을 일반경비원 신임교육 대상에서 제외할 수 있다.
② 경비원이 되려는 사람은 일반경비원 교육기관에서 미리 일반경비원 신임교육을 받을 수 없다.
③ 특수경비업자는 특수경비원으로 하여금 특수경비원 신임교육을 받게 하여서는 아니 된다.
④ 특수경비원의 교육시 경비업자가 교육기관에 입회하여 행정안전부령이 정하는 바에 따라 지도·감독하여야 한다.

해설 ① 영 제18조 제2항 제1호
② 없다 → 있다(법 제13조 제2항, 영 제18조 제4항)
③ 받게 하여야 한다(법 제13조 제3항).
④ 특수경비원의 교육시 관할경찰서 소속 '경찰공무원'이 교육기관에 입회하여 '대통령령'이 정하는 바에 따라 지도·감독하여야 한다(법 제13조 제4항).

정답 ①

05 다음 중 경비업자가 일반경비원을 채용한 경우 일반경비원 신임교육 대상에서 제외할 수 있는 사람은?

① 특수경비원 신임교육을 받은 사람으로서 채용되기 3년 전에 경비업무에 종사한 경력이 있는 사람
② 채용되기 2년 전에 「청원경찰법」에 따른 청원경찰로 근무한 경력이 있는 사람
③ 채용 전에 미리 일반경비원 신임교육을 받은 후 3년이 지난 사람
④ 채용되기 5년 전에 「대통령 등의 경호에 관한 법률」에 따른 경호공무원으로 근무한 경력이 있는 사람

해설 ① 특수경비원 신임교육을 받은 사람으로서 채용 전 3년 이내에 경비업무에 종사한 경력이 있어야 한다(영 제18조 제2항 제1호).
② 경찰공무원과 달리 청원경찰로 근무한 경력은 면제대상이 아니다.
③ 채용 전에 미리 일반경비원 신임교육을 받은 후 3년 지나지 아니한 사람이 면제대상이다(영 제18조 제2항 제6호).
④ 경호공무원으로 근무한 경력이 있으면 기간에 관계없이 면제대상이다(영 제18조 제2항 제3호).

정답 ④

06 경비업법령상 일반경비원 신임교육의 이론교육 과목인 것은?

2010년 기출

① 경비법
② 경찰관직무집행법
③ 청원경찰법
④ 재난 및 안전관리기본법

해설 일반경비원 신임교육의 이론교육 과목은 경비업법과 범죄예방론이다(규칙 제12조 제1항 별표2 참조).

정답 ①

07 경비업법령상 일반경비원과 특수경비원의 신임교육과목으로 공통된 과목이 아닌 것은?

2012년 기출수정

① 경비업법
② 경찰관직무집행법
③ 범죄예방론
④ 체포·호신술

해설 경비업법, 범죄예방론, 체포·호신술, 직업윤리 및 인권보호, 기계경비 실무, 장비사용법 등의 과목은 일반경비원과 특수경비원의 신임교육 공통과목이나, 경찰관직무집행법 과목은 특수경비원의 신임교육과목이다(규칙 제12조 제1항 별표2, 제15조 제1항 별표4 참조).

정답 ②

08 다음 중 일반경비원 신임교육과목에 해당하는 것을 모두 고른 것은?

ㄱ. 경비업법	ㄴ. 경찰관직무집행법
ㄷ. 경범죄처벌법	ㄹ. 청원경찰법
ㅁ. 헌법 및 형사법	ㅂ. 도로교통법

① ㄱ
② ㄱ, ㄴ, ㄹ
③ ㄱ, ㄷ, ㄹ, ㅁ
④ ㄱ, ㄴ, ㅁ, ㅂ

해설 보기에서 일반경비원 신임교육과목에 해당하는 것은 경비업법이다(규칙 제12조 별표2 참조).
ㄱ. 일반경비원·특수경비원의 신임교육과목에 해당하며, 경비지도사의 기본교육과목에 해당한다.
ㄴ. 특수경비원·청원경찰의 신임교육과목에 해당하며, 경비지도사의 기본교육과목에 해당한다.
ㄷ. 청원경찰의 신임교육과목에 해당한다.
ㄹ. 청원경찰의 신임교육과목에 해당한다.
ㅁ. 특수경비원의 신임교육과목에 해당한다. 다만, 형사법은 청원경찰의 신임교육과목에 해당한다.
ㅂ. 경비지도사의 기본교육과목에 해당한다.

정답 ①

09 경비업법령상 경비지도사의 기본교육시간, 일반경비원의 신임교육시간, 특수경비원의 신임교육시간의 연결이 올바른 것은?

2007년 기출수정

① 44시간 − 24시간 − 88시간
② 40시간 − 24시간 − 80시간
③ 44시간 − 48시간 − 68시간
④ 40시간 − 58시간 − 68시간

해설 교육시간 비교(규칙 제9조·제12조·제16조 참조)

구분	경비지도사	일반경비원	특수경비원
기본/신임교육	40시간	24시간	80시간
보수/직무교육	매 3년 6시간 이상	매월 2시간 이상	매월 3시간 이상

정답 ②

10 경비업법령상 경비원의 교육에 관한 설명으로 옳은 것은?

2011년 기출수정

① 갑(甲)이 경비원의 경력 없이 일반경비원으로 채용되었다면 자신의 부담으로 신임교육을 받아야 한다.
② 을(乙)이 특수경비원 교육을 받은 후 2년 동안 특수경비업무에 종사하지 아니하다가 다시 특수경비원으로 채용되었다면 신임교육을 받아야 한다.
③ 특수경비원인 병(丙)은 매월 3시간 이상의 직무교육을 받아야 한다.
④ 경비업자는 경비원을 새로이 채용한 때에는 근무배치 후 3개월이 경과하기 전까지 신임교육을 받게 하여야 한다.

해설
① 경비업자의 부담으로 신임교육을 받아야 한다(영 제18조 제1항).
② 특수경비업자는 채용 전 3년 이내에 특수경비업무에 종사하였던 경력이 있는 사람을 특수경비원으로 채용한 경우에는 해당 특수경비원을 특수경비원 신임교육 대상에서 제외할 수 있다(영 제19조 제2항).
③ 규칙 제16조 제1항
④ 경비업자가 경비원을 배치하는 경우에는 신임교육을 이수한 자를 배치하여야 한다(법 제18조 제7항). 그러므로 근무배치 전에 신임교육을 받게 하여야 한다.

정답 ③

11 경비업법령상 경비원 교육에 관한 설명으로 옳은 것은?

2016년 기출수정

① 일반경비원의 신임교육에서 이론교육은 6시간이고 과목은 경비업법, 범죄예방론, 형사법이다.
② 특수경비업자는 채용 전 5년 이내에 특수경비업무에 종사하였던 경력이 있는 사람을 특수경비원으로 채용한 경우에는 신임교육을 면제할 수 있다.
③ 경비업자는 소속 일반경비원에게 매월 2시간 이상의 직무교육을 받도록 하여야 한다.
④ 특수경비업자는 소속 특수경비원에게 매월 8시간 이상의 직무교육을 받도록 하여야 한다.

해설 ① 일반경비원의 신임교육에서 이론교육은 4시간이고 과목은 경비업법, 범죄예방론이다(규칙 제12조 제1항 별표2).
② 5년 → 3년(영 제19조 제2항 참조)
③ 영 제18조 제3항, 규칙 제13조 제1항
④ 8시간 → 3시간(규칙 제16조 제1항 참조)

정답 ③

12 경비업법령상 경비원의 교육에 관한 설명으로 옳은 것은?

① 일반경비원에 대한 교육시 관할경찰서 소속 경찰공무원이 교육기관에 입회하여 지도·감독하여야 한다.
② 군인사법에 의한 부사관의 경력을 가진 자가 특수경비원으로 채용된 경우 신임교육 대상에서 제외할 수 있다.
③ 특수경비업자를 제외한 일반경비업자만이 소속 경비원에 대하여 매월 행정안전부령이 정하는 시간 이상의 직무교육을 실시하여야 한다.
④ 경비업자가 일반경비원을 채용한 경우 해당 일반경비원에게 경비업자의 부담으로 일반경비원 신임교육을 받도록 하여야 한다.

해설 ① 일반경비원 → 특수경비원(법 제13조 제3항)
② 특수경비원 → 일반경비원(영 제18조 제2항)
③ 특수경비업자도 직무교육을 실시하여야 한다(영 제19조 제3항).
④ 영 제18조 제1항

정답 ④

13 경비업법령상 경비원의 교육에 관한 설명으로 옳은 것은?

① 경비원이 되려는 사람은 대통령령으로 정하는 교육기관에서 미리 특수경비원 신임교육을 받을 수 있다.
② 특수경비업자는 대통령령으로 정하는 바에 따라 특수경비원으로 하여금 특수경비원 신임교육과 정기적인 직무교육을 받게 하여야 하고, 특수경비원 직무교육을 받지 아니한 자를 특수경비업무에 종사하게 하여서는 아니된다.
③ 경비업자는 특수경비원 신임교육을 받은 사람으로서 채용 전 3년 이내에 경비업무에 종사한 경력이 있는 사람을 일반경비원으로 채용한 경우에는 해당 일반경비원을 일반경비원 신임교육 대상에서 제외할 수 있다.
④ 특수경비업자는 채용 전 5년 이내에 특수경비업무에 종사하였던 경력이 있는 사람을 특수경비원으로 채용한 경우에는 해당 특수경비원을 특수경비원 신임교육 대상에서 제외할 수 있다.

해설 ① 특수경비원 → 일반경비원(법 제13조 제2항)
② 직무교육을 받지 아니한 자 → 신임교육을 받지 아니한 자(법 제13조 제3항)
③ 영 제18조 제2항 제1호
④ 5년 → 3년(영 제19조 제2항)

정답 ③

14 경비업법상 일반경비원 신임교육에 대한 설명으로 옳은 것은?

① 경찰청장은 일반경비원에 대한 신임교육의 실시를 위하여 연도별 교육계획을 수립하고, 일반경비원 교육기관이 교육계획에 따라 교육을 실시하도록 하여야 한다.
② 경비업자는 일반경비원 신임교육과정을 마친 사람에게 신임교육이수증을 교부하고 그 사실을 신임교육이수증 교부대장에 기록해야 하며, 신임교육 이수자 현황을 경찰청장에게 통보해야 한다.
③ 일반경비원 교육기관의 장은 일반경비원이 신임교육을 받은 때에는 경비원의 명부에 그 사실을 기재하여야 한다.
④ 경찰청장은 일반경비원 신임교육을 받은 사람이 요청하는 경우에는 신임교육 이수 확인증을 발급할 수 있다.

해설 ① 규칙 제12조 제2항
② 경비업자는 → 일반경비원 교육기관의 장은(규칙 제12조 제4항)
③ 일반경비원 교육기관의 장은 → 경비업자는(규칙 제12조 제5항)
④ 경찰청장은 → 시·도경찰청장 또는 경찰서장은(규칙 제12조 제6항)

정답 ①

15 경비업법령상 일반경비원의 교육에 관한 설명으로 옳지 않은 것은? 2020년 기출수정

① 경비원이 되려는 사람은 대통령령으로 정하는 교육기관에서 미리 일반경비원 신임교육을 받을 수 있다.
② 경비업자는 소속 일반경비원에게 매월 2시간 이상의 직무교육을 받도록 하여야 한다.
③ 일반경비원의 교육 실시에 필요한 사항은 대통령령으로 정한다.
④ 일반경비원에 대한 직무교육의 과목은 일반경비원의 직무수행에 필요한 이론·실무과목 및 직업윤리 등으로 한다.

해설 ① 법 제13조 제2항
② 영 제18조 제3항, 규칙 제13조 제1항
③ 대통령령 → 행정안전부령(영 제18조 제5항)
④ 규칙 제13조 제2항

정답 ③

16 경비업법령상 경비원의 교육에 대한 설명 중 틀린 것은?
2007년 기출수정

① 특수경비업자는 특수경비원을 채용한 경우 해당 특수경비원에게 특수경비업자의 부담으로 경비원 교육기관 중 특수경비원 교육기관에서 실시하는 특수경비원 신임교육을 받도록 해야 한다.
② 특수경비업자는 채용 전 3년 이내에 특수경비업무에 종사하였던 경력이 있는 사람을 특수경비원으로 채용한 경우에는 해당 경비원을 특수경비원 신임교육 대상에서 제외할 수 있다.
③ 특수경비업자는 법 제13조 제3항에 따라 소속 특수경비원에게 선임한 경비지도사가 수립한 교육계획에 따라 매월 행정안전부령이 정하는 시간 이상의 직무교육을 받도록 하여야 한다.
④ 일반경비업자는 일반경비원으로 채용된 사람이 경찰공무원법에 의한 경찰공무원, 대통령 등의 경호에 관한 법률에 의한 경호공무원·별정직공무원 또는 군인사법에 의한 부사관 이상의 경력을 가진 사람인 경우에는 일반경비업자의 부담으로 신임교육을 받게 하여야 한다.

해설
①·②·③ 영 제19조 제1항·제2항·제3항
④ 이상의 경력을 가진 사람인 경우에는 일반경비원 신임교육 대상에서 제외할 수 있다(영 제18조 제2항).

정답 ④

17 경비업법령상 특수경비원의 교육에 관한 설명으로 옳은 것은?
2009년 기출수정

① 특수경비업자는 소속 특수경비원에 대하여 매월 3시간 이상의 직무교육을 실시하여야 한다.
② 특수경비업자는 특수경비원 신임교육을 받지 아니한 자를 채용하여서는 아니된다.
③ 특수경비원 교육에 경찰법 및 국가배상법이 포함되어야 한다.
④ 특수경비원 교육기관 지정 신청을 받은 시·도경찰청장은 지정 기준에 적합한지를 심사하고, 심사 결과 적합하다고 인정되는 경우에는 경비원 교육기관으로 지정할 수 있다.

해설
① 규칙 제16조 제1항
② 특수경비원 신임교육을 받지 아니한 자를 특수경비업무에 종사하게 하여서는 아니된다(법 제13조 제3항).
③ 경찰법과 국가배상법은 특수경비원 교육에 포함되지 않는다(규칙 제15조 제1항 별표4).
④ 시·도경찰청장 → 경찰청장(영 제19조의2 제2항, 제15조의4 제2항)

정답 ①

18 경비업법령상 특수경비원에 대한 교육에 관한 설명으로 옳은 것은?
2012년 기출수정

① 특수경비업자는 특수경비원의 경력이 없는 사람으로서 특수경비원으로 채용된 사람에 대하여는 특수경비원의 부담으로 특수경비원신임교육을 받게 하여야 한다.
② 특수경비원의 교육시에는 관할경찰서 소속 경찰공무원의 입회 및 지도·감독을 요하지 아니한다.
③ 특수경비업자는 소속 특수경비원에 대하여 매년 3시간의 직무교육을 실시하여야 한다.
④ 관할경찰관서장은 필요하다고 인정하는 경우에는 특수경비원이 배치된 경비대상시설에 소속공무원을 파견하여 직무집행에 필요한 교육을 실시할 수 있다.

해설 ① 특수경비원의 부담으로 → 특수경비업자의 부담으로(영 제19조 제1항)
② 특수경비원의 교육시 관할경찰서 소속 경찰공무원이 교육기관에 입회하여 대통령령이 정하는 바에 따라 지도·감독하여야 한다(법 제13조 제4항).
③ 매년 3시간 → 매월 3시간(영 제19조 제3항, 규칙 제16조 제1항)
④ 규칙 제16조 제2항

정답 ④

19 A 특수경비업체에서 5개월 동안 근무한 甲이 경비업법령상 특수경비원으로서 받았어야 할 신임교육과 직무교육의 시간을 합하면 최소 몇 시간인가? (단, 甲은 신임교육 대상 제외자에 해당하지 않음)
2015년 기출수정

① 69
② 88
③ 95
④ 118

해설 신임교육은 80시간이고(규칙 제15조 제1항), 직무교육은 매월 3시간이므로 5개월 동안 15시간이다(규칙 제16조 제1항). 따라서 80 + 15 = 95시간이다.

정답 ③

20 경비업법령상 경비원의 교육에 관한 설명으로 옳은 것을 모두 고른 것은?
2019년 기출

ㄱ. 경비업자는 일반경비원을 채용한 경우 해당 일반경비원에게 경비업자의 부담으로 일반경비원 신임교육을 받도록 하여야 한다.
ㄴ. 경비업자는 경비지도사 자격이 있는 사람을 일반경비원으로 채용한 경우에는 해당 일반경비원을 일반경비원 신임교육 대상에서 제외할 수 있다.
ㄷ. 특수경비업자는 소속 특수경비원에게 관할경찰관서장이 수립한 교육 계획에 따라 매월 3시간 이상의 직무교육을 받도록 하여야 한다.
ㄹ. 경비업자는 특수경비원 신임교육을 받은 사람이 요청하는 경우에는 신임교육 이수 확인증을 발급할 수 있다.

① ㄱ, ㄴ
② ㄱ, ㄷ
③ ㄴ, ㄹ
④ ㄷ, ㄹ

해설
ㄱ. 영 제18조 제1항
ㄴ. 영 제18조 제2항 제5호
ㄷ. 관할경찰관서장이 → 경비지도사가(영 제19조 제3항, 규칙 제16조 제1항)
ㄹ. 경비업자는 → 시·도경찰청장 또는 경찰서장은(규칙 제15조 제4항)

정답 ①

21 경비업법령상 경비원의 교육 등에 관한 설명으로 옳지 않은 것은?
2023년 기출수정

① 일반경비원 교육기관은 일반경비원 신임교육이 가능하다.
② 「군인사법」에 따른 부사관 이상으로 근무한 경력이 있는 사람은 일반경비원 신임교육 대상에서 제외할 수 있다.
③ 특수경비업자는 채용 전 5년 이내에 특수경비업무에 종사하였던 경력이 있는 사람을 특수경비원으로 채용한 경우에는 해당 특수경비원을 특수경비원 신임교육 대상에서 제외할 수 있다.
④ 경비업자는 특수경비원이 신임교육을 받은 때에는 경비원의 명부에 그 사실을 기재하여야 한다.

해설
① 영 제18조 제1항
② 영 제18조 제2항 제4호
③ 5년 → 3년(영 제19조 제2항)
④ 규칙 제15조 제3항

정답 ③

22 경비업법령상 경비원의 교육 등에 관한 설명으로 옳지 않은 것은?
2024년 기출

① 경비업자는 「군인사법」에 따른 부사관 이상으로 근무한 경력이 있는 사람을 일반경비원으로 채용한 경우에는 해당 일반경비원을 일반경비원 신임교육 대상에서 제외할 수 있다.
② 경비업자는 소속 일반경비원에게 경비지도사가 수립한 교육계획에 따라 매월 2시간 이상의 직무교육을 받도록 하여야 한다.
③ 특수경비업자는 채용 전 3년 이내에 특수경비업무에 종사하였던 경력이 있는 사람을 특수경비원으로 채용한 경우에는 해당 특수경비원을 특수경비원 신임교육 대상에서 제외할 수 있다.
④ 특수경비업자는 소속 특수경비원에게 경비지도사가 수립한 교육계획에 따라 매월 2시간의 직무교육을 받도록 하여야 한다.

해설
① 영 제18조 제2항 제4호
② 영 제18조 제3항, 규칙 제13조 제1항
③ 영 제19조 제2항
④ 2시간 → 3시간(영 제19조 제3항, 규칙 제16조 제1항)

정답 ④

23 경비업법령상 특수경비원의 신임교육과목에 해당하는 것은?

① 시설경비실무
② 혼잡·교통유도경비실무
③ 기계경비실무
④ 특수경비실무

해설 ①·②는 일반경비원 신임교육과목에 해당하고, ③은 일반·특수경비원 신임교육과목에 해당한다. ④는 일반·특수경비원 신임교육과목에 해당하지 않는다(규칙 제12조 제1항 별표2, 제15조 제1항 별표4 참조). 참고로, 시설경비요령, 혼잡·교통유도경비업무는 특수경비원 신임교육과목이다.

정답 ③

24 경비업법상 경비원 교육기관과 관련한 내용으로 옳은 것은?

① 시·도경찰청장은 경비원에 대한 신임교육의 효율성을 제고하기 위하여 전문인력 및 시설 등을 갖춘 기관 또는 단체를 경비원 교육기관으로 지정할 수 있다.
② 경찰청장은 경비원에 대한 직무교육의 전국적 균형을 유지하기 위하여 교육수준 및 교육방법 등에 필요한 지침을 마련하여 시행할 수 있다.
③ 경찰청장은 경비원 교육기관이 교육지침을 위반한 경우에는 기간을 정하여 시정을 명할 수 있다.
④ 경비원 교육기관의 지정 취소 및 업무 정지에 관한 세부기준 및 절차는 그 위반행위의 유형과 위반의 정도 등을 고려하여 대통령령으로 정한다.

해설 ① 시·도경찰청장은 → 경찰청장은(법 제13조의2 제1항)
② 직무교육 → 신임교육(법 제13조의2 제2항)
③ 법 제13조의2 제3항
④ 대통령령 → 행정안전부령(법 제13조의3 제2항)

정답 ③

25 경비업법령상 일반경비원 교육기관의 지정 기준 중 인력 및 시설·장비의 기준에 관한 설명으로 옳지 않은 것은?

① 교육과목 관련 석사 이상의 학위를 취득한 후 관련 분야에 1년 이상 근무한 경력이 있어야 강사가 될 수 있다.
② 교육과목 관련 분야에서 공무원으로 7년 이상 근무한 경력이 있어야 강사가 될 수 있다.
③ 체포·호신술 과목의 경우에는 무도 사범 자격을 취득한 후 관련 분야에 2년 이상 근무한 경력이 있어야 강사가 될 수 있다.
④ 지정기간 동안 교육 수행에 필요한 강의실과 사무실을 소유 또는 임차 등의 방법으로 확보하여야 한다.

해설 ①·③·④ 영 제19조의2 제1항 별표3의2 참조
② 7년 → 5년

정답 ②

26 경비업법령상 특수경비원 교육기관의 지정 기준 중 인력 기준에 관한 설명으로 옳은 것은?

① 「고등교육법」에 따른 학교 또는 이에 준하는 학교에서 교육과목 관련 학과의 부교수 이상의 직에 1년 이상 근무한 경력이 있어야 강사가 될 수 있다.
② 교육과목 관련 석사 이상의 학위를 취득한 후 관련 분야에 1년 이상 근무한 경력이 있어야 강사가 될 수 있다.
③ 교육과목 관련 분야에서 공무원으로 5년 이상 근무한 경력이 있어야 강사가 될 수 있다.
④ 교육과목 관련 박사학위를 취득한 후 관련 분야의 연구실적이 있는 사람

해설 영 제19조의2 제1항 별표3의2 참조
  ① 부교수 → 조교수
  ② 1년 → 3년
  ③ 5년 → 7년

 ④

27 경비업법령상 특수경비원 교육기관의 지정 기준 중 시설·장비의 기준에 관한 설명으로 옳은 것은?

① 지정기간 동안 교육 수행에 필요한 강의실과 사무실을 반드시 소유의 방법으로 확보하여야 한다.
② 교육 수행에 필요한 컴퓨터, 시청각 장비 등 교육훈련 기자재를 확보하여야 한다.
③ 체포·호신술 과목의 경우에는 실습을 위한 별도의 공간 및 매트 등 안전장비를 확보하여야 한다.
④ 소총에 의한 실탄사격이 가능하고 10개 사로(射路) 이상을 갖춘 사격장을 사용할 수 있어야 한다. 다만, 사용계획서를 제출한 경우에는 교육기관 지정을 받은 날부터 3개월 이내에 시·도경찰청장에게 사격장 사용이 가능하다는 사실의 확인을 받아야 한다.

해설 영 제19조의2 제1항 별표3의2 참조
  ① 반드시 소유의 방법 → 소유 또는 임차 등의 방법
  ③ 및 → 또는
  ④ 3개월 → 2개월

 ②

28 경찰청장이 경비원 교육기관의 지정을 반드시 취소하여야 하는 경우에 해당하는 것은?

① 지정받은 사항을 위반하여 업무를 행한 경우
② 경비원 교육기관의 지정 기준에 적합하지 아니하게 된 경우
③ 교육지침 위반에 따른 시정명령을 받고도 정당한 사유 없이 정하여진 기간 이내에 시정하지 아니한 경우
④ 거짓이나 그 밖의 부정한 방법으로 경비원 교육기관의 지정을 받은 경우

해설 ①·②·③ 이 경우에는 그 지정을 취소하거나 1년 이내의 기간을 정하여 업무의 전부 또는 일부를 정지할 수 있다(법 제13조의3 제1항 참조).
④ 이 경우에는 그 지정을 취소하여야 한다(법 제13조의3 제1항 참조).

정답 ④

제3절 경비원의 배치

01 경비업법령상 경비원 배치의 신고에 관한 다음 설명 중 ( ) 안에 들어갈 숫자로 알맞은 것은?

2012년 기출

> 경비업자는 경비업무를 수행하기 위하여 (ㄱ)일 이상 경비원을 배치하거나 그 기간을 연장하고자 하는 때에는 경비원을 배치한 후 (ㄴ)일 이내에 경비원 배치신고서를 배치지의 관할경찰관서장에게 제출하여야 한다. 다만, 집단민원현장에 일반경비원을 배치하는 때에는 경비원을 배치하기 (ㄷ)시간 전까지 배치허가를 신청하여야 한다.

① ㄱ : 10, ㄴ : 3, ㄷ : 6
② ㄱ : 15, ㄴ : 5, ㄷ : 12
③ ㄱ : 20, ㄴ : 7, ㄷ : 48
④ ㄱ : 25, ㄴ : 9, ㄷ : 48

해설 ㄱ은 20일, ㄴ은 7일이며(규칙 제24조 제1항 본문), ㄷ은 48시간이다(법 제18조 제2항 단서).

정답 ③

02 경비업법령상 경비원의 배치 및 배치폐지의 신고에 관한 내용이다. ( ) 안에 들어갈 내용을 순서대로 나열한 것은?

2013년 기출

> 경비업자는 경비업법 제18조 제2항의 규정에 의하여 경비업무를 수행하기 위하여 20일 이상 경비원을 배치하거나 그 기간을 연장하고자 하는 때에는 경비원을 배치한 후 ( )일 이내에 경비원 배치신고서를 배치지의 ( )에게 제출하여야 한다.

① 7, 관할경찰관서장
② 7, 시·도경찰청장
③ 14, 관할경찰관서장
④ 14, 시·도경찰청장

해설 경비업자는 경비업무를 수행하기 위하여 20일 이상 경비원을 배치하거나 그 기간을 연장하려는 때에는 경비원을 배치한 후 '7일' 이내에 경비원 배치신고서를 배치지를 '관할하는 경찰관서장'에게 제출하여야 한다(규칙 제24조 제1항).

정답 ①

03 경비업법령상 경비원의 배치신고에 관한 내용이다. ( )에 들어갈 숫자로 옳은 것은?

2015년·2022년 기출

> 경비업자는 경비업무를 수행하기 위하여 (ㄱ)일 이상 경비원을 배치하거나 그 기간을 연장하려는 때에는 경비원을 배치한 후 (ㄴ)일 이내에 경비원 배치신고서를 배치지를 관할하는 경찰관서장에게 제출해야 한다.

① ㄱ : 10, ㄴ : 7
② ㄱ : 15, ㄴ : 10
③ ㄱ : 20, ㄴ : 7
④ ㄱ : 30, ㄴ : 10

해설 ㄱ에는 20, ㄴ에는 7이 들어간다(규칙 제24조 제1항 참조).

정답 ③

04 경비업법령상 경비원의 배치에 대한 설명으로 틀린 것은?

2007년 기출

① 특수경비원은 배치하기 전까지 신고해야 한다.
② 집단민원현장이 아닌 곳의 신변보호경비원은 배치하기 전까지 신고해야 한다.
③ 사전 배치신고 대상 이외에 시설경비원, 호송경비원, 기계경비원을 30일 이상 배치하고자 할 때는 배치한 후 5일 이내에 신고해야 한다.
④ 시설경비업무 중 집단민원현장에 배치된 일반경비원은 배치하기 48시간 전까지 배치허가를 신청하고, 관할 경찰관서장의 배치허가를 받은 후에 배치하여야 한다.

해설
① 법 제18조 제2항 제3호
② 법 제18조 제2항 제2호
③ 30일 → 20일 / 5일 → 7일(법 제18조 제2항, 규칙 제24조 제1항 참조)
④ 법 제18조 제2항 단서

 정답 ③

05 A경비업자는 집단민원현장이 아닌 곳에서 신변보호업무를 수행하는 일반경비원을 종로구에 배치하고자 한다. 이 경우 배치신고 방법으로 옳은 것은?

① 경비원을 배치하기 전까지 종로경찰서장에게 신고하여야 한다.
② 경비원을 배치하기 전까지 서울특별시경찰청장에게 신고하여야 한다.
③ 경비원을 배치한 후 7일 이내에 종로경찰서장에게 신고하여야 한다.
④ 경비원을 배치하기 48시간 전까지 종로경찰서장에게 배치허가신청을 하여야 한다.

해설 집단민원현장이 아닌 곳에서 신변보호업무를 수행하는 일반경비원의 경우에는 경비원을 배치하기 전까지 관할경찰관서장에게 신고하여야 한다(법 제18조 제2항 제2호 참조).

 정답 ①

06 경비업법령상 특수경비원의 배치신고 절차에 대한 설명으로 옳은 것은?

① 경비업자는 특수경비원을 배치하는 경우에는 경비원을 배치하기 전까지 경비원 배치신고서를 주된 사무소를 관할하는 경찰관서장에게 제출해야 한다.
② 특수경비원을 배치하는 경비업자는 배치신고서에 특수경비원 전원의 병력(病歷)신고 및 개인정보 이용 동의서를 첨부하여 관할 경찰관서장에게 제출해야 한다.
③ 병력(病歷)신고 및 개인정보 이용 동의서를 제출받은 관할 경찰관서장은 경찰청장 또는 시·도경찰청장에게 치료경력의 조회를 요청할 수 있다.
④ 관할 경찰관서장이 경비업자에게 특수경비원의 결격사유인 정신적 제약에 해당하지 않음을 증명하는 해당 분야 전문의의 진단서 제출을 요청한 경우 경비업자는 해당 특수경비원의 서류(제출일 기준 3개월 이내에 발급된 서류에 한정)를 관할 경찰관서장에게 제출해야 한다.

해설 ① 주된 사무소 → 배치지(규칙 제24조 제1항)
② 규칙 제24조 제2항
③ 경찰청장 또는 시·도경찰청장에게 → 국민건강보험공단 등 관계기관에(규칙 제24조 제3항)
④ 3개월 → 6개월(규칙 제24조 제4항)

정답 ②

07 경비업법령상 경비원의 명부와 배치허가 등에 관한 설명으로 옳지 않은 것은? 2016년 기출

① 관할 경찰관서장은 신임교육을 받지 아니한 경비원이 100분의 21 이상인 경우 배치허가를 하여서는 아니된다.
② 경비업자가 특수경비원을 배치한 경우에는 대통령령이 정하는 바에 따라 경비원을 배치하기 48시간 전까지 관할 경찰관서장에게 신고하여야 한다.
③ 경비업자 또는 경비원이 위력이나 흉기 또는 그 밖의 위험한 물건을 사용하여 집단적 폭력사태를 일으킨 때에는 관할 경찰관서장은 배치폐지를 명할 수 있다.
④ 경비업자는 상해죄를 범하여 벌금형을 선고받고 5년이 지나지 아니한 자를 집단민원현장에 일반경비원으로 배치하여서는 아니된다.

해설 ① 법 제18조 제3항 제2호, 영 제22조
② 경비업자가 경비원을 배치한 경우에는 행정안전부령으로 정하는 바에 따라 관할 경찰관서장에게 신고하여야 한다. 다만, 특수경비원의 경우에는 경비원을 '배치하기 전'까지 신고하여야 한다(법 제18조 제2항).
③ 법 제18조 제8항 제4호
④ 법 제18조 제6항 제1호

정답 ②

08 경비업법령상 집단민원현장에 해당하는 것은? 2014년 기출

① 건축법에 따라 철거명령이 내려진 장소
② 50명 이상의 사람이 모이는 국제·문화·예술·체육 행사장
③ 도시개발법에 따라 도시개발사업을 시행하기 위하여 지정·고시된 도시개발지역
④ 노동조합 및 노동관계조정법에 따라 노동관계 당사자가 노동쟁의 조정신청을 한 사업장

해설 집단민원현장이란 다음의 장소를 말한다(법 제2조 제5호).
㉠ 「노동조합 및 노동관계조정법」에 따라 노동관계 당사자가 노동쟁의 조정신청을 한 사업장 또는 쟁의행위가 발생한 사업장
㉡ 「도시 및 주거환경정비법」에 따른 정비사업과 관련하여 이해대립이 있어 다툼이 있는 장소
㉢ 특정 시설물의 설치와 관련하여 민원이 있는 장소
㉣ 주주총회와 관련하여 이해대립이 있어 다툼이 있는 장소
㉤ 건물·토지 등 부동산 및 동산에 대한 소유권·운영권·관리권·점유권 등 법적 권리에 대한 이해대립이 있어 다툼이 있는 장소
㉥ 100명 이상의 사람이 모이는 국제·문화·예술·체육 행사장
㉦ 「행정대집행법」에 따라 대집행을 하는 장소

정답 ④

09 경비업법상 집단민원현장에 해당하지 않는 것은?
2015년 기출

① 「행정대집행법」에 따라 대집행을 하는 장소
② 특정 시설물의 설치와 관련하여 민원이 있는 장소
③ 주주총회와 관련하여 이해대립이 있어 다툼이 있는 장소
④ 70명의 사람이 모여 있는 국제·문화·예술·체육 행사장

해설 ①·②·③ 법 제2조 제5호 참조
④ 100명 이상의 사람이 모이는 국제·문화·예술·체육 행사장이 집단민원현장이다(법 제2조 제5호 바목).

정답 ④

10 경비업법상 집단민원현장에 해당하는 것은?
2016년 기출

① 30명의 사람이 모이는 예술 행사장
② 50명의 사람이 모이는 문화 행사장
③ 90명의 사람이 모이는 체육 행사장
④ 120명의 사람이 모이는 국제 행사장

해설 집단민원현장이란 '100명 이상'의 사람이 모이는 국제·문화·예술·체육 행사장을 말한다(법 제2조 제5호 바목).

정답 ④

11 경비업법상 집단민원현장에 해당하지 않는 것은?
2017년 기출

① 행정대집행법에 따라 대집행을 하는 장소
② 대기업의 주주총회가 개최되고 있는 장소
③ 100명 이상의 사람이 모이는 문화 행사장
④ 노동조합 및 노동관계조정법에 따라 노동관계 당사자가 노동쟁의 조정신청을 한 사업장

해설 ①·③·④ 집단민원현장에 해당한다(법 제2조 사목·바목·가목).
② 대기업의 주주총회가 개최되고 있는 장소는 집단민원현장에 해당하지 않는다. 다만, 주주총회와 관련하여 이해대립이 있어 다툼이 있는 장소는 집단민원현장에 해당한다(법 제2조 제5호 라목 참조).

정답 ②

12 경비업법령상 '집단민원현장'에 해당하지 않는 것은?
2018년 기출

① 「노동조합 및 노동관계조정법」에 따라 노동관계 당사자가 노동쟁의 조정신청을 한 사업장
② 특정 시설물의 설치와 관련하여 민원이 있는 장소
③ 주주총회와 관련하여 이해 대립이 있어 다툼이 있는 장소
④ 「행정절차법」에 따라 대집행을 하는 장소

해설 ①·②·③ 법 제2조 제5호 가목·다목·라목
④ 행정절차법 → 행정대집행법(법 제2조 제5호 사목 참조)

정답 ④

13 경비업법령상 집단민원현장으로 옳지 않은 것은? 2022년 기출

① 「노동조합 및 노동관계조정법」에 따라 노동관계 당사자가 노동쟁의 조정신청을 한 사업장 또는 쟁의행위가 발생한 사업장
② 「공유토지분할에 관한 특례법」에 따라 공유토지에 대한 소유권행사와 토지의 이용에 문제가 있는 장소
③ 「도시 및 주거환경정비법」에 따른 정비사업과 관련하여 이해대립이 있어 다툼이 있는 장소
④ 「행정대집행법」에 따라 대집행을 하는 장소

해설 ①·③·④ 법 제2조 제5호 가목·나목·사목
② 집단민원현장에 해당하지 않는다(법 제2조 제5호 참조).

정답 ②

14 경비업법령상 경비업자가 경비원 배치 48시간 전까지 행정안전부령에 따라 배치허가를 신청하고 관할 경찰관서장의 배치허가를 받은 후에 경비원을 배치하여야 하는 경우는? 2019년 기출

① 시설경비업무 중 집단민원현장에 일반경비원을 배치하는 경우
② 특수경비업무 중 집단민원현장에 특수경비원을 배치하는 경우
③ 기계경비업무 중 집단민원현장에 일반경비원을 배치하는 경우
④ 호송경비업무 중 집단민원현장에 일반경비원을 배치하는 경우

해설 시설경비업무, 신변보호업무 또는 혼잡·교통유도경비업무 중 집단민원현장에 일반경비원을 배치하는 경우에는 배치하기 48시간 전까지 배치허가를 신청하고, 관할 경찰관서장의 배치허가를 받은 후에 경비원을 배치하여야 한다(법 제18조 제2항 제1호).

정답 ①

15 다음 중 경비업자가 경비원 배치시 관할 경찰관서장에게 배치허가를 받아야 하는 경비원에 해당하는 것은?

① 특수경비원
② 기계경비업무를 수행하는 일반경비원
③ 시설경비업무 중 집단민원현장에 배치된 일반경비원
④ 집단민원현장이 아닌 곳에서 신변보호업무를 수행하는 일반경비원

해설 ①·④의 경우는 배치전까지 신고, ②는 배치 후 7일 이내 신고이다(법 제18조 제2항 참조).

정답 ③

16 경비업법령상 집단민원현장에의 일반경비원 배치허가와 관련한 설명으로 옳은 것은?

① 일반경비원 배치허가를 받은 경비업자가 경비원 배치기간을 연장하려는 경우에는 배치기간이 만료되기 48시간 전까지 배치허가 신청서를 관할 경찰관서장에게 제출하여 허가를 받아야 한다.
② 일반경비원 배치허가를 받은 경비업자가 집단민원현장에 새로운 경비원을 배치하려는 경우에는 새로운 경비원을 배치한 후 48시간 이내에 배치허가 신청서를 관할 경찰관서장에게 제출하여 허가를 받아야 한다.
③ 일반경비원 배치허가를 받은 경비업자가 경비원의 배치를 폐지하려는 때에는 배치폐지를 하기 48시간 전까지 집단민원현장 일반경비원 배치폐지 신고서를 관할 경찰관서장에게 제출하여야 한다.
④ 일반경비원 배치허가를 받은 경비업자가 집단민원현장에 배치된 경비지도사를 변경한 경우에는 변경한 날로부터 48시간 이내에 변경된 내용을 관할 경찰관서장에게 신고하여야 한다.

[해설]
① 규칙 제24조의2 제3항
② 배치한 후 48시간 이내에 → 배치하기 48시간 전까지(규칙 제24조의2 제4항)
③ 배치폐지를 하기 48시간 전까지 → 배치폐지를 한 날부터 48시간 이내에(규칙 제24조의2 제5항)
④ 일반경비원 배치허가를 받은 경비업자가 집단민원현장에 배치된 경비지도사를 변경한 경우에는 변경된 내용을 관할 경찰관서장에게 통보하여야 한다(규칙 제24조의2 제6항).

정답 ①

17 경비업법령상 집단민원현장에 배치된 일반경비원에 관한 설명으로 옳지 않은 것은? 2014년 기출

① 경비업자는 경비원을 배치하기 48시간 전까지 배치허가를 신청하고, 관할 경찰관서장의 배치허가를 받은 후에 경비원을 배치해야 한다.
② 집단민원현장에 배치되는 일반경비원의 명부는 그 경비원이 배치되는 장소에도 작성·비치해야 한다.
③ 관할 경찰관서장은 배치허가를 함에 있어 필요한 조건을 붙일 수 없다.
④ 관할 경찰관서장은 배치허가 신청을 받은 경우, 불허가사유에 해당하는 때에는 이를 확인하기 위하여 소속 경찰관으로 하여금 그 배치장소를 방문하여 조사하게 할 수 있다.

[해설]
① 법 제18조 제2항
② 법 제18조 제1항
③ 없다 → 있다(법 제18조 제2항 참조)
④ 법 제18조 제3항

정답 ③

18 경비업법령상 경비원 배치 등에 관한 설명으로 옳지 않은 것은?　　　2020년 기출

① 시설경비업무에 배치되는 일반경비원은 경비원을 배치하기 48시간 전까지 관할 경찰관서장에게 배치허가를 받아야 한다.
② 경비업자는 시설경비업무를 수행하기 위하여 20일 이상 경비원을 배치하거나 그 기간을 연장하려는 때에는 경비원을 배치한 후 7일 이내에 배치지를 관할하는 경찰관서장에게 배치신고서를 제출하여야 한다.
③ 특수경비원을 배치하는 경우에는 경비원을 배치하는 기간과 관계없이 경비원을 배치하기 전까지 배치지를 관할하는 경찰관서장에게 배치신고서를 제출하여야 한다.
④ 경비업무범위 위반 및 신임교육 유무 등을 확인하기 위해 관할 경찰관서장은 그 배치장소를 방문하여 조사하여야 한다.

해설　① 시설경비업무 중 "집단민원현장에" 배치되는 일반경비원은 경비원을 배치하기 48시간 전까지 관할 경찰관서장에게 배치허가를 받아야 한다(법 제18조 제2항 제1호). 따라서 동 지문은 복수정답으로 인정되었다.
②·③ 규칙 제24조 제1항
④ 배치허가 신청을 받은 관할 경찰관서장은 경비업무범위 위반 및 신임교육 유무 등을 확인하기 위하여 소속 경찰관으로 하여금 그 배치장소를 방문하여 조사하게 할 수 있다(법 제18조 제3항 참조).

정답 ①·④

19 경비업법령상 경비원의 배치에 관한 설명으로 옳지 않은 것은?　　　2021년 기출

① 시설경비업무 중 집단민원현장에 일반경비원을 배치하는 경우에는 배치하기 48시간 전까지 배치허가를 신청하여야 한다.
② 신변보호업무 중 집단민원현장에 일반경비원을 배치하는 경우에는 배치하기 전까지 배치허가를 신청하여야 한다.
③ 집단민원현장이 아닌 곳에서 신변보호업무를 수행하는 일반경비원을 배치하는 경우에는 경비원을 배치하기 전까지 신고하여야 한다.
④ 특수경비원을 배치하는 경우에는 경비원을 배치하기 전까지 신고하여야 한다.

해설　①·③·④ 법 제18조 제2항 제1호·제2호·제3호
② 배치하기 전까지 → 배치하기 48시간 전까지(법 제18조 제2항 제1호)

정답 ②

20 경비업법령상 경비원의 명부와 배치허가 등에 관한 설명으로 옳지 않은 것은? **2022년 기출수정**

① 경비업자는 시설경비업무, 신변보호업무 또는 혼잡·교통유도경비업무 중 집단민원현장에 일반경비원을 배치하는 경우에는 경비원을 배치하기 24시간 전까지 행정안전부령으로 정하는 바에 따라 배치허가를 신청하여야 한다.
② 경비업자가 집단민원현장이 아닌 곳에서 신변보호업무를 수행하는 일반경비원을 배치하는 경우에는 경비원을 배치하기 전까지 관할 경찰관서장에게 신고하여야 한다.
③ 경비업자가 특수경비원을 배치하는 경우에는 경비원을 배치하기 전까지 관할 경찰관서장에게 신고하여야 한다.
④ 경비업자는 경비원을 배치하여 경비업무를 수행하게 하는 때에는 배치된 경비원의 인적사항과 배치일시·배치장소 등 근무상황을 기록하여 보관하여야 한다.

해설 ① 24시간 → 48시간(법 제18조 제2항 제1호 참조)
②·③ 법 제18조 제2항 제2호·제3호 참조
④ 법 제18조 제5항

정답 ①

21 경비업법령상 관할 경찰관서장이 집단민원현장에 일반경비원 배치허가 신청을 받은 경우에 배치허가를 하여서는 아니 되는 경우로 옳지 않은 것은? **2021년 기출**

① 경비업무의 범위를 벗어난 행위를 할 우려가 있는 경우
② 결격자가 100분의 21 이상 포함되어 있는 경우
③ 경비원의 복장·장비 등에 대하여 내려진 필요한 명령을 이행하지 아니하는 경우
④ 직무교육을 받지 아니한 사람이 대통령령으로 정하는 기준 이상으로 포함되어 있는 경우

해설 ①·②·③ 법 제18조 제3항 제1호·제2호·제3호
④ 직무교육 → 신임교육(법 제18조 제3항 제2호)

정답 ④

22 경비업법령상 관할 경찰관서장이 집단민원현장에 일반경비원 배치허가 신청을 받은 경우에 배치허가를 하여서는 아니 되는 경우로 옳지 않은 것은? **2024년 기출**

① 경비원 중 신임교육을 받지 아니한 사람이 100분의 15 포함되어 있는 경우
② 경비업무의 범위를 벗어난 행위를 할 우려가 있는 경우
③ 경비원 중 결격자가 대통령령으로 정하는 기준 이상으로 포함되어 있는 경우
④ 경비원의 복장·장비 등에 대하여 내려진 필요한 명령을 이행하지 아니하는 경우

해설 ① 100분의 15 → 100분의 21(법 제18조 제3항, 영 제22조)
②·③·④ 법 제18조 제3항 제1호·제2호·제3호

정답 ①

23 형법상 일정한 범죄를 범하여 벌금형을 선고받고 5년이 지나지 아니한 자의 경우에는 집단민원현장에 일반경비원으로 배치될 수 없다. 다음 중 이에 해당하는 범죄가 아닌 것은?

① 폭행·상해죄
② 체포·감금죄
③ 협박·강요죄
④ 특수손괴죄

해설 협박·강요죄 → 특수협박죄·특수강요죄(법 제18조 제6항 제1호 참조)

정답 ③

24 다음의 (　) 안에 들어갈 죄명에 해당하는 것은?

> 경비업자는 (　)죄를 범하여 벌금형을 선고받고 5년이 지나지 아니하거나 금고 이상의 형을 선고받고 그 집행이 유예된 날부터 5년이 지나지 아니한 자를 집단민원현장에 일반경비원으로 배치하여서는 아니 된다.

① 강도강간죄
② 특수주거침입죄
③ 공갈죄
④ 업무상 과실치상죄

해설 집단민원현장 배치결격사유에 해당하는 죄명은 ②이다(법 제18조 제6항 참조).

정답 ②

25 경비업법상 경비원의 명부와 배치허가 등에 관한 설명으로 옳지 않은 것은?　　2017년 기출

① 경비업자는 행정안전부령으로 정하는 바에 따라 경비원의 명부를 작성·비치하여야 한다.
② 경비업자가 경비원의 배치를 폐지한 경우에는 관할경찰관서장에게 신고하여야 한다.
③ 경비업자는 경비원을 배치하여 경비업무를 수행하게 하는 때에는 행정안전부령으로 정하는 바에 따라 배치된 경비원의 인적사항과 배치일시·배치장소 등 근무상황을 기록하여 보관하여야 한다.
④ 경비업자는 금고 이상의 형을 선고받고 그 집행이 유예된 날로부터 5년이 지나지 아니한 자를 집단민원현장에 일반경비원으로 배치할 수 있다.

해설
① 법 제18조 제1항
② 법 제18조 제2항 본문
③ 법 제18조 제5항
④ 배치할 수 있다 → 배치하여서는 아니된다(법 제18조 제6항) ※ 논란의 여지가 있는 지문이다. 왜냐하면, 단순히 금고 이상의 형을 선고받았다고 배치결격사유에 해당하는 것이 아니라 형법상 상해·폭행죄, 체포·감금죄 등 일정한 범죄에 범하여 금고 이상의 형을 선고받은 경우에 한하여 배치결격사유에 해당하기 때문이다.

정답 ④

26 경비업법령상 관할 경찰관서장이 경비원의 배치폐지를 명할 수 있는 경우가 아닌 것은? 2014년 기출

① 경비업법상 배치허가를 필요로 하는 경우 배치허가 신청의 내용을 거짓으로 한 경우
② 경비업자가 경비업법을 위반하여 신고를 하지 아니하고 일반경비원을 배치한 경우
③ 경비원 신임교육을 이수하지 아니한 자를 경비원으로 배치한 경우
④ 형법상 사기죄로 기소된 자를 경비원으로 배치한 경우

해설 ①·②·③의 경우에는 배치폐지를 명할 수 있으나, ④의 경우에는 배치폐지를 명할 수 있는 사유에 해당하지 않는다(법 제18조 제8항 참조).

정답 ④

27 경비업법령상 관할 경찰관서장이 경비업자에 대하여 경비원 배치폐지를 명할 수 있는 경우로 명시되지 않은 것은? 2020년 기출

① 경비원의 복장·장비 등에 대하여 내려진 필요한 명령을 이행하지 아니한 때
② 경비원 명단 및 배치일시·배치장소 등 배치허가 신청의 내용을 거짓으로 한 때
③ 결격사유에 해당하는 자를 집단민원현장에 일반경비원으로 배치한 때
④ 경비업자 또는 경비원이 위력이나 흉기 또는 그 밖의 위험한 물건을 사용하여 집단적 폭력사태를 일으킨 때

해설 ① 배치불허사유에 해당한다(법 제18조 제3항 제3호).
②·③·④ 법 제18조 제8항 제1호·제2호·제4호

정답 ①

28 경비업법령상 관할 경찰관서장이 배치폐지를 명할 수 있는 경우가 아닌 것은? 2023년 기출

① 경비원 명단 및 배치일시·배치장소 등 배치허가 신청의 내용을 거짓으로 한 때
② 70세인 일반경비원을 경비업무에 종사하게 한 때
③ 상해죄(「형법」 제257조 제1항)로 벌금형을 선고받고 5년이 지나지 아니한 자를 집단민원현장에 일반경비원으로 배치한 때
④ 경비업자 또는 경비원이 위력이나 흉기 또는 그 밖의 위험한 물건을 사용하여 집단적 폭력사태를 일으킨 때

해설 ① 법 제18조 제8항 제1호
② 70세인 일반경비원은 경비업무에 종사할 수 있으므로 배치폐지 명령사유가 아니다.
③ 상해죄로 벌금형을 선고받고 5년이 지나지 아니한 자는 배치결격사유에 해당하는 자이다(법 제18조 제8항 제2호 참조).
④ 법 제18조 제8항 제4호

정답 ②

29 A경비업자는 관할 경찰관서장의 배치허가를 받은 후 집단민원현장에 시설경비업무를 수행할 일반경비원을 배치하였다. 다음 중 관할 경찰관서장이 배치폐지를 명할 수 있는 경우를 모두 고른 것은?

ㄱ. 형법상 폭행죄를 범하여 벌금형을 선고받고 3년이 지난 자를 배치한 경우
ㄴ. 「대통령 등의 경호에 관한 법률」을 위반하여 벌금형을 선고받고 5년이 지나지 아니한 자를 배치한 경우
ㄷ. 직무교육을 이수하지 아니한 자를 배치한 경우
ㄹ. 배치된 경비원을 지도·감독할 경비지도사를 선임하지 않은 경우
ㅁ. 경비업무의 범위를 벗어난 행위를 할 우려가 있는 경우

① ㄱ, ㄴ, ㄷ, ㄹ, ㅁ
② ㄱ, ㄷ, ㅁ
③ ㄴ, ㄹ
④ ㄱ

해설
ㄱ. 배치결격사유에 해당하는 자를 집단민원현장에 일반경비원으로 배치한 때에 해당하므로 배치폐지를 명할 수 있다(법 제18조 제6항 및 제8항 제2호 참조).
ㄴ. 「대통령 등의 경호에 관한 법률」을 위반하여 벌금형을 선고받은 경우는 배치결격사유에 해당하지 않으므로 배치폐지를 명할 수 있는 사유가 아니다(법 제18조 제6항 및 제8항 제2호 참조).
ㄷ. 직무교육 → 신임교육(법 제18조 제6항 제3호)
ㄹ. 배치폐지를 명할 수 있는 사유가 아니다(법 제18조 제8항 참조).
ㅁ. 배치불허가사유에 해당한다(법 제18조 제3항 제1호).

정답 ④

30 경비업법령상 배치폐지 확인증 발급에 관한 내용이다. ( ) 안에 들어갈 내용을 순서대로 나열한 것은?

(ㄱ)은 일반경비원 또는 특수경비원이나 일반경비원 또는 특수경비원으로 근무했던 사람이 요청하는 경우에는 배치폐지 또는 현재 배치여부 확인증을 (ㄴ).

① ㄱ : 경찰청장 또는 시·도경찰청장, ㄴ : 발급할 수 있다
② ㄱ : 시·도경찰청장 또는 경찰서장, ㄴ : 발급하여야 한다
③ ㄱ : 경찰청장 또는 시·도경찰청장, ㄴ : 발급하여야 한다
④ ㄱ : 시·도경찰청장 또는 경찰서장, ㄴ : 발급할 수 있다

해설 ㄱ에는 '시·도경찰청장 또는 경찰서장'이 들어가며, ㄴ에는 '발급할 수 있다'가 들어가야 한다(규칙 제24조 제6항 참조).

정답 ④

31 경비업법령상 경비원의 명부와 배치허가 등에 관한 설명으로 옳지 않은 것은? 2024년 기출

① 경비업자가 경비원의 배치를 폐지한 경우에는 행정안전부령으로 정하는 바에 따라 관할 경찰관서장에게 신고하여야 한다.
② 집단민원현장에 배치되는 특수경비원의 명부는 그 경비원이 배치되는 장소에도 작성·비치하여야 한다.
③ 경비업자는 특수경비원을 배치하는 경우에는 경비원을 배치하는 기간과 관계없이 경비원을 배치하기 전까지 경비원 배치신고서를 배치지를 관할하는 경찰관서장에게 제출해야 한다.
④ 일반경비원 배치허가를 받은 경비업자가 집단민원현장에 새로운 경비원을 배치하려는 경우에는 새로운 경비원을 배치하기 48시간 전까지 배치허가 신청서를 관할 경찰관서장에게 제출하여 허가를 받아야 한다.

해설 ① 법 제18조 제2항 본문
② 특수경비원 → 일반경비원(법 제18조 제1항 단서)
③ 규칙 제24조 제1항 단서
④ 규칙 제24조의2 제4항

정답 ②

32 경비업자 갑은 대전에 주사무소를, 전주에 출장소를 두고 대전과 전주에 각각 경비원을 배치하고 있다. 고용한 경비원의 명부를 작성·비치하여야 할 장소는? 2005년 기출

① 주사무소인 대전
② 주사무소 대전이나 출장소 전주 중 한 군데
③ 출장소인 전주
④ 주사무소 대전과 출장소 전주 두 군데

해설 경비업자는 주된 사무소 및 출장소에 경비원 명부를 작성·비치하여 두고, 이를 항상 정리하여야 한다(규칙 제23조 참조).

정답 ④

33 경비업법령상 경비원의 명부를 작성·비치하여 두어야 하는 장소가 아닌 것은? 2020년 기출

① 집단민원현장
② 관할 경찰관서
③ 주된 사무소
④ 신설 출장소

해설 경비업자는 주된 사무소, 출장소, 집단민원현장에 경비원 명부(출장소 및 집단민원현장의 경우에는 해당 장소에 배치된 경비원의 명부를 말한다)를 작성·비치하여 두고, 이를 항상 정리하여야 한다(규칙 제23조).

정답 ②

34 다음 중 경비업자가 경비원의 명부를 비치하여 두어야 할 장소에 해당하는 곳은?

① 경비협회
② 특수경비원 배치장소
③ 경비대상시설
④ 출장소

해설 경비업자는 주된 사무소, 출장소, 집단민원현장에 경비원명부를 작성·비치하여 두어야 한다(규칙 제23조).

정답 ④

35 경비업법령상 경비원의 명부와 배치 등에 관한 설명으로 옳은 것은? 2014년 기출

① 경비업자는 주된 사무소, 출장소, 집단민원현장에 경비원의 명부를 작성·비치하여 두고 이를 항상 정리해야 한다.
② 경비업자는 경비원을 배치하여 경비업무를 수행하게 하는 때에는 근무상황기록부를 작성하여 2년 동안 보관해야 한다.
③ 경비업자는 형법상 상해죄 또는 폭행죄를 범하여 벌금형을 선고받고 7년이 지나지 아니한 자를 집단민원현장에 일반경비원으로 배치하여서는 아니 된다.
④ 관할 경찰관서장은 경비원이 위력이나 흉기 또는 그 밖의 위험한 물건을 사용하여 집단적 폭력사태를 일으킨 때에는 경비업의 허가를 취소해야 한다.

해설
① 규칙 제23조
② 2년 → 1년(규칙 제24조의3)
③ 7년 → 5년(법 제18조 제6항)
④ 경비업의 허가를 취소해야 한다 → 배치폐지를 명할 수 있다(법 제18조 제8항 제4호)

정답 ①

36 경비업법령상 경비원 명부 등에 관한 설명으로 옳지 않은 것은? 2018년 기출

① 경비업자는 배치되는 일반경비원의 명부를 그 경비원이 배치되는 모든 장소에 작성·비치하여야 한다.
② 경비업자는 경비원의 근무상황기록부를 1년 동안 보관하여야 한다.
③ 관할 경찰관서장은 시설주의 신청에 의하여 특수경비원이 배치된 국가중요시설 등에 경비전화를 가설할 수 있다.
④ 경비전화를 가설하는 경우의 소요경비는 시설주의 부담으로 한다.

해설
① 경비업자는 주된 사무소, 출장소, 집단민원현장에 경비원 명부를 작성·비치하여야 한다(규칙 제23조 참조).
② 규칙 제24조의3 제2항
③·④ 규칙 제25조 제1항·제2항

정답 ①

37 경비업법령상 특수경비원을 배치한 시설주가 갖추어 두어야 할 장부 또는 서류가 아닌 것은?

2008년 기출

① 근무일지
② 감독순시부
③ 순찰표철
④ 경비구역배치도

해설 감독순시부는 관할경찰관서장이 갖추어 두어야 한다(규칙 제26조 제2항 제1호).

정답 ②

38 경비업법령상 특수경비원을 배치한 시설주가 갖추어 두어야 할 장부 또는 서류인 것은?

2010년 기출

① 무기·탄약대여대장
② 교육훈련실시부
③ 전·출입관계철
④ 무기탄약출납부

해설 ①·②·③은 관할경찰관서장이 갖추어 두어야 하며, ④는 시설주가 갖추어 두어야 한다(규칙 제26조 참조).

정답 ④

39 경비업법령상 특수경비원을 배치한 시설주가 갖추어 두어야 할 장부 및 서류가 아닌 것은?

2011년 기출

① 무기탄약출납부
② 무기장비운영카드
③ 경비구역배치도
④ 특수경비원 교육훈련실시부

해설 특수경비원 교육훈련실시부는 관할경찰관서장이 갖추어 두어야 한다(규칙 제26조 제2항 제3호).

정답 ④

40 경비업법령상 특수경비원을 배치한 시설주가 갖추어 두어야 할 장부 및 서류에 해당하지 않는 것은?

2012년 기출

① 경비구역배치도
② 특수경비원 전·출입관계철
③ 무기탄약출납부
④ 근무상황카드

해설 특수경비원 전·출입관계철은 관할경찰관서장이 갖추어 두어야 한다(규칙 제26조 제2항 제2호).

정답 ②

41 경비업법령상 특수경비원을 배치한 시설주가 갖추어 두어야 하는 장부 또는 서류에 해당하지 않는 것은?
2014년 기출

① 근무일지
② 무기·탄약대여대장
③ 순찰표철
④ 경비구역배치도

해설 무기·탄약대여대장은 관할경찰관서장이 갖추어 두어야 한다(규칙 제26조 제2항 제4호).

정답 ②

42 경비업법령상 특수경비원을 배치한 시설주가 갖추어 두어야 할 장부 및 서류로 옳지 않은 것은?
2017년 기출

① 감독순시부
② 순찰표철
③ 근무상황카드
④ 무기장비운영카드

해설 ① 관할경찰관서장이 갖추어 두어야 할 장부 및 서류에 해당한다(규칙 제26조 제2항).
②·③·④ 시설주가 갖추어 두어야 할 장부 및 서류에 해당한다(규칙 제26조 제1항).

정답 ①

제4절 경비원의 복장·장비·출동차량

01 경비업법령상 경비원의 복장 및 장비에 관한 설명으로 옳지 않은 것은? 2011년 기출

① 경비원의 복장은 경찰공무원 또는 군인의 제복과 색상 및 디자인 등과 명확히 구별될 수 있어야 한다.
② 경비업자는 소속 경비원의 복장을 정하고 이를 확인할 수 있는 사진을 첨부하여 주된 사무소를 관할하는 시·도경찰청장에게 신고하여야 한다.
③ 경비업자는 경비업무의 성격상 부득이한 사유가 있어 관할 경찰관서장이 허용하는 경우에는 경비원에게 신고된 복장과 다른 복장을 착용하게 할 수 있다.
④ 경비업자가 경비원으로 하여금 분사기를 휴대하여 직무를 수행하게 하는 경우에는 총포·도검·화약류 등 단속법에 따라 신고하여야 한다.

> **해설** ①·② 법 제16조 제1항
> ③ 법 제16조 제2항
> ④ 신고하여야 한다 → 미리 소지허가를 받아야 한다(법 제16조의2 제2항)

정답 ④

02 경비업법령상 경비원의 복장·장비 등에 관한 설명으로 옳지 않은 것은? 2014년 기출

① 경비원은 근무 중 경비업무 수행에 필요한 것으로서 공격적인 용도로 제작된 장비를 휴대할 수 있다.
② 경비업자가 경비원으로 하여금 분사기를 휴대하여 직무를 수행하게 하는 경우에는 총포·도검·화약류 등 단속법에 따라 미리 분사기의 소지허가를 받아야 한다.
③ 경비원은 경비업무 수행 시 이름표를 경비원 복장의 상의 가슴 부위에 부착하여 경비원의 이름을 외부에서 알아볼 수 있도록 해야 한다.
④ 경비업자는 출동차량 등의 도색 및 표지를 정하고 이를 확인할 수 있는 사진을 첨부하여 운행하기 전에 주된 사무소를 관할하는 시·도경찰청장에게 신고해야 한다.

> **해설** ① 경비원은 근무 중 경비업무 수행에 필요한 것으로서 공격적인 용도로 제작되지 아니하는 장비를 휴대할 수 있다(규칙 제20조 제1항).
> ② 법 제16조의2 제2항
> ③ 규칙 제19조 제4항
> ④ 법 제16조의3 제2항, 규칙 제21조 제1항

정답 ①

03 경비업법령상 경비원의 장비 및 출동차량 등에 관한 설명으로 옳은 것은?   2014년 기출

① 경비원이 휴대할 수 있는 장비는 근무 외에도 휴대할 수 있다.
② 경비원은 시·도경찰청장의 허가를 받아 장비를 임의로 개조하여 통상의 용법과 달리 사용할 수 있다.
③ 경비원이 사용하는 방검복의 경우는 경찰공무원이 사용하는 방검복과 그 디자인이 구분될 필요가 없다.
④ 시·도경찰청장은 경비업자로부터 제출받은 출동차량 등의 사진을 검토한 후 경비업자에게 그 도색 및 표지 변경 등에 대한 시정명령을 할 수 있다.

해설
① 경비원이 휴대할 수 있는 장비는 근무 중에만 이를 휴대할 수 있다(법 제16조의2 제1항).
② 누구든지 장비를 임의로 개조하여 통상의 용법과 달리 사용함으로써 다른 사람의 생명·신체에 위해를 가하여서는 아니된다(법 제16조의2 제3항).
③ 방검복의 경우는 경찰공무원이 사용하는 방검복과 그 디자인이 명확히 구분되어야 한다(규칙 제20조 제2항 별표5).
④ 법 제16조의3 제3항

정답 ④

04 경비업법령상 경비원의 복장·장비 등에 관한 설명으로 옳지 않은 것은?   2015년 기출

① 경비업자는 경찰공무원 또는 군인의 제복과 색상 및 디자인 등이 명확히 구별되는 소속 경비원의 복장을 정하여 주된 사무소를 관할하는 경찰서장에게 신고하여야 한다.
② 경비원은 근무 중 경적, 단봉, 분사기, 안전방패, 무전기 및 그 밖에 경비업무 수행에 필요한 것으로서 공격적인 용도로 제작되지 아니한 장비를 휴대할 수 있다.
③ 경비업자가 경비원으로 하여금 분사기를 휴대하여 직무를 수행하게 하는 경우에는 「총포·도검·화약류 등 단속법」에 따라 미리 분사기의 소지허가를 받아야 한다.
④ 장비를 임의로 개조하여 통상의 용법과 달리 사용함으로써 다른 사람의 생명·신체에 위해를 가하여서는 아니 된다.

해설
① 경찰서장 → 시·도경찰청장(법 제16조 제1항)
②·③·④ 법 제16조의2 제1항·제2항·제3항

정답 ①

05 경비업법령상 경비원의 복장에 관한 내용이다. ( )에 들어갈 내용이 바르게 연결된 것은?   2019년 기출

> 경비업자는 경찰공무원 또는 군인의 제복과 색상 및 디자인 등이 명확히 구별되는 소속 경비원의 복장을 정하고 이를 확인할 수 있는 사진을 첨부하여 주된 사무소를 관할하는 (ㄱ)에게 행정안전부령으로 정하는 바에 따라 신고하여야 한다. (ㄱ)은 제출받은 사진을 검토한 후 경비업자에게 복장 변경 등에 대한 (ㄴ)을 할 수 있다.

① ㄱ: 경찰서장, ㄴ: 시정명령
② ㄱ: 경찰서장, ㄴ: 이행명령
③ ㄱ: 시·도경찰청장, ㄴ: 이행명령
④ ㄱ: 시·도경찰청장, ㄴ: 시정명령

해설 ㄱ은 시·도경찰청장, ㄴ은 시정명령이다(법 제16조 제1항·제3항 참조).

정답 ④

06 경비업법령상 경비원의 장비 등에 관한 설명으로 옳지 않은 것은? 2016년 기출

① 경비원이 휴대할 수 있는 장비의 종류는 경적·단봉·분사기 등 대통령령으로 정하되, 근무시간 이외에도 이를 휴대할 수 있다.
② 경비업자가 경비원으로 하여금 분사기를 휴대하여 직무를 수행하게 하는 경우에는 총포·도검·화약류 등 단속법에 따라 미리 분사기의 소지허가를 받아야 한다.
③ 누구든지 경비원의 장비를 임의로 개조하여 통상의 용법과 달리 사용함으로써 다른 사람의 생명·신체에 위해를 가하여서는 아니 된다.
④ 경비원은 경비업무를 위하여 필요하다고 인정되는 상당한 이유가 있을 때에는 필요한 최소한도에서 경비원의 장비를 사용할 수 있다.

해설 ① 경비원이 휴대할 수 있는 장비의 종류는 경적·단봉·분사기 등 행정안전부령으로 정하되, 근무 중에만 이를 휴대할 수 있다(법 제16조의2 제1항).
②·③·④ 법 제16조의2 제2항·제3항·제4항

정답 ①

07 경비업법령상 경비원의 복장 및 장비 등에 관한 설명으로 옳은 것은? 2018년 기출

① 경비원은 근무 중 경비업무 수행에 필요한 것으로서 공격적인 용도로 제작되지 아니하는 장비를 휴대할 수 있다.
② 경비업자는 경비업무 수행상 필요한 경우 경비원에게 소속 경비업체를 표시한 이름표를 부착하도록 할 수 있다.
③ 집단민원현장에서 신변보호업무를 수행하는 경우에 경비업자는 신고된 동일한 복장과 다른 복장을 경비원에게 착용하게 할 수 있다.
④ 경비업무 수행시 경비원의 이름표는 경비업자가 지정한 부위에 부착하여야 한다.

해설 ① 규칙 제20조 제1항
② 경비업자는 경비업무 수행 시 경비원에게 소속 경비업체를 표시한 이름표를 부착하도록 하여야 한다(법 제16조 제2항 본문).
③ 집단민원현장이 "아닌 곳"에서 신변보호업무를 수행하는 경우에 경비업자는 신고된 동일한 복장과 다른 복장을 경비원에게 착용하게 할 수 있다(법 제16조 제2항 단서 참조).
④ 경비원은 경비업무 수행 시 이름표를 경비원 복장의 상의 가슴 부위에 부착하여 경비원의 이름을 외부에서 알아볼 수 있도록 하여야 한다(규칙 제19조 제4항).

정답 ①

08 경비업법령상 경비업자가 경비원으로 하여금 직무를 수행하게 하는 경우, 총포·도검·화약류 등의 안전관리에 관한 법률(총포·도검·화약류 등 단속법)에 따라 미리 소지허가를 받아야 하는 것은? 2019년 기출

① 경적
② 단봉
③ 분사기
④ 안전방패

해설 경비업자가 경비원으로 하여금 분사기를 휴대하여 직무를 수행하게 하는 경우에는 「총포·도검·화약류 등 단속법」에 따라 미리 분사기의 소지허가를 받아야 한다(법 제16조의2 제2항).

정답 ③

09 경비업법령상 경비원의 복장, 장비, 출동차량 등에 관한 설명으로 옳지 않은 것은? 2021년 기출

① 경비원은 근무 중 경적, 단봉, 분사기 등 장비를 휴대할 수 있다.
② 경비업자는 경비업무 수행 시 경비원에게 소속 경비업체를 표시한 이름표를 부착하도록 하여야 한다.
③ 집단민원현장에서 신변보호업무를 수행하는 경우에는 동일한 복장을 착용하지 아니할 수 있다.
④ 경비업자는 출동차량 등의 도색 및 표지를 경찰차량 및 군차량과 명확히 구별될 수 있게 하여야 한다.

해설
① 법 제16조의2 제1항
② 법 제16조 제2항
③ 집단민원현장에서 → 집단민원현장이 아닌 곳에서(법 제16조 제2항)
④ 법 제16조의3 제1항

정답 ③

10 경비업법령상 경비원의 복장과 장비에 관한 설명으로 옳지 않은 것은? 2022년 기출

① 경비업자는 경찰공무원 또는 군인의 제복과 색상 및 디자인 등이 명확히 구별되는 소속 경비원의 복장을 정하여야 한다.
② 경비업자는 집단민원현장이 아닌 곳에서 신변보호업무를 수행하는 경비원에게도 소속 경비업체를 표시한 이름표를 부착하도록 해야 한다.
③ 누구든지 경비원이 휴대할 수 있는 장비를 임의로 개조하여 통상의 용법과 달리 사용함으로써 다른 사람의 생명·신체에 위해를 가하여서는 아니 된다.
④ 경비원은 경비업무를 위하여 필요하다고 인정되는 상당한 이유가 있을 때에는 필요한 최소한도에서 경비업법령에서 정한 장비를 사용할 수 있다.

해설 ① 법 제16조 제1항
② 경비업자는 집단민원현장이 아닌 곳에서 신변보호업무를 수행하는 경비원에게는 소속 경비업체를 표시한 이름표를 부착하지 아니할 수 있다(법 제16조 제2항 단서).
③ 법 제16조의2 제3항
④ 법 제16조의2 제4항

정답 ②

11 경비업법령상 경비원의 복장·장비 등에 관한 설명으로 옳지 않은 것은? 2023년 기출

① 경비원은 근무 중 경비업무 수행에 필요한 것으로서 공격적인 용도로 제작된 장비를 휴대할 수 있다.
② 경비업자는 출동차량 등의 도색 및 표지를 정하고 이를 확인할 수 있는 사진을 첨부하여 주된 사무소를 관할하는 시·도경찰청장에게 행정안전부령으로 정하는 바에 따라 신고하여야 한다.
③ 경비원이 휴대할 수 있는 장비의 종류는 경적·단봉·분사기 등 행정안전부령으로 정하되, 근무 중에만 이를 휴대할 수 있다.
④ 누구든지 장비를 임의로 개조하여 통상의 용법과 달리 사용함으로써 다른 사람의 생명·신체에 위해를 가하여서는 아니 된다.

해설 ① 제작된 → 제작되지 아니하는(규칙 제20조 제1항)
② 법 제16조의3 제2항
③·④ 법 제16조의2 제1항·제3항

정답 ①

12 경비업법령상 경비원의 복장 등에 관한 설명으로 옳지 않은 것은? 2024년 기출

① 경비업자는 경찰공무원 또는 군인의 제복과 색상 및 디자인 등이 명확히 구별되는 소속 경비원의 복장을 정하고 이를 확인할 수 있는 사진을 첨부하여 주된 사무소를 관할하는 경찰서장을 거쳐 경찰청장에게 신고하여야 한다.
② 경비원은 경비업무 수행 시 이름표를 경비원 복장의 상의 가슴 부위에 부착하여 경비원의 이름을 외부에서 알아볼 수 있도록 하여야 한다.
③ 경비업자는 집단민원현장이 아닌 곳에서 신변보호업무를 수행하는 경우에는 신고된 복장과 다른 복장을 경비원에게 착용하게 할 수 있다.
④ 복장 변경 등에 대한 시정명령을 받은 경비업자는 이를 이행하여야 한다.

해설 ① 주된 사무소를 관할하는 시·도경찰청장에게 신고하여야 한다(법 제16조 제1항). 다만, 경비업자는 복장 등 신고서를 주된 사무소를 관할하는 시·도경찰청 소속 경찰서장을 거쳐 제출할 수 있다(규칙 제19조 제3항).
② 규칙 제19조 제4항
③ 법 제16조 제2항 단서
④ 법 제16조 제4항

정답 ①

13 경비업법령상 경비원의 장비 및 출동차량 등에 관한 설명으로 옳지 않은 것은? 2024년 기출

① 경비업자가 경비원으로 하여금 분사기를 휴대하여 직무를 수행하게 하는 경우에는 「총포·도검·화약류 등 단속법」에 따라 미리 분사기의 소지허가를 받아야 한다.
② 경비원은 근무 중 경적, 단봉, 분사기, 안전방패, 무전기 및 그 밖에 경비 업무 수행에 필요한 것으로서 공격적인 용도로 제작되지 아니하는 장비를 휴대할 수 있다.
③ 경비업자는 출동차량 등의 도색 및 표지를 경찰차량 및 군차량과 명확히 구별될 수 있게 하여야 한다.
④ 경비원이 휴대할 수 있는 장비의 종류는 경적·단봉·분사기 등 행정안전부령으로 정하되, 근무 중에는 물론 근무 후에도 이를 휴대할 수 있다.

해설
① 법 제16조의2 제2항
② 규칙 제20조 제1항
③ 법 제16조의3 제1항
④ 근무 중에만 휴대할 수 있다(법 제16조의2 제1항).

 ④

14 경비업법령상 경비원의 휴대장비의 구체적 기준으로 옳지 않은 것은? 2020년 기출

① 경적 : 금속이나 플라스틱 재질의 호루라기
② 단봉 : 금속(합금 포함)이나 플라스틱 재질의 전장 700mm 이하의 호신용 봉
③ 분사기 : 「경찰관 직무집행법」에 따른 분사기
④ 안전방패 : 플라스틱 재질의 폭 500mm 이하, 길이 1,000mm 이하의 방패로 경찰공무원이 사용하는 안전방패와 색상 및 디자인이 명확히 구분되어야 함

해설 「총포·도검·화약류 등의 안전관리에 관한 법률」에 따른 분사기이다(규칙 제20조 제2항, 별표5 참조).

 ③

15 경비업법령상 경비원 휴대장비의 구체적인 기준으로 옳은 것은?

① 단봉 – 나무나 플라스틱 재질의 전장 700mm 이하의 호신용 봉
② 안전방패 – 플라스틱 재질의 폭 500mm 이하, 길이 1,200mm 이하의 방패로 경찰공무원이 사용하는 안전방패와 색상 및 디자인이 명확히 구분되어야 함
③ 안전모 – 얼굴을 가리면서, 머리를 보호하는 장비로 경찰공무원이 사용하는 방석모와 색상 및 디자인이 명확히 구분되어야 함
④ 무전기 – 무전기 송신 시 실시간으로 수신이 가능한 것

해설 규칙 제20조 제2항 별표5 참조
① 나무나 플라스틱 재질 → 금속(합금 포함)이나 플라스틱 재질
② 1,200m → 1,000m
③ 얼굴을 가리면서 → 얼굴을 가리지 아니하면서

정답 ④

16 경비업법령상 경비원 휴대장비 중 경찰공무원이 사용하는 것과 색상 및 디자인이 명확히 구분될 필요가 없는 것은?

① 단봉
② 안전방패
③ 안전모
④ 방검복

해설 ②·③·④는 경찰공무원이 사용하는 것과 색상 및 디자인이 명확히 구분되어야 한다(규칙 제20조 제2항 별표5).

정답 ①

17 경비업법령상 출동차량에 관한 내용이다. ( )에 들어갈 내용으로 옳은 것은? 2022년 기출

> 경비업자는 출동차량 등의 도색 및 표지를 (ㄱ)차량 및 (ㄴ)차량과 명확히 구별될 수 있게 하여야 한다.

① ㄱ : 소방, ㄴ : 군
② ㄱ : 소방, ㄴ : 구급
③ ㄱ : 경찰, ㄴ : 군
④ ㄱ : 경찰, ㄴ : 구급

해설 ㄱ에는 경찰, ㄴ에는 군이 들어간다(법 제16조의3 제1항 참조).

정답 ③

18 경비업법령상 출동차량 등에 대한 설명으로 옳은 것은?

① 경비업자는 출동차량 등의 도색 및 표지를 경찰차량 및 소방차량과 명확히 구별될 수 있게 하여야 한다.
② 경비업자는 출동차량 등의 도색 및 표지를 정하고 이를 확인할 수 있는 사진을 첨부하여 주된 사무소를 관할하는 시·도경찰청장의 허가를 받아야 한다.
③ 출동차량 등에 대한 신고를 하려는 경비업자는 출동차량 등을 운행하기 7일 전에 출동차량 등 신고서를 경비업자의 주된 사무소를 관할하는 시·도경찰청장에게 제출하여야 한다.
④ 시·도경찰청장은 제출받은 출동차량 등의 사진을 검토한 후 경비업자에게 도색 및 표지 변경 등에 대한 시정명령을 할 수 있으며, 시정명령을 받은 경비업자는 이를 이행하여야 한다.

해설 ① 소방차량 → 군차량(법 제16조의3 제1항)
② 시·도경찰청장에게 신고하여야 한다(법 제16조의3 제2항).
③ 운행하기 7일 전에 → 운행하기 전에(규칙 제21조 제1항).
④ 법 제16조의3 제3항·제4항

정답 ④

제5절 특수경비원의 직무 및 무기

01 경비업법상 특수경비원의 직무 및 무기사용에 대한 설명으로 틀린 것은? 2006년 기출

① 특수경비업자는 특수경비원으로 하여금 배치된 경비구역 안에서 관할 경찰서장 등 국가중요시설의 경비책임자의 감독을 받아 시설을 경비하고 도난·화재 그 밖의 위험의 발생을 방지하는 업무를 수행하게 하여야 한다.
② 특수경비원은 국가중요시설에 대한 경비업무 수행 중 국가중요시설의 정상적인 운영을 해치는 장해를 일으켜서는 아니된다.
③ 관할경찰서장은 국가중요시설에 대한 경비업무의 수행을 위하여 필요하다고 인정하는 때에는 특수경비원의 신청에 의하여 무기를 구입한다.
④ 시·도경찰청장은 국가중요시설에 대한 경비업무의 수행을 위하여 필요하다고 인정하는 때에는 관할경찰관서장으로 하여금 시설주의 신청에 의하여 시설주로부터 국가에 기부 채납된 무기를 대여하게 하고, 시설주는 이를 특수경비원으로 하여금 휴대하게 할 수 있다.

해설
① 법 제14조 제1항
② 법 제14조 제2항
③ '시·도경찰청장'은 국가중요시설에 대한 경비업무의 수행을 위하여 필요하다고 인정하는 때에는 '시설주'의 신청에 의하여 무기를 구입한다(법 제14조 제3항).
④ 법 제14조 제4항

정답 ③

02 경비업법령상 (   )에 공통으로 들어갈 용어는? 2008년 기출

> 시·도경찰청장은 국가중요시설에 대한 경비업무의 수행을 위하여 필요하다고 인정되는 때에는 (   )의 신청에 의하여 무기를 구입한다. 이 경우 (   )는 그 무기의 구입대금을 지불하고, 구입한 무기를 국가에 기부채납하여야 한다.

① 시설주
② 경비업자
③ 관할경찰서장
④ 특수경비원

해설 시설주의 신청에 의하여 무기를 구입하고 시설주가 무기의 구입대금을 지불한다(법 제14조 제3항 참조).

정답 ①

03 경비업법령상 특수경비원의 직무 및 무기사용에 관한 설명으로 옳지 않은 것은? 2012년 기출

① 특수경비업자는 특수경비원으로 하여금 배치된 경비구역 안에서 관할 경찰관서장과 국가중요시설의 시설주의 감독을 받아 시설을 경비한다.
② 경비업자의 신청에 의하여 시·도경찰청장이 무기를 구입한 경우, 경비업자는 그 무기의 구입대금을 지불하고, 구입한 무기를 국가에 기부채납하여야 한다.
③ 특수경비원이 휴대할 수 있는 무기종류는 권총 및 소총으로 한다.
④ 관할경찰관서장은 시설주 및 특수경비원의 무기관리상황을 매월 1회 이상 점검하여야 한다.

해설
① 법 제14조 제1항
② 시·도경찰청장은 국가중요시설에 대한 경비업무의 수행을 위하여 필요하다고 인정하는 때에는 '시설주'의 신청에 의하여 무기를 구입한다. 이 경우 '시설주'는 그 무기의 구입대금을 지불하고, 구입한 무기를 국가에 기부채납하여야 한다(법 제14조 제3항).
③ 영 제20조 제5항
④ 영 제21조

 ②

04 경비업법령상 관할 경찰관서장의 직무를 설명하고 있는 것이 아닌 것은? 2013년 기출

① 경비업자가 규정을 위반하여 신고를 하지 아니하고 일반경비원을 배치한 경우에 배치폐지를 명할 수 있다.
② 경비원이 결격사유에 해당하게 된 사실을 알게 된 때에는 경비업자에게 그 사실을 통보해야 한다.
③ 무기의 적정한 관리를 위하여 무기를 대여받은 시설주에 대하여 필요한 명령을 발할 수 있다.
④ 국가중요시설에 대한 경비업무의 수행을 위하여 필요하다고 인정하는 때에는 시설주의 신청에 의하여 무기를 구입한다.

해설
① 법 제18조 제8항 제1호
② 법 제17조 제4항
③ 법 제14조 제6항
④ 시·도경찰청장은 국가중요시설에 대한 경비업무의 수행을 위하여 필요하다고 인정하는 때에는 시설주의 신청에 의하여 무기를 구입한다(법 제14조 제3항). 즉, 시·도경찰청장의 직무이다.

 ④

05 경비업법상 특수경비원의 무기사용 등에 관한 설명으로 옳지 않은 것은? 2017년 기출

① 특수경비원은 경비업무 수행 중 국가중요시설의 정상적인 운영을 해치는 장해를 일으켜서는 안된다.
② 특수경비원의 무기휴대, 무기종류, 그 사용기준 등에 관한 필요한 사항은 대통령령으로 정한다.
③ 시·도경찰청장은 무기의 적정한 관리를 위하여 무기를 대여받은 시설주에 대하여 필요한 명령을 발할 수 있다.
④ 시·도경찰청장은 국가중요시설에 대한 경비업무의 수행을 위하여 필요하다고 인정하는 때에는 시설주의 신청에 의하여 무기를 구입한다.

해설 ① 법 제14조 제2항
② 법 제14조 제9항
③ 시·도경찰청장 → 관할 경찰관서장(법 제14조 제6항)
④ 법 제14조 제3항

 ③

06 특수경비원의 무기휴대 및 사용에 대한 설명 중 잘못된 것은? 2004년 기출

① 무기휴대는 관할 경찰관서장의 사전승인을 얻어야 한다.
② 관할경찰관서장은 시설주 및 특수경비원의 무기관리상황을 매월 1회 이상 점검해야 한다.
③ 어떠한 경우라도 14세 미만의 자나 임산부에 대해서는 무기를 사용할 수 없다.
④ 무기란 인명 또는 신체에 위해를 가할 수 있도록 제작된 권총·소총 등을 말한다.

해설 ① 영 제20조 제2항
② 영 제21조
③ 특수경비원은 총기 또는 폭발물을 가지고 대항하는 경우에는 14세 미만의 자 또는 임산부에 대하여는 권총 또는 소총을 사용할 수 있다(법 제15조 제4항 제3호).
④ 법 제2조 제4호

 ③

07 경비업법령상 무기의 휴대 및 사용에 관한 설명으로 옳은 것은? 2012년 기출

① 일반경비원과 특수경비원은 권총을 휴대할 수 있다.
② 관할경찰관서장으로부터 대여받은 무기를 특수경비원에게 휴대하게 하는 경우 시설주는 관할경찰관서장의 사후승인을 얻어야 한다.
③ 시·도경찰청장은 국가중요시설에 대한 경비업무의 수행을 위하여 필요하다고 인정하는 때에는 시설주의 신청에 의하여 무기를 구입하고, 그 구입대금은 시설주가 지불한다.
④ 관할경찰관서장은 무기지급의 필요성이 해소되었다고 인정되는 때에는 특수경비원으로부터 즉시 무기를 회수하여야 한다.

해설 ① 일반경비원은 권총을 휴대할 수 없다(법 제14조 제4항, 영 제20조 제5항 참조).
② 사후승인 → 사전승인(영 제20조 제2항)
③ 법 제14조 제3항
④ 관할경찰관서장은 → 시설주는(영 제20조 제4항)

정답 ③

08 다음 중 특수경비원 무기의 안전검사기준으로 옳지 않은 것은?

① 총열의 균열 유무를 검사한다.
② 방아쇠를 당길 수 있는 힘이 1킬로그램 이상인지 여부를 검사한다.
③ 안전장치의 작동 여부를 검사한다.
④ 검사는 매월 1회 실시하여야 한다.

해설 ①·②·③ 영 제20조 제6항, 위해성 경찰장비의 사용기준 등에 관한 규정 제18조 참조
④ 매월 → 연간(영 제20조 제6항 등 참조)

정답 ④

09 다음 (A), (B)에 들어갈 말은? 2005년 기출

> 시설주가 관할 경찰관서장으로부터 대여받은 무기에 대하여 (A)는(은) 무기의 관리책임을 지고, (B)은 시설주 및 특수경비원의 무기관리상황을 대통령령이 정하는 바에 따라 지도·감독하여야 한다.

① A : 시설주 및 관할 경찰관서장   B : 관할 경찰관서장
② A : 시·도경찰청장   B : 관할 경찰관서장
③ A : 관할 경찰관서장   B : 시·도경찰청장
④ A : 시설주   B : 관할 경찰관서장

해설 '시설주 및 관할 경찰관서장'은 무기관리책임을 지고, '관할 경찰관서장'은 시설주 및 특수경비원의 무기관리상황을 지도·감독하여야 한다(법 제14조 제5항).

정답 ①

10 경비업법령상 특수경비원의 직무 및 무기사용에 관한 설명으로 옳지 않은 것은? 2015년 기출

① 관할 경찰서장은 경비업자 및 특수경비원의 무기관리상황을 수시로 점검하여야 한다.
② 관할 경찰관서장은 무기의 적정한 관리를 위하여 무기를 대여받은 시설주에 대하여 필요한 명령을 발할 수 있다.
③ 특수경비원은 국가중요시설의 경비를 위하여 무기를 사용하지 아니하고는 다른 수단이 없다고 인정되는 때에는 필요한 한도안에서 무기를 사용할 수 있다.
④ 시·도경찰청장은 국가중요시설에 대한 경비업무의 수행을 위하여 필요하다고 인정하는 때에는 관할경찰관서장으로 하여금 시설주의 신청에 의하여 시설주로부터 국가에 기부채납된 무기를 대여하게 할 수 있다.

해설 ① 경비업자 → 시설주 / 수시로 → 매월 1회 이상(영 제21조)
②·③·④ 법 제14조 제6항·제8항·제4항

정답 ①

11. 경비업법령상 특수경비원의 직무 및 무기사용에 대한 설명 중 틀린 것은? 2007년 기출

① 시설주가 대여받은 무기에 대하여 시설주 및 관할 경찰관서장은 무기의 관리책임을 지고, 관할 경찰관서장은 시설주 및 특수경비원의 무기관리상황을 대통령령이 정하는 바에 따라 지도·감독하여야 한다.
② 관할 경찰관서장은 무기의 적정한 관리를 위하여 규정에 의하여 무기를 대여받은 시설주에 대하여 필요한 명령을 발할 수 있다.
③ 시설주로부터 무기의 관리를 위하여 지정받은 책임자는 무기출납부 및 무기장비운영카드를 비치·기록하여야 한다.
④ 시설주로부터 무기의 관리를 위하여 지정받은 관리책임자가 무기를 직접 지급·회수하여서는 아니된다.

해설 ①·②·③ 법 제14조 제5항·제6항·제7항
④ 시설주로부터 무기의 관리를 위하여 지정받은 관리책임자가 무기를 직접 지급·회수하여야 한다(법 제14조 제7항 제2호).

정답 ④

12. 경비업법령상 특수경비원의 직무 및 무기사용 등에 관한 설명으로 옳은 것은? 2018년 기출

① 무기는 관리책임자가 직접 지급·회수하여야 한다.
② 시·도경찰청장은 필요한 경우에 관할경찰관서장의 신청에 의하여 시설주로부터 국가에 기부채납된 무기를 대여하게 할 수 있다.
③ 관할경찰관서장은 무기지급의 필요성이 해소되었다고 인정되는 때에는 특수경비원으로부터 즉시 무기를 회수하여야 한다.
④ 국가중요시설에 대한 경비업무의 수행을 위하여 필요한 경우에 시설주는 경찰청장의 승인에 의하여 무기를 구입한다.

해설 ① 법 제14조 제7항 제2호
② 관할경찰관서장의 신청 → 시설주의 신청(법 제14조 제4항)
③ 관할경찰관서장은 → 시설주는(영 제20조 제4항)
④ 시·도경찰청장은 국가중요시설에 대한 경비업무의 수행을 위하여 필요하다고 인정하는 때에는 시설주의 신청에 의하여 무기를 구입한다(법 제14조 제3항).

정답 ①

13 경비업법령상 특수경비원의 직무 및 무기사용 등에 관한 설명으로 옳은 것은?

2021년 기출

① 시·도경찰청장은 국가중요시설에 대한 경비업무의 수행을 위하여 필요하다고 인정하는 때에는 경비업자의 신청에 의하여 무기를 구입한다.
② 시설주가 대여받은 무기에 대하여 시설주 및 관할 경찰관서장은 무기의 관리책임을 지고, 관할 경찰관서장은 시설주 및 특수경비원의 무기관리상황을 대통령령이 정하는 바에 따라 지도·감독하여야 한다.
③ 시설주는 무기지급의 필요성이 해소되었다고 인정되는 때에는 특수경비원으로부터 24시간 이내에 무기를 회수하여야 한다.
④ 관할 경찰관서장은 시설주 및 특수경비원의 무기관리상황을 매주 1회 이상 점검하여야 한다.

해설
① 경비업자의 → 시설주의(법 제14조 제3항)
② 법 제14조 제5항
③ 24시간 이내에 → 즉시(영 제20조 제4항)
④ 매주 → 매월(영 제21조)

정답 ②

14 경비업법령상 특수경비원이 사람을 향하여 권총을 발사하고자 하는 때에는 미리 구두 또는 공포탄에 의한 사격으로 상대방에게 경고해야하나, 부득이하게 경고하지 아니할 수 있는 경우에 해당하지 않는 것은?

2007년 기출

① 특수경비원을 급습하는 경우
② 민간시설에 침입하는 경우
③ 인질·간첩 또는 테러사건에 있어서 은밀히 작전을 수행하는 경우
④ 타인의 생명·신체에 대한 중대한 위험을 야기하는 범행이 목전에서 실행되고 있는 경우

해설 특수경비원은 사람을 향하여 권총 또는 소총을 발사하고자 하는 때에는 미리 구두 또는 공포탄에 의한 사격으로 상대방에게 경고하여야 한다. 다만, 다음에 해당하는 경우로서 부득이한 때에는 경고하지 아니할 수 있다(법 제15조 제4항 제1호).
㉠ 특수경비원을 급습하거나 타인의 생명·신체에 대한 중대한 위험을 야기하는 범행이 목전에 실행되고 있는 등 상황이 급박하여 경고할 시간적 여유가 없는 경우
㉡ 인질·간첩 또는 테러사건에 있어서 은밀히 작전을 수행하는 경우

정답 ②

15 경비업법령상 특수경비원이 경고하지 아니하고 사람을 향하여 권총을 발사할 수 있는 부득이한 때가 아닌 것은?

2019년 기출

① 특수경비원이 급습을 받아 상황이 급박하여 경고할 시간적 여유가 없는 경우
② 타인의 생명·신체에 대한 중대한 위험을 야기하는 범행이 목전에 실행되고 있는 등 상황이 급박하여 경고할 시간적 여유가 없는 경우
③ 경비업무 수행 중 절도범과 마주친 경우
④ 테러사건에 있어서 은밀히 작전을 수행하는 경우

해설 ③은 경고하지 아니하고 권총을 발사할 수 있는 경우에 해당하지 않는다(법 제15조 제4항 제1호 참조).

정답 ③

16 경비업법령상 특수경비원의 무기 안전사용수칙에 대한 설명으로 옳지 않은 것은? 2009년 기출

① 특수경비원은 사람을 향하여 권총 또는 소총을 발사하고자 하는 때에는 원칙적으로 미리 구두 또는 공포탄에 의한 사격으로 상대방에게 경고하여야 한다.
② 특수경비원은 무기를 사용하는 경우에 있어서 원칙적으로 범죄와 무관한 다중의 생명·신체에 위해를 가할 우려가 있는 때에는 사용하여서는 아니된다.
③ 인질·간첩 또는 테러사건에 있어서 은밀히 작전을 수행하는 경우에는 미리 구두 또는 공포탄에 의한 사격 없이 권총 또는 소총을 발사할 수 있다.
④ 타인 또는 특수경비원의 생명·신체에 대한 중대한 위협이 발생한 경우에는 언제든지 권총 또는 소총을 발사할 수 있다.

해설 ①·②·③ 법 제15조 제4항 제1호·제2호
④ 특수경비원을 급습하거나 타인의 생명·신체에 대한 중대한 위험을 야기하는 범행이 목전에 실행되고 있는 등 상황이 급박하여 경고할 시간적 여유가 없는 경우에 경고 없이 권총 또는 소총을 발사할 수 있다(법 제15조 제4항 제1호 가목).

정답 ④

17 경비업법령상 특수경비원의 직무 및 무기사용에 관한 설명으로 옳지 않은 것은? 2013년 기출

① 사람을 향하여 권총 또는 소총을 발사하고자 하는 때에는 미리 구두 또는 공포탄에 의한 사격으로 상대방에게 경고해야 함이 원칙이다.
② 테러사건에 있어서 은밀히 작전을 수행하는 경우로서 부득이한 때에는 경고 없이 사람을 향하여 권총 또는 소총을 발사할 수 있다.
③ 범죄와 무관한 다중의 생명·신체에 위해를 가할 우려가 있는 때에는 무기를 사용해서는 아니됨이 원칙이다.
④ 칼을 가지고 대항하는 14세 미만의 자에 대하여 권총 또는 소총을 발사할 수 있다.

해설 ①·②·③ 법 제15조 제4항 참조
④ 특수경비원은 '총기 또는 폭발물'을 가지고 대항하는 경우를 제외하고는 14세 미만의 자 또는 임산부에 대하여는 권총 또는 소총을 발사하여서는 아니된다(법 제15조 제4항 제3호). 그러므로 칼을 가지고 대항하는 경우에는 권총·소총을 발사할 수 없다.

정답 ④

18 경비업법령상 특수경비원에 관한 내용으로 옳지 않은 것은? 2016년 기출

① 특수경비원은 소속 상사의 허가 또는 정당한 사유 없이 경비구역을 벗어나서는 아니된다.
② 특수경비원의 교육 시 관할경찰서 소속 경찰공무원이 교육기관에 입회하여 대통령령이 정하는 바에 따라 지도·감독하여야 한다.
③ 특수경비원은 국가중요시설에 대한 경비업무 수행 중 국가중요시설의 정상적인 운영을 해치는 장해를 일으켜서는 아니된다.
④ 특수경비원은 총기 또는 폭발물을 가지고 대항하는 경우를 제외하고는 18세 미만의 자에 대하여는 권총을 발사하여서는 아니된다.

>해설 ① 법 제15조 제2항
② 법 제13조 제4항
③ 법 제14조 제2항
④ 18세 미만 → 14세 미만(법 제15조 제4항 제3호)

 ④

19 경비업법령상 특수경비원의 권리와 의무에 관한 설명으로 옳은 것은? 2018년 기출

① 특수경비원은 총기 또는 폭발물을 가지고 대항하는 경우를 제외하고는 18세 미만의 자에 대하여는 권총을 발사하여서는 아니 된다.
② 특수경비원은 단결권을 행사할 수 없다.
③ 시설주는 고의 또는 과실로 무기를 분실한 특수경비원에 대하여 특수경비업자에게 징계 등의 조치를 요청할 수 있다.
④ 테러사건에 있어서 은밀히 작전을 수행하는 경우에는 부득이한 때에도 미리 상대방에게 경고한 후 권총을 사용하여야 한다.

>해설 ① 18세 미만 → 14세 미만(법 제15조 제4항 제3호)
② 특수경비원은 파업·태업 그 밖에 경비업무의 정상적인 운영을 저해하는 일체의 쟁의행위를 하여서는 아니 된다(법 제15조 제3항). 즉, 단체행동권은 행사할 수 없으나, 단결권과 단체교섭권은 행사할 수 있다.
③ 규칙 제18조 제2항
④ 테러사건에 있어서 은밀히 작전을 수행하는 경우로서 부득이한 때에는 경고하지 않고 권총을 사용할 수 있다(법 제15조 제4항 제1호 나목 참조).

 ③

20 경비업법령상 특수경비원의 의무에 관한 설명으로 옳은 것은? 　　2021년 기출

① 소속상사의 허가 또는 정당한 사유없이 경비구역을 벗어나서는 아니 된다.
② 사람을 향하여 권총 또는 소총을 발사하고자 하는 때에는 인질사건에 있어서 은밀히 작전을 수행하는 경우로서 부득이한 때에도 공포탄에 의한 사격으로 상대방에게 경고하여야 한다.
③ 무기를 사용하지 아니하고는 타인의 생명·신체에 대한 중대한 위협을 방지할 수 없다고 인정되는 때에는 필요한 최대한의 범위 안에서 이를 사용하여야 한다.
④ 임산부가 총기 또는 폭발물을 가지고 대항하는 경우에도 임산부에 대하여 소총을 발사하여서는 아니 된다.

해설 ① 법 제15조 제2항
② 인질·간첩 또는 테러사건에 있어서 은밀히 작전을 수행하는 경우로서 부득이한 때에는 상대방에게 구두 또는 공포탄에 의한 경고를 하지 아니할 수 있다(법 제15조 제4항 제1호 나목).
③ 최대한의 → 최소한의(법 제15조 제4항 제2호)
④ 임산부가 총기 또는 폭발물을 가지고 대항하는 경우에는 소총을 발사할 수 있다(법 제15조 제4항 제3호 참조).

정답 ①

21 경비업법령상 특수경비원의 의무에 관한 설명으로 옳은 것은? 　　2022년 기출

① 특수경비원은 직무를 수행함에 있어 시설주·관할 경찰관서장 및 소속상사의 직무상 명령에 복종하여야 한다.
② 특수경비원은 시설주의 허가 또는 정당한 사유없이 경비구역을 벗어나서는 아니된다.
③ 특수경비원은 경비업무의 정상적인 운영을 저해한다 하더라도 파업·태업이 아닌 다른 방법에 의한 쟁의행위는 가능하다.
④ 특수경비원은 14세 미만의 자 또는 임산부에 대하여는 어떠한 경우라도 소총을 발사하여서는 아니된다.

해설 ① 법 제15조 제1항
② 시설주 → 소속상사(법 제15조 제2항)
③ 특수경비원은 파업·태업 그 밖에 경비업무의 정상적인 운영을 저해하는 일체의 쟁의행위를 하여서는 아니된다(법 제15조 제3항).
④ 특수경비원은 총기 또는 폭발물을 가지고 대항하는 경우를 제외하고는 14세 미만의 자 또는 임산부에 대하여는 권총 또는 소총을 발사하여서는 아니된다(법 제15조 제4항 제3호).

정답 ①

22 다음 국가중요시설 무기관리 책임자의 관리수칙 중 맞는 것은? 　　2005년 기출

① 무기고 및 탄약고는 복층에 설치하고 환기 등의 시설을 갖추어야 한다.
② 탄약고는 많은 사람이 오고 가는 곳에 설치하여 방범 능력을 높여야 한다.
③ 무기고 및 탄약고에는 이중 잠금장치를 하고 열쇠는 관할 경찰서장에게 보관케 한다.
④ 무기의 관리실태를 매월 파악하여 다음 달 3일까지 관할 경찰관서장에게 통보하여야 한다.

> **해설** ① 복층 → 단층(규칙 제18조 제1항 제2호)
> ② 탄약고는 무기고와 사무실 등 많은 사람을 수용하거나 많은 사람이 오고 가는 시설과 떨어진 곳에 설치하여야 한다(규칙 제18조 제1항 제2호).
> ③ 열쇠는 관리책임자가 보관한다(규칙 제18조 제1항 제4호).
> ④ 규칙 제18조 제1항 제5호

> **정답** ④

23 경비업법령상 무기를 대여받은 국가중요시설의 시설주의 무기관리수칙에 대한 설명으로 틀린 것은?
2008년 기출

① 시설주가 특수경비원에게 탄약을 출납하는 경우 소총과 권총에 있어서 공히 1정당 15발 이내로 한다.
② 시설주는 자체 계획을 수립하여 보관하고 있는 무기를 매주 1회 이상 손질할 수 있게 하여야 한다.
③ 시설주는 특수경비원이 형사사건으로 인하여 조사를 받고 있는 경우에는 무기를 지급해서는 안 된다.
④ 시설주로 부터 무기를 지급받은 특수경비원은 무기를 인수인계 하는 때에는 반드시 "앞에 총" 자세에서 "검사 총"을 하여야 한다.

> **해설** ① 탄약의 출납은 소총에 있어서는 1정당 15발 이내, 권총에 있어서는 1정당 7발 이내로 한다(규칙 제18조 제3항 제2호).
> ② 규칙 제18조 제1항 제8호
> ③ 규칙 제18조 제5항 제1호
> ④ 규칙 제18조 제4항 제1호

> **정답** ①

24 경비업법령상 무기를 대여 받은 국가중요시설의 시설주 또는 시설주로 부터 무기 관리를 위하여 지정 받은 책임자(관리책임자)의 무기관리수칙으로 틀린 것은?
2008년 기출

① 무기고 및 탄약고는 단층에 설치하고 환기, 방습, 방화 및 총받침대 등의 시설을 할 것
② 대여 받은 무기가 분실, 도난 또는 훼손된 때에는 관할 시·도경찰청장에게 그 사유를 지체 없이 통보할 것
③ 무기고 및 탄약고는 이중잠금 장치를 하여야 하며, 근무시간 중에 열쇠는 관리책임자에게 보관할 것
④ 탄약고는 무기고와 사무실 등 많은 사람이 오가는 시설과 떨어진 곳에 설치할 것

> **해설** ① 규칙 제18조 제1항 제2호
> ② 시·도경찰청장에게 → 경찰관서장에게(규칙 제18조 제1항 제6호)
> ③ 규칙 제18조 제1항 제4호
> ④ 규칙 제18조 제1항 제3호

> **정답** ②

25 경비업법령상 특수경비원의 무기사용 및 무기관리수칙에 관한 설명으로 옳지 않은 것은?

2009년 기출

① 관할경찰관서장은 대여한 무기에 대하여 시설주 및 특수경비원의 무기관리상황을 매월 1회 이상 점검하여야 한다.
② 시설주는 무기를 수송하는 경우 출발 전 시·도경찰청장에게 그 사실을 통보하여야 한다.
③ 시설주는 사직 의사를 표명한 특수경비원에게 지급된 무기가 있는 경우 이를 즉시 회수해야 한다.
④ 무기를 대여받은 시설주나 관리책임자는 무기고 및 탄약고는 단층에 설치하고 환기·방습·방화 및 총받침대 등의 시설을 하여야 한다.

> 해설
> ① 영 제21조
> ② 시·도경찰청장에게 → 관할경찰서장에게(규칙 제18조 제6항)
> ③ 규칙 제18조 제5항 제2호
> ④ 규칙 제18조 제1항 제2호

 ②

26 경비업법령상 무기를 대여받은 국가중요시설의 시설주의 무기관리 등에 관한 설명으로 옳은 것은?

2010년 기출

① 특수경비원이 고의로 무기를 빼앗긴 경우 특수경비업자에게 당해 특수경비원에 대한 징계를 요청하여야 한다.
② 무기고 및 탄약고는 복층에 설치하고 환기·방습·방화 및 총받침대 등의 시설을 하여야 한다.
③ 무기의 관리 실태를 매월 파악하여 다음달 7일까지 관할경찰관서장에게 통보하여야 한다.
④ 대여 받은 무기를 분실한 경우 원칙적으로 경찰청장이 정하는 바에 의하여 그 전액을 배상하여야 한다.

> 해설
> ① 시설주 또는 관리책임자는 고의 또는 과실로 무기를 빼앗기거나 무기가 분실·도난 또는 훼손되도록 한 특수경비원에 대하여 특수경비업자에게 교체 또는 징계 등의 조치를 요청할 수 있다(규칙 제18조 제2항). 즉, 요청하여야 하는 것이 아니라 요청할 수 있는 것이다.
> ② 복층 → 단층(규칙 제18조 제1항 제2호)
> ③ 7일까지 → 3일까지(규칙 제18조 제1항 제5호)
> ④ 규칙 제18조 제1항 제7호 참조

 ④

27 경비업법령상 특수경비원의 무기사용 및 무기관리수칙에 관한 설명으로 옳은 것은? 2011년 기출

① 시·도경찰청장은 시설주 및 특수경비원의 무기관리상황을 매분기 1회 이상 점검하여야 한다.
② 무기를 대여받은 국가중요시설의 시설주는 무기를 수송하는 경우 출발 전 시·도경찰청장에게 그 사실을 통보하여야 한다.
③ 무기를 대여받은 국가중요시설의 시설주는 자체계획을 수립하여 보관하고 있는 무기를 매주 1회 이상 손질할 수 있게 하여야 한다.
④ 무기를 대여받은 국가중요시설의 시설주는 무기의 관리를 위한 책임자를 지정하고 시·도경찰청장에게 이를 통보하여야 한다.

해설 ① '관할경찰관서장'은 시설주 및 특수경비원의 무기관리상황을 '매월' 1회 이상 점검하여야 한다(영 제21조).
② 시·도경찰청장에게 → 관할경찰서장에게(규칙 제18조 제6항)
③ 규칙 제18조 제1항 제8호
④ 시·도경찰청장에게 → 관할경찰관서장에게(규칙 제18조 제1항 제1호)

정답 ③

28 경비업법령상 무기관리수칙에 관한 설명으로 옳은 것은? 2013년 기출

① 무기를 대여 받은 국가중요시설의 시설주는 무기의 관리실태를 매월 파악하여 다음달 5일까지 관할경찰관서장에게 통보해야 한다.
② 시설주로부터 무기를 지급받은 특수경비원은 근무시간 이후에는 시설주에게 반납하거나 교대근무자에게 무기를 인계해야 한다.
③ 무기를 대여 받은 시설주가 특수경비원에게 무기를 출납하고자 하는 때에는 탄약의 출납은 소총에 있어서는 1정당 20발 이내로 해야 한다.
④ 경비원으로부터 무기 수송의 통보를 받은 관할경찰서장은 2인 이상의 무장경찰관을 무기를 수송하는 자동차 등에 함께 타도록 해야 한다.

해설 ① 5일까지 → 3일까지(규칙 제18조 제1항 제5호)
② 규칙 제18조 제4항 제6호
③ 20발 → 15발(규칙 제18조 제3항 제2호)
④ 2인 → 1인(규칙 제18조 제6항)

정답 ②

29 다음 중 무기를 대여받은 국가중요시설의 시설주 또는 관리책임자의 무기관리수칙에 해당하지 않는 것은?

① 무기고 및 탄약고는 단층에 설치하고 환기·방습·방화 및 총받침대 등의 시설을 할 것
② 무기를 손질 또는 조작하는 때에는 총구를 반드시 공중으로 향하게 할 것
③ 관할경찰관서장이 정하는 바에 의하여 무기의 관리실태를 매월 파악하여 다음 달 3일까지 관할경찰관서장에게 통보할 것
④ 대여받은 무기를 빼앗기거나 대여받은 무기가 분실·도난 또는 훼손된 때에는 경찰청장이 정하는 바에 의하여 그 전액을 배상할 것. 다만, 전시·사변, 천재·지변 그 밖의 불가항력의 사유가 있다고 시·도경찰청장이 인정한 때에는 그러하지 아니하다.

> 해설 ①·③·④ 규칙 제18조 제1항 제2호·제5호·제7호
> ② 무기를 지급받은 '특수경비원'의 무기관리수칙에 해당한다(규칙 제18조 제4항 제4호).

정답 ②

30 경비업법령상 시설주 또는 관리책임자가 준수하여야 할 무기관리수칙에 관한 설명으로 옳지 않은 것은? 2018년 기출

① 무기의 관리를 위한 책임자를 지정하고 관할 경찰관서장에게 이를 통보하여야 한다.
② 무기고 및 탄약고의 열쇠는 관리책임자가 보관하되, 근무시간 이후에는 당직책임자에게 인계하여 보관시킨다.
③ 무기의 관리 실태를 매월 파악하여 다음 달 3일까지 관할 경찰관서장에게 통보하여야 한다.
④ 대여 받은 무기를 빼앗긴 때에는 시·도경찰청장이 정하는 바에 의하여 그 전액을 배상하여야 한다.

> 해설 ①·②·③ 규칙 제18조 제1항 제1호·제4호·제5호
> ④ 시·도경찰청장 → 경찰청장(규칙 제18조 제1항 제7호)

정답 ④

31 경비업법령상 특수경비원의 무기사용 및 무기관리수칙에 관한 설명으로 옳지 않은 것은? 2019년 기출

① 관할경찰관서장은 시설주 및 특수경비원의 무기관리상황을 매월 1회 이상 점검하여야 한다.
② 국가중요시설의 시설주는 자체계획을 수립하여 보관하고 있는 무기를 매주 1회 이상 손질할 수 있게 하여야 한다.
③ 국가중요시설에 침입한 무장간첩이 특수경비원으로부터 투항을 요구받고도 이에 불응한 때에는 무기를 사용하여 위해를 끼칠 수 있다.
④ 국가중요시설의 시설주는 수리가 필요한 무기가 있는 때에는 그 목록과 무기장비운영카드를 첨부하여 시·도경찰청장에게 수리를 요청하여야 한다.

해설
① 영 제21조
② 규칙 제18조 제1항 제8호
③ 법 제14조 제8항 제2호
④ 시·도경찰청장 → 관할경찰관서장(규칙 제18조 제3항 제4호)

정답 ④

32 경비업법령상 특수경비원의 무기휴대 및 관리에 관한 설명으로 옳은 것은? 2020년 기출

① 시설주는 특수경비원이 휴대할 무기를 대여받고자 하는 때에는 무기대여신청서를 관할경찰관서장을 거쳐 경찰청장에게 제출하여야 한다.
② 시설주는 무기의 관리를 위한 책임자를 지정하고 관할경찰관서장에게 이를 통보하여야 한다.
③ 특수경비원이 휴대할 수 있는 무기종류는 권총에 한한다.
④ 시설주는 자체계획을 수립하여 보관하고 있는 무기를 매월 1회 이상 손질할 수 있게 하여야 한다.

해설
① 경찰청장 → 시·도경찰청장(영 제20조 제1항)
② 규칙 제18조 제1항 제1호
③ 특수경비원이 휴대할 수 있는 무기종류는 "권총 및 소총"으로 한다(영 제20조 제5항).
④ 매월 → 매주(규칙 제18조 제1항 제8호)

정답 ②

33 경비업법령상 특수경비원의 무기 관리수칙 등에 관한 설명으로 옳은 것은? 2022년 기출

① 무기를 대여받은 국가중요시설의 시설주는 무기를 지급받은 특수경비원으로 하여금 무기를 매주 1회 이상 손질하게 하여야 한다.
② 무기를 대여받은 국가중요시설의 시설주는 특수경비원에게 무기를 출납하고자 하는 때에는 탄약의 출납은 권총에 있어서는 1정당 15발 이내, 소총에 있어서는 1정당 7발 이내로 하여야 한다.
③ 무기를 대여받은 국가중요시설의 시설주는 고의 또는 과실로 무기(부속품을 포함한다)를 빼앗기거나 무기가 분실·도난 또는 훼손되도록 한 특수경비원에 대하여 특수경비업자에게 교체 또는 징계 등의 조치를 요청하여야 한다.
④ 무기를 대여받은 국가중요시설의 시설주는 무기를 수송하는 때에는 출발하기 전에 관할경찰서장에게 그 사실을 통보하여야 하며, 통보를 받은 관할경찰서장은 2인 이상의 무장경찰관을 무기를 수송하는 자동차 등에 함께 타도록 하여야 한다.

해설
① 규칙 제18조 제3항 제3호
② 소총에 있어서는 1정당 15발 이내, 권총에 있어서는 1정당 7발 이내로 하여야 한다(규칙 제18조 제3항 제2호).
③ 요청하여야 한다 → 요청할 수 있다(규칙 제18조 제2항)
④ 2인 → 1인(규칙 제18조 제6항)

정답 ①

34 경비업법령상 특수경비원의 직무 및 무기사용 등에 관한 설명으로 옳은 것을 모두 고른 것은?

2023년 기출

ㄱ. 시·도경찰청장이 시설주의 신청에 의하여 무기를 구입한 경우, 시설주는 그 무기의 구입대금을 지불하고, 구입한 무기를 국가에 기부채납하여야 한다.
ㄴ. 시설주는 관할경찰관서장으로부터 대여받은 무기를 특수경비원에게 휴대하게 하는 경우에는 관할경찰관서장의 사전승인을 얻어야 한다.
ㄷ. 무기를 대여받은 시설주는 관할경찰관서장이 정하는 바에 의하여 무기의 관리실태를 매월 파악하여 다음 달 5일까지 관할경찰관서장에게 통보하여야 한다.
ㄹ. 무기를 대여받은 시설주는 수리가 필요한 무기가 있는 때에는 그 목록과 무기장비운영카드를 첨부하여 특수경비업자에게 수리를 요청하여야 한다.

① ㄱ, ㄴ
② ㄱ, ㄷ
③ ㄴ, ㄹ
④ ㄷ, ㄹ

해설
ㄱ. 법 제14조 제3항
ㄴ. 영 제20조 제2항
ㄷ. 5일 → 3일(규칙 제18조 제1항 제5호)
ㄹ. 특수경비업자에게 → 관할경찰관서장에게(규칙 제18조 제3항 제4호)

정답 ①

35 경비업법령상 특수경비원의 직무 및 무기사용 등에 관한 내용이다. ( )에 들어갈 숫자로 옳은 것은?

2024년 기출

○ 관할경찰관서장은 시설주 및 특수경비원의 무기관리상황을 매월 (ㄱ)회 이상 점검하여야 한다.
○ 무기를 대여받은 국가중요시설의 시설주 또는 관리책임자는 관할경찰관서장이 정하는 바에 의하여 무기의 관리실태를 매월 파악하여 다음 달 (ㄴ)일까지 관할경찰관서장에게 통보하여야 한다.

① ㄱ: 1, ㄴ: 3
② ㄱ: 1, ㄴ: 5
③ ㄱ: 2, ㄴ: 3
④ ㄱ: 2, ㄴ: 5

해설
ㄱ. 매월 '1회' 이상 점검하여야 한다(영 제21조).
ㄴ. 다음 달 '3일'까지 관할경찰관서장에게 통보하여야 한다(규칙 제18조 제1항 제5호).

정답 ①

36 경비업법령상 시설주가 무기를 지급할 수 있는 특수경비원은?

2016년 기출

① 민사재판에 증인으로 출석 예정인 특수경비원
② 형사사건으로 인하여 조사를 받고 있는 특수경비원
③ 사직 의사를 표명한 특수경비원
④ 정신질환자인 특수경비원

해설 시설주는 ②·③·④에 해당하는 특수경비원에 대하여 무기를 지급해서는 안 되며, 지급된 무기가 있는 경우 이를 즉시 회수해야 한다(규칙 제18조 제5항).

정답 ①

CHAPTER 03 경비지도사

제1절 경비지도사의 선발

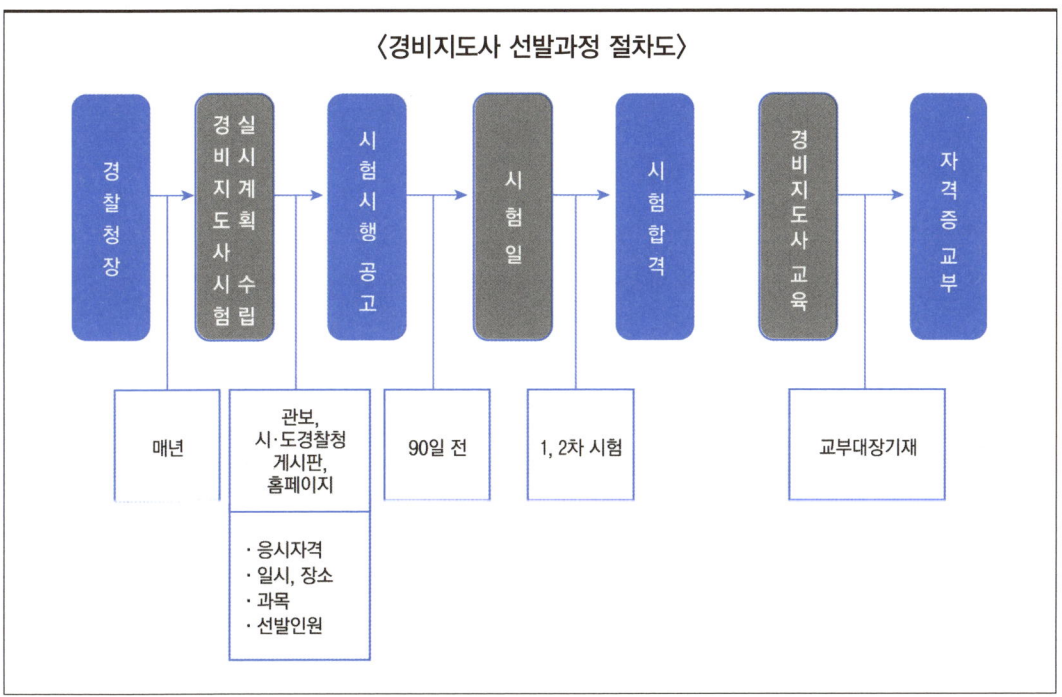

I 경비지도사의 의의

경비지도사라 함은 경비원을 지도·감독 및 교육하는 자를 말하며, 일반경비지도사와 기계경비지도사로 구분한다(법 제2조 제2호).

일반경비지도사	시설경비업무, 호송경비업무, 신변보호업무, 특수경비업무, 혼잡·교통유도경비업무에 종사하는 경비원을 지도·감독 및 교육하는 경비지도사(영 제10조 제1호)
기계경비지도사	기계경비업무에 종사하는 경비원을 지도·감독 및 교육하는 경비지도사(영 제10조 제2호)

Ⅱ 경비지도사의 결격사유

경비지도사의 결격사유는 일반경비원의 결격사유와 동일하다(법 제10조 제1항 참조). 경비업자는 결격사유에 해당하는 자를 경비지도사로 채용 또는 근무하게 하여서는 아니된다(법 제10조 제3항).

Ⅲ 경비지도사의 시험

경비지도사는 결격사유에 해당하지 아니하는 자로서 경찰청장이 시행하는 경비지도사 시험에 합격하고 대통령령으로 정하는 바에 따라 경찰청장이 실시하는 기본교육을 받은 자이어야 한다(법 제11조 제1항).

1 시험 실시계획 수립 및 시행공고

(1) 시험 실시계획 수립

경찰청장은 경비지도사 시험의 실시계획을 매년 수립해야 한다(영 제11조 제1항).

(2) 시험 시행공고

① 공고시기 : 경찰청장은 시험의 실시계획에 따라 시험을 실시하고자 하는 때에는 응시자격·시험과목·시험일시·시험장소 및 선발예정인원 등을 시험시행일 90일 전까지 공고하여야 한다(영 제11조 제2항).
② 공고방법 : 공고는 관보게재와 각 시·도경찰청 게시판 및 인터넷 홈페이지에 게시하는 방법에 의한다(영 제11조 제3항).

(3) 시험 시행횟수

경비지도사시험은 매년 1회 이상 시행하며, 시험과목, 시험공고, 시험의 일부가 면제되는 자의 범위 그 밖에 경비지도사시험에 관하여 필요한 사항은 대통령령으로 정한다(법 제11조 제3항).

2 시험 응시

(1) 응시원서

경비지도사 시험에 응시하고자 하는 자는 응시원서(전자문서로 된 원서 포함)를 경비지도사시험의 관리를 위탁받은 기관 또는 단체(시험관리기관)에 제출해야 한다(규칙 제8조 제1항).

(2) 응시수수료

① 수수료 납부
  ㉠ 시험에 응시하고자 하는 자는 경찰청장이 정하여 고시하는 수수료를 납부하여야 한다(영 제28조 제3항).
  ㉡ 경찰청장 및 시·도경찰청장은 정보통신망을 이용하여 전자화폐·전자결제 등의 방법으로 수수료를 납부하게 할 수 있다(영 제28조 제5항).

② **수수료 반환** : 경찰청장은 다음에 해당하는 경우에는 응시수수료의 전부 또는 일부를 반환하여야 한다(영 제28조 제4항).

> ㉠ 응시수수료를 과오납한 경우 : 과오납한 금액 전액
> ㉡ 시험시행기관의 귀책사유로 시험에 응시하지 못한 경우 : 응시수수료 전액
> ㉢ 시험시행일 20일 전까지 접수를 취소하는 경우 : 응시수수료 전액
> ㉣ 시험시행일 10일 전까지 접수를 취소하는 경우 : 응시수수료의 100분의 50

3 시험의 방법 및 과목

(1) 시험방법

① 시험은 필기시험의 방법에 의하되, 제1차시험과 제2차시험으로 구분하여 실시한다. 이 경우 경찰청장이 필요하다고 인정하는 때에는 제1차시험과 제2차시험을 병합하여 실시할 수 있다(영 제12조 제1항).
② 제1차시험 및 제2차시험은 각각 선택형으로 하되, 제2차시험에 있어서는 선택형 외에 단답형을 추가할 수 있다(영 제12조 제2항).
③ 제2차시험은 제1차시험에 합격한 자에 대하여 실시한다. 다만, 제1차시험과 제2차시험을 병합하여 실시하는 경우에는 그러하지 아니하다(영 제12조 제4항).
④ 제1차시험과 제2차시험을 병합하여 실시하는 경우에는 제1차시험에 불합격한 자가 치른 제2차시험은 이를 무효로 한다(영 제12조 제5항).

(2) 시험과목

제1차시험 및 제2차시험의 과목은 다음과 같다(영 제12조 제3항).

구분	1차시험	2차시험
	선택형	선택형 또는 단답형
일반경비지도사	• 법학개론 • 민간경비론	• 경비업법(청원경찰법 포함) • 소방학·범죄학 또는 경호학 중 1과목
기계경비지도사		• 경비업법(청원경찰법 포함) • 기계경비개론 또는 기계경비기획 및 설계 중 1과목

4 시험의 일부면제

(1) 합격에 의한 1차 면제

제1차시험에 합격한 자에 대하여는 다음 회의 시험에 한하여 제1차시험을 면제한다(영 제12조 제6항).

(2) 경력에 의한 1차 면제

① 면제대상자 : 다음의 어느 하나에 해당하는 사람은 경비지도사 제1차시험을 면제한다(영 제13조).

공무원	• 「경찰공무원법」에 따른 경찰공무원으로 7년 이상 재직한 사람 • 「대통령 등의 경호에 관한 법률」에 따른 경호공무원 또는 별정직공무원으로 7년 이상 재직한 사람 • 「군인사법」에 따른 각 군 전투병과 또는 군사경찰병과 부사관 이상 간부로 7년 이상 재직한 사람 • 「공무원임용령」에 따른 행정직군 교정직렬 공무원으로 7년 이상 재직한 사람
경비업무 종사자	• 「경비업법」에 따른 경비업무54)에 7년 이상(특수경비업무의 경우에는 3년 이상) 종사하고 행정안전부령으로 정하는 교육과정을 이수한 사람* • 「고등교육법」에 따른 대학 이상의 학교를 졸업한 사람으로서 재학 중 경비지도사 시험과목을 3과목55) 이상을 이수하고 졸업한 후 경비업무에 종사한 경력이 3년 이상인 사람 • 「고등교육법」에 따른 전문대학을 졸업한 사람으로서 재학 중 경비지도사 시험과목을 3과목 이상을 이수하고 졸업한 후 경비업무에 종사한 경력이 5년 이상인 사람
경비 지도사	• 일반경비지도사의 자격을 취득한 후 기계경비지도사의 시험에 응시하는 사람 • 기계경비지도사의 자격을 취득한 후 일반경비지도사의 시험에 응시하는 사람

* '행정안전부령으로 정하는 교육과정을 이수한 사람'이란 ㉠ 고등교육법에 의한 전문대학 이상의 교육기관(경비지도사의 시험과목 3과목 이상이 개설된 교육기관에 한함)에서 1년 이상의 경비업무관련 과정을 마친 사람 또는 ㉡ 경찰청장이 지정하는 기관·단체에서 실시하는 64시간 이상의 경비지도사 양성과정을 마치고 수료시험에 합격한 사람을 말한다(규칙 제10조).

② 면제서류 제출

㉠ 경비지도사 제1차 시험을 면제받으려는 사람은 면제 사유를 증명할 수 있는 서류로서 시험시행공고에서 정하는 서류를 시험관리기관에 제출해야 한다(규칙 제8조 제2항).

㉡ 시험관리기관은 재직증명서 또는 경력증명서를 제출받은 경우에는 「전자정부법」에 따른 행정정보의 공동이용을 통하여 제출인의 국민연금가입자가입증명 또는 건강보험자격득실확인서를 확인해야 한다. 다만, 제출인이 확인에 동의하지 않는 경우에는 해당 서류를 제출하도록 해야 한다(규칙 제8조 제3항).

---

54) 청원경찰 근무 경력은 경비지도사 1차 시험 면제 요건에 해당되지 않는다. 또한 경비업무 산정 시 '경비원'으로서 근무한 경력만을 인정한다(한국산업인력공단).
55) 경비지도사 시험과목 3과목이란 제1·2차 시험 전(全) 과목 중 3과목을 말한다. 다만, 3과목 중 제2차 시험 선택과목은 1과목만 인정한다(한국산업인력공단).

5 합격결정 및 공고

(1) 합격결정

① **제1차시험** : 제1차시험의 합격결정에 있어서는 매 과목 100점을 만점으로 하며, 매과목 40점 이상, 전과목 평균 60점 이상 득점한 자를 합격자로 결정한다(영 제14조 제1항).

② **제2차시험** : 제2차시험의 합격결정에 있어서는 선발예정인원의 범위안에서 60점 이상을 득점한 자 중에서 고득점 순으로 합격자를 결정한다. 이 경우 동점자로 인하여 선발예정인원이 초과되는 때에는 동점자 모두를 합격자로 한다(영 제14조 제2항).

(2) 합격공고

경찰청장은 제2차시험에 합격한 자에 대하여 합격공고를 하고, 합격 및 교육소집 통지서를 교부하여야 한다(영 제14조 제3항).

6 시험출제위원

(1) 위원의 임명·위촉

경찰청장은 시험문제의 출제를 위하여 다음에 해당하는 사람 중에서 시험출제위원을 임명 또는 위촉한다(영 제15조 제1항).

> ① 「고등교육법」에 따른 전문대학 이상의 교육기관에서 경찰행정학과 등 경비업무 관련학과 및 법학과의 조교수 이상으로 재직하고 있는 사람
> ② 석사 이상의 학위소지자로 경찰청장이 정하는 바에 의하여 경비업무에 관한 연구실적이나 전문경력이 인정되는 사람
> ③ 경감 이상의 경찰공무원(범죄예방·경비 업무를 담당한 경력이 3년 이상인 사람으로 하되, 경감이 되기 전의 경력을 포함한다)

(2) 위원의 수

시험출제위원의 수는 시험과목별로 2인 이상으로 한다(영 제15조 제2항).

(3) 위원의 의무

시험출제위원으로 임명 또는 위촉된 자는 경찰청장이 정하는 준수사항을 성실히 이행하여야 한다(영 제15조 제3항).

(4) 수당 및 여비

시험출제위원과 시험관리업무에 종사하는 자에 대하여는 예산의 범위 안에서 수당과 여비를 지급할 수 있다. 다만, 공무원인 위원이 그 소관업무와 직접적으로 관련하여 시험관리업무에 종사하는 경우에는 그러하지 아니하다(영 제15조 제4항).

Ⅳ 경비지도사의 교육

1 기본교육

(1) 이수시간 및 비용

① 이수시간 : 경찰청장이 실시하는 기본교육은 40시간 이상으로 한다. 다만, 다음의 어느 하나에 해당하는 사람이 기본교육을 받는 경우에는 행정안전부령으로 정하는 바에 따라 기본교육의 일부를 면제할 수 있다(영 제15조의2).
  ㉠ 일반경비지도사 자격을 취득한 후 3년 이내에 기계경비지도사시험에 합격한 사람
  ㉡ 기계경비지도사 자격을 취득한 후 3년 이내에 일반경비지도사시험에 합격한 사람
② 경비부담 : 기본교육에 소요되는 비용은 기본교육을 받는 사람의 부담으로 한다(규칙 제9조 제2항).

(2) 기본 교육과목 및 시간

기본교육의 과목, 시간, 그 밖에 기본교육의 실시에 필요한 사항은 행정안전부령으로 정한다(영 제15조의2 제2항). 기본교육의 과목 및 시간은 다음과 같다(규칙 제9조 제1항 별표1). 다만, 일반경비지도사 자격증 취득자 또는 기계경비지도사 자격증 취득자가 자격증 취득일부터 3년 이내에 기계경비지도사 또는 일반경비지도사 시험에 합격하여 교육을 받을 경우에는 공통교육은 면제한다.

구분 (교육시간)	과목	시간
공통교육 (22시간)	「경비업법」*,「경찰관직무집행법」*,「도로교통법」 등 관계 법령 및 「개인정보 보호법」에 따른 개인정보 보호지침 등	4
	실무 Ⅰ	4
	실무 Ⅱ	3
	체포·호신술*	2
	직업윤리 및 인권보호*	2
	범죄·테러·재난 대응 요령 및 화재대처법	2
	응급처치법*	2
	입교식, 평가 및 수료식*56)	3

---

56) (*)표시가 있는 과목은 경비지도사 기본교육과 특수경비원 신임교육의 공통과목이다. 그밖에 경비지도사 기본교육과목과 유사한 특수경비원 신임교육과목으로는 「테러 및 재난 대응 요령」, 「화재대처법」, 「시설경비 요령」 등이 있다.

자격의 종류별 교육 (18시간)	일반 경비지도사	시설경비	3
		호송경비	2
		신변보호	2
		특수경비	2
		혼잡·다중운집 인파 관리	2
		교통안전관리	2
		일반경비 현장실습	5
	기계 경비지도사	인력경비 개론	5
		기계경비 현장실습	5
		기계경비 운용관리	4
		기계경비 기획 및 설계	4
계			40

2 보수교육

(1) 보수교육 대상자

① 선임된 경비지도사는 대통령령으로 정하는 바에 따라 경찰청장이 실시하는 보수교육을 받아야 한다(법 제11조의2).57)

② 경찰청장이 실시하는 보수교육은 선임된 경비지도사를 대상으로 선임된 날부터 매 3년이 되는 날이 속하는 해에 실시하는 6시간 이상의 교육으로 한다. 다만, 일반경비지도사와 기계경비지도사 자격을 모두 취득한 사람이 일반경비지도사와 기계경비지도사에 모두 선임된 경우에는 행정안전부령으로 정하는 바에 따라 보수교육의 일부를 면제할 수 있다(영 제15조의3 제1항).58)

③ 기본교육 또는 직전 보수교육을 받은 날부터 3년 이상 보수교육을 받은 적이 없는 사람이 경비지도사로 선임된 경우에는 선임된 날부터 60일 이내에 보수교육을 받아야 한다(영 제15조의3 제2항).

(2) 보수교육 과목 및 시간

보수교육의 과목, 시간, 그 밖에 보수교육의 실시에 필요한 사항은 행정안전부령으로 정한다(영 제15조의3 제3항). 보수교육의 과목 및 시간은 다음과 같다(규칙 제11조의2 별표1의2). 다만, 일반경비지도사와 기계경비지도사 자격을 모두 취득한 사람이 일반경비업무와 기계경비업무에 모두 선임된 경우 공통교육은 1회만 실시한다(별표1의2 비고).

---

57) 경비지도사의 보수교육 도입목적이 경비업의 발전과 건전한 운영을 위한 것이므로 보수교육 비용은 경비업자가 부담해야 한다(경찰청).
58) 다수의 경비업체에 선임된 경비지도사는 최초 선임된 경비업체 기준일로 보수교육을 받아야 한다(경찰청).

구분		과목	시간
공통교육		경비업 법령	1
		직업윤리 및 인권보호	1
자격의 종류별 교육	일반경비지도사	일반경비 실무	4
	기계경비지도사	기계경비 실무	

(3) 보수교육의 방법

보수교육의 방법은 집합교육을 원칙으로 하되, 부득이한 경우 온라인교육으로 대체할 수 있다(규칙 제11조의2 제3항).

(4) 이수증 발급

경비지도사 교육기관의 장은 보수교육을 이수한 사람에게 경비지도사 보수교육 이수증을 발급해야 한다(규칙 제11조의2 제2항).

3 경비지도사 교육기관

(1) 교육의 위탁

① 경찰청장은 경비지도사에 대한 기본교육 및 보수교육에 관한 업무를 전문인력 및 시설 등을 갖춘 법인으로서 경찰청장이 지정하는 기관 또는 단체(경비지도사 교육기관)에 위탁할 수 있다(법 제11조의3 제1항). 그 밖에 경비지도사 교육기관의 지정 기준 및 절차 등에 필요한 사항은 대통령령으로 정한다(법 제11조의3 제4항).

② 경찰청장은 경비지도사에 대한 기본교육 및 보수교육에 관한 업무를 경비지도사 교육기관에 위탁하는 경우에는 위탁받는 기관 및 위탁업무의 내용을 고시해야 한다(영 제15조의4 제5항).

(2) 교육기관의 지정 기준

경비지도사 교육기관의 지정 기준은 다음과 같다(영 제15조의4 제1항 별표2의2). 아래 표에서 규정한 사항 외에 경비지도사 교육기관의 지정에 필요한 인력 및 시설·장비의 세부기준 등은 경찰청장이 정한다(별표2의2 비고).

인력	다음의 어느 하나에 해당하는 강사를 1명 이상 갖출 것 ① 「고등교육법」에 따른 학교 또는 이에 준하는 학교에서 교육과목 관련 학과의 조교수 이상의 직에 1년 이상 근무한 경력이 있는 사람 ② 교육과목 관련 박사학위를 취득한 후 관련 분야의 연구실적이 있는 사람 ③ 교육과목 관련 석사 이상의 학위를 취득한 후 관련 분야에 1년 이상 근무한 경력이 있는 사람 ④ 교육과목 관련 분야에서 공무원으로 5년 이상 근무한 경력이 있는 사람 ⑤ 교육과목 관련 분야에 7년 이상 근무한 경력이 있는 사람. 다만, 체포·호신술 과목의 경우에는 무도 사범 자격을 취득한 후 관련 분야에 2년 이상 근무한 경력이 있는 사람을 말한다.
시설·장비	① 지정기간 동안 교육 수행에 필요한 강의실과 사무실을 소유 또는 임차 등의 방법으로 확보할 것 ② 교육 수행에 필요한 컴퓨터, 시청각 장비 등 교육훈련 기자재를 확보할 것 ③ 체포·호신술 과목의 경우에는 실습을 위한 별도의 공간 또는 매트 등 안전장비를 확보할 것 ④ 기계경비지도사 교육에 필요한 감지장치, 수신장치 및 관제시설을 갖춘 실습실을 확보할 것

(3) 교육기관의 지정 절차

① **지정 신청** : 경비지도사 교육기관 지정을 받으려는 자는 행정안전부령으로 정하는 바에 따라 다음의 서류를 첨부하여 경찰청장에게 지정을 신청해야 한다(영 제15조의4 제2항). 경비지도사 교육기관 또는 경비원 교육기관의 지정을 받으려는 자는 경찰청장에게 교육기관 지정 신청서를 제출해야 한다(규칙 제11조의3).

> ⊙ 경비 관련 교육 운영계획서 및 운영경력서(운영경력서의 경우에는 경비 관련 교육을 운영한 경력이 있는 자만 해당한다)
> ⊙ 인력 기준에 해당하는 강사의 인적사항 및 자격을 증명하는 서류
> ⓒ 교육 시설 및 장비의 현황을 확인할 수 있는 서류

② **적합여부 심사** : 지정 신청을 받은 경찰청장은 지정 기준에 적합한지를 심사하고, 심사 결과 적합하다고 인정되는 경우에는 경비지도사 교육기관으로 지정할 수 있다. 이 경우 경찰청장은 「전자정부법」에 따른 행정정보의 공동이용을 통하여 법인 등기사항증명서를 확인해야 한다(영 제15조의4 제3항).

③ **지정 공고** : 경찰청장은 경비지도사 교육기관을 지정하는 경우 그 명칭, 소재지, 지정일자 등을 인터넷 홈페이지에 공고해야 한다(영 제15조의4 제4항).

(4) 교육지침

① 경찰청장은 경비지도사에 대한 기본교육 및 보수교육의 전국적 균형을 유지하기 위하여 교육수준 및 교육방법 등에 필요한 지침을 마련하여 시행할 수 있다(법 제11조의3 제2항).
② 경찰청장은 경비지도사 교육기관이 교육지침을 위반한 경우에는 기간을 정하여 시정을 명할 수 있다(법 제11조의3 제3항).

(5) 교육기관의 지정취소 등

① **지정취소 및 업무정지 사유** : 경찰청장은 경비지도사 교육기관이 다음의 어느 하나에 해당하는 경우에는 그 지정을 취소하거나 1년의 범위에서 기간을 정하여 업무의 전부 또는 일부를 정지할 수 있다. 다만, ㉠의 경우에는 그 지정을 취소하여야 한다(법 제11조의4 제1항).

> ㉠ 거짓이나 그 밖의 부정한 방법으로 경비지도사 교육기관의 지정을 받은 경우(필요적 지정취소사유)
> ㉡ 지정받은 사항을 위반하여 업무를 행한 경우
> ㉢ 교육지침 위반에 따른 시정명령을 받고도 정당한 사유 없이 정하여진 기간 이내에 시정하지 아니한 경우
> ㉣ 경비지도사 교육기관의 지정 기준에 적합하지 아니하게 된 경우

② **세부기준 및 절차** : 그 밖에 경비지도사 교육기관의 지정 취소 및 업무 정지에 관한 세부기준 및 절차는 그 위반행위의 유형과 위반의 정도 등을 고려하여 행정안전부령으로 정한다(법 제11조의4 제2항).

(6) 지정취소 및 업무정지 기준

경비지도사 교육기관(또는 경비원 교육기관)의 지정 취소 및 업무 정지 기준은 다음과 같다(규칙 제11조의4 제1항 별표1의3). 경찰청장은 경비지도사 교육기관 지정을 취소하거나 업무 정지를 명한 경우 그 사실을 인터넷 홈페이지에 공고해야 한다(규칙 제11조의4 제2항).

① 일반기준
  ㉠ 위반행위가 둘 이상이면 그 중 무거운 처분기준에 따른다. 다만, 둘 이상의 처분기준이 모두 업무 정지인 경우에는 각 처분기준을 합산한 기간을 넘지 않는 범위에서 무거운 처분기준에 그 처분기준의 2분의 1 범위에서 가중한다.
  ㉡ 위반행위의 횟수에 따른 행정처분 기준은 최근 2년간 같은 위반행위로 행정처분을 받은 경우에 적용한다. 이 경우 기간의 계산은 위반행위에 대한 행정처분일과 그 처분 후 다시 같은 위반행위를 하여 적발된 날을 기준으로 한다.
  ㉢ 위 ㉡에 따라 가중된 처분을 하는 경우 가중처분의 적용 차수는 그 위반행위 전 처분차수(㉡에 따른 기간 내에 처분이 둘 이상 있었던 경우에는 높은 차수를 말한다)의 다음 차수로 한다.
  ㉣ 처분권자는 개별기준에 따른 처분기준이 업무 정지인 경우에는 위반행위의 동기, 내용 및 위반의 정도 등을 고려하여 2분의 1 범위에서 감경할 수 있다.

② 개별기준

위반행위	행정처분기준		
	1차	2차	3차 이상
지정받은 사항을 위반하여 업무를 행한 경우	업무정지 1개월	업무정지 3개월	업무정지 6개월
지정 기준에 적합하지 않게 된 경우	업무정지 1개월	업무정지 3개월	지정 취소
교육지침 위반에 따른 시정명령을 받고도 정당한 사유 없이 시정하지 않은 경우	업무정지 3개월	업무정지 6개월	지정 취소

Ⅴ 자격증의 교부

경찰청장은 경비지도사 기본교육을 받은 자에게 행정안전부령이 정하는 바에 따라 경비지도사자격증을 교부하여야 한다(법 제11조 제2항). 경찰청장은 경비지도사 시험에 합격하고 기본교육을 받은 사람에게는 경비지도사자격증 교부대장에 정해진 사항을 기재한 후, 경비지도사자격증을 교부해야 한다(규칙 제11조).

제2절 경비지도사의 선임·배치 및 직무

Ⅰ 경비지도사의 선임·배치

1 경비지도사의 선임 및 충원

(1) 선 임

경비업자는 대통령령이 정하는 바에 따라 경비지도사를 선임하여야 한다(법 제12조 제1항).59)

(2) 충 원

경비업자는 선임·배치된 경비지도사에 결원이 있거나 자격정지 등의 사유로 그 직무를 수행할 수 없는 때에는 15일 이내에 경비지도사를 새로이 충원하여야 한다(영 제16조 제2항).

(3) 선임·해임 신고

① 신고의무 : 경비업자는 경비지도사를 선임하거나 해임하는 때에는 행정안전부령으로 정하는 바에 따라 해당 경비현장을 관할하는 시·도경찰청장 또는 경찰서장에게 신고하여야 한다(법 제12조의2).

② 신고절차

  ㉠ 경비업자는 경비지도사를 선임 또는 해임하는 때에는 경비지도사를 선임 또는 해임한 날부터 15일 이내에 경비지도사 자격증 사본을 첨부(경비지도사 선임 신고의 경우에만 해당)하여 경비지도사 선임·해임신고서(전자문서로 된 신고서 포함)를 해당 경비현장 (경비원 배치장소를 말하며, 이하 '배치지'라 함)을 관할하는 시·도경찰청장 또는 경찰서장에게 제출해야 한다. 다만, 경비지도사 선임 신고 시 경비지도사 선임신고서에 기재한 해임예정일에 경비지도사를 해임한 경우에는 경비지도사 해임신고서를 제출하지 않아도 된다(규칙 제11조의5 제1항).

  ㉡ 경비업자는 집단민원현장에 경비원 배치허가를 받은 경우 경비원을 배치하기 전까지 경비지도사 선임신고서(전자문서로 된 신고서 포함)를 배치지를 관할하는 경찰서장에게 제출해야 한다(규칙 제11조의5 제2항).

③ 선임 확인증 발급 : 시·도경찰청장 또는 경찰서장은 경비지도사로 선임되거나 선임되었던 사람이 요청하는 경우 경비지도사 선임 확인증을 발급할 수 있다(규칙 제11조의5 제3항).

---

59) 경비업자는 선임한 경비지도사를 준관리자급으로 지정하여 경비지도사의 직무인 경비원의 지도·감독·교육을 실시할 수 있는 여건을 마련하도록 노력하여야 한다. 다만, 준관리자급이란 경비원을 지도·감독할 수 있는 임원, 사무직 중 관리자급(부장, 차장, 과장 등), 경비대장급 등을 의미한다(경찰청 감독명령 제05-2호 제4조 제항). 선임된 경비지도사는 경비원으로 근무해서는 안 된다. 단, 배치현장을 떠나지 않고 경비원 관리·감독이 가능한 경우는 감독명령 제05-2호의 '준관리자급'으로 근무할 수 있다(경찰청 감독명령 제09-1호 제2조).

2 경비지도사의 선임·배치기준

경비업자는 다음의 기준에 따라 경비지도사를 선임·배치하여야 한다(영 제16조 제1항 별표3).[60]

(1) 종류별 경비지도사 선임

① 시설경비업무·호송경비업무·신변보호업무·특수경비업무 또는 혼잡·교통유도경비업무를 하는 경비업자는 일반경비지도사를 선임·배치해야 한다. 다만, 특수경비업무를 수행하는 경비업자는 특수경비원 신임교육을 이수한 일반경비지도사를 선임·배치해야 한다.

② 기계경비업무를 하는 경비업자는 기계경비지도사를 선임·배치해야 한다.

(2) 선임기준

① 경비업자는 경비원을 배치하여 영업활동을 하고 있는 지역을 관할하는 시·도경찰청의 관할구역별로 경비원 200명까지는 경비지도사 1명을 선임·배치하고, 경비원이 200명을 초과하는 경우 200명을 초과하는 경비원 100명 단위로 경비지도사 1명씩을 추가로 선임·배치해야 한다.

② 시설경비업무·호송경비업무·신변보호업무·특수경비업무 또는 혼잡·교통유도경비업무 중 둘 이상의 경비업무를 하는 경우에는 각 경비업무에 종사하는 경비원의 수를 합산한 인원을 기준으로 경비지도사를 선임·배치해야 한다.

(3) 인접규정

① 경비지도사가 선임·배치된 시·도경찰청의 관할구역과 경계를 맞닿아 인접한 시·도경찰청의 관할구역에 배치된 경비원이 30명 이하인 경우에는 경비지도사를 따로 선임·배치하지 않을 수 있다.[61] 이 경우 제주특별자치도경찰청과 전라남도경찰청은 경계를 맞닿아 인접한 것으로 본다.

② 위 ①에 따라 경비지도사를 따로 선임·배치하지 않는 경우 경비지도사 1명이 지도·감독 및 교육할 수 있는 경비원의 총수(경계를 맞닿아 인접한 시·도경찰청의 관할구역에 배치된 경비원의 수를 합산한다)는 200명을 초과할 수 없다.

---

[60] 경비지도사는 경비업법 시행령 제16조 제1항 별표3 「경비지도사의 선임·배치기준」에 부합하지 않는 경우 경비업자의 선임요구를 거부하여야 한다. 단, 경비원 인원기준의 적용은 해당 경비지도사가 선임되어 지도·감독·교육해야 하는 총 경비원수로 한다(경찰청 감독명령 제05-2호 제4조 제2항).

[61] 인접이란 대한민국 지도를 놓고 봤을 때 서로 맞닿아 있는 지역을 의미한다(서울시와 인천시는 인접함). 인접지역이 여러 군데인 경우는 인접지역에 배치된 경비원 수의 총 합이 30인 이하인 경우 경비지도사 1인이 관리(감독)할 수 있다. 예를 들어, 충청북도의 경비원 20명을 관리하는 경비지도사 A는 경기남부 5명, 강원 4명, 경북 7명, 대전 3명, 충남 2명 등 인접지역에 배치된 경비원 21명을 함께 관리(감독)할 수 있다. 만약 인접지역에 배치된 경비원 수의 총 합이 30명을 초과하는 경우는 함께 관리(감독)할 수 없다. 단, 이는 이론상 가능하다는 의미이며 실무적으로 월 1회의 직무교육 및 순회점검을 성실히 이행하는데 지장이 없어야 한다(2018 경찰청 경비업 업무처리 매뉴얼).

Ⅱ 경비지도사의 직무

1 경비지도사의 직무 및 준수사항

(1) 직무내용과 수행주기

선임된 경비지도사의 직무는 다음과 같다(법 제12조 제2항, 영 제17조 제1항). 경비지도사는 다음 ①·②·⑤의 직무를 월 1회 이상 수행하여야 한다(영 제17조 제2항).

> ① 경비원의 지도·감독·교육에 관한 계획의 수립·실시 및 그 기록의 유지
> ② 경비현장에 배치된 경비원에 대한 순회점검 및 감독
> ③ 경찰기관 및 소방기관과의 연락방법에 대한 지도
> ④ 집단민원현장에 배치된 경비원에 대한 지도·감독
> ⑤ 그 밖에 대통령령이 정하는 직무
>   ㉠ 기계경비업무를 위한 기계장치의 운용·감독(기계경비지도사의 경우에 한함)
>   ㉡ 오경보방지 등을 위한 기기관리의 감독(기계경비지도사의 경우에 한함)

(2) 준수사항

① 선임된 경비지도사는 직무를 대통령령이 정하는 바에 따라 성실하게 수행하여야 한다(법 제12조 제3항).
② 경비지도사는 경비원에 대한 교육을 실시하고, 행정안전부령으로 정하는 경비원 직무교육 실시대장에 그 내용을 기록하여 2년간 보존하여야 한다(영 제17조 제3항).[62]

2 집단민원현장에 선임·배치된 경비지도사의 직무

경비업자는 집단민원현장에 선임·배치된 경비지도사로 하여금 다음의 직무를 수행하도록 하여야 한다(규칙 제6조의2).

> ① 경비원 등의 의무[63] 위반행위 예방 및 제지
> ② 경비원의 복장 착용 등에 대한 지도·감독
> ③ 경비원의 장비 휴대 및 사용에 대한 지도·감독
> ④ 집단민원현장에 비치된 경비원 명부의 관리

---

[62] 주의할 점은 「경비원 직무교육 실시대장」은 경비지도사가 2년간 보존하여야 하지만, 「경비원 근무상황기록부」는 경비업자가 1년 동안 보관하여야 한다는 점이다.
[63] 법 제15조의2에 따른 경비원 등의 의무를 말한다. 즉, 경비원은 직무를 수행함에 있어 타인에게 위력을 과시하거나 물리력을 행사하는 등 경비업무의 범위를 벗어난 행위를 하여서는 아니되며, 누구든지 경비원으로 하여금 경비업무의 범위를 벗어난 행위를 하게 하여서는 아니된다.

3 경비지도사

Target · 경비업법
기출 및 예상문제

제1절 경비지도사의 선발

01 다음 중 일반경비지도사의 역할이라고 보기 어려운 것은? 2005년 기출

① 기계경비업무에 종사하는 경비원의 지도·감독 및 교육
② 시설경비업무에 종사하는 경비원의 지도·감독 및 교육
③ 호송경비업무에 종사하는 경비원의 지도·감독 및 교육
④ 특수경비업무에 종사하는 경비원의 지도·감독 및 교육

> **해설** 일반경비지도사는 시설경비업무, 호송경비업무, 신변보호업무, 특수경비업무에 종사하는 경비원을 지도·감독 및 교육하는 경비지도사이다(영 제10조 제1호).
>
> **정답** ①

02 경비업법령상 사용하는 용어의 정의로 옳지 않은 것은? 2010년 기출

① 호송경비업무 – 운반 중에 있는 현금·유가증권·귀금속·상품 그 밖의 물건에 대하여 도난·화재 등 위험발생을 방지하는 업무
② 특수경비업무 – 대통령령이 정하는 국가중요시설의 경비 및 도난·화재 그 밖의 위험발생을 방지하는 업무
③ 경비지도사 – 경비원을 지도·감독 및 관리하는 자로서 일반경비지도사와 특수경비지도사로 구분
④ 경비원 – 경비업자가 채용한 고용인으로 일반경비원과 특수경비원으로 구분

> **해설** ①·② 법 제2조 제1호 나목·마목
> ③ 경비지도사란 경비원을 지도·감독 및 교육하는 자를 말하며 일반경비지도사와 기계경비지도사로 구분한다(법 제2조 제2호).
> ④ 법 제2조 제3호
>
> **정답** ③

03 경비업법령상 경비지도사 및 경비원의 결격사유에 해당하지 않는 것은?
2007년 기출

① 20세 미만인 사람
② 파산선고를 받고 복권되지 아니한 자
③ 금고 이상의 실형의 선고를 받고 그 집행이 종료(집행이 종료된 것으로 보는 경우를 포함한다)되거나 집행이 면제된 날부터 5년이 지나지 아니한 자
④ 금고 이상의 형의 집행유예선고를 받고 그 유예기간 중에 있는 자

해설
① 18세 미만인 사람이 경비지도사 및 경비원의 결격사유에 해당한다(법 제10조 제1항 제1호).
②·③·④ 법 제10조 제1항 제2호·제3호·제4호

정답 ①

04 경비업법령상 경비지도사가 될 수 있는 자는?
2011년 기출수정

① 60세 이상인 사람
② 판단능력을 회복하고 경찰서장의 인증을 받은 피성년후견인
③ 파산선고를 받고 복권되지 아니한 자
④ 금고 이상의 실형을 선고받고 그 집행이 면제된 날로부터 3년이 지나지 아니한 자

해설
① 18세 이상인 사람은 경비지도사가 될 수 있다(법 제10조 제1항 제1호 참조).
② 피성년후견인은 가정법원에 의하여 성년후견종료의 심판을 받지 않는 한 경비지도사가 될 수 없다(법 제10조 제1항 제1호 참조).
③ 파산선고를 받고 복권되지 아니한 자는 경비지도사가 될 수 없다(법 제10조 제1항 제2호).
④ 금고 이상의 실형의 선고를 받고 그 집행이 면제된 날부터 5년이 지나지 아니한 자는 경비지도사가 될 수 없다(법 제10조 제1항 제3호).

정답 ①

05 경비업법령상 경비지도사의 결격사유에 해당하는 자는?
2012년 기출

① 18세인 사람
② 징역 3년형의 선고를 받아 형의 집행이 종료된 날부터 5년이 지나지 아니한 자
③ 파산선고를 받고 복권된 자
④ 징역 1년에 집행유예 3년의 선고를 받고 그 유예기간이 지난 자

해설
① 18세 '미만'인 사람이 경비지도사의 결격사유이다(법 제10조 제1항 제1호).
② 금고 이상의 실형의 선고를 받고 그 집행이 종료된 날부터 5년이 지나지 아니한 자는 경비지도사가 될 수 없다(법 제10조 제1항 제3호). 징역은 금고 이상이므로 결격사유에 해당한다.
③ 파산선고를 받고 복권된 자는 경비지도사가 될 수 있다(법 제10조 제1항 제2호 참조).
④ 금고 이상의 형의 집행유예선고를 받고 그 유예기간 중에 있는 자는 결격사유에 해당하나(법 제10조 제1항 제4호), 유예기간이 지난 자는 결격사유에 해당하지 않는다.

정답 ②

06 경비업법령상 경비지도사 및 경비원의 결격사유에 관한 설명으로 옳은 것은? 2018년 기출

① 경비지도사의 결격사유는 일반경비원의 결격사유와 구별된다.
② 19세인 사람은 특수경비원이 될 수 없다.
③ 금고 이상의 형의 선고유예를 받고 그 유예기간 중에 있는 자는 경비지도사가 될 수 있다.
④ 일반경비원이 되기 위해서는 팔과 다리가 완전하고 두 눈의 맨눈시력 각각 0.2 이상 또는 교정시력 각각 0.8 이상이어야 한다.

해설
① 경비지도사의 결격사유는 일반경비원의 결격사유와 동일하다(법 제10조 제1항 참조).
② 18세 미만인 사람이 특수경비원이 될 수 없다(법 제10조 제2항 제1호).
③ 법 제10조 제1항 제4호
④ 일반경비원 → 특수경비원(법 제10조 제2항 제5호 참조)

 ③

07 다음 (   ) 안에 들어갈 죄명에 해당하는 것은?

> 형법상 (   )죄를 범하여 벌금형을 선고받은 날부터 10년이 지나지 아니하거나 금고 이상의 형을 선고받고 그 집행이 종료된 날 또는 집행이 유예·면제된 날부터 10년이 지나지 아니한 자는 경비지도사 또는 일반경비원이 될 수 없다.

① 강도살인
② 강제추행
③ 강도강간
④ 특수절도

해설 경비업법 제10조 제1항 제5호 다목의 죄명(강간 관련 범죄)에 해당하는 것은 강제추행이다.
①·③·④는 경비업법 제10조 제1항 제6호 가목에 해당하는 죄명(강도·절도 관련 범죄)이다.

 ②

08 경비업법령에 관한 내용으로 옳은 것은? 2013년 기출

① 금고 이상의 형의 집행유예선고를 받고 그 유예기간이 만료된 날부터 5년이 지나지 아니한 사람은 일반경비원이 될 수 없다.
② 두 눈의 맨눈 시력이 0.2 미만인 사람은 일반경비원이 될 수 없다.
③ 기계경비지도사는 기계경비업과 시설경비업에 한하여 선임·배치한다.
④ 경찰청장은 경비지도사 시험의 실시계획을 매년 수립해야 한다.

해설
① 금고 이상의 형의 집행유예선고를 받고 그 유예기간 중에 있는 사람은 일반경비원이 될 수 없다(법 제10조 제1항 제4호).
② 두 눈의 맨눈 시력이 0.2 미만인 사람은 특수경비원은 될 수 없으나 일반경비원은 될 수 있다(법 제10조 제2항 제5호, 규칙 제7조 참조).
③ 기계경비지도사는 기계경비업에 한하여 선임·배치한다(영 제16조 제1항 별표3 제2호).
④ 영 제11조 제1항

 ④

09 경비업법령상 경비지도사시험 등에 관한 설명으로 옳은 것은?

2022년 기출

① 경비지도사시험은 매년 1회 이상 시행한다.
② 경비지도사시험에 관하여 필요한 사항은 행정안전부령으로 정한다.
③ 경찰청장은 경비지도사시험의 실시계획에 따라 시험을 실시하고자 하는 때에는 응시자격·시험과목·시험일시·시험장소 및 선발예정인원 등을 시험시행일 6개월 전까지 공고하여야 한다.
④ 「경비업법」에 따른 특수경비업무에 2년 이상 종사하고 행정안전부령으로 정하는 교육과정을 이수한 사람은 경비지도사 제1차 시험을 면제한다.

해설
① 법 제11조 제3항
② 행정안전부령 → 대통령령(법 제11조 제3항)
③ 6개월 → 90일(영 제11조 제2항)
④ 2년 → 3년(영 제13조 제4호)

정답 ①

10 경비업법령상 경비지도사의 시험에 관한 설명으로 옳은 것은?

① 경비지도사 시험은 매년 1회 이상 시행하며, 시험과목, 시험공고, 시험의 일부가 면제되는 자의 범위 그 밖에 경비지도사시험에 관하여 필요한 사항은 대통령령으로 정한다.
② 시험공고는 관보게재와 각 시·도경찰청 게시판 또는 인터넷 홈페이지에 게시하는 방법에 의한다.
③ 경비지도사 시험에 응시하고자 하는 자는 응시원서(전자문서로 된 원서 포함)를 경찰청장에게 제출하여야 한다.
④ 경비지도사 제1차 시험을 면제받으려는 사람은 면제 사유를 증명할 수 있는 서류로서 시험시행공고에서 정하는 서류를 경찰청장에게 제출해야 한다.

해설
① 법 제11조 제3항
② 또는 → 및(영 제11조 제3항)
③·④ 경찰청장에게 → 시험관리기관에(규칙 제8조 제1항·제2항)

정답 ①

11 경비업법령상 허가증 등의 수수료에 관한 설명으로 옳은 것은?

2013년 기출

① 시험에 응시하고자 하는 자가 응시수수료를 과오납한 경우 납부한 응시수수료 전액을 반환받는다.
② 시험에 응시하고자 하는 자가 시험시행일 20일 전에 접수를 취소한 경우 납부한 응시수수료 전액을 반환받는다.
③ 관할경찰관서장은 정보통신망을 이용하여 전자화폐·전자결제 등의 방법으로 수수료를 납부하게 할 수 있다.
④ 시험에 응시하고자 하는 자의 귀책사유로 시험에 응시하지 못한 경우 납부한 응시수수료의 전액을 반환받는다.

해설 ① 납부한 응시수수료 전액 → 과오납한 금액 전액(영 제28조 제4항 제1호)
② 영 제28조 제4항 제3호
③ 관할경찰관서장 → 경찰청장 및 시·도경찰청장(영 제28조 제5항)
④ 시험에 응시하고자 하는 자 → 시험시행기관(영 제28조 제4항 제2호)

정답 ②

12 경비업법령상 허가증 등의 수수료에 관한 설명으로 옳지 않은 것은?   2020년 기출

① 경비업의 허가사항의 변경신고로 인한 허가증을 재교부 받고자 하는 자는 2천원의 수수료를 납부하여야 한다.
② 경찰청장 및 시·도경찰청장은 정보통신망을 이용하여 전자화폐·전자결제 등의 방법으로 수수료를 납부하게 할 수 있다.
③ 경비지도사 시험에 응시하고자 하는 자는 경찰청장이 정하여 고시하는 수수료를 납부하여야 한다.
④ 시·도경찰청장은 경비지도사 시험시행일 20일 전까지 접수를 취소하는 경우 응시수수료 전액을 반환하여야 한다.

해설 ①·②·③ 영 제28조 제1항 제2호·제5항·제3항
④ 시·도경찰청장 → 경찰청장(영 제28조 제4항 제3호)

정답 ④

13 경비업법령상 허가증 등의 수수료에 관한 설명으로 옳은 것은?   2022년 기출

① 경비업 허가사항의 변경신고로 인한 허가증 재교부의 경우에는 1만원의 수수료를 납부하여야 한다.
② 경비지도사시험 응시수수료를 과오납한 경우에는 경찰청장은 과오납한 금액의 100분의 50을 반환하여야 한다.
③ 경비업의 갱신허가를 받고자 하는 경우에는 2천원의 수수료를 납부하여야 한다.
④ 경비지도사시험 시행일 20일 전까지 접수를 취소하는 경우에는 경찰청장은 응시수수료 전액을 반환하여야 한다.

해설 ① 1만원 → 2천원(영 제28조 제1항 제2호)
② 100분의 50 → 전액(영 제28조 제4항 제1호)
③ 2천원 → 1만원(영 제28조 제1항 제1호)
④ 영 제28조 제4항 제3호

정답 ④

14 경비업법령상 시험에 응시하고자 하는 자가 납부한 응시수수료의 전부 또는 일부를 반환하는 기준으로 옳지 않은 것은?

2024년 기출

① 응시수수료를 과오납한 경우: 과오납한 금액 전액
② 시험시행기관의 귀책사유로 시험에 응시하지 못한 경우: 응시수수료 전액
③ 시험시행일 20일 전까지 접수를 취소하는 경우: 응시수수료의 100분의 80
④ 시험시행일 10일 전까지 접수를 취소하는 경우: 응시수수료의 100분의 50

해설 ①·②·④ 영 제28조 제4항 제1호·제2호·제4호
③ 100분의 80 → 전액(영 제28조 제4항 제3호)

정답 ③

---

15 경비업법령상 경비지도사 시험에 대한 설명으로 옳은 것은?

① 시험은 제1차시험과 제2차시험으로 구분하여 실시하되, 시·도경찰청장이 필요하다고 인정하는 때에는 병합하여 실시할 수 있다.
② 제1차시험 및 제2차시험은 각각 선택형으로 하되, 제1차시험에 있어서는 선택형 외에 단답형을 추가할 수 있다.
③ 제1차시험과 제2차시험을 병합하여 실시하는 경우에는 제1차시험에 불합격한 자가 치른 제2차시험은 이를 무효로 한다.
④ 제1차시험에 합격한 자에 대하여는 다음 회의 시험에 한하여 제1차시험을 면제할 수 있다.

해설 ① 시·도경찰청장 → 경찰청장(영 제12조 제1항)
② 제1차시험에 → 제2차시험에(영 제12조 제2항)
③ 영 제12조 제5항
④ 면제할 수 있다 → 면제한다(영 제12조 제6항)

정답 ③

---

16 경비업법령상 경비지도사 자격시험의 1차 시험이 면제되는 자에 해당되지 않는 것은?

2007년 기출

① 경찰공무원법에 의한 경찰공무원으로 7년 이상 재직한 자
② 소방공무원법에 의한 소방공무원으로 7년 이상 재직한 자
③ 군인사법에 의한 각군의 전투병과 또는 군사경찰병과 부사관 이상 간부로 7년 이상 재직한 자
④ 대통령 등의 경호에 관한 법률에 의한 경호공무원 또는 별정직 공무원으로 7년 이상 재직한 자

해설 ①·③·④ 영 제13조 제1호·제3호·제2호
② 소방공무원으로 재직한 경력은 경비지도사 1차 시험 면제자에 해당하지 않는다.

정답 ②

17 경비업법령상 (   ) 안에 들어 갈 숫자의 합은?

2011년 기출

- 경비업법에 위반하여 벌금형의 선고를 받고 (   )년이 지나지 아니한 자는 특수경비업무를 수행하는 법인의 임원이 될 수 없다.
- 경비업 허가의 유효기간은 허가 받은 날로부터 (   )년으로 한다.
- 고등교육법에 따른 전문대학을 졸업한 사람으로서 재학 중 경비지도사 시험과목을 3과목 이상 이수하고 졸업한 후 경비업무에 종사한 경력이 (   )년 이상인 사람은 경비지도사 제1차 시험을 면제한다.

① 9
② 11
③ 13
④ 15

해설 3년, 5년, 5년이 각각 들어간다(법 제5조 제4호, 법 제6조 제1항, 영 제13조 제4호).

 ③

18 경비업법령상 경비지도사 제1차 시험 면제대상에 해당되지 않는 사람은?

2012년 기출

① 경찰공무원법에 따른 경찰공무원으로 7년 재직한 사람
② 군인사법에 따른 각 군 전투병과 또는 군사경찰병과 부사관 이상 간부로 5년 이상 재직한 사람
③ 공무원임용령에 따른 행정직군 교정직렬 공무원으로 9년 재직한 사람
④ 대통령 등의 경호에 관한 법률에 따른 경호공무원 또는 별정직 공무원으로 8년 재직한 사람

해설 ①·③·④ 7년 이상 재직한 경우에 해당하므로 제1차 시험 면제대상이다(영 제13조 제1호·제8호·제2호).
② 군인사법에 따른 각 군 전투병과 또는 군사경찰병과 부사관 이상 간부로 '7년' 이상 재직한 사람이 제1차 시험 면제대상이다(영 제13조 제3호).

 ②

19 경비업법령상 경비지도사 제1차 시험면제자에 해당되지 않는 사람은?

2013년 기출

① 경비업법에 따른 특수경비업무 분야에서 5년을 종사하고 행정안전부령으로 정하는 교육과정을 이수한 사람
② 고등교육법에 따른 대학 이상의 학교를 졸업한 사람으로서 재학 중 경비지도사 시험 과목을 3과목 이상 이수하고 졸업한 후 경비업무에 종사한 경력이 5년인 사람
③ 기계경비지도사의 자격을 취득한 후 일반경비지도사의 시험에 응시하는 사람
④ 공무원임용령에 따른 행정직군 교정직렬 공무원으로 5년 동안 재직한 사람

해설 ①·②·③ 영 제13조 제4호·제5호·제7호
④ 공무원임용령에 따른 행정직군 교정직렬 공무원으로 '7년' 이상 재직한 사람이 제1차 시험면제자에 해당한다(영 제13조 제8호).

 ④

20 경비업법령상 경비지도사 제1차 시험의 면제 대상으로 옳은 것은? 2016년 기출

① 경찰공무원법에 따른 경찰공무원으로 5년 이상 재직한 사람
② 경비업법에 따른 특수경비업무에 3년 이상 종사하고 행정안전부령으로 정하는 교육과정을 이수한 사람
③ 고등교육법에 따른 전문대학을 졸업한 사람으로서 재학 중 경비지도사 시험과목을 3과목 이상을 이수하고 졸업한 후 경비업무에 종사한 경력이 3년 이상인 사람
④ 공무원임용령에 따른 행정직군 교정직렬 공무원으로 3년 이상 재직한 사람

해설 ① 5년 → 7년(영 제13조 제1호)
② 영 제13조 제4호
③ 3년 → 5년(영 제13조 제6호)
④ 3년 → 7년(영 제13조 제7호)

정답 ②

21 경비업법령상 경비지도사 1차 시험면제에 관한 내용이다. (   ) 안에 알맞은 것은? 2017년 기출

> • 고등교육법에 의한 전문대학 이상의 교육기관에서 (ㄱ)년 이상의 경비업무관련 과정을 마친 사람
> • 경찰청장이 지정하는 기관 또는 단체에서 실시하는 (ㄴ)시간 이상의 경비지도사 양성과정을 마치고 수료시험에 합격한 사람

① ㄱ : 1 ㄴ : 64
② ㄱ : 2 ㄴ : 68
③ ㄱ : 1 ㄴ : 72
④ ㄱ : 2 ㄴ : 78

해설 ㄱ은 1년, ㄴ은 64시간이다(규칙 제10조 제1호·제2호).

정답 ①

22 경비업법령상 경비지도사 시험 등에 관한 설명으로 옳은 것은? 2018년 기출

① 경찰청장은 시험을 실시하고자 하는 때에는 시험일시 등을 시험시행일 60일 전까지 공고하여야 한다.
② 경찰청장은 경비지도사 시험의 실시계획을 매년 수립하여야 한다.
③ 「공무원임용령」에 따라 행정직군 소방직렬 공무원으로 7년 이상 재직한 사람은 1차 시험을 면제한다.
④ 경찰청장이 지정하는 기관 또는 단체에서 실시하는 44시간 이상의 경비지도사 양성과정을 마치고 수료시험에 합격하면 1차 시험을 면제한다.

해설 ① 60일 전까지 → 90일 전까지(영 제11조 제2항)
② 영 제11조 제1항
③ 소방직렬 → 교정직렬(영 제13조 제8호)
④ 44시간 이상 → 64시간 이상(규칙 제10조 제2호)

정답 ②

23 경비업법령상 경비지도사시험의 일부를 면제하는 사람에 해당하지 않는 것은? 2020년 기출

① 「대통령 등의 경호에 관한 법률」에 따른 경호공무원으로 7년 이상 재직한 사람
② 경비업무에 7년 이상 종사하고 경찰청장이 지정하는 기관에서 실시하는 44시간의 경비지도사 양성과정을 마치고 수료시험에 합격한 사람
③ 「공무원임용령」에 따른 행정직군 교정직렬 공무원으로 7년 이상 재직한 사람
④ 특수경비업무에 3년 이상 종사하고 「고등교육법」에 의한 전문대학 이상의 교육기관(경비지도사의 시험과목 3과목 이상이 개설된 교육기관)에서 1년 이상의 경비업무관련 과정을 마친 사람

해설
①·③ 영 제13조 제2호·제8호
② 44시간 → 64시간(영 제13조 제4호, 규칙 제10조)
④ 영 제13조 제4호, 규칙 제10조

 ②

24 경비업법령상 경비지도사의 시험 등에 관한 설명으로 옳지 않은 것은? 2021년 기출수정

① 경비지도사는 경비지도사의 결격사유가 없는 자로서 경찰청장이 시행하는 경비지도사 시험에 합격하고 대통령령으로 정하는 바에 따라 경찰청장이 실시하는 기본교육을 받은 자이어야 한다.
② 「군인사법」에 따른 각 군 전투병과 또는 군사경찰병과 부사관 이상 간부로 6년 재직한 사람은 경비지도사 제1차 시험을 면제한다.
③ 일반경비지도사의 자격을 취득한 후 기계경비지도사의 시험에 응시하는 사람은 경비지도사 제1차 시험을 면제한다.
④ 「고등교육법」에 따른 전문대학을 졸업한 사람으로서 재학 중 경비지도사 시험과목을 3과목 이상을 이수하고 졸업한 후 경비업무에 6년 종사한 사람은 경비지도사 제1차 시험을 면제한다.

해설
① 법 제11조 제1항
② 6년 → 7년(영 제13조 제3호)
③ 영 제13조 제7호
④ 5년 이상 종사한 사람이 면제이므로 6년 종사한 사람은 당연히 면제이다(영 제13조 제6호 참조).

 ②

25 경비업법령상 경비지도사 시험 등에 관한 설명으로 옳지 않은 것은?   2023년 기출

① 경비업법에 따른 일반경비업무에 3년 이상 종사하고 행정안전부령으로 정하는 교육과정을 이수한 사람은 경비지도사 1차시험을 면제한다.
② 경비지도사 시험은 필기시험의 방법에 의하되 제1차시험과 제2차시험으로 구분하여 실시한다.
③ 경비지도사 시험의 공고는 관보게재와 각 시·도경찰청 게시판 및 인터넷 홈페이지에 게시하는 방법에 의한다.
④ 「대통령 등의 경호에 관한 법률」에 따른 경호공무원 또는 별정직공무원으로 7년 이상 재직한 사람은 경비지도사 1차시험을 면제한다.

> 해설 ① 3년 → 7년(영 제13조 제4호)
> ②·③·④ 영 제12조 제1항·제11조 제3항·제13조 제2호

 ①

26 다음 중 경비지도사 제1차 시험이 면제되는 사람은 모두 몇 명인가?

> ㄱ. 「청원경찰법」에 따른 청원경찰로 7년 재직한 사람
> ㄴ. 「대통령 등의 경호에 관한 법률」에 따른 경호공무원으로 5년 재직한 사람
> ㄷ. 「고등교육법」에 따른 대학을 졸업한 사람으로서 재학 중 경비지도사 시험과목을 2과목 이수하고 졸업 후 경비업무에 3년 종사한 사람
> ㄹ. 「공무원임용령」에 따른 행정직군 방호직렬 공무원으로 7년 재직한 사람
> ㅁ. 일반경비지도사의 자격을 취득한 후 5년이 경과하여 기계경비지도사의 시험에 응시하는 사람

① 1명   ② 2명
③ 3명   ④ 4명

> 해설 경비지도사 제1차 시험이 면제되는 사람은 ㅁ이다. ㄱ·ㄴ·ㄷ·ㄹ의 경우 면제자가 되려면 다음과 같이 수정되어야 한다(영 제13조 참조).
>   ㄱ. 청원경찰 → 경찰공무원
>   ㄴ. 5년 → 7년
>   ㄷ. 2과목 → 3과목
>   ㄹ. 방호직렬 → 교정직렬

 ①

27 다음 중 경비지도사 시험출제위원으로 임명·위촉 될 수 없는 자는?

① 「고등교육법」에 따른 전문대학에서 경찰행정학과의 조교수로 재직하고 있는 사람
② 석사 학위소지자로 경찰청장이 정하는 바에 의하여 경비업무에 관한 연구실적이 인정되는 사람
③ 「대통령 등의 경호에 관한 법률」에 따른 경호공무원으로 7년 이상 전문경력이 있는 사람
④ 범죄예방·경비업무를 3년 이상 담당한 경감 이상 경찰공무원의 경력이 있는 사람

해설 ③은 시험출제위원으로 임명·위촉될 수 있는 자에 해당하지 않는다(영 제15조 제1항 참조). 경비지도사 제1차 시험 면제자와 구분하여야 한다.

정답 ③

28 경비업법령상 경비원과 경비지도사의 교육에 관한 설명으로 옳지 않은 것은? (단, 교육대상 제외자는 해당하지 않는다.) 2017년 기출수정

① 경비지도사의 기본교육에 소요되는 비용은 경비업자의 부담으로 한다.
② 일반경비원의 신임교육에서 이론교육은 4시간이고 실무교육은 19시간이다.
③ 경비업자는 일반경비원을 채용한 경우 해당 일반경비원에게 일반경비원 교육기관에서 실시하는 신임교육을 받도록 해야 한다.
④ 일반경비지도사 자격증 취득자가 자격증 취득일부터 3년 이내에 기계경비지도사 시험에 합격하여 기본교육을 받을 경우 공통교육은 면제된다.

해설 ① 경비업자 → 기본교육을 받는 사람(규칙 제9조 제2항)
② 규칙 제12조 제1항 별표2
③ 영 제18조 제1항
④ 규칙 제9조 제1항 별표1 비고

정답 ①

29 일반경비지도사와 기계경비지도사의 기본교육 공통교육 과목이 아닌 것은? 2009년 기출수정

① 범죄·테러·재난 대응요령 및 화재 대처법
② 신변보호
③ 체포·호신술
④ 응급처치법

해설 신변보호는 일반경비지도사 자격의 종류별 교육과목이다(규칙 제9조 제1항 별표1 참조).

정답 ②

30 경비업법령상 일반경비지도사 자격증을 취득하기 위하여 받아야 할 기본교육의 과목에 해당하지 않는 것은?
2014년 기출수정

① 직업윤리 및 인권보호
② 호송경비
③ 인력경비개론
④ 경찰관직무집행법, 도로교통법 등 관계 법령

해설 인력경비개론은 기계경비지도사 자격의 종류별 교육과목이다(규칙 제9조 별표1 참조).

정답 ③

---

31 경비업법령상 기계경비지도사 자격증을 취득하기 위하여 받아야 할 기본교육의 과목에 해당하지 않는 것은?

① 기계경비개론
② 기계경비현장실습
③ 기계경비운용관리
④ 기계경비기획 및 설계

해설 기계경비개론은 기계경비지도사의 기본교육과목이 아니다. 한편, 기계경비개론은 2024년 개정시 일반경비지도사 기본교육과목에서도 삭제되었다(규칙 제9조 별표1 참조).

정답 ①

---

32 경비업법령상 기계경비지도사 자격증 취득자가 자격증 취득일부터 3년 이내에 일반경비지도사 시험에 합격하여 기본교육을 받을 경우, 받아야 하는 기본교육과목에 해당하지 않는 것은?
2015년 기출수정

① 체포·호신술
② 신변보호
③ 특수경비
④ 혼잡·다중운집 인파 관리

해설 기계경비지도사 자격증 취득자가 자격증 취득일부터 3년 이내에 일반경비지도사 시험에 합격하여 기본교육을 받을 경우에는 '공통교육'을 면제한다. 따라서 공통교육과목인 ①은 교육을 받을 필요가 없으나, ②·③·④는 교육을 받아야 한다(규칙 제9조 제1항 별표1 참조).

정답 ①

---

33 경비업법령상 경비지도사 기본교육과 특수경비원 신임교육의 공통적인 교육과목에 해당하는 것을 모두 고른 것은?
2020년 기출수정

| ㄱ. 범죄예방론 | ㄴ. 장비 사용법 | ㄷ. 체포·호신술 |
| ㄹ. 응급처치법 | ㅁ. 직업윤리 및 인권보호 | |

① ㄱ, ㄴ, ㄷ
② ㄱ, ㄴ, ㅁ
③ ㄴ, ㄷ, ㄹ
④ ㄷ, ㄹ, ㅁ

해설 규칙 제9조 제1항 별표1, 제15조 제1항 별표4 참조
ㄱ·ㄴ. 특수경비원 교육과목이다.
ㄷ·ㄹ·ㅁ. 경비지도사·특수경비원 공통 교육과목이다.

정답 ④

34 경비업법령상 경비지도사의 보수교육에 대한 설명으로 옳은 것은?

① 모든 경비지도사는 대통령령으로 정하는 바에 따라 경찰청장이 실시하는 보수교육을 받아야 한다.
② 경찰청장이 실시하는 보수교육은 선임된 경비지도사를 대상으로 선임된 날부터 매 5년이 되는 날이 속하는 해에 실시하는 8시간 이상의 교육으로 한다.
③ 일반경비지도사와 기계경비지도사 자격을 모두 취득한 사람이 일반경비지도사와 기계경비지도사에 모두 선임된 경우에는 행정안전부령으로 정하는 바에 따라 보수교육의 일부를 면제할 수 있다.
④ 기본교육 또는 직전 보수교육을 받은 날부터 3년 이상 보수교육을 받은 적이 없는 사람이 경비지도사로 선임된 경우에는 선임된 날부터 6개월 이내에 보수교육을 받아야 한다.

해설 ① 모든 → 선임된(법 제11조의2)
② 5년 → 3년 / 8시간 → 6시간(영 제15조의3 제1항 본문)
③ 영 제15조의3 제1항 단서
④ 6개월 → 60일(영 제15조의3 제2항)

 ③

35 경비업법령상 경비지도사의 보수교육에 대한 설명으로 옳은 것은?

① 보수교육의 과목, 시간, 그 밖에 보수교육의 실시에 필요한 사항은 대통령령으로 정한다.
② 일반경비지도사와 기계경비지도사 자격을 모두 취득한 사람이 일반경비업무와 기계경비업무에 모두 선임된 경우 공통교육은 1회만 실시한다.
③ 보수교육의 방법은 온라인교육을 원칙으로 하되, 부득이한 경우 집합교육으로 대체할 수 있다.
④ 경찰청장은 보수교육을 이수한 사람에게 경비지도사 보수교육 이수증을 발급할 수 있다.

해설 ① 대통령령 → 행정안전부령(영 제15조의3 제3항)
② 규칙 제11조의2 별표1의2 비고
③ 온라인교육 → 집합교육 / 집합교육 → 온라인교육(규칙 제11조의2 제3항)
④ 경찰청장은 → 경비지도사 교육기관의 장은 / 할 수 있다 → 해야 한다(규칙 제11조의2 제2항)

 ②

36 다음 중 일반경비지도사 보수교육과목에 해당하지 않는 것은?

① 경비업 법령
② 직업윤리 및 인권보호
③ 일반경비 현장실습
④ 일반경비실무

해설 일반경비 현장실습은 일반경비지도사 기본교육과목이다(규칙 제9조 별표1, 제11조의2 별표1의2 참조).

 ③

37 경비업법상 경비지도사 교육과 관련한 내용으로 옳은 것은?

① 경찰청장은 경비지도사에 대한 기본교육 및 보수교육에 관한 업무를 전문인력 및 시설 등을 갖춘 법인으로서 시·도경찰청장이 지정하는 기관 또는 단체에 위탁할 수 있다.
② 경찰청장은 경비지도사에 대한 기본교육 및 보수교육에 관한 업무를 경비지도사 교육기관에 위탁하는 경우에는 위탁받는 기관 및 위탁업무의 내용을 고시해야 한다.
③ 경찰청장은 경비지도사에 대한 기본교육 및 보수교육의 전국적 균형을 유지하기 위하여 교육수준 및 교육방법 등에 필요한 지침을 마련하여 시행하여야 한다.
④ 경찰청장은 경비지도사 교육기관이 교육지침을 위반한 경우에는 기간을 정하여 업무의 전부 또는 일부를 정지할 수 있다.

> **해설**
> ① 시·도경찰청장 → 경찰청장(법 제11조의3 제1항)
> ② 영 제15조의4 제5항
> ③ 시행하여야 한다 → 시행할 수 있다(법 제11조의3 제2항)
> ④ 업무의 전부 또는 일부를 정지할 수 있다 → 시정을 명할 수 있다(법 제11조의3 제3항)

 ②

38 경비업법령상 경비지도사 교육기관의 지정 기준 중 인력 및 시설·장비의 기준에 관한 설명으로 옳은 것은?

① 교육과목 관련 박사학위를 취득한 후 관련 분야의 1년 이상 근무한 경력이 있어야 강사가 될 수 있다.
② 교육과목 관련 석사 이상의 학위를 취득한 후 관련 분야에 3년 이상 근무한 경력이 있어야 강사가 될 수 있다.
③ 교육과목 관련 분야에서 공무원으로 5년 이상 근무한 경력이 있어야 강사가 될 수 있다.
④ 일반경비지도사 교육에 필요한 감지장치, 수신장치 및 관제시설을 갖춘 실습실을 확보하여야 한다.

> **해설** 영 제15조의4 제1항 별표2의2 참조
> ① 1년 이상 근무한 경력 → 연구실적이
> ② 3년 → 1년
> ④ 일반경비지도사 → 기계경비지도사

 ③

39 경비업법령상 경비지도사 교육기관의 지정과 관련한 설명으로 옳은 것은?

① 경비지도사 교육기관 지정을 받으려는 자는 행정안전부령으로 정하는 바에 따라 경비 관련 교육 운영계획서 등의 서류를 첨부하여 시·도경찰청장에게 지정을 신청해야 한다.
② 경비지도사 교육기관의 지정을 받으려는 자는 관할 경찰관서장에게 교육기관 지정 신청서를 제출해야 한다.
③ 지정 신청을 받은 경찰청장은 지정 기준에 적합한지를 심사하고, 심사 결과 적합하다고 인정되는 경우에는 경비지도사 교육기관으로 지정할 수 있다.
④ 경찰청장은 경비지도사 교육기관을 지정하는 경우 그 명칭, 대표자, 계약기간 등을 인터넷 홈페이지에 공고해야 한다.

> [해설] ① 시·도경찰청장 → 경찰청장(영 제15조의4 제2항)
> ② 관할 경찰관서장 → 경찰청장(규칙 제11조의3)
> ③ 영 제15조의4 제3항
> ④ 대표자, 계약기간 → 소재지, 지정일자(영 제15조의4 제4항)

 ③

40 경비업법령상 경비지도사 교육기관 지정신청 시 첨부해야 하는 서류에 해당하지 않는 것은?

① 경비 관련 교육 운영계획서 및 운영경력서(운영경력서의 경우에는 경비 관련 교육을 운영한 경력이 있는 자만 해당한다)
② 교육 시설 및 장비의 현황을 확인할 수 있는 서류
③ 법인 등기사항증명서
④ 인력 기준에 해당하는 강사의 인적사항 및 자격을 증명하는 서류

> [해설] ①·②·④ 영 제15조의4 제2항
> ③ 경비지도사 교육기관을 지정할 경우 경찰청장은 「전자정부법」에 따른 행정정보의 공동이용을 통하여 법인 등기사항증명서를 확인해야 한다(영 제15조의4 제3항).

정답 ③

41 경비업법상 경비지도사 교육기관의 지정 취소 또는 업무 정지 사유에 해당하지 않는 것은?

① 거짓이나 그 밖의 부정한 방법으로 경비지도사 교육기관의 지정을 받은 경우
② 지정받은 사항을 위반하여 업무를 행한 경우
③ 교육지침 위반에 따른 시정명령을 받은 경우
④ 경비지도사 교육기관의 지정 기준에 적합하지 아니하게 된 경우

> [해설] 교육지침 위반에 따른 시정명령을 받고도 정당한 사유 없이 정하여진 기간 이내에 시정하지 아니한 경우에 지정을 취소하거나 업무를 정지할 수 있다(법 제11조의4 제1항 참조).

 ③

42 경비업법령상 경비지도사 교육기관의 지정 취소 및 업무 정지 기준에 대한 설명으로 옳은 것은?

① 위반행위가 둘 이상이면 그 중 가벼운 처분기준에 따른다. 다만, 둘 이상의 처분기준이 모두 업무 정지인 경우에는 각 처분기준을 합산한 기간을 넘지 않는 범위에서 가벼운 처분기준에 그 처분기준의 2분의 1 범위에서 가중한다.
② 위반행위의 횟수에 따른 행정처분 기준은 최근 3년간 같은 위반행위로 행정처분을 받은 경우에 적용한다. 이 경우 기간의 계산은 위반행위에 대한 행정처분일과 그 처분 후 다시 같은 위반행위를 하여 적발된 날을 기준으로 한다.
③ 위 ②에 따라 가중된 처분을 하는 경우 가중처분의 적용 차수는 그 위반행위 전 처분차수의 다음 차수로 한다.
④ 처분권자는 개별기준에 따른 처분기준이 업무 정지인 경우에는 위반행위의 동기, 내용 및 위반의 정도 등을 고려하여 3분의 1 범위에서 감경할 수 있다.

해설) 규칙 제11조의4 제1항 별표1의3 참조
① 가벼운 → 무거운
② 3년간 → 2년간
④ 3분의 1 → 2분의 1

 ③

43 경비업법령상 경비지도사 교육기관의 지정 취소 및 업무 정지 기준에 대한 설명으로 옳지 않은 것은?

① 지정받은 사항을 위반하여 업무를 행한 경우 1차 처분은 '업무정지 1개월'이다.
② 지정 기준에 적합하지 않게 된 경우 2차 처분은 '업무정지 3개월'이다.
③ 교육지침 위반에 따른 시정명령을 받고도 정당한 사유 없이 시정하지 않은 경우 1차 처분은 '업무정지 6개월'이다.
④ 교육지침 위반에 따른 시정명령을 받고도 정당한 사유 없이 시정하지 않은 경우 3차 처분은 '지정취소'이다.

해설) ③의 경우 업무정지 3개월이다(규칙 제11조의4 제1항 별표1의3 개별기준 참조).

 ③

제2절 경비지도사의 선임·배치 및 직무

01 경비업법령상 경비지도사의 선임·해임신고에 대한 설명으로 옳은 것은?

① 경비업자는 경비지도사를 선임하거나 해임하는 때에는 행정안전부령으로 정하는 바에 따라 해당 경비현장을 관할하는 시·도경찰청장 또는 경찰서장에게 신고하여야 한다.
② 경비업자는 경비지도사를 선임하는 때에는 경비지도사를 선임한 날부터 30일 이내에 경비지도사 자격증 사본을 첨부하여 경비지도사 선임·해임신고서를 주사무소를 관할하는 시·도경찰청장 또는 경찰서장에게 제출해야 한다.
③ 경비업자는 집단민원현장에 경비원 배치허가를 받은 경우 경비원을 배치하기 48시간 전까지 경비지도사 선임신고서를 배치지를 관할하는 경찰서장에게 제출해야 한다.
④ 경찰청장은 경비지도사로 선임되거나 선임되었던 사람이 요청하는 경우 경비지도사 선임확인증을 발급해야 한다.

> **해설**
> ① 법 제12조의2
> ② 30일 → 15일 / 주사무소를 → 해당 경비현장(경비원 배치장소)을(규칙 제11조의5 제1항)
> ③ 배치하기 48시간 전 → 배치하기 전(규칙 제11조의5 제2항)
> ④ 경찰청장은 → 시·도경찰청장 또는 경찰서장은 / 발급해야 한다 → 발급할 수 있다(규칙 제11조의5 제3항)
>
> **정답** ①

02 경비업법령상 경비지도사에 관한 설명이다. (   )에 들어갈 말로 옳게 짝지어진 것은?

2010년 기출

• 경비지도사가 선임·배치된 시·도경찰청의 관할구역과 경계를 맞닿아 인접한 시·도경찰청의 관할구역에 배치된 경비원이 (ㄱ) 이하인 경우에는 경비지도사를 따로 선임·배치하지 않을 수 있다.
• 경비업자는 선임·배치된 경비지도사에 결원이 있거나 자격정지등의 사유로 그 직무를 수행할 수 없는 때에는 (ㄴ) 이내에 경비지도사를 새로이 충원해야 한다.

① ㄱ : 50명, ㄴ : 1월
② ㄱ : 50명, ㄴ : 15일
③ ㄱ : 30명, ㄴ : 1월
④ ㄱ : 30명, ㄴ : 15일

> **해설**
> ㄱ. 30명 이하인 경우에는 경비지도사를 따로 선임·배치하지 않을 수 있다(영 제16조 제1항 별표3 제2호).
> ㄴ. 15일 이내에 경비지도사를 새로이 충원하여야 한다(영 제16조 제2항).
>
> **정답** ④

03 경비업법령상 경비지도사에 관한 설명으로 옳지 않은 것은? 2016년 기출

① 경비지도사는 경비원에 대한 직무교육을 실시하고, 행정안전부령으로 정하는 경비원 직무교육 실시대장에 그 내용을 기록하여 2년간 보존하여야 한다.
② 일반경비지도사 자격증 취득자가 자격증 취득일부터 3년 이내에 기계경비지도사 시험에 합격하여 교육을 받을 경우에는 공통교육은 면제한다.
③ 일반경비지도사란 시설경비업무, 호송경비업무, 신변보호업무, 특수경비업무, 혼잡·교통유도경비업무에 종사하는 경비원을 지도·감독 및 교육하는 경비지도사를 말한다.
④ 경비업자는 선임·배치된 경비지도사에 결원이 있거나 자격정지 등의 사유로 그 직무를 수행할 수 없는 때에는 30일 이내에 경비지도사를 새로이 충원하여야 한다.

해설
① 영 제17조 제3항
② 규칙 제9조 제1항 별표1 비고
③ 영 제10조 제1호
④ 15일 이내에 경비지도사를 새로이 충원하여야 한다(영 제16조 제2항).

정답 ④

04 경비업법령상 일반경비지도사를 선임·배치할 수 없는 경비업무는? 2007년·2011년·2012년 기출

① 시설경비업
② 신변보호업
③ 기계경비업
④ 특수경비업

해설 시설경비업무·호송경비업무·신변보호업무·특수경비업무 또는 혼잡·교통유도경비업무를 하는 경비업자는 일반경비지도사를 선임·배치해야 한다(영 제16조 제1항 별표3 비고1).

정답 ③

05 경비업자가 경기남부경찰청 관할의 시설경비업무 경비원 200명, 호송경비업무 경비원 100명, 신변보호업무 경비원 150명을 배치하고자 할 경우에 선임·배치에 필요한 최소 일반경비지도사는 몇 명인가? 2009년 기출

① 2명
② 3명
③ 4명
④ 5명

해설 시설경비업무·호송경비업무·신변보호업무·특수경비업무 또는 혼잡·교통유도경비업무 중 둘 이상의 경비업무를 하는 경우에는 각 경비업무에 종사하는 경비원의 수를 합산한 인원을 기준으로 경비지도사를 선임·배치해야 한다(영 제16조 제1항 별표3 비고1). 따라서 200명 + 100명 + 150명 = 450명을 기준으로 하므로 최소 일반경비지도사는 4명이다.

정답 ③

06 경비업법령상 경비지도사의 선임·배치에 관한 설명으로 옳은 것은?   2011년 기출수정

① 경비원을 배치하여 영업활동을 하고 있는 지역을 관할하는 시·도경찰청의 관할구역별로 경비원 100명까지는 경비지도사 1명을 선임·배치하고, 경비원이 100명을 초과하는 경우 100명을 초과하는 경비원 200명 단위로 경비지도사 1명씩을 추가로 선임·배치해야 한다.
② 시설경비업무·호송경비업무·신변보호업무·특수경비업무 또는 혼잡·교통유도경비업무 중 둘 이상의 경비업무를 하는 경우에는 각 경비업무에 종사하는 경비원의 수를 합산한 인원을 기준으로 경비지도사를 선임·배치해야 한다.
③ 경비업자는 선임·배치된 경비지도사에 결원이 있거나 자격정지 등의 사유로 그 직무를 수행할 수 없는 때에는 20일 이내에 경비지도사를 새로이 충원하여야 한다.
④ 경비지도사가 선임·배치된 시·도경찰청의 관할구역과 경계를 맞닿아 인접한 시·도경찰청의 관할구역에 배치된 경비원이 100명 이하인 경우에는 경비지도사를 따로 선임·배치하지 않을 수 있다.

해설
① 200명까지는 경비지도사 1명을 선임·배치하고, 경비원이 200명을 초과하는 경우 200명을 초과하는 경비원 100명 단위로 경비지도사 1명씩을 추가로 선임·배치해야 한다(영 제16조 제1항 별표3 제1호).
② 영 제16조 제1항 별표3 비고1
③ 20일 이내 → 15일 이내(영 제16조 제2항)
④ 100명 이하 → 30명 이하(영 제16조 제1항 별표3 제2호)

정답 ②

---

07 경비원의 수가 다음과 같을 때, 경비업법령상 경비업자가 선임·배치하여야 하는 경비지도사의 최소 인원은?   2013년 기출

• 서울특별시 : 407명	• 인천광역시 : 15명
• 강원도 : 120명	• 경상남도 : 20명
• 제주특별자치도 : 30명	

① 6명
② 7명
③ 8명
④ 9명

해설 인천은 서울에 인접했고 경비원의 수가 30명 이하이므로 따로 선임·배치하지 않을 수 있다. 따라서 서울과 인천(407+15)에 4명, 강원도에 1명, 경상남도에 1명, 제주특별자치도에 1명을 각각 선임한다(영 제16조 제1항 별표3 참조). 즉, 총 7명 이상을 선임·배치하여야 한다.

정답 ②

08 경비원의 수가 다음과 같을 때, 경비업법령상 경비업자가 선임·배치하여야 하는 경비지도사의 최소 인원은?

| • 서울특별시 : 301명 | • 강원도 : 200명 |
| • 전라남도 : 20명 | • 제주특별자치도 : 10명 |

① 4명
② 5명
③ 6명
④ 7명

해설 서울에 3명, 강원도에 1명, 전라남도에 1명(제주특별자치도는 전라남도와 인접한 것으로 보고, 30명 이하이므로 별도로 선임·배치하지 않을 수 있음)을 각각 선임·배치한다(영 제16조 제1항 별표3 참조). 즉, 총 5명 이상을 선임·배치하여야 한다.

정답 ②

09 경비업법령상 경비지도사의 선임·배치기준에 관한 설명으로 옳지 않은 것은?   2014년 기출수정

① 특수경비업무를 수행하는 경비업자는 특수경비원 신임교육을 이수한 일반경비지도사를 선임·배치해야 한다.
② 기계경비지도사의 경우 기계경비업무와 특수경비업무에 한하여 선임·배치해야 한다.
③ 관할하는 시·도경찰청의 관할구역별로 경비원 200명까지는 1명을 선임·배치해야 한다.
④ 관할하는 시·도경찰청의 관할구역별로 경비원 200명을 초과하는 경우 200명을 초과하는 경비원 100명 단위로 1명씩을 추가로 선임·배치해야 한다.

해설 ① 영 제16조 제1항 별표3 비고1
② 기계경비지도사의 경우 기계경비업무에 한하여 선임·배치하여야 한다(영 제16조 제1항 별표3 비고2).
③·④ 영 제16조 제1항 별표3 제1호

정답 ②

10 경비업법령상 A회사에서 선임·배치하여야 할 일반경비지도사의 인원으로 옳은 것은?   2017년 기출

A회사는 부산지역에 소재하는 시설경비를 전문으로 하는 경비업체이다. 현재 A회사는 부산지역에만 경비원 400명을 배치하여 경비업무를 수행하고 있다.

① 1명
② 2명
③ 3명
④ 4명

해설 경비원 200명까지는 1명, 200명을 초과하는 경우 200명을 초과하는 경비원 100명 단위로 1명씩을 추가로 선임·배치하므로 총 3명의 경비지도사를 선임·배치하여야 한다(영 제16조 제1항 별표3 제1호).

정답 ③

11 A회사는 다음과 같이 경비원을 배치하였다. 경비업법령상 선임·배치하여야 할 일반경비지도사의 인원은?   2018년 기출

> 시설경비업무 : 서울 250명, 인천 35명, 대전 44명, 부산 150명
> 기계경비업무 : 제주 30명

① 3명   ② 4명
③ 5명   ④ 6명

해설 서울 2명, 인천 1명(30명을 초과하였으므로 인접지 규정이 적용되지 않음), 대전 1명, 부산 1명의 '일반'경비지도사를 선임·배치하여야 한다. 제주에는 1명의 '기계'경비지도사를 선임·배치하여야 한다(영 제16조 제1항 별표3 참조).

 ③

12 S경비법인은 시설경비업무, 호송경비업무, 기계경비업무를 허가받았다. 주된 사무소는 서울에 있고 부산과 광주에 각각 출장소를 두고 있으며, 세부적인 경비인력은 다음과 같다. 이 경우 S경비법인은 최소 몇 명의 경비지도사를 선임하여야 하는가?

> • 서울 : 시설 – 경비원 350명, 호송 – 경비원 100명, 기계 – 경비원 100명
> • 부산 : 시설 – 경비원 150명, 호송 – 경비원 100명, 기계 – 경비원 50명
> • 광주 : 시설 – 경비원 150명, 호송 – 경비원 50명, 기계 – 경비원 30명

① 9명   ② 10명
③ 11명   ④ 12명

해설 서울은 일반경비지도사 4명, 기계경비지도사 1명, 부산은 일반경비지도사 2명, 기계경비지도사 1명, 광주는 일반경비지도사 1명, 기계경비지도사 1명이다(영 제16조 별표3 참조).

 ②

13 경비업법령상 일반경비지도사와 기계경비지도사의 공통적인 직무에 해당하는 것을 모두 고른 것은?   2009년 기출

> ㄱ. 경비원의 지도·감독·교육에 관한 계획의 수립·실시 및 그 기록의 유지
> ㄴ. 기계경비업무를 위한 기계장치의 운용·감독
> ㄷ. 오경보방지 등을 위한 기기관리의 감독
> ㄹ. 경찰기관 및 소방기관과의 연락방법에 대한 지도
> ㅁ. 경비현장에 배치된 경비원에 대한 순회점검 및 감독

① ㄱ, ㄴ, ㄷ   ② ㄱ, ㄹ, ㅁ
③ ㄴ, ㄷ, ㄹ   ④ ㄷ, ㄹ, ㅁ

해설 ㄴ과 ㄷ은 기계경비지도사만의 직무에 해당한다(영 제17조 제1항).

 ②

14 경비업법령상 경비업자에 선임된 경비지도사의 직무 중 월 1회 이상 수행하여야 하는 직무에 해당하지 않는 것은?   2011년 기출

① 경비현장에 배치된 경비원에 대한 순회점검 및 감독
② 경찰기관 및 소방기관과의 연락방법에 대한 지도
③ 기계경비지도사의 기계경비업무를 위한 기계장치의 운용·감독
④ 기계경비지도사의 오경보방지 등을 위한 기기관리의 감독

해설 경비업자에 선임된 경비지도사의 직무 중 ㉠ 경찰기관 및 소방기관과의 연락방법에 대한 지도, ㉡ 집단민원현장에 배치된 경비원에 대한 지도·감독은 월 1회 이상 수행하여야 하는 직무에 해당하지 않는다(법 제12조 제2항, 영 제17조 제2항 참조).

정답 ②

15 경비업법령상 경비지도사의 직무가 아닌 것은?   2012년 기출

① 경찰기관 및 의료기관과의 연락방법에 대한 지도
② 경비현장에 배치된 경비원에 대한 순회점검 및 감독
③ 기계경비지도사의 경우 오경보방지 등을 위한 기기관리의 감독
④ 경비원의 지도·감독·교육에 관한 계획의 수립·실시 및 그 기록의 유지

해설 ① 의료기관 → 소방기관(법 제12조 제2항 제3호)
    ② 법 제12조 제2항 제2호
    ③ 법 제12조 제2항 제5호, 영 제17조 제1항 제2호
    ④ 법 제12조 제2항 제1호

정답 ①

16 경비업법령상 일반경비지도사의 직무에 관한 설명으로 옳은 것을 모두 고른 것은?   2017년 기출

> ㄱ. 경비원의 지도·감독·교육에 관한 계획의 수립
> ㄴ. 경비현장에 배치된 경비원에 대한 순회점검 및 감독
> ㄷ. 오경보방지 등을 위한 기기관리의 감독
> ㄹ. 집단민원현장에 배치된 경비원에 대한 지도·감독

① ㄱ, ㄴ, ㄷ
② ㄱ, ㄴ, ㄹ
③ ㄱ, ㄷ, ㄹ
④ ㄴ, ㄷ, ㄹ

해설 ㄷ은 기계경비지도사의 직무에 해당한다(법 제12조 제2항 제5호, 영 제17조 제1항).

정답 ②

17 경비업법령상 경비지도사의 직무로 규정되지 않은 것은? 2022년 기출

① 경비업체와의 연락방법에 대한 지도
② 경비현장에 배치된 경비원에 대한 순회점검 및 감독
③ 경비원의 지도·감독·교육에 관한 계획의 수립·실시 및 그 기록의 유지
④ 집단민원현장에 배치된 경비원에 대한 지도·감독

해설 ① 경비업체와 → 경찰기관 및 소방기관과(법 제12조 제2항 제3호)
②·③·④ 법 제12조 제2항 제2호·제1호·제4호

정답 ①

18 경비업법령상 경비지도사의 직무에 관한 설명으로 옳지 않은 것은? 2019년 기출

① 경비지도사는 집단민원현장에 배치된 경비원에 대한 지도·감독을 성실하게 수행하여야 한다.
② 경비지도사는 소방기관과의 연락방법에 대한 지도를 월 1회 이상 수행하여야 한다.
③ 경비지도사는 경비원 직무교육 실시대장에 경비원 교육 내용을 기록하여 2년간 보존하여야 한다.
④ 기계경비지도사는 오경보방지 등을 위한 기기관리의 감독을 월 1회 이상 수행하여야 한다.

해설 ① 법 제12조 제2항 제4호
② 소방기관과의 연락방법에 대한 지도는 월 1회 이상 수행하여야 하는 직무에 해당하지 않는다(법 제12조 제2항 제3호, 영 제17조 제2항 참조).
③ 영 제17조 제3항
④ 영 제17조 제1항·제2항

정답 ②

19 경비업법령상 경비지도사의 선임 등에 관한 설명으로 옳지 않은 것은? 2021년 기출

① 경비현장에 배치된 경비원에 대한 순회점검 및 감독의 직무는 선임된 경비지도사의 직무에 해당한다.
② 경비업자는 선임·배치된 경비지도사가 자격정지의 사유로 그 직무를 수행할 수 없는 때에는 7일 이내에 경비지도사를 새로이 충원하여야 한다.
③ 경비지도사는 경비원에 대한 교육을 실시하고, 행정안전부령으로 정하는 경비원 직무교육 실시대장에 그 내용을 기록하여 2년간 보존하여야 한다.
④ 경비지도사가 선임·배치된 시·도경찰청의 관할구역과 경계를 맞닿아 인접한 시·도경찰청의 관할구역에 배치된 경비원이 30명 이하인 경우에는 경비지도사를 따로 선임·배치하지 않을 수 있다.

해설 ① 법 제12조 제2항 제2호
② 7일 → 15일(영 제16조 제2항)
③ 영 제17조 제3항
④ 영 제16조 제1항 별표3

정답 ②

20 경비업법령상 경비지도사에 관한 설명으로 옳지 않은 것은? 2023년 기출

① 경비지도사는 경비원의 지도·감독·교육에 관한 계획의 수립·실시 및 그 기록의 유지를 월 1회 이상 수행하여야 한다.
② 경비업자는 선임·배치된 경비지도사에 결원이 있는 경우에는 15일 이내에 경비지도사를 새로이 충원하여야 한다.
③ 경비지도사는 경비원에 대한 교육을 실시하고, 행정안전부령으로 정하는 경비원 직무교육 실시대장에 그 내용을 기록하여 1년간 보존하여야 한다.
④ 경비지도사가 선임·배치된 시·도경찰청의 관할구역과 경계를 맞닿아 인접한 시·도경찰청의 관할구역에 배치된 경비원이 30명 이하인 경우에는 경비지도사를 따로 선임·배치하지 않을 수 있다.

해설 ① 법 제12조 제2항 제1호, 영 제17조 제2항
② 영 제16조 제2항
③ 1년간 → 2년간(영 제17조 제3항)
④ 영 제16조 제1항 별표3 제2호

정답 ③

21 경비업법령상 경비지도사의 선임 등에 관한 내용이다. ( )에 들어갈 숫자로 옳은 것은? 2024년 기출

○ 경비업자는 경비업법령에 의하여 선임·배치된 경비지도사에 결원이 있거나 자격정지 등의 사유로 그 직무를 수행할 수 없는 때에는 (ㄱ)일 이내에 경비지도사를 새로이 충원하여야 한다.
○ 경비지도사는 경비업법에 따라 경비원에 대한 교육을 실시하고, 행정안전부령으로 정하는 경비원 직무교육 실시대장에 그 내용을 기록하여 (ㄴ)년간 보존하여야 한다.

① ㄱ: 15, ㄴ: 1
② ㄱ: 15, ㄴ: 2
③ ㄱ: 30, ㄴ: 1
④ ㄱ: 30, ㄴ: 2

해설 ㄱ. '15일' 이내에 경비지도사를 새로이 충원하여야 한다(영 제16조 제2항).
ㄴ. '2년'간 보존하여야 한다(영 제17조 제3항).

정답 ②

22 다음 중 경비업법상 경비지도사의 직무에 해당하는 것은?

① 경비원의 채용에 관한 계획의 수립·실시
② 경비대상시설과의 연락방법에 대한 지도
③ 경찰기관 및 소방기관에 대한 순회점검 및 감독
④ 집단민원현장에 배치된 경비원에 대한 지도·감독

> **해설** ①은 경비원의 지도·교육·감독에 관한 계획의 수립·실시, ②는 경찰기관 및 소방기관과의 연락방법에 대한 지도, ③은 경비현장에 배치된 경비원에 대한 순회점검 및 감독이다(법 제12조 제2항).
> **정답** ④

23 다음 중 집단민원현장에 선임·배치된 경비지도사의 직무가 아닌 것은?

① 경비원 등의 의무 위반행위 예방 및 제지
② 경비원의 복지향상 및 교육·훈련
③ 경비원의 복장 착용, 장비 휴대 및 사용에 대한 지도·감독
④ 집단민원현장에 비치된 경비원 명부의 관리

> **해설** 경비업자는 집단민원현장에 선임·배치된 경비지도사로 하여금 ①·③·④의 직무를 수행하도록 하여야 한다(규칙 제6조의2).
> **정답** ②

CHAPTER 04 경비협회 및 보칙

제1절 경비협회

I 경비협회의 설립과 운영

1 협회의 설립

(1) 설립 목적

경비업자는 경비업무의 건전한 발전과 경비원의 자질향상 및 교육훈련 등을 위하여 대통령령이 정하는 바에 따라 경비협회를 설립할 수 있다(법 제22조 제1항).[64]

(2) 법적 성격

경비협회는 법인으로 한다(법 제22조 제2항).

(3) 정관 작성

경비업자가 경비협회를 설립하려는 경우에는 정관을 작성하여야 한다(영 제26조 제1항).

2 협회의 운영

(1) 회비징수

경비협회는 정관이 정하는 바에 의하여 회원으로부터 회비를 징수할 수 있다(영 제26조 제2항).

(2) 준용규정

경비협회에 관하여 경비업법에 특별한 규정이 있는 것을 제외하고는 민법 중 사단법인에 관한 규정을 준용한다(법 제22조 제4항).

---

[64] 경비협회를 설립할 수 있는 주체는 「경비업법」 제4조 제1항에 따라 경비업의 허가를 받은 법인인 경비업자로 한정된다고 할 것이므로 경비업자가 아닌 자가 경비업자와 공동으로 경비협회를 설립할 수 없다(법제처 17-0443, 2017.9.4, 경찰청). 한편, 현행법에 의하면 경비협회의 설립과 가입은 자유이므로 경비협회를 복수로 설립할 수 있고, 경비업자가 선택적으로 경비협회에 가입할 수 있다.

Ⅱ 협회의 업무

1 기본업무

경비협회의 업무는 다음과 같다(법 제22조 제3항).

> ① 경비업무의 연구
> ② 경비원 교육·훈련 및 그 연구
> ③ 경비원의 후생·복지에 관한 사항
> ④ 경비진단에 관한 사항
> ⑤ 그 밖에 경비업무의 건전한 운영과 육성에 관하여 필요한 사항

2 공제사업

(1) 공제사업의 종류

경비협회는 다음의 공제사업을 할 수 있다(법 제23조 제1항).

> ① 경비업자의 손해배상책임을 보장하기 위한 사업
> ② 경비업자가 경비업을 운영할 때 필요한 입찰보증·계약보증(이행보증 포함)·하도급보증을 위한 사업
> ③ 경비원의 복지향상과 업무상 재해로 인한 손실을 보상하는 사업
> ④ 경비업무와 관련한 연구 및 경비원 교육·훈련에 관한 사업

(2) 공제규정의 제정

① 경비협회는 공제사업을 하고자 하는 때에는 공제규정을 제정하여야 한다(법 제23조 제2항).
② 공제규정에는 공제사업의 범위, 공제계약의 내용, 공제금, 공제료 및 공제금에 충당하기 위한 책임준비금 등 공제사업의 운영에 관하여 필요한 사항을 정하여야 한다(법 제23조 제3항).

(3) 공제사업의 회계

경비협회는 공제사업을 하는 경우 공제사업의 회계는 다른 사업의 회계와 구분하여 경리하여야 한다(영 제27조 제1항).

(4) 공제사업의 감독

① **감독 기준** : 경찰청장은 공제사업의 건전한 육성과 가입자의 보호를 위하여 공제사업의 감독에 관한 기준을 정할 수 있다(법 제23조 제4항).
② **사전 협의** : 경찰청장은 공제규정을 승인하거나 공제사업의 감독에 관한 기준을 정하는 경우에는 미리 금융위원회와 협의하여야 한다(법 제23조 제5항).

③ 검사 요청 : 경찰청장은 공제사업에 대하여 「금융위원회의 설치 등에 관한 법률」에 따른 금융감독원의 원장에게 검사를 요청할 수 있다(법 제23조 제6항).

제2절 보 칙

I 감독 등

1 지도·감독

(1) 경찰청장·시·도경찰청장의 지도·감독(감독명령)

경찰청장 또는 시·도경찰청장은 경비업무의 적정한 수행을 위하여 경비업자 및 경비지도사를 지도·감독하며 필요한 명령을 할 수 있다(법 제24조 제1항).

(2) 경찰공무원의 감독

시·도경찰청장 또는 관할경찰관서장은 소속 경찰공무원으로 하여금 관할구역 안에 있는 경비업자의 주사무소 및 출장소와 경비원배치장소에 출입하여 근무상황 및 교육훈련상황 등을 감독하며 필요한 명령을 하게 할 수 있다. 이 경우 출입하는 경찰공무원은 그 권한을 표시하는 증표를 관계인에게 내보여야 한다(법 제24조 제2항).

2 위반행위 중지명령

시·도경찰청장 또는 관할경찰관서장은 경비업자 또는 배치된 경비원이 「경비업법」이나 「경비업법」에 따른 명령, 「폭력행위 등 처벌에 관한 법률」을 위반하는 행위를 하는 경우 그 위반행위의 중지를 명할 수 있다(법 제24조 제3항).

3 배치허가 고지

시·도경찰청장 또는 관할경찰관서장은 경비업무 장소가 집단민원현장으로 판단되는 경우에는 그 때부터 48시간 이내에 경비업자에게 경비원 배치 허가를 받을 것을 고지하여야 한다(법 제24조 제4항).

4 보안지도·점검

시·도경찰청장은 대통령령이 정하는 바에 따라(연 2회 이상) 특수경비업자에 대하여 보안지도·점검을 실시하여야 하고, 필요한 경우 관계기관[65]에 보안측정을 요청하여야 한다(법 제25조, 영 제29조).

---

[65] 여기서의 관계기관은 국가정보원을 의미한다.

5 경비의 요청

(1) 경비원의 배치요청

시·도경찰청장 또는 경찰서장은 행사장, 그 밖에 많은 사람이 모이는 시설 또는 장소(행사장 등)에서 혼잡 등으로 인한 위험의 발생을 방지하기 위하여 경비가 필요하다고 인정하는 경우에는 행사의 주최자나 시설 또는 장소의 관리자에게 행사장등에 경비원을 배치하도록 요청할 수 있다(영 제30조 제1항).

(2) 배치불가 사실 통지요청

시·도경찰청장 또는 경찰서장은 경비원 배치요청을 할 때 행사의 주최자나 시설 또는 장소의 관리자에게 행사장등에 경비원을 배치할 수 없다고 판단되는 경우에는 행사개최일 또는 많은 사람이 모이는 날 1일 전까지 그 사실을 통지해 줄 것을 함께 요청할 수 있다(영 제30조 제2항).

6 경비전화의 가설

(1) 가설권자

관할 경찰관서장은 시설주의 신청에 의하여 특수경비원이 배치된 국가중요시설 등에 경비전화를 가설할 수 있다(규칙 제25조 제1항).

(2) 경비부담

경비전화를 가설하는 경우의 소요경비는 시설주의 부담으로 한다(규칙 제25조 제2항).

II 경비업자의 손해배상책임

1 경비대상에 대한 손해배상책임

경비업자는 경비원이 업무수행 중 고의 또는 과실로 경비대상에 손해가 발생하는 것을 방지하지 못한 때에는 그 손해를 배상하여야 한다(법 제26조 제1항).

2 제3자에 대한 손해배상책임

경비업자는 경비원이 업무수행 중 고의 또는 과실로 제3자에게 손해를 입힌 경우에는 이를 배상하여야 한다(법 제26조 제2항).

Ⅲ 위임 및 위탁

1 권한의 위임

(1) 의 의

「경비업법」에 의한 경찰청장의 권한은 대통령령이 정하는 바에 따라 그 일부를 시·도경찰청장에게 위임할 수 있다(법 제27조 제1항).66)

(2) 위임권한

경찰청장은 다음의 권한을 시·도경찰청장에게 위임한다(영 제31조 제1항).

> ① 경비지도사의 자격의 취소 및 정지에 관한 권한
> ② 경비지도사 자격의 취소 및 정지에 관한 청문의 권한

2 업무의 위탁

(1) 의 의

경찰청장은 경비지도사의 시험에 관한 업무를 대통령령이 정하는 바에 따라 관계전문기관 또는 단체에 위탁할 수 있다(법 제27조 제2항).67)

(2) 위탁업무

경찰청장 또는 경찰관서장은 경비지도사시험의 관리에 관한 업무를 경비업무에 관한 인력과 전문성을 갖춘 기관 또는 단체로서 경찰청장이 지정하여 고시하는 기관 또는 단체에 위탁한다(영 제31조 제2항).

(3) 벌칙 적용에서 공무원 의제

위탁받은 업무에 종사하는 관계전문기관 또는 단체의 임직원은 「형법」 제129조부터 제132조(수뢰, 사전수뢰, 제삼자뇌물제공, 수뢰후부정처사, 사후수뢰, 알선수뢰)까지의 규정을 적용할 때에는 공무원으로 본다(법 제27조의3).68)

---

66) 권한의 위임이란 원(原) 권한자인 행정기관의 권한의 일부를 그 보조기관 또는 하급행정기관의 장이나 지방자치단체의 장 등 그의 지휘 계통에 속하는 하급기관에 맡기는 것을 말한다(2020 법제처 법령입안 심사기준).
67) 사무의 민간위탁(업무의 위탁)이란 사무의 수탁자가 행정청이나 지방자치단체가 아닌 법인, 단체나 개인이 되는 경우, 즉, 행정기관이 아닌 민간이 되는 것을 말한다(2020 법제처 법령입안 심사기준).
68) 벌칙 적용에서 공무원 의제란 위탁을 통해 공공성이 높은 업무를 수행하는 법인이나 단체의 임직원 등이 업무와 관련하여 금품의 수수(授受) 등 불법행위를 한 경우에 이들을 공무원과 같이 다루어 처벌할 수 있도록 하는 것을 말한다. 이렇게 공무원이 아닌 자를 공무원으로 의제하여 처벌할 수 있도록 하는 것은 다루는 업무의 공공성이 크기 때문에 그 업무수행을 할 때 공정성과 책임성을 확보하기 위해서이다(2020 법제처 법령입안 심사기준).

Ⅳ 민감정보 처리 및 규제의 재검토

1 민감정보 및 고유식별정보의 처리[69]

경찰청장, 시·도경찰청장, 경찰서장 및 경찰관서장(경찰청장 및 경찰관서장의 권한을 위임·위탁받은 자 포함)은 다음의 사무를 수행하기 위하여 불가피한 경우 「개인정보 보호법」에 따른 건강에 관한 정보(② 및 ⑥의 사무로 한정), 같은 법 시행령에 따른 범죄경력자료에 해당하는 정보(② 및 ⑩의 사무로 한정)와 주민등록번호 또는 외국인등록번호가 포함된 자료를 처리할 수 있다(영 제31조의2).[70]

① 경비업의 허가 및 갱신허가 등에 관한 사무
② 임원, 경비지도사 및 경비원의 결격사유 확인에 관한 사무
③ 경비지도사 시험 등에 관한 사무
④ 경비지도사의 선임·해임 신고에 관한 사무
⑤ 경비원의 교육 등에 관한 사무
⑥ 특수경비원의 직무 및 무기사용 등에 관한 사무
⑦ 경비원 배치허가 등에 관한 사무
⑧ 행정처분에 관한 사무
⑨ 경비업자 및 경비지도사의 지도·감독에 관한 사무
⑩ 보안지도·점검 및 보안측정에 관한 사무

2 규제의 재검토

경찰청장은 다음 사항에 대하여 2014년 6월 8일(기준일)을 기준으로 3년마다(매 3년이 되는 해의 기준일과 같은 날 전까지를 말함) 그 타당성을 검토하여 개선 등의 조치를 하여야 한다(영 제31조의3, 규칙 제27조의2).

① 경비업의 시설 등의 기준
② 경비지도사의 기본교육 및 보수교육의 시간
③ 집단민원현장 배치 불허가 기준
④ 경비원이 휴대하는 장비 등

---

[69] 개인정보보호법령상 '민감정보'에는 사상·신념에 관한 정보, 노동조합·정당의 가입·탈퇴에 관한 정보, 정치적 견해에 관한 정보, 건강에 관한 정보, 성생활 등에 관한 정보, 유전자검사 등의 결과로 얻어진 유전정보, 범죄경력자료에 해당하는 정보, 개인의 신체적·생리적·행동적 특징에 관한 정보로서 특정 개인을 알아볼 목적으로 일정한 기술적 수단을 통해 생성한 정보, 인종이나 민족에 관한 정보가 있으며, '고유식별정보'에는 주민등록번호, 여권번호, 운전면허의 면허번호, 외국인등록번호가 있다(개인정보보호법 제23조·제24조, 동법시행령 제18조·제19조 참조).
[70] 따라서 "임원·경비지도사·경비원의 결격사유 확인에 관한 사무"와 "특수경비원의 직무 및 무기사용 등에 관한 사무"를 수행하기 위하여 불가피한 경우에 '건강에 관한 정보'를 처리할 수 있으며, "임원·경비지도사·경비원의 결격사유 확인에 관한 사무"와 "보안지도·점검 및 보안측정에 관한 사무"를 수행하기 위하여 불가피한 경우에 '범죄경력자료에 해당하는 정보'를 처리할 수 있다.

4 경비협회 및 보칙

Target · 경비업법
기출 및 예상문제

제1절 경비협회

01 경비업법령상 경비협회에 관한 설명으로 옳은 것을 모두 고른 것은? 2009년 기출

> ㄱ. 경비협회에 관하여 이 법에 특별한 규정이 있는 것을 제외하고는 민법 중 사단법인에 관한 규정을 준용한다.
> ㄴ. 경비협회를 설립하고자 할 때에는 경비지도사 5인 이상이 발기인이 되어야 한다.
> ㄷ. 경비협회의 업무로 경비업자의 징계에 관한 규정을 두고 있다.
> ㄹ. 경비협회는 경비업자의 손해배상책임을 보장하기 위하여 공제사업을 할 수 있다.
> ㅁ. 경비협회는 정관이 정하는 바에 의하여 회원으로부터 회비를 징수할 수 있다.

① ㄷ, ㅁ
② ㄱ, ㄴ, ㄹ
③ ㄱ, ㄹ, ㅁ
④ ㄱ, ㄴ, ㄷ, ㄹ, ㅁ

해설 ㄱ. 법 제22조 제4항
ㄴ. 경비협회 설립시 요구되던 발기인 요건은 폐지(2014.12.30)되었다. 따라서 현행법에 의하면 발기인 없이 경비협회를 설립할 수 있다.
ㄷ. 경비협회의 업무로 경비업자의 징계에 관한 규정은 두고 있지 않다(법 제22조 제3항 참조).
ㄹ. 법 제23조 제1항 제1호
ㅁ. 영 제26조 제2항

정답 ③

02 경비업법령상 경비협회에 관한 설명으로 옳은 것은? 2010년 기출

① 경비협회를 설립하려는 경우 정관을 작성하여야 하며 법인으로 하여야 한다.
② 경비협회에 관하여 경비업법 규정 이외는 민법 중 재단법인에 관한 규정을 준용한다.
③ 경비협회는 경비원의 복지향상을 위한 공제사업을 할 수 없다.
④ 경비협회는 공제사업의 회계를 다른 사업의 회계와 통합하여 경리하여야 한다.

해설 ① 법 제22조 제2항, 영 제26조 제1항
② 재단법인 → 사단법인(법 제22조 제4항)
③ 없다 → 있다(법 제23조 제1항)
④ 통합하여 → 구분하여(영 제27조 제1항)

 정답 ①

03 경비업법령상 경비협회에 관한 설명으로 옳은 것은? 2015년 기출

① 경비협회를 설립하려면 경비업자 10인 이상으로 구성된 발기인을 필요로 한다.
② 경비협회의 업무에는 경비진단에 관한 사항도 포함된다.
③ 경비협회는 공익법인이므로 회원으로부터 회비를 징수하여서는 아니된다.
④ 경비협회에 관하여 경비업법에 특별한 규정이 있는 것을 제외하고는 「민법」 중 재단법인에 관한 규정을 준용한다.

해설 ① 경비협회는 발기인 없이 설립할 수 있다.
② 법 제22조 제3항 제4호
③ 경비협회는 정관이 정하는 바에 의하여 회원으로부터 회비를 징수할 수 있다(영 제26조 제2항).
④ 재단법인 → 사단법인(법 제22조 제4항)

 ②

04 경비업법령상 경비협회, 공제사업에 관한 설명으로 옳지 않은 것은? 2016년 기출

① 경비협회는 법인으로 한다.
② 경비협회는 정관이 정하는 바에 의하여 회원으로부터 회비를 징수할 수 있다.
③ 경찰청장은 경비협회의 공제규정을 승인하는 때에는 미리 금융위원회와 협의하여야 한다.
④ 경비협회에 관하여 경비업법에 특별한 규정이 있는 것을 제외하고는 민법 중 재단법인에 관한 규정을 준용한다.

해설 ① 법 제22조 제2항
② 영 제26조 제2항
③ 법 제23조 제5항
④ 재단법인 → 사단법인(법 제22조 제4항)

 ④

05 경비업법령상 경비협회에 관한 설명으로 옳지 않은 것은? 2018년 기출

① 경비업자가 경비협회를 설립하려는 경우에는 정관을 작성하여야 하며, 협회는 행정안전부령에 따라 회비를 징수할 수 있다.
② 경비업자는 경비업무의 건전한 발전과 경비원의 자질 향상 및 교육훈련 등을 위하여 대통령령이 정하는 바에 따라 경비협회를 설립할 수 있다.
③ 경비협회의 업무에는 경비원의 후생·복지, 경비 진단에 관한 사항 등도 포함된다.
④ 경비업법에 특별한 규정이 있는 것을 제외하고는 「민법」 중 사단법인에 관한 규정을 준용한다.

해설 ① 협회는 '정관'이 정하는 바에 의하여 회원으로부터 회비를 징수할 수 있다(영 제26조 제2항).
②·③·④ 법 제22조 제1항·제3항·제4항

정답 ①

06 경비업법령상 경비협회에 관한 설명으로 옳지 않은 것은? 2019년 기출

① 경비업자는 경비업무의 건전한 발전과 경비원의 자질향상 및 교육훈련 등을 위하여 대통령령이 정하는 바에 따라 경비협회를 설립할 수 있다.
② 경비협회는 정관이 정하는 바에 의하여 회원으로부터 회비를 징수할 수 있다.
③ 경비협회의 업무에는 경비업무의 연구도 포함된다.
④ 경비협회에 관하여 「경비업법」에 특별한 규정이 있는 것을 제외하고는 「민법」 중 재단법인에 관한 규정을 준용한다.

해설 ① 법 제22조 제1항
② 영 제26조 제1항
③ 법 제22조 제3항 제1호
④ 재단법인 → 사단법인(법 제22조 제4항)

 ④

07 경비업법령상 경비협회에 관한 설명으로 옳지 않은 것은? 2022년 기출

① 경비업자는 경비업무의 건전한 발전과 경비원의 자질향상 및 교육훈련 등을 위하여 대통령령이 정하는 바에 따라 경비협회를 설립할 수 있다.
② 경비협회에 관하여 경비업법에 특별한 규정이 있는 것을 제외하고는 민법중 조합에 관한 규정을 준용한다.
③ 경비협회의 업무로는 경비원의 후생·복지에 관한 사항도 포함된다.
④ 경비협회는 법인으로 한다.

해설 ① 법 제22조 제1항
② 조합 → 사단법인(법 제22조 제4항)
③ 법 제22조 제3항 제3호
④ 법 제22조 제2항

 ②

08 경비업법령상 경비협회에 관한 설명으로 옳은 것은? 2023년 기출

① 경비업자는 행정안전부령이 정하는 바에 따라 경비협회를 설립할 수 있다.
② 경비협회는 경비업법에 특별한 규정이 있는 경우를 제외하고는 「민법」 중 사단법인에 관한 규정을 준용한다.
③ 경비협회는 회원으로부터 회비를 징수할 수 없다.
④ 경비진단에 관한 사항은 경비협회의 업무가 아니다.

해설 ① 행정안전부령 → 대통령령(법 제22조 제1항)
② 법 제22조 제2항
③ 없다 → 있다(영 제26조 제2항)
④ 업무가 아니다 → 업무이다(법 제22조 제3항 제4호)

 ②

09 경비업법령상 경비협회에 관한 설명으로 옳은 것은?

2024년 기출

① 경비지도사는 경비업무의 건전한 발전 등을 위하여 경비협회를 설립할 수 있다.
② 경비협회를 설립하려는 경우에는 정관을 작성하여야 한다.
③ 경비업법에 특별한 규정이 있는 것을 제외하고는 「민법」중 재단법인에 관한 규정을 준용한다.
④ 경비협회는 관할 경찰관서장의 허가를 받아 회원으로부터 회비를 징수할 수 있다.

해설 ① 경비지도사 → 경비업자(법 제22조 제1항)
② 영 제26조 제1항
③ 재단법인 → 사단법인(법 제22조 제4항)
④ 관할 경찰관서장의 허가를 받아 → 정관이 정하는 바에 의하여(영 제26조 제2항)

 ②

10 경비협회의 업무가 아닌 것은?

2005년 기출

① 경비업무의 건전한 운영과 육성에 관하여 필요한 사항
② 경비원의 교육·훈련 및 그 연구
③ 경비업 허가에 관한 사항
④ 경비원 후생·복지에 관한 사항

해설 경비협회의 업무는 ㉠ 경비업무의 연구, ㉡ 경비원 교육·훈련 및 그 연구, ㉢ 경비원의 후생·복지에 관한 사항, ㉣ 경비진단에 관한 사항, ㉤ 그 밖에 경비업무의 건전한 운영과 육성에 관하여 필요한 사항이다(법 제22조 제3항).

 ③

11 경비업법령상 경비협회의 업무에 해당되지 않는 것은?

2012년 기출

① 경비업무의 연구
② 경비진단에 관한 사항
③ 경비원의 후생·복지에 관한 사항
④ 경비지도사 및 경비원의 신분증명서의 발급

해설 경비지도사 및 경비원의 신분증명서의 발급업무는 경비협회의 업무에 해당되지 않는다(법 제22조 제3항 참조).

 ④

12 경비업법상 경비협회의 업무에 해당하지 않는 것은? 2017년 기출

① 경비원의 후생·복지에 관한 사항   ② 경비진단에 관한 사항
③ 경비지도사의 지도·감독   ④ 경비원 교육·훈련 및 그 연구

해설 경비지도사의 지도·감독은 경비협회의 업무에 해당하지 않는다(법 제22조 제3항 참조).

정답 ③

13 다음 중 경비업법상 경비협회의 업무에 해당하는 것은?

① 경비지도사의 교육·훈련 및 그 연구
② 경비업자의 후생·복지에 관한 사항
③ 보안측정에 관한 사항
④ 경비업무의 연구

해설
① 경비지도사 → 경비원(법 제22조 제3항 제2호)
② 경비업자 → 경비원(법 제22조 제3항 제3호)
③ 보안측정 → 경비진단(법 제22조 제3항 제4호)
④ 법 제22조 제3항 제1호

정답 ④

14 경비업법령상 경비협회가 공제사업을 하기 위한 목적으로 적절하지 않은 것은? 2008년 기출

① 경비원이 업무수행 중 과실로 경비대상에 입힌 손해에 대한 경비업자의 배상책임을 보장하기 위하여
② 경비원이 업무수행 중 과실로 제3자에게 입힌 손해에 대한 경비업자의 배상책임을 보장하기 위하여
③ 경비원이 업무수행 중 고의로 경비업체에 입힌 손해에 대한 경비업자의 배상책임을 보장하기 위하여
④ 경비원이 업무수행 중 고의로 경비대상에 입힌 손해에 대한 경비업자의 배상책임을 보장하기 위하여

해설 경비협회는 경비원이 업무수행 중 고의 또는 과실로 '경비대상 또는 제3자'에게 입힌 손해에 대한 경비업자의 배상책임을 보장하기 위하여 공제사업을 할 수 있다(법 제23조 제1항, 제26조 제1항·제2항).

정답 ③

15 경비업법령상 경비협회의 공제사업에 관한 설명으로 옳지 않은 것은? 2013년 기출

① 공제사업의 회계는 다른 사업의 회계와 구분하여 경리해야 한다.
② 경비업자의 후생·복지를 위한 목적으로 공제사업을 운영할 수 있다.
③ 공제사업을 하고자 하는 때에는 공제규정을 제정해야 한다.
④ 공제규정에는 공제사업의 범위와 공제계약의 내용 등 공제사업의 운영에 관하여 필요한 사항을 정해야 한다.

해설 ① 영 제27조 제1항
② 경비협회는 경비업자의 손해배상책임을 보장하기 위하여 공제사업을 할 수 있다(법 제23조 제1항 제1호).
③·④ 법 제23조 제2항·제3항

정답 ②

16 경비업법령상 경비협회에 관한 설명으로 옳은 것은? 2014년 기출

① 경비업자는 3인 이상이 발기인이 되어 경비협회를 설립할 수 있다.
② 경비협회에 관하여 경비업법에 특별한 규정이 있는 것을 제외하고는 민법 중 재단법인에 관한 규정을 준용한다.
③ 경비협회는 경비업자의 손해배상책임 보장과 소속 경비원의 고용안정 보장을 위하여 공제사업을 운영할 수 있다.
④ 경비협회의 업무에는 경비원의 후생·복지에 관한 사항 외에도 경비진단에 관한 사항도 포함된다.

해설 ① 경비협회는 발기인 없이 설립할 수 있다.
② 재단법인 → 사단법인(법 제22조 제4항)
③ 경비협회는 경비업자의 손해배상책임을 보장하기 위하여 공제사업을 할 수 있다(법 제23조 제1항 제1호).
④ 법 제22조 제4항 제3호·제4호

정답 ④

17 경비업법상 경비협회가 할 수 있는 공제사업에 해당하지 않는 것은? 2015년 기출

① 경비지도사의 손해배상책임과 형사책임을 보장하기 위한 사업
② 경비원의 복지향상과 업무상 재해로 인한 손실을 보상하는 사업
③ 경비업무와 관련한 연구 및 경비원 교육·훈련에 관한 사업
④ 경비업자가 경비업을 운영할 때 필요한 입찰보증, 계약보증, 하도급보증을 위한 사업

해설 ① 경비협회는 '경비업자'의 '손해배상책임'을 보장하기 위한 공제사업을 할 수 있다(법 제23조 제1항).
②·③·④ 법 제23조 제1항

정답 ①

18 경비업법령상 경비협회가 할 수 있는 공제사업에 해당하지 않는 것은? 2020년 기출

① 경비원의 손해배상책임을 보장하기 위한 사업
② 경비원의 복지향상과 업무상 재해로 인한 손실을 보상하는 사업
③ 경비원 교육·훈련에 관한 사업
④ 경비업자가 경비업을 운영할 때 필요한 하도급보증을 위한 사업

해설 ① 경비원 → 경비업자(법 제23조 제1항 제1호)
② · ③ · ④ 법 제23조 제1항 제3호 · 제4호 · 제2호

정답 ①

19 경비업법령상 경비협회의 업무 등에 관한 내용으로 옳지 않은 것은? 2016년 기출

① 경비협회의 업무에는 경비원의 후생·복지에 관한 사항이 포함된다.
② 경비협회는 경비업자가 경비업을 운영할 때 필요한 이행보증을 포함한 계약보증을 위한 공제사업을 할 수 있다.
③ 경비업자는 경비업무의 건전한 발전과 경비원의 자질향상 및 교육훈련 등을 위하여 행정안전부령이 정하는 바에 따라 경비협회를 설립할 수 있다.
④ 경찰청장은 경비업법에 따른 공제사업의 건전한 육성과 가입자의 보호를 위하여 공제사업의 감독에 관한 기준을 정할 수 있다.

해설 ① 법 제22조 제3항 제3호
② 법 제23조 제1항 제2호
③ 행정안전부령 → 대통령령(법 제22조 제1항)
④ 법 제23조 제4항

정답 ③

20 경비업법령상 경비협회에 관한 설명으로 옳지 않은 것은? 2017년 기출

① 경비협회는 행정안전부령이 정하는 바에 의하여 회원으로부터 회비를 징수할 수 있다.
② 경비협회는 경비업자의 손해배상책임을 보장하기 위한 사업의 공제사업을 할 수 있다.
③ 경비협회에 관한 경비업법에 특별한 규정이 있는 것을 제외하고는 민법상 사단법인에 관한 규정을 준용한다.
④ 경비협회가 공제사업을 하고자 하는 때는 공제규정을 제정하여야 하고, 경찰청장이 이 공제규정을 승인하는 경우에는 미리 금융감독위원회와 협의를 하여야 한다.

해설 ① 행정안전부령 → 정관(영 제26조 제2항)
② 법 제23조 제1항 제1호
③ 법 제22조 제4항
④ 법 제23조 제2항·제5항 ※ 논란의 여지가 있는 지문이다. 금융감독위원회가 2008.2.29. 금융위원회로 명칭이 변경되었으므로 '금융위원회'라고 하여야 정확한 지문이다.

정답 ①

21. 경비업법령상 경비협회의 공제사업에 관한 설명으로 옳은 것은? 2018년 기출

① 경비협회는 경비원의 복지 향상과 업무상 재해로 인한 손실을 보상하기 위한 공제사업을 할 수 있다.
② 경찰청장은 공제사업의 건전한 육성을 위하여 공제사업의 감독에 관한 기준을 경비협회와 협의하여 정한다.
③ 경찰청장은 공제규정을 승인하거나 공제사업의 감독에 관한 기준을 정하는 경우에는 미리 경찰공제회와 협의하여야 한다.
④ 경찰청장은 공제사업에 대하여 금융감독위원회 위원장에게 감사를 요청할 수 있다.

해설
① 법 제23조 제1항 제3호
② 경비협회 → 금융위원회(법 제23조 제4항·제5항)
③ 경찰공제회 → 금융위원회(법 제23조 제5항)
④ 경찰청장은 공제사업에 대하여 금융감독원 원장에게 검사를 요청할 수 있다(법 제23조 제6항).

정답 ①

22. 경비업법령상 공제사업을 하려는 경비협회가 공제규정의 내용으로 정할 수 없는 것은? 2019년 기출

① 공제사업의 범위
② 공제계약의 내용
③ 공제사업의 감독에 관한 기준
④ 공제금에 충당하기 위한 책임준비금

해설
공제규정에는 공제사업의 범위, 공제계약의 내용, 공제금, 공제료 및 공제금에 충당하기 위한 책임준비금 등 공제사업의 운영에 관하여 필요한 사항을 정하여야 한다(법 제23조 제3항). 공제사업의 감독에 관한 기준은 경찰청장이 정할 수 있다(동조 제4항).

정답 ③

23. 경비업법령상 경비협회의 공제사업 등에 관한 설명으로 옳지 않은 것은? 2020년 기출

① 경비협회는 공제사업을 하고자 하는 때에는 공제계약의 내용 등 필요한 사항을 정한 공제규정을 제정하여야 한다.
② 행정안전부장관은 가입자의 보호를 위하여 공제사업의 감독에 관한 기준을 정할 수 있다.
③ 경찰청장은 공제규정을 승인하는 경우에는 미리 금융위원회와 협의하여야 한다.
④ 경찰청장은 공제사업에 대하여 금융감독원의 원장에게 검사를 요청할 수 있다.

해설
① 법 제23조 제2항·제3항
② 행정안전부장관 → 경찰청장(법 제23조 제4항)
③·④ 법 제23조 제5항·제6항

정답 ②

24 경비업법령상 경비협회의 공제사업에 관한 설명으로 옳지 않은 것은? 2021년 기출

① 경비협회는 경비업자가 경비업을 운영할 때 필요한 입찰보증을 위한 공제사업을 할 수 있다.
② 공제규정에는 공제사업의 범위, 공제계약의 내용 등 공제사업의 운영에 관하여 필요한 사항을 정하여야 한다.
③ 경찰청장은 공제규정을 승인하는 경우에는 미리 금융감독원과 협의하여야 한다.
④ 공제사업을 하는 경우 공제사업의 회계는 다른 사업의 회계와 구분하여 경리하여야 한다.

> 해설 ① 법 제23조 제1항 제2호
> ② 법 제23조 제3항
> ③ 금융감독원과 → 금융위원회와(법 제23조 제5항)
> ④ 영 제27조 제1항

정답 ③

25 경비업법령상 경비협회의 공제사업에 관한 내용으로 옳지 않은 것은? 2022년 기출

① 경비협회는 경비업자의 손해배상책임을 보장하기 위한 공제사업을 할 수 있다.
② 경비협회는 경비원의 복지향상을 위한 공제사업을 할 수 없다.
③ 경비협회는 공제사업을 하고자 하는 때에는 공제규정을 제정하여야 한다.
④ 경비협회는 경비업자가 경비업을 운영할 때 필요한 입찰보증, 계약보증(이행보증을 포함한다), 하도급보증을 위한 공제사업을 할 수 있다.

> 해설 ① 법 제23조 제1항 제1호
> ② 없다 → 있다(법 제23조 제1항 제3호)
> ③ 법 제23조 제2항
> ④ 법 제23조 제1항 제2호

정답 ②

26 경비업법령상 경비협회의 공제사업에 관한 설명으로 옳지 않은 것은? 2023년 기출

① 경비협회는 공제사업을 하는 경우 공제사업의 회계는 다른 사업의 회계와 통합하여 경리하여야 한다.
② 경비협회는 경비원의 복지향상과 업무상 재해로 인한 손실을 보상하는 공제사업을 할 수 있다.
③ 경비협회는 경비업자의 손해배상책임을 보장하기 위한 공제사업을 할 수 있다.
④ 경비협회는 경비업을 운영할 때 필요한 입찰보증, 계약보증(이행보증 포함), 하도급보증을 위한 공제사업을 할 수 있다.

> 해설 ① 통합하여 → 구분하여(영 제27조 제1항)
> ②·③·④ 법 제23조 제1항 제3호·제1호·제2호

정답 ①

27 경비업법령상 경비협회의 공제사업에 관한 설명으로 옳지 않은 것은?

2024년 기출

① 경비협회는 공제사업을 하고자 하는 때에는 공제사업의 운영에 관하여 필요한 사항에 대하여 공제규정을 제정하여야 한다.
② 경비협회는 공제사업의 회계를 다른 사업의 회계와 구분하여 경리하여야 한다.
③ 경찰청장은 공제사업에 대하여 금융위원회에게 검사를 요청할 수 있다.
④ 경찰청장은 공제사업의 건전한 육성과 가입자의 보호를 위하여 공제사업의 감독에 관한 기준을 정할 수 있다.

해설
① 법 제23조 제2항·제3항
② 영 제27조 제1항
③ 금융위원회 → 금융감독원의 원장(법 제23조 제6항)
④ 법 제23조 제4항

정답 ③

28 다음 중 경비협회의 공제사업과 관련한 설명으로 옳은 것은 모두 몇 개인가?

ㄱ. 공제규정에는 공제사업의 목적, 손해배상책임의 내용 등 공제사업의 운영에 필요한 사항을 정하여야 한다.
ㄴ. 시·도경찰청장은 공제사업의 건전한 육성과 가입자의 보호를 위하여 공제사업의 감독에 관한 기준을 정할 수 있다.
ㄷ. 경찰청장은 공제규정을 승인하거나 공제사업의 감독에 관한 기준을 정하는 경우에는 미리 금융감독원의 원장과 협의하여야 한다.
ㄹ. 경찰청장은 공제사업에 대하여 「금융위원회의 설치 등에 관한 법률」에 따른 금융감독원의 원장에게 감독을 요청할 수 있다.

① 1개 ② 3개
③ 4개 ④ 없음

해설
ㄱ. 목적, 손해배상책임의 내용 → 범위, 공제계약의 내용(법 제23조 제3항)
ㄴ. 시·도경찰청장 → 경찰청장(법 제23조 제4항)
ㄷ. 금융감독원의 원장과 → 금융위원회와(법 제23조 제5항)
ㄹ. 감독을 → 검사를(법 제23조 제6항)

정답 ④

제2절 보 칙

01 경비업법령상 지도·감독 등에 관한 설명으로 틀린 것은?   2008년 기출

① 경찰청장 또는 시·도경찰청장은 경비업무의 적정한 수행을 위하여 경비업자 및 경비지도사를 지도·감독하며 필요한 명령을 할 수 있다.
② 시·도경찰청장은 대통령령이 정하는 바에 따라 특수경비업자에 대하여 보안지도·점검을 실시하여야 한다.
③ 시·도경찰청장은 특수경비업자에 대하여 연 2회 이상의 보안지도·점검을 실시하여야 한다.
④ 이 법에 의한 경찰청장의 권한은 경찰청장의 재량으로 그 일부를 시·도경찰청장에게 위임할 수 있다.

해설
① 법 제24조 제1항
② 법 제25조
③ 영 제29조
④ 경찰청장의 재량으로 → 대통령령이 정하는 바에 따라(법 제27조 제1항)

 ④

02 경비업법령상 지도·감독에 관한 설명으로 옳은 것은?   2009년 기출수정

① 시·도경찰청장 또는 관할 경찰관서장은 경비업무의 적정한 수행을 위하여 경비업자 및 경비지도사를 지도·감독하여 필요한 명령을 할 수 있다.
② 경찰청장은 경비지도사의 시험에 관한 업무를 대통령령이 정하는 바에 따라 관계전문기관 또는 단체에 위탁할 수 있다.
③ 관할 경찰관서장은 특수경비업자에 대하여 보안지도·점검을 실시하여야 하고 필요한 경우 관계기관에 보안측정을 요청하여야 한다.
④ 경찰청장 또는 시·도경찰청장은 소속 경찰공무원으로 하여금 경비업자의 주사무소 및 출장소와 경비원 배치장소에 출입하여 감독에 필요한 명령을 하게 할 수 있다.

해설
① 시·도경찰청장 또는 관할 경찰관서장 → 경찰청장 또는 시·도경찰청장(법 제24조 제1항)
② 법 제27조 제2항
③ 관할 경찰관서장 → 시·도경찰청장(법 제25조)
④ 경찰청장 또는 시·도경찰청장 → 시·도경찰청장 또는 관할 경찰관서장(법 제24조 제2항)

 ②

03 경비업법령상 경찰관서장의 지도·감독·점검에 관한 설명으로 옳은 것은? 2014년 기출

① 시·도경찰청장 또는 관할 경찰관서장은 경비업무의 적정한 수행을 위하여 경비업자 및 경비지도사를 지도·감독하며 필요한 명령을 할 수 있다.
② 시·도경찰청장은 특수경비업자에 대하여 연 1회 이상의 보안지도·점검을 실시하고, 필요한 경우 관계기관에 보안측정을 요청해야 한다.
③ 시·도경찰청장 또는 관할 경찰관서장은 소속 경찰공무원으로 하여금 관할구역 안에 있는 경비업자의 주사무소 및 출장소와 경비원 배치장소에 출입하여 감독하며 필요한 명령을 하게 할 수 있다.
④ 시·도경찰청장 또는 관할 경찰관서장은 경비업자 또는 배치된 경비원이 경비업법을 위반하는 행위를 하는 경우 그 위반행위의 중지를 명해야 한다.

해설 ① 시·도경찰청장 또는 관할 경찰관서장 → 경찰청장 또는 시·도경찰청장(법 제24조 제1항)
② 연 1회 → 연 2회(영 제29조)
③ 법 제24조 제2항
④ 명해야 한다 → 명할 수 있다(법 제24조 제3항)

정답 ③

04 경비업법상 경비업자 및 경비지도사에 대한 감독에 관한 설명으로 옳지 않은 것은? 2015년 기출

① 경찰청장 또는 시·도경찰청장은 경비업무의 적정한 수행을 위하여 경비업자 및 경비지도사를 지도·감독하며 필요한 명령을 할 수 있다.
② 관할 경찰관서장은 배치된 경비원이 경비업법을 위반하는 행위를 하는 경우 그를 지도·감독하는 경비지도사의 자격을 취소하여야 한다.
③ 시·도경찰청장 또는 관할 경찰관서장은 경비업무 장소가 집단민원현장으로 판단되는 경우에는 그 때부터 48시간 이내에 경비업자에게 경비원 배치 허가를 받을 것을 고지하여야 한다.
④ 시·도경찰청장 또는 관할 경찰관서장은 소속 경찰공무원으로 하여금 관할구역안에 있는 경비업자의 주사무소 및 출장소와 경비원배치장소에 출입하여 근무상황 및 교육훈련상황 등을 감독하며 필요한 명령을 하게 할 수 있다.

해설 ① 법 제24조 제1항
② 경비지도사의 자격취소사유에 해당하지 않는다(법 제20조 제1항 참조).
③ 법 제24조 제4항
④ 법 제24조 제2항

정답 ②

05 경비업법상 시·도경찰청장은 경비업무 장소가 집단민원현장으로 판단되는 경우에는 그 때부터 몇 시간 이내에 경비업자에게 경비원 배치 허가를 받을 것을 고지하여야 하는가? 2016년 기출

① 48시간
② 60시간
③ 72시간
④ 84시간

해설 시·도경찰청장 또는 관할 경찰관서장은 경비업무 장소가 집단민원현장으로 판단되는 경우에는 그 때부터 '48시간' 이내에 경비업자에게 경비원 배치 허가를 받을 것을 고지하여야 한다(법 제24조 제4항).

정답 ①

06 경비업법령상 경찰청장 등의 지도·감독·점검에 관한 설명으로 옳지 않은 것은? 2017년 기출

① 시·도경찰청장은 특수경비업자에 대하여 보안지도·점검을 연 2회 이상 실시하여야 한다.
② 관할경찰관서장은 경비업자가 경비업법을 위반하는 행위를 하는 경우 그 위반행위의 중지를 명할 수 있다.
③ 시·도경찰청장은 경비업무 장소가 집단민원현장으로 판단되는 경우에는 그 때부터 7일 이내에 경비업자에게 경비원 배치 허가를 받을 것을 고지하여야 한다.
④ 관할경찰관서장은 소속 경찰공무원으로 하여금 관할구역 안에 있는 경비업자의 주사무소 및 출장소와 경비원배치장소에 출입하여 근무상황 및 교육훈련상황 등을 감독하며 필요한 명령을 하게 할 수 있다.

해설
① 법 제25조, 영 제29조
② 법 제24조 제3항
③ 7일 이내 → 48시간 이내(법 제24조 제4항)
④ 법 제24조 제2항

정답 ③

07 특수경비업자는 보안지도·점검을 연 2회 이상 받아야 한다. 이때 보안지도·점검의 실시권자는? 2005년 기출

① 경찰청장
② 시·도경찰청장
③ 경찰서장
④ 시설주

해설 '시·도경찰청장'은 특수경비업자에 대하여 연 2회 이상의 보안지도·점검을 실시하여야 한다(영 제29조).

정답 ②

08 경비업법령상 경비업자에 대한 보안지도·점검에 관한 내용이다. (   ) 안에 들어갈 내용을 순서대로 옳게 나열한 것은? 2015년 기출

| 시·도경찰청장은 (   )에 대하여 연 (   )회 이상의 보안지도·점검을 실시하여야 한다. |

① 특수경비업자, 1
② 기계경비업자, 1
③ 특수경비업자, 2
④ 기계경비업자, 2

해설 시·도경찰청장은 '특수경비업자'에 대하여 연 '2회' 이상의 보안지도·점검을 실시하여야 한다(영 제29조).

정답 ③

09 경비업법령상 감독, 보안지도·점검 등에 관한 설명으로 옳지 않은 것은? 2011년·2018년 기출

① 시·도경찰청장은 경비업무의 적정한 수행을 위하여 경비지도사를 지도·감독하며 필요한 명령을 할 수 있다.
② 시·도경찰청장은 특수경비업자에 대하여 보안지도·점검을 연 1회 이상 실시하여야 한다.
③ 시·도경찰청장은 경비업무 장소가 집단민원현장으로 판단되는 경우에는 그 때부터 48시간 이내에 경비업자에게 배치 허가를 받을 것을 고지하여야 한다.
④ 시·도경찰청장은 배치된 경비원이 「폭력행위 등 처벌에 관한 법률」을 위반하는 행위를 하는 경우 그 위반행위의 중지를 명할 수 있다.

해설
① 법 제24조 제1항
② 연 1회 → 연 2회(영 제29조)
③ 법 제24조 제4항
④ 법 제24조 제3항

정답 ②

10 경비업법령상 시·도경찰청장 등의 감독과 보안지도점검에 관한 내용이다. ( )에 들어갈 숫자가 순서대로 옳은 것은? 2020년 기출

- 시·도경찰청장 또는 관할 경찰관서장은 경비업무 장소가 집단민원현장으로 판단되는 경우에는 그 때부터 ( )시간 이내에 경비업자에게 경비원 배치 허가를 받을 것을 고지하여야 한다.
- 시·도경찰청장은 특수경비업자에 대하여 연 ( )회 이상의 보안지도·점검을 실시하여야 한다.

① 24, 2
② 24, 4
③ 48, 2
④ 48, 4

해설 "48시간" 이내에 경비업자에게 경비원 배치 허가를 받을 것을 고지하여야 하며(법 제24조 제4항), 연 "2회" 이상의 보안지도·점검을 실시하여야 한다(법 제25조, 영 제29조).

정답 ③

11 경비업법령상 감독 및 보안지도·점검 등에 관한 설명으로 옳지 않은 것은? 2021년 기출

① 시·도경찰청장은 경비업무의 적정한 수행을 위하여 경비업자 및 경비지도사를 지도·감독하며 필요한 명령을 할 수 있다.
② 시·도경찰청장은 경비업무 장소가 집단민원현장으로 판단되는 경우에는 그 때부터 24시간 이내에 경비업자에게 경비원 배치 허가를 받을 것을 고지하여야 한다.
③ 시·도경찰청장은 특수경비업자에 대하여 연 2회 이상의 보안지도·점검을 실시하여야 한다.
④ 시·도경찰청장은 배치된 경비원이 「폭력행위 등 처벌에 관한 법률」을 위반하는 행위를 하는 경우 그 위반행위의 중지를 명할 수 있다.

해설 ① 법 제24조 제1항
② 24시간 → 48시간(법 제24조 제4항)
③ 영 제29조
④ 법 제24조 제3항

정답 ②

12 경비업법령상 감독 및 보안지도·점검에 관한 설명으로 옳지 않은 것은? 2022년 기출

① 시·도경찰청장 또는 관할 경찰관서장은 소속 경찰공무원으로 하여금 관할구역안에 있는 경비업자의 주사무소 및 출장소와 경비원배치장소에 출입하여 근무상황 및 교육훈련상황 등을 감독하며 필요한 명령을 하게 할 수 있다.
② 시·도경찰청장 또는 관할 경찰관서장은 경비업자 또는 배치된 경비원이 「폭력행위 등 처벌에 관한 법률」을 위반하는 행위를 하는 경우 그 위반행위의 중지를 명할 수 있다.
③ 관할 경찰서장은 특수경비업자에 대하여 연 2회 이상의 보안지도·점검을 실시하여야 한다.
④ 경찰청장 또는 시·도경찰청장은 경비업무의 적정한 수행을 위하여 경비업자 및 경비지도사를 지도·감독하며 필요한 명령을 할 수 있다.

해설 ①·② 법 제24조 제2항·제3항
③ 관할 경찰서장 → 시·도경찰청장(영 제29조)
④ 법 제24조 제1항

정답 ③

13 경비업법령상 감독 및 보안지도·점검에 관한 설명으로 옳지 않은 것은? 2024년 기출

① 시·도경찰청장은 경비업무의 적정한 수행을 위하여 경비지도사를 지도·감독하며 필요한 명령을 할 수 있다.
② 관할 경찰관서장은 소속 경찰공무원으로 하여금 관할구역안에 있는 경비업자의 주사무소에 출입하여 근무상황을 감독하며 필요한 명령을 하게 할 수 있다.
③ 시·도경찰청장은 배치된 경비원이 경비업법에 따른 명령을 위반하는 행위를 하는 경우 그 위반행위의 중지를 명할 수 있다.
④ 관할 경찰관서장은 경비업무 장소가 집단민원현장으로 판단되는 경우에는 그 때부터 48시간 이내에 경비지도사에게 경비원 배치 허가를 받을 것을 고지하여야 한다.

해설 ①·②·③ 법 제24조 제1항·제2항·제3항
④ 경비지도사 → 경비업자(법 제24조 제4항)

정답 ④

14 다음은 경비업법령의 내용이다. ( ) 안에 들어갈 내용이 바르게 연결된 것은?

(ㄱ)은 행사장, 그 밖에 많은 사람이 모이는 시설 또는 장소(행사장등)에서 혼잡 등으로 인한 위험의 발생을 방지하기 위하여 경비가 필요하다고 인정하는 경우에는 (ㄴ)나 시설 또는 장소의 관리자에게 행사장등에 경비원을 배치하도록 요청할 수 있으며, 요청을 할 때 (ㄴ)나 시설 또는 장소의 관리자에게 행사장등에 경비원을 배치할 수 없다고 판단되는 경우에는 행사개최일 또는 많은 사람이 모이는 날 (ㄷ) 전까지 그 사실을 통지해 줄 것을 함께 요청할 수 있다.

	ㄱ	ㄴ	ㄷ
①	경찰청장 또는 시·도경찰청장	경비업자	1일
②	시·도경찰청장 또는 경찰서장	행사의 주최자	3일
③	경찰청장 또는 시·도경찰청장	경비업자	7일
④	시·도경찰청장 또는 경찰서장	행사의 주최자	1일

해설 경비업법 시행령 제30조의 내용이다.

정답 ④

15 경비업법령상의 내용에 관한 설명으로 옳지 않은 것은?   2010년 기출

① 경비지도사 시험을 실시하고자 하는 때에는 응시자격, 시험과목, 시험일시, 시험장소 및 선발예정인원 등을 시험시행일 90일 전까지 공고하여야 한다.
② 특수경비원은 국가중요시설의 경비를 위하여 무기를 사용하지 아니하고는 다른 수단이 없다고 인정되는 때에는 무기를 사용할 수 있지만, 이 경우에도 필요한 한도 안에서만 무기를 사용할 수 있다.
③ 관할경찰관서장은 시설주의 신청에 의하여 특수경비원이 배치된 국가중요시설 등에 경비전화를 가설할 수 있는데 이 경우 소요경비는 경비업자의 부담으로 하여야 한다.
④ 경비업의 허가사항의 변경신고로 인하여 허가증을 재교부받고자 하는 경우에는 2천원의 수수료를 납부하여야 한다.

해설 ① 영 제11조 제2항
② 법 제14조 제8항
③ 경비업자의 부담 → 시설주의 부담(규칙 제25조 제2항)
④ 영 제28조 제1항 제2호

정답 ③

16 다음은 경비업법에 규정된 보칙에 대한 내용이다. 옳은 것은?

① 시·도경찰청장 또는 관할 경찰관서장은 경비업자 또는 배치된 경비원이 이 법이나 이 법에 따른 명령, 「폭력행위 등 처벌에 관한 법률」을 위반하는 행위를 하는 경우 그 위반행위의 중지를 명할 수 있다.
② 시·도경찰청장 또는 관할 경찰관서장은 경비업무 장소가 집단민원현장으로 판단되는 경우에는 배치한 때로부터 48시간 이내에 경비업자에게 경비원 배치 허가를 받을 것을 고지할 수 있다.
③ 시·도경찰청장은 대통령령이 정하는 바에 따라 특수경비업자에 대하여 보안지도·점검을 실시하여야 하고, 필요한 경우 관할 경찰관서장에게 보안측정을 요청하여야 한다.
④ 경찰청장은 경비원의 교육에 관한 업무를 대통령령이 정하는 바에 따라 관계전문기관 또는 단체에 위탁할 수 있다.

> 해설
> ① 법 제24조 제3항
> ② 배치한 때로부터 → 그 때부터 / 고지할 수 있다 → 고지하여야 한다(법 제24조 제4항)
> ③ 관할 경찰관서장에게 → 관계기관에(법 제25조)
> ④ 경비원 → 경비지도사(법 제27조 제2항)

 ①

17 경비업법에 관한 설명으로 옳지 않은 것은?   2016년 기출

① 경비업자는 경비원이 업무수행 중 고의로 제3자에게 손해를 입힌 경우에는 이를 배상하여야 한다.
② 경비업자는 경비원이 업무수행 중 과실로 제3자에게 손해를 입힌 경우에는 배상책임이 면제된다.
③ 경비업자는 경비원이 업무수행 중 고의 또는 과실로 경비대상에 손해가 발생하는 것을 방지하지 못한 때에는 그 손해를 배상하여야 한다.
④ 기계경비업자는 대응조치 등 업무의 원활한 운영과 개선을 위하여 대통령령이 정하는 바에 따라 관련 서류를 작성·비치하여야 한다.

> 해설
> ①·② 경비업자는 경비원이 업무수행 중 '고의 또는 과실'로 제3자에게 손해를 입힌 경우에는 이를 배상하여야 한다(법 제26조 제2항).
> ③ 법 제26조 제1항
> ④ 법 제9조 제2항

 ②

18 경비업법상 경비업자의 손해배상책임이 발생하지 않은 것은?   2017년 기출

① 경비원 갑(甲)이 업무수행 중 무과실로 경비대상에 손해가 발생하는 것을 방지하지 못한 경우
② 경비원 을(乙)이 업무수행 중 고의로 제3자에게 손해를 입힌 경우
③ 경비원 병(丙)이 업무수행 중 과실로 제3자에게 손해를 입힌 경우
④ 경비원 정(丁)이 업무수행 중 고의로 경비대상에 손해가 발생하는 것을 방지하지 못한 경우

> 해설 ① 경비업자는 경비원이 업무수행 중 '고의 또는 과실'로 경비대상에 손해가 발생하는 것을 방지하지 못한 때에는 그 손해를 배상하여야 한다(법 제26조 제1항). 따라서 무과실인 경우에는 경비업자의 손해배상책임이 발생하지 않는다.
> ②·③ 법 제26조 제2항 참조
> ④ 법 제26조 제1항 참조

 정답 ①

19 경비업법령상 경비업자의 손해배상책임이 발생하는 것을 모두 고른 것은?   2018년 기출

> ㄱ. 경비원이 업무수행 중 고의로 경비대상에 손해가 발생하는 것을 방지하지 못한 경우
> ㄴ. 경비원이 업무수행 중 고의로 제3자에게 손해를 입힌 경우
> ㄷ. 경비원이 업무수행 중 과실로 경비대상에 손해가 발생하는 것을 방지하지 못한 경우
> ㄹ. 경비원이 업무수행 중 과실로 제3자에게 손해를 입힌 경우

① ㄱ, ㄴ
② ㄱ, ㄷ, ㄹ
③ ㄴ, ㄷ, ㄹ
④ ㄱ, ㄴ, ㄷ, ㄹ

> 해설 ㄱ, ㄴ, ㄷ, ㄹ 모두 경비업자의 손해배상책임이 발생한다(법 제26조 참조).

 정답 ④

20 경비업법령상 경비업자의 책임에 관한 설명으로 옳지 않은 것은?   2020년 기출

① 경비업자는 경비원이 업무수행 중 고의로 경비대상에 손해가 발생하는 것을 방지하지 못한 때에는 그 손해를 배상하여야 한다.
② 경비업자는 경비원이 업무수행 중 고의로 제3자에게 손해를 입힌 경우에는 이를 배상하여야 한다.
③ 경비업자는 경비원이 업무수행 중 과실로 제3자에게 손해를 입힌 경우에는 이를 배상할 책임이 없다.
④ 경비업자는 경비원이 업무수행 중 과실로 경비대상에 손해가 발생하는 것을 방지하지 못한 때에는 그 손해를 배상하여야 한다.

> 해설 ①·④ 법 제26조 제1항
> ②·③ 경비업자는 경비원이 업무수행 중 고의 또는 과실로 제3자에게 손해를 입힌 경우에는 이를 배상하여야 한다(법 제26조 제2항).

정답 ③

21 경비업법령상 경비업자의 손해배상책임이 발생하는 것은?　　　　　　2022년 기출

① 경비원이 업무수행중이 아닌 때에 고의로 경비대상에 손해가 발생하는 것을 방지하지 못한 경우
② 경비원이 업무수행중 무과실로 경비대상에 손해가 발생하는 것을 방지하지 못한 경우
③ 경비원이 업무수행중 고의로 제3자에게 손해를 입힌 경우
④ 경비원이 업무수행중이 아닌 때에 과실로 제3자에게 손해를 입힌 경우

해설　①·② 경비업자는 경비원이 업무수행중 고의 또는 과실로 경비대상에 손해가 발생하는 것을 방지하지 못한 때에는 그 손해를 배상하여야 한다(법 제26조 제1항).
③·④ 경비업자는 경비원이 업무수행중 고의 또는 과실로 제3자에게 손해를 입힌 경우에는 이를 배상하여야 한다(법 제26조 제2항).

정답 ③

22 경비업법령상 경비업자의 책임에 관한 설명으로 옳은 것은?　　　　　　2024년 기출

① 경비업자는 경비원이 업무수행중 경비대상에 손해가 발생하는 것을 방지하여도 손해를 배상하여야 한다.
② 경비업자는 경비원이 업무수행중 고의로 제3자에게 손해를 입힌 경우에는 그 손해가 발생하는 것을 방지하지 못한 때에만 배상할 책임이 있다.
③ 경비업자는 경비원이 업무수행중 과실로 제3자에게 손해를 입힌 경우에도 이를 배상하여야 한다.
④ 경비업자는 경비원이 업무수행중 과실로 경비대상에 손해가 발생하는 것을 방지하지 못한 때에는 그 손해를 배상할 책임이 없다.

해설　① 경비업자는 경비원이 업무수행중 고의 또는 과실로 경비대상에 손해가 발생하는 것을 방지하지 못한 때에는 그 손해를 배상하여야 한다(법 제26조 제1항). 따라서 손해가 발생하는 것을 방지한 때에는 배상할 책임이 없다.
②·③ 경비업자는 경비원이 업무수행중 고의 또는 과실로 제3자에게 손해를 입힌 경우에는 이를 배상하여야 한다(법 제26조 제2항).
④ 없다 → 있다(법 제26조 제1항)

정답 ③

23
A경비법인에 소속된 경비원 B는 근무가 없는 일요일 자신이 파견되어 있는 OO은행앞에서 우연히 지나가던 행인과 말다툼을 하다가 행인을 폭행하였다. 행인은 전치 3주의 상해를 입었다. 이에 관한 설명으로 맞는 것은? *2006년 기출*

① 경비업자 A는 소속 경비원이 타인에게 가한 손해이므로 배상책임을 진다.
② 업무수행 중의 손해가 아니기 때문에 경비원 B가 개인적으로 손해배상책임을 진다.
③ 관할 경찰서장이 손해배상책임을 진다.
④ 만약 경비원이 업무수행 중에 제3자에게 과실로 손해를 가한 경우라면 이에 대한 배상책임은 경비원이 진다.

해설 경비원이 '업무수행 중' 고의 또는 과실로 제3자에게 손해를 입힌 경우는 '경비업자'가 이에 대한 배상책임을 진다(법 제26조 제2항 참조). 그러나 업무수행 중이 아닌 경우에는 경비원이 배상책임을 져야 한다.

정답 ②

24
경비업법령상 권한의 위임 및 위탁 등에 관한 설명으로 옳지 않은 것은? *2013년 기출*

① 경비업법에 의한 경찰청장의 권한은 대통령령이 정하는 바에 따라 그 일부를 시·도경찰청장에게 위임할 수 있다.
② 경찰청장은 경비지도사의 자격의 취소 및 정지에 관한 권한을 시·도경찰청장에게 위임한다.
③ 경찰청장은 경비지도사 자격의 취소 및 정지에 관한 청문의 권한을 시·도경찰청장에게 위임한다.
④ 경찰청장은 경비지도사시험의 관리에 관한 업무를 경비업무에 관한 인력과 전문성을 갖추고 경찰관서장이 지정하여 고시한 기관 또는 단체에 위임할 수 있다.

해설
① 법 제27조 제1항
②·③ 영 제31조 제1항 제1호·제2호
④ 경찰청장 또는 경찰관서장은 경비지도사시험의 관리에 관한 업무를 경비업무에 관한 인력과 전문성을 갖춘 기관 또는 단체로서 '경찰청장'이 지정하여 고시하는 기관 또는 단체에 '위탁'한다(영 제31조 제2항).

정답 ④

25
경비업법령상 경찰청장이 시·도경찰청장에게 위임할 수 있는 권한에 해당하는 것은? *2014년 기출*

① 경비지도사의 자격의 취소 및 정지
② 경비지도사 시험의 관리
③ 경비지도사에 대한 기본교육 및 보수교육
④ 경비업 허가의 취소 및 영업정지

해설 ②는 관계전문기관 또는 단체에 위탁할 수 있는 업무이며(법 제27조, 영 제31조 참조), ③은 경비지도사 교육기관에 위탁할 수 있는 업무이다(법 제11조의3 제1항). ④는 위임 및 위탁 권한이 아니다.

정답 ①

26 경비업법령상 경찰청장이 시·도경찰청장에게 위임할 수 있는 권한에 해당하지 않는 것은?

2015년·2018년 기출

① 경비지도사의 자격의 취소에 관한 권한
② 경비지도사의 자격의 정지에 관한 권한
③ 경비지도사의 자격의 정지에 관한 청문의 권한
④ 경비지도사 시험의 관리 및 자격증의 교부에 관한 권한

해설 ①·②·③ 영 제31조 제1항
④ 경비지도사 시험의 관리 및 자격증의 교부에 관한 권한은 위임할 수 있는 권한이 아니다(영 제31조 제1항 참조).

정답 ④

27 경비업법령상 경찰청장 권한의 위임사항에 해당하지 않는 것은?

2006년·2020년 기출

① 경비지도사 시험 및 교육
② 경비지도사 자격의 취소
③ 경비지도사 자격의 정지
④ 경비지도사 자격의 취소 및 정지에 관한 청문

해설 ① 경찰청장은 경비지도사의 시험에 관한 업무를 대통령령이 정하는 바에 따라 관계전문기관 또는 단체에 '위탁'할 수 있다(법 제27조 제2항). 또한 경찰청장은 경비지도사에 대한 기본교육 및 보수교육에 관한 업무를 경비지도사 교육기관에 '위탁'할 수 있다(법 제11조의3 제1항).
②·③·④ 영 제31조 제1항

정답 ①

28 경비업법령상 경찰청장이 시·도경찰청장에게 위임한 권한에 해당하는 것은?

2017년 기출

① 경비업의 허가권한
② 경비지도사자격증의 교부권한
③ 경비지도사 자격의 취소·정지에 관한 청문의 권한
④ 경비협회의 공제사업에 대한 금융감독원장의 검사요청권한

해설 경찰청장은 경비지도사의 자격의 취소 및 정지에 관한 권한, 경비지도사 자격의 취소 및 정지에 관한 청문의 권한을 시·도경찰청장에게 위임한다(영 제31조 제1항).

정답 ③

29 경비업법령상 경찰청장이 시·도경찰청장에게 위임할 수 있는 사항에 해당하지 않는 것은?

2021년·2022년 기출

① 경비지도사의 자격의 취소 및 정지에 관한 청문
② 경비지도사의 교육에 관한 업무
③ 경비지도사의 자격의 취소
④ 경비지도사의 자격의 정지

해설 ①·③·④ 영 제31조 제1항 참조
② 경찰청장은 경비지도사에 대한 기본교육 및 보수교육에 관한 업무를 경비지도사 교육기관에 '위탁'할 수 있다(법 제11조의3 제1항 참조).

정답 ②

30 경비업법령상 경찰청장이 시·도경찰청장에게 위임하는 권한은?
2023년 기출

① 경비협회의 공제사업에 대한 금융감독원장의 검사요청권한
② 경비지도사 자격증의 교부권한
③ 경비지도사 자격의 취소에 관한 권한
④ 경비지도사 시험의 관리에 관한 권한

해설 경비지도사 자격의 취소 및 정지에 관한 권한, 경비지도사 자격의 취소 및 정지에 관한 청문의 권한을 위임한다(영 제31조 제1항 참조).

정답 ③

31 경비업법령상 경찰청장의 권한이 시·도경찰청장에게 위임되어 있는 것을 모두 고른 것은?
2024년 기출

ㄱ. 경비지도사 자격의 취소권한
ㄴ. 경비지도사 자격증의 교부권한
ㄷ. 경비지도사 시험의 관리에 관한 권한
ㄹ. 경비지도사 자격의 정지에 관한 청문권한

① ㄱ, ㄴ
② ㄱ, ㄹ
③ ㄴ, ㄷ
④ ㄷ, ㄹ

해설 ㄱ·ㄹ. 경찰청장은 경비지도사의 자격의 취소·정지에 관한 권한, 경비지도사 자격의 취소·정지에 관한 청문의 권한을 시·도경찰청장에게 위임한다(영 제31조 제1항).
ㄴ. 경찰청장은 기본교육을 받은 자에게 경비지도사자격증을 교부하여야 한다(법 제11조 제2항). 즉, 자격증의 교부권한은 위임권한에 해당하지 않는다.
ㄷ. 경찰청장은 경비지도사의 시험에 관한 업무를 대통령령이 정하는 바에 따라 관계전문기관 또는 단체에 위탁할 수 있다(법 제27조 제2항).

정답 ②

32 경비업법령상 위임에 관한 내용이다. ( )에 들어갈 내용이 바르게 연결된 것은? 2019년 기출

> 경비업법에 의한 경찰청장의 권한은 대통령령이 정하는 바에 따라 그 일부를 (ㄱ)에게 위임할 수 있다고 하는데, 위임되는 권한에는 (ㄴ)에 관한 권한이 포함된다.

① ㄱ: 시·도경찰청장, ㄴ: 경비지도사시험 관리 및 경비지도사 교육업무
② ㄱ: 관할 경찰서장, ㄴ: 경비지도사시험 관리 및 경비지도사 교육업무
③ ㄱ: 시·도경찰청장, ㄴ: 경비지도사 자격의 취소 및 정지
④ ㄱ: 관할 경찰서장, ㄴ: 경비지도사 자격의 취소 및 정지

해설 경찰청장은 경비지도사 자격의 취소 및 정지에 관한 권한, 경비지도사 자격의 취소 및 정지에 관한 청문의 권한을 시·도경찰청장에게 위임한다(영 제31조 제1항). 경비지도사시험의 관리에 관한 업무, 경비지도사에 대한 기본교육 및 보수교육에 관한 업무는 위탁업무에 해당한다(영 제31조 제2항, 법 제11조의3 제1항 참조).

정답 ③

33 경비업법에 관한 규정이다. ( ) 안에 들어갈 내용으로 올바르게 짝지어진 것은? 2016년 기출

> • 경찰청장은 경비지도사의 시험에 관한 업무를 대통령령이 정하는 바에 따라 관계전문기관 또는 단체에 (ㄱ)할 수 있다.
> • 경비업법에 의한 경찰청장의 권한은 대통령령이 정하는 바에 따라 그 일부를 시·도경찰청장에게 (ㄴ)할 수 있다.

① ㄱ: 위탁, ㄴ: 위임
② ㄱ: 위임, ㄴ: 위임
③ ㄱ: 위임, ㄴ: 위탁
④ ㄱ: 위탁, ㄴ: 위탁

해설 ㄱ에는 위탁, ㄴ에는 위임이 들어가야 한다(법 제27조 제1항·제2항 참조).

정답 ①

34 경비업법령상 경찰청장으로부터 경비지도사의 시험에 관한 업무를 위탁받은 단체의 임직원이 공무원으로 의제되어 적용받는 형법상의 규정은? 2019년 기출

① 형법 제123조(직권남용)
② 형법 제127조(공무상 비밀의 누설)
③ 형법 제129조(수뢰, 사전수뢰)
④ 형법 제227조(허위공문서작성등)

해설 위탁받은 업무에 종사하는 관계전문기관 또는 단체의 임직원은 「형법」 제129조부터 제132조(수뢰, 사전수뢰, 제3자뇌물제공, 수뢰후부정처사, 사후수뢰, 알선수뢰)까지의 규정을 적용할 때에는 공무원으로 본다(법 제27조의3).

정답 ③

35 경비업법령상 경찰청장으로부터 경비지도사의 시험에 관한 업무를 위탁받은 단체의 임직원이 공무원으로 의제되어 적용받는 형법상의 규정에 해당하지 않는 것은? 2021년 기출

① 형법 제127조(공무상 비밀의 누설) ② 형법 제129조(수뢰, 사전수뢰)
③ 형법 제130조(제삼자뇌물제공) ④ 형법 제132조(알선수뢰)

해설 벌칙 적용에서 공무원으로 의제되는 형법상의 규정은 수뢰·사전수뢰, 제삼자뇌물제공, 수뢰후부정처사, 사후수뢰, 알선수뢰이다(법 제27조의3 참조).

정답 ①

---

36 경비업법령상 경찰청장으로부터 경비지도사의 시험에 관한 업무를 위탁받은 단체의 임직원이 공무원으로 의제되어 적용받는 「형법」상의 규정에 해당하는 것은? 2024년 기출

① 제122조(직무유기) ② 제126조(피의사실공표)
③ 제127조(공무상 비밀의 누설) ④ 제129조(수뢰, 사전수뢰)

해설 수뢰, 사전수뢰, 제삼자뇌물제공, 수정후부정처사, 사후수뢰, 알선수뢰 등이 해당한다(법 제27조의3 참조).

정답 ④

---

37 경찰청장으로부터 위탁받은 경비지도사 시험에 관한 업무에 종사하는 관계전문기관의 임직원이 공무원으로 의제되어 적용받는 형법상의 규정에 해당하는 것은?

① 형법 제297조(강간) ② 형법 제131조(수뢰후부정처사, 사후수뢰)
③ 형법 제133조(뇌물공여) ④ 형법 제320조(특수주거침입)

해설
① 경비원 및 경비지도사의 결격사유에 해당하는 범죄이다(법 제10조 제1항 제5호 참조).
② 법 제27조의3 참조
③ 형법상 뇌물 관련 범죄 중 제133조(뇌물공여)는 공무원 의제가 적용되는 범죄가 아니다.
④ 집단민원현장 배치결격사유에 해당하는 범죄이다(법 제18조 제6항 제1호 참조).

정답 ②

38
경비업법령상 민감정보 및 고유식별정보의 처리에 관한 내용이다. (   ) 안에 들어갈 사무에 해당하지 않는 것은?

2013년 기출

> 경찰청장, 시·도경찰청장, 경찰서장 및 경찰관서장은 (   )를 수행하기 위하여 불가피한 경우 「개인정보 보호법」 제23조에 따른 건강에 관한 정보(제1호의2 및 제4호의 사무로 한정한다), 같은 법 시행령 제18조 제2호에 따른 범죄경력자료에 해당하는 정보(제1호의2 및 제9호의 사무로 한정한다), 같은 영 제19조 제1호 또는 제4호에 따른 주민등록번호 또는 외국인등록번호가 포함된 자료를 처리할 수 있다.

① 경비업의 허가 및 갱신허가에 관한 사무
② 특수경비원의 직무 및 무기사용에 관한 사무
③ 보안지도·점검 및 보안측정에 관한 사무
④ 경비협회의 설립에 관한 사무

해설 ①·②·③ 영 제31조의2 제1호·제4호·제9호
④ 경비협회의 설립에 관한 사무를 수행하기 위하여 민감정보 및 고유식별정보를 처리할 수 없다 (영 제31조의2 참조).

정답 ④

39
경비업법령상 민감정보 및 고유식별정보를 처리할 수 있는 사무가 아닌 것은?

2015년 기출

① 기계경비운영체계의 오작동여부 확인에 관한 사무
② 경비업 허가의 취소에 따른 행정처분에 관한 사무
③ 임원, 경비지도사 및 경비원의 결격사유 확인에 관한 사무
④ 특수경비업자에 대한 보안지도·점검 및 보안측정에 관한 사무

해설 ① 기계경비운영체계의 오작동여부 확인에 관한 사무는 민감정보 및 고유식별정보를 처리할 수 있는 사무가 아니다(영 제31조의2 참조).
②·③·④ 영 제31조의2

정답 ①

40
경비업법령상 경찰청장 등이 처리할 수 있는 민감정보 및 고유식별정보가 아닌 것은?

2021년 기출

① 건강에 관한 정보
② 범죄경력자료에 해당하는 정보
③ 주민등록번호 또는 외국인등록번호가 포함된 자료
④ 신용카드사용내역이 포함된 자료

해설 경찰청장, 시·도경찰청장, 경찰서장 및 경찰관서장은 건강에 관한 정보, 범죄경력자료에 해당하는 정보, 주민등록번호 또는 외국인등록번호가 포함된 자료를 처리할 수 있다(영 제31조의2 참조).

정답 ④

41 경비업법령상 경찰청장 등이 불가피한 경우 민감정보 및 고유식별정보를 처리할 수 있는 사무가 아닌 것은? 2023년 기출

① 경비지도사 시험 등에 관한 사무
② 특수경비원의 직무 및 무기사용 등에 관한 사무
③ 경비업자 및 경비지도사의 지도·감독에 관한 사무
④ 경비업자의 손해배상 책임에 관한 사무

> **해설** ①·②·③ 영 제31조의2 제2호·제4호·제8호
> ④ 민감정보 및 고유식별정보를 처리할 수 있는 사무에 해당하지 않는다(영 제31조의2 참조).
>
> 정답 ④

42 경비업법령상 민감정보의 처리에 대한 설명으로 옳지 않은 것은?

① 시·도경찰청장은 임원·경비지도사·경비원의 결격사유 확인에 관한 사무를 수행하기 위하여 불가피한 경우 「개인정보 보호법」에 따른 건강에 관한 정보를 처리할 수 있다.
② 시·도경찰청장은 특수경비원의 직무 및 무기사용 등에 관한 사무를 수행하기 위하여 불가피한 경우 「개인정보 보호법」에 따른 건강에 관한 정보를 처리할 수 있다.
③ 시·도경찰청장은 경비업자·경비지도사의 지도·감독에 관한 사무를 수행하기 위하여 불가피한 경우 「개인정보 보호법 시행령」에 따른 범죄경력자료에 해당하는 정보를 처리할 수 있다.
④ 시·도경찰청장은 보안지도·점검 및 보안측정에 관한 사무를 수행하기 위하여 불가피한 경우 「개인정보 보호법 시행령」에 따른 범죄경력자료에 해당하는 정보를 처리할 수 있다.

> **해설** 건강에 관한 정보를 처리할 수 있는 사무는 "임원·경비지도사·경비원의 결격사유 확인에 관한 사무"와 "특수경비원의 직무 및 무기사용 등에 관한 사무"로 한정하며, 범죄경력자료에 해당하는 정보를 처리할 수 있는 사무는 "임원·경비지도사·경비원의 결격사유 확인에 관한 사무"와 "보안지도·점검 및 보안측정에 관한 사무"로 한정한다(영 제31조의2 참조).
>
> 정답 ③

43 경비업법령에 의할 때 다음 (   ) 안에 들어갈 사무에 해당하지 않는 것은?

> 경찰청장, 시·도경찰청장, 경찰서장 및 경찰관서장은 (   )의 사무를 수행하기 위하여 불가피한 경우 「개인정보 보호법 시행령」에 따른 주민등록번호 또는 외국인등록번호가 포함된 자료를 처리할 수 있다.

① 경비지도사의 선임신고에 관한 사무
② 경비원의 교육에 관한 사무
③ 경비원의 배치허가에 관한 사무
④ 벌칙 및 과태료에 관한 사무

해설 ①·②·③ 영 제31조의2 제2의2호·제3호·제6호
④ 벌칙 및 과태료 → 행정처분(영 제31조의2 제7호)

정답 ④

44 경비업법령에 관한 설명으로 옳지 않은 것은? 2016년 기출

① 시·도경찰청장은 특수경비업자에 대하여 연 2회 이상의 보안지도·점검을 실시하여야 한다.
② 경찰청장은 경비업무의 적정한 수행을 위하여 경비업자를 지도·감독하며 필요한 명령을 할 수 있다.
③ 경찰청장은 집단민원현장 배치 불허가 기준에 대하여 5년마다 그 타당성을 검토하여 개선 등의 조치를 하여야 한다.
④ 관할경찰관서장은 시설주의 신청에 의하여 특수경비원이 배치된 국가중요시설 등에 경비전화를 가설할 수 있다.

해설 ① 영 제29조
② 법 제24조 제1항
③ 5년 → 3년(영 제31조의3)
④ 규칙 제25조 제1항

정답 ③

45 경비업법령상 경찰청장이 3년마다 타당성을 검토하여 개선 등의 조치를 해야 하는 규제사항인 것은? 2019년 기출수정

① 경비원이 휴대하는 장비
② 행정처분 기준
③ 과태료 부과기준
④ 벌금형 부과기준

해설 경찰청장은 경비업의 시설 등의 기준, 집단민원현장 배치 불허가 기준, 경비원이 휴대하는 장비 등에 대하여 3년마다 그 타당성을 검토하여 개선 등의 조치를 하여야 한다(영 제31조의3, 규칙 제27조의2).

정답 ①

46 경비업법령상 경찰청장이 3년마다 타당성을 검토하여 개선 등의 조치를 해야 하는 것을 모두 고른 것은?　　　　　　　　　　　　　　　　　　　　　　　　　　　　　2023년 기출

ㄱ. 경비업의 시설 등의 기준	ㄴ. 집단민원현장 배치 불허가 기준
ㄷ. 행정처분 기준	ㄹ. 과태료 부과기준

① ㄱ, ㄴ
② ㄱ, ㄷ, ㄹ
③ ㄴ, ㄷ, ㄹ
④ ㄱ, ㄴ, ㄷ, ㄹ

해설　ㄷ, ㄹ은 규제의 재검토 대상이 아니다(영 제31조의3 참조).

 ①

47 경비업법령상 경찰청장은 3년마다 규제의 타당성을 검토하여 개선 등의 조치를 하여야 한다. 다음 중 규제의 재검토 사항에 해당하는 것은?

① 경비지도사의 기본교육 및 보수교육의 시간
② 집단민원현장 배치 허가 기준
③ 경비지도사의 선임·배치 기준
④ 벌칙의 부과기준

해설　②·③·④는 규제의 재검토 사항이 아니다(영 제31조의3 참조).

 ①

CHAPTER 05 행정처분 및 벌칙·과태료

제1절 행정처분

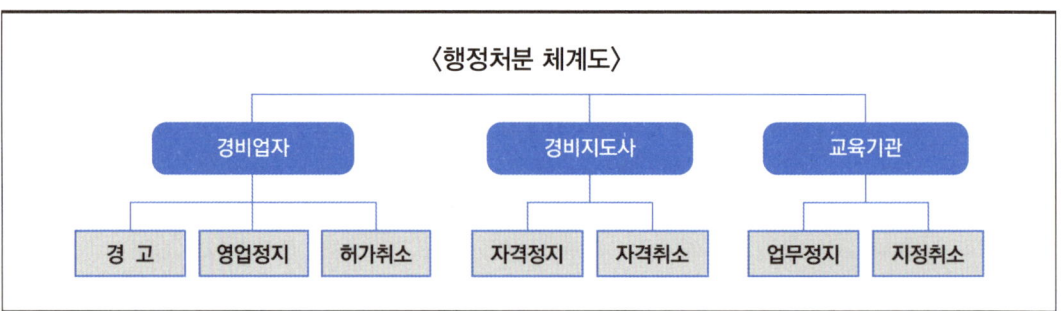
〈행정처분 체계도〉

I 경비업자 행정처분

1 허가취소 및 영업정지처분

(1) 필요적 허가취소사유

허가관청은 경비업자가 다음의 어느 하나에 해당하는 때에는 그 허가를 취소하여야 한다(법 제19조 제1항).

① 허위 그 밖의 부정한 방법으로 허가를 받은 때
② 허가받은 경비업무 외의 업무에 경비원을 종사하게 한 때[71]
③ 특수경비업자가 경비업 및 경비관련업 외의 영업을 한 때
④ 정당한 사유없이 허가를 받은 날부터 2년 이내에 경비 도급실적이 없거나 계속하여 1년 이상 휴업한 때
⑤ 정당한 사유없이 최종 도급계약 종료일의 다음 날부터 2년 이내에 경비 도급실적이 없을 때
⑥ 영업정지처분을 받고 계속하여 영업을 한 때
⑦ 소속 경비원으로 하여금 경비업무의 범위를 벗어난 행위를 하게 한 때
⑧ 관할 경찰관서장의 배치폐지 명령에 따르지 아니한 때

---

[71] 2020. 3. 23. 헌법재판소에서 헌법불합치 결정된 이 조는 2025. 1. 7. 개정 시 삭제되었다. 다만, 시행은 2026. 1. 8.이다.

(2) 임의적 허가취소사유 또는 영업정지처분사유

허가관청은 경비업자가 다음의 어느 하나에 해당하는 때에는 대통령령으로 정하는 행정처분의 기준에 따라 그 허가를 취소하거나 6개월 이내의 기간을 정하여 영업의 전부 또는 일부[72]에 대하여 영업정지를 명할 수 있다(법 제19조 제2항).

① 시·도경찰청장의 허가 없이 경비업무를 변경한 때
② 도급을 의뢰받은 경비업무가 위법한 것임에도 이를 거부하지 아니한 때
③ 경비지도사를 집단민원현장에 선임·배치하지 아니한 때
④ 기계경비업자가 경비대상시설에 관한 경보 대응체제를 갖추지 아니한 때
⑤ 기계경비업자가 관련 서류를 작성·비치하지 아니한 때
⑥ 결격사유에 해당하는 경비원을 배치하거나 결격사유에 해당하는 경비지도사를 선임·배치한 때
⑦ 경비지도사의 선임·배치기준을 위반하여 경비지도사를 선임한 때
⑧ 경비원으로 하여금 교육을 받게 하지 아니한 때
⑨ 경비원의 복장·장비·출동차량 등에 관한 규정을 위반한 때
⑩ 집단민원현장에 일반경비원 명부를 작성·비치하지 아니한 때
⑪ 배치허가를 받지 아니하고 경비원을 배치하거나 경비원 명단 및 배치일시·배치장소 등 배치허가 신청의 내용을 거짓으로 한 때
⑫ 배치결격사유에 해당하는 일반경비원을 집단민원현장에 배치한 때
⑬ 감독상 명령[73]에 따르지 아니한 때
⑭ 손해[74]를 배상하지 아니한 때

2 행정처분의 범위

(1) 원 칙

허가관청은 허가취소 또는 영업정지처분을 하는 때에는 경비업자가 허가받은 경비업무 중 허가취소 또는 영업정지사유에 해당되는 경비업무에 한하여 처분을 하여야 한다(법 제19조 제3항 본문).

(2) 예 외

다만, 허가받은 경비업무 외의 업무에 경비원을 종사하게 한 때, 소속 경비원으로 하여금 경비업무의 범위를 벗어난 행위를 하게 한 때에 해당하여 허가취소를 하는 때에는 그러하지 아니하다(법 제19조 제3항 단서). 즉, 허가취소사유에 해당하지 않는 경비업무에 대하여도 취소처분을 하여야 한다.[75]

---

[72] 영업의 전부 또는 일부란 크게 업무의 종별과 지역의 범위를 말하는 것으로, 경비업자가 허가를 받은 수개의 경비업무 중 특정한 경비업무에 대해서만 영업정지가 가능하고, 지역적으로 전국, 시·도경찰청관할, 출장소별 등을 특정하여 영업정지가 가능하다는 의미이다(2018 경찰청 경비업 업무처리 매뉴얼).
[73] 법 제24조에 따른 경찰청장, 시·도경찰청장 또는 관할 경찰관서장의 감독상 명령을 말한다.
[74] 경비원의 업무수행 중 고의 또는 과실로 발생한 경비대상 또는 제3자에 대한 손해를 말한다.
[75] 이는 '경비업 허가 전체'를 '필수적으로 취소'하도록 규정하여 허가관청으로 하여금 제재처분의 종류 및 행사 여부에 관하여 재량의 여지를 부여하지 않고 있는 등 경비업법의 다른 규정위반의 경우와 비교하여 매우 중한 제재를 규정하고 있다(서울고법 2022.2.23, 2019누50764).

3 행정처분의 기준

허가를 취소하거나 영업정지를 명할 경우 행정처분의 기준은 다음과 같다(영 제24조 별표4).

(1) 일반기준

① 가중·감경사유 : 개별기준에 따른 행정처분이 영업정지인 경우에는 위반행위의 동기, 내용 및 위반의 정도 등을 고려하여 가중하거나 감경할 수 있다.

② 위반행위가 2 이상인 경우의 처분기준

　㉠ 위반행위가 2 이상인 경우로서 그에 해당하는 각각의 처분기준이 다른 경우에는 그 중 중한 처분기준에 따르며, 2 이상의 처분기준이 동일한 영업정지인 경우에는 중한 처분기준의 2분의 1까지 가중할 수 있다.

　㉡ 다만, 가중하는 경우에도 각 처분기준을 합산한 기간을 초과할 수 없다.

③ 위반행위의 횟수에 따른 처분기준

　㉠ 위반행위의 횟수에 따른 행정처분 기준은 최근 2년간 같은 위반행위로 행정처분을 받은 경우에 적용한다. 이 경우 기준 적용일은 위반행위에 대한 행정처분일과 그 처분 후의 위반행위가 다시 적발된 날을 기준으로 한다.

　㉡ 영업정지처분에 해당하는 위반행위가 적발된 날 이전 최근 2년간 같은 위반행위로 2회 영업정지처분을 받은 경우에는 개별기준에도 불구하고 그 위반행위에 대한 행정처분기준은 허가취소로 한다.

(2) 개별기준

위반행위	행정처분기준		
	1차 위반	2차 위반	3차 이상 위반
경비원으로 하여금 교육을 받게 하지 않은 때	경고	경고	영업정지 1개월
기계경비업자가 경비대상시설에 관한 경보 대응체제를 갖추지 않은 때			
기계경비업자가 관련 서류를 작성·비치하지 않은 때			
경비원의 복장·장비·출동차량 등에 관한 규정을 위반한 때	경고	영업정지 1개월	영업정지 3개월
손해를 배상하지 않은 때	경고	영업정지 3개월	영업정지 6개월
감독상 명령에 따르지 않은 때	경고	영업정지 3개월	허가취소
시·도경찰청장의 허가 없이 경비업무를 변경한 때	경고	영업정지 6개월	허가취소

도급을 의뢰받은 경비업무가 위법한 것임에도 이를 거부 하지 않은 때	영업정지 1개월	영업정지 3개월	허가취소
경비지도사 선임·배치기준을 위반하여 경비지도사를 선임한 때			
경비지도사를 집단민원현장에 선임·배치하지 않은 때			
결격사유에 해당하는 경비원을 배치하거나 결격사유에 해당하는 경비지도사를 선임·배치한 때			
배치결격사유에 해당하는 일반경비원을 집단민원현장에 배치한 때			
배치허가를 받지 아니하고 경비원을 배치하거나 경비원 명단 및 배치일시·배치장소 등 배치허가 신청의 내용을 거짓으로 한 때			
집단민원현장에 일반경비원 명부를 작성·비치하지 않은 때			

Ⅱ 경비지도사 행정처분

1 자격취소처분

경찰청장은 경비지도사가 다음에 해당하는 때에는 그 자격을 취소하여야 한다(법 제20조 제1항).

> ① 결격사유에 해당하게 된 때[76]
> ② 허위 그 밖의 부정한 방법으로 경비지도사자격증을 교부받은 때
> ③ 경비지도사자격증을 다른 사람에게 빌려주거나 양도한 때
> ④ 자격정지 기간 중에 경비지도사로 선임되어 활동한 때

2 자격정지처분

(1) 자격정지처분사유

경찰청장은 경비지도사가 다음에 해당하는 때에는 대통령령이 정하는 바에 따라 1년의 범위 내에서 그 자격을 정지시킬 수 있다(법 제20조 제2항).

> ① 직무를 성실하게 수행하지 아니한 때
> ② 경찰청장 또는 시·도경찰청장의 명령을 위반한 때[77]

---

[76] 경비지도사 자격 취득 후 법 제10조 제1항에 따른 경비지도사 결격사유에 해당하게 된 때에는 자격이 취소된다는 의미이다.
[77] 경찰청장 또는 시·도경찰청장이 경비업무의 적정한 수행을 위하여 경비지도사를 지도·감독하며 내린 필요한 명령을 위반한 때를 의미한다.

(2) 자격정지처분의 개별기준

자격정지처분을 할 경우 경비지도사에 대한 자격정지처분의 기준은 다음과 같다(영 제25조 별표 5). 위반행위의 횟수에 따른 행정처분의 기준은 당해 위반행위가 있은 이전 최근 2년간 같은 위반행위로 행정처분을 받은 경우에 적용한다.

위반행위	행정처분기준		
	1차	2차	3차 이상
직무를 성실하게 수행하지 아니한 때	자격정지 3월	자격정지 6월	자격정지 12월
경찰청장·시·도경찰청장의 명령을 위반한 때	자격정지 1월	자격정지 6월	자격정지 9월

3 행정처분시 자격증 회수

경찰청장은 경비지도사의 자격을 취소한 때에는 경비지도사자격증을 회수하여야 하고, 경비지도사의 자격을 정지한 때에는 그 정지기간 동안 경비지도사자격증을 회수하여 보관하여야 한다(법 제20조 제3항).

Ⅲ 청 문

1 청문의 의의

청문이란 행정청이 어떠한 처분을 하기 전에 당사자 등의 의견을 직접 듣고 증거를 조사하는 절차를 말한다.

2 청문의 사유

경찰청장 또는 시·도경찰청장은 다음에 해당하는 처분을 하고자 하는 경우에는 청문을 실시하여야 한다(법 제21조).

> ① 경비지도사 교육기관의 지정 취소 또는 업무의 정지
> ② 경비원 교육기관의 지정 취소 또는 업무의 정지
> ③ 경비업 허가의 취소 또는 영업정지
> ④ 경비지도사자격의 취소 또는 정지

제2절 벌칙 및 과태료

I 벌칙

1 벌칙대상

(1) 5년 이하 징역, 5천만원 이하 벌금

국가중요시설의 정상적인 운영을 해치는 장해를 일으킨 특수경비원은 5년 이하의 징역 또는 5천만원 이하의 벌금에 처한다(법 제28조 제1항).

(2) 3년 이하 징역, 3천만원 이하 벌금

다음에 해당하는 자는 3년 이하의 징역 또는 3천만원 이하의 벌금에 처한다(법 제28조 제2항).

> ① 허가를 받지 아니하고 경비업을 영위한 자
> ② 직무상 알게 된 비밀을 누설하거나 부당한 목적을 위하여 사용한 자
> ③ 경비업무의 중단을 통보하지 아니하거나 경비업무를 즉시 인수하지 아니한 특수경비업자 또는 경비대행업자
> ④ 집단민원현장에 경비원을 배치하면서 허가를 받지 아니한 자에게 경비업무를 도급한 자
> ⑤ 집단민원현장에 20명 이상의 경비인력을 배치하면서 그 경비인력을 직접 고용한 자
> ⑥ 경비업자의 경비원 채용 시 무자격자나 부적격자 등을 채용하도록 관여하거나 영향력을 행사한 도급인
> ⑦ 과실로 인하여 국가중요시설의 정상적인 운영을 해치는 장해를 일으킨 특수경비원
> ⑧ 특수경비원으로서 경비구역 안에서 시설물의 절도, 손괴, 위험물의 폭발 등의 사유로 인한 위급사태가 발생한 때에 (시설주·관할경찰관서장·소속상사의) 직무상 명령에 불복종하거나 (소속상사의 허가 또는 정당한 사유없이) 경비구역을 벗어난 자
> ⑨ 경비원에게 경비업무의 범위를 벗어난 행위를 하게 한 자[78]

(3) 2년 이하 징역, 2천만원 이하 벌금

정당한 사유없이 무기를 소지하고 배치된 경비구역을 벗어난 특수경비원은 2년 이하의 징역 또는 2천만원 이하의 벌금에 처한다(법 제28조 제3항).

---

[78] 경비업법 제15조의2 제2항은 '누구든지 경비원으로 하여금 경비업무의 범위를 벗어난 행위를 하게 하여서는 아니 된다'고 규정하고, 같은 법 제28조 제2항 제9호는 '제15조의2 제2항의 규정을 위반하여 경비원에게 경비업무의 범위를 벗어난 행위를 하게 한 자'를 처벌하도록 규정하고 있는바, 위 각 규정의 문언 및 경비업자 또는 그 피용자가 아닌 자에 대하여도 위 규정에 의하여 처벌할 필요성이 있다고 보이는 점에 비추어 볼 때, 위 규정이 처벌대상으로 하는 행위주체는 반드시 '경비업자 또는 그 피용자로서 경비원에게 경비업무의 범위를 벗어난 행위를 지휘·감독할 지위에 있는 자'에 한정된다고 볼 수는 없다(대법원 2008.11.27, 2008도7567).

(4) 1년 이하의 징역, 1천만원 이하의 벌금

다음에 해당하는 자는 1년 이하의 징역 또는 1천만원 이하의 벌금에 처한다(법 제28조 제4항).

> ① 무기출납부 및 무기장비운영카드 비치·기록의무, 무기 직접 지급·회수의무를 위반한 관리책임자
> ② 파업·태업 그 밖에 경비업무의 정상적인 운영을 저해하는 쟁의행위를 한 특수경비원
> ③ 직무를 수행함에 있어 타인에게 위력을 과시하거나 물리력을 행사하는 등 경비업무의 범위를 벗어난 행위를 한 경비원
> ④ 법정 장비 외에 흉기 또는 그 밖의 위험한 물건을 휴대하고 경비업무를 수행한 경비원 또는 경비원에게 이를 휴대하고 경비업무를 수행하게 한 자
> ⑤ 경찰관서장의 배치폐지 명령을 따르지 아니한 자
> ⑥ 시·도경찰청장 또는 관할경찰관서장의 중지명령에 따르지 아니한 자

2 형의 가중처벌

(1) 특수경비원의 가중처벌

특수경비원이 무기를 휴대하고 경비업무를 수행 중에 무기의 안전수칙을 위반하여 「형법」상 다음의 죄를 범한 때에는 그 죄에 정한 형의 2분의 1까지 가중처벌한다(법 제29조 제1항).[79]

① 폭행죄, 폭행치사상죄
② 체포·감금죄, 체포·감금치사상죄, 중체포·중감금죄
③ 특수상해죄, 상해치사죄, 특수중상해죄
④ 특수공갈죄, 특수강요죄, 협박죄
⑤ 재물손괴죄, 업무상 과실·중과실 치사상죄[80]

(2) 경비원의 가중처벌

경비원이 경비업무 수행 중에 법정 장비 외에 흉기 또는 그 밖의 위험한 물건을 휴대하고 「형법」상 다음의 죄를 범한 때에는 그 죄에 정한 형의 2분의 1까지 가중처벌한다(법 제29조 제2항).

① 특수폭행죄, 폭행치사상죄
② 체포·감금죄, 체포·감금치사상죄, 중체포·중감금죄
③ 특수상해죄, 상해치사죄, 특수중상해죄
④ 특수공갈죄, 특수강요죄, 협박죄
⑤ 재물손괴죄, 업무상 과실·중과실 치사상죄

---

[79] 이러한 규정을 둔 이유는 특수경비원이 무기휴대·사용권을 부여받게 됨에 따라 일반 시민의 기본권을 침해할 소지가 있으므로 이에 대한 안전장치로서 범행개연성이 높은 범죄 즉, 생명, 신체, 자유에 대한 범죄에서 제한적으로 가중처벌규정을 둠으로써 범죄예방효과를 높이고자 함에 있다(헌재 2009.10.29. 2007헌마1359).
[80] 이를 분설하면, 업무상 과실 치상죄, 업무상 과실 치사죄, 업무상 중과실 치상죄, 업무상 중과실 치사죄를 의미한다.

정리 Note – 죄명 비교

구분	가중처벌 죄명		집단민원현장 배치결격사유 죄명 (제18조 제6항)
	특수경비원 (제29조 제1항)	경비원 (제29조 제2항)	
폭행	폭행죄 폭행치사상죄	특수폭행죄 폭행치사상죄	폭행 관련 죄 전체
상해	특수상해죄 특수중상해죄 상해치사죄		상해 관련 죄 전체
체포 감금	체포·감금죄 중체포·중감금죄 체포·감금치사상죄		체포·감금 관련 죄 전체
협박 강요 공갈	협박죄 특수강요죄 특수공갈죄		특수협박죄, 상습협박죄, 상습존속협박죄, 상습특수협박죄 특수강요죄 특수공갈죄, 상습공갈죄, 상습특수공갈죄
기타	재물손괴죄 업무상 과실·중과실치사상죄		특수손괴죄, 특수주거침입죄, 폭처법상 폭행등죄, 집단적 폭행등죄

3 양벌규정[81]

(1) 원칙

법인의 대표자나 법인 또는 개인의 대리인, 사용인, 그 밖의 종업원이 그 법인 또는 개인의 업무에 관하여 제28조(벌칙)의 위반행위를 하면 그 행위자를 벌하는 외에 그 법인 또는 개인에게도 해당 조문의 벌금형을 과(科)한다(법 제30조 본문).

(2) 예외

다만, 법인 또는 개인이 그 위반행위를 방지하기 위하여 해당 업무에 관하여 상당한 주의와 감독을 게을리하지 아니한 경우에는 그러하지 아니하다(법 제30조 단서).

---

[81] '양벌규정'은 어떤 범죄가 이루어진 경우에 행위자를 벌할 뿐만 아니라 그 행위자와 일정한 관계가 있는 타인(자연인 또는 법인)에 대해서도 형을 과하도록 정한 규정을 말한다. 양벌규정은 벌칙규정에 행위자만 처벌하는 것만으로는 형벌의 목적을 달성하기 어렵다는 전제에서 비롯한다(2020 법제처 법령입안 심사기준).

II 과태료

1 과태료 부과대상

(1) 3천만원 이하 과태료

다음에 해당하는 경비업자에게는 3천만원 이하의 과태료를 부과한다(법 제31조 제1항).

> ① 경비원의 복장에 관한 신고를 하지 아니하고 집단민원현장에 경비원을 배치한 자
> ② 이름표를 부착하게 하지 아니하거나 신고된 동일 복장을 착용하게 하지 아니하고 집단민원현장에 경비원을 배치한 자
> ③ 집단민원현장에 일반경비원을 배치하면서 경비원의 명부를 배치장소에 작성·비치하지 아니한 자
> ④ 배치허가를 받지 아니하고 경비원을 배치하거나 경비원 명단 및 배치일시·배치장소 등 배치허가 신청의 내용을 거짓으로 한 자
> ⑤ 신임교육을 이수하지 아니한 자를 ㉠ 시설경비업무, 신변보호업무 또는 혼잡·교통유도경비 중 집단민원현장에 일반경비원, ㉡ 집단민원현장이 아닌 곳에서 신변보호업무를 수행하는 일반경비원, ㉢ 특수경비원으로 배치한 자

(2) 500만원 이하 과태료

다음에 해당하는 경비업자, 경비지도사 또는 시설주에게는 500만원 이하의 과태료를 부과한다(법 제31조 제2항).

> ① 휴업·폐업 신고, 허가사항 등의 변경신고, 기계경비 관제시설 신설·이전·폐지신고, 특수경비업무의 개시·종료신고, 경비원 배치신고 및 배치폐지신고를 하지 아니한 자
> ② 경비대행업자 지정신고를 하지 아니한 자
> ③ 오경보방지를 위한 설명[82]의무를 이행하지 아니한 자
> ④ 정당한 사유 없이 보수교육을 받지 아니한 경비지도사
> ⑤ 경비지도사 선임기준을 위반하여 경비지도사를 선임하지 아니한 자
> ⑥ 경비지도사의 선임 또는 해임의 신고를 하지 아니한 자
> ⑦ 무기의 적정한 관리를 위한 경찰관서장의 감독상 필요한 명령을 정당한 이유없이 이행하지 아니한 자
> ⑧ 결격사유에 해당하는 경비원을 배치하거나 결격사유에 해당하는 경비지도사를 선임·배치한 자
> ⑨ 복장 등에 관한 신고규정을 위반하여 신고를 하지 아니한 자
> ⑩ 이름표를 부착하게 하지 아니하거나, 신고된 동일 복장을 착용하게 하지 아니하고 경비원을 경비업무에 배치한 자
> ⑪ 경비원 명부를 작성·비치하지 아니한 자
> ⑫ 경비원의 근무상황을 기록하여 보관하지 아니한 자

---

82) 기계경비업자가 경비계약을 체결하는 때에 오경보를 막기 위하여 계약상대방에게 기기사용요령 및 기계경비운영체계 등에 관하여 하는 설명을 말한다.

2 과태료 부과기준

과태료의 부과기준은 다음과 같다(영 제32조 제1항 별표6). 다만, ① 위반행위의 횟수에 따른 과태료의 가중된 부과기준은 최근 2년간 같은 위반행위로 과태료 부과처분을 받은 경우에 적용한다. 이 경우 기간의 계산은 위반행위에 대하여 과태료 부과처분을 받은 날과 그 처분 후 다시 같은 위반행위를 하여 적발된 날을 기준으로 한다. ② 이에 따라 가중된 부과처분을 하는 경우 가중처분의 적용 차수는 그 위반행위 전 부과처분 차수(①에 따른 기간 내에 과태료 부과처분이 둘 이상 있었던 경우에는 높은 차수를 말함)의 다음 차수로 한다.

위반행위	과태료 금액(단위 : 만원)		
	1회 위반	2회 위반	3회 이상
휴업·폐업 신고, 허가사항 등의 변경신고, 기계경비 관제시설 신설·이전·폐지신고, 특수경비업무의 개시·종료신고, 경비원 배치신고 및 배치폐지신고를 하지 아니한 자 ① 1개월 이내의 기간 경과 ② 1개월 초과 6개월 이내의 기간 경과 ③ 6개월 초과 12개월 이내의 기간 경과 ④ 12개월 초과의 기간 경과		50 100 200 400	
경비지도사의 선임 또는 해임의 신고를 하지 않은 경우 ① 6개월 이내의 기간 경과 ② 6개월 초과 12개월 이내의 기간 경과 ③ 12개월 초과의 기간 경과		100 200 400	
경비지도사가 정당한 사유 없이 보수교육을 받지 않은 경우 ① 1년 이내의 기간 경과 ② 1년 초과 2년 이내의 기간 경과 ③ 2년 초과의 기간 경과		100 200 300	
경비대행업자 지정신고를 하지 않은 경우 ① 허위로 신고한 경우 ② 그 밖의 사유로 신고하지 않은 경우		400 300	

위반행위	과태료 금액(단위 : 만원)		
	1회 위반	2회 위반	3회 이상
경비원의 근무상황을 기록하여 보관하지 않은 경우	50	100	200
경비원 명부를 작성·비치하지 않은 경우 ① 경비원 명부를 작성하지 않은 경우 ② 경비원 명부를 비치하지 않은 경우	50 100	100 200	200 400
오경보방지를 위한 설명의무를 이행하지 않은 경우	100	200	400
결격사유에 해당하는 경비원을 배치하거나 결격사유에 해당하는 경비지도사를 선임·배치한 경우			
경비지도사의 선임기준을 위반하여 경비지도사를 선임하지 않은 경우			
복장 등에 관한 신고규정을 위반하여 신고를 하지 않은 경우			
이름표를 부착하게 하지 않거나, 신고된 동일 복장을 착용하게 하지 않고 경비원을 경비업무에 배치한 경우			
무기의 적정한 관리를 위한 경찰관서장의 감독상 필요한 명령을 정당한 이유없이 이행하지 않은 경우	500		
집단민원현장에 배치되는 일반경비원의 명부를 그 배치장소에 작성·비치하지 않은 경우 ① 경비원 명부를 작성하지 않은 경우 ② 경비원 명부를 비치하지 않은 경우	300 600	600 1200	1200 2400
경비원의 복장에 관한 신고를 하지 않고 집단민원현장에 경비원을 배치한 경우	600	1200	2400
이름표를 부착하게 하지 않거나, 신고된 동일 복장을 착용하게 하지 않고 집단민원현장에 경비원을 배치한 경우			
신임교육을 이수하지 아니한 자를 ㉠ 시설경비업무, 신변보호업무 또는 혼잡·교통유도경비업무 중 집단민원현장에 일반경비원, ㉡ 집단민원현장이 아닌 곳에서 신변보호업무를 수행하는 일반경비원, ㉢ 특수경비원으로 배치한 자			
배치허가를 받지 않고 경비원을 배치하거나, 경비원 명단 및 배치일시·배치장소 등 배치허가 신청의 내용을 거짓으로 한 경우	1000	2000	3000

3 과태료 부과·징수

(1) 부과·징수권자

과태료는 대통령령이 정하는 바에 의하여 시·도경찰청장 또는 경찰관서장이 부과·징수한다(법 제31조 제3항).[83]

(2) 가중·감경사유

시·도경찰청장 또는 경찰관서장은 「질서위반행위규제법」상 다음의 사항을 고려하여 과태료 금액의 100분의 50의 범위에서 경감하거나 가중할 수 있다. 다만, 가중하는 때에는 법정 과태료 금액의 상한을 초과할 수 없다(영 제32조 제2항).

> ① 위반행위의 동기·목적·방법·결과
> ② 위반행위 이후의 당사자의 태도와 정황
> ③ 위반행위자의 연령·재산상태·환경
> ④ 그 밖에 과태료의 산정에 필요하다고 인정되는 사유

(3) 부과 고지서 등

① 과태료 부과의 사전 통지는 과태료 부과 사전 통지서에 따른다(규칙 제28조 제1항).
② 과태료의 부과는 과태료 부과 고지서에 따른다(규칙 제28조 제2항).

---

[83] 과태료부과의 제척기간 : 행정청은 질서위반행위가 종료된 날부터 5년이 경과한 경우에는 해당 질서위반행위에 대하여 과태료를 부과할 수 없다(질서위반행위규제법 제19조 제1항).

5 행정처분 및 벌칙 · 과태료

Target · 경비업법
기출 및 예상문제

제1절 행정처분

01 다음 중 허가관청이 경비업자에 대하여 허가를 취소하거나 6개월 이내의 기간을 정하여 영업의 전부 또는 일부에 대하여 영업정지를 명할 수 있는 경우는? 2006년 기출

① 허위 그 밖의 부정한 방법으로 허가를 받은 때
② 정당한 사유 없이 허가를 받은 날로부터 2년 이내에 경비도급실적이 없거나 계속하여 1년 이상 휴업한 때
③ 경비업 및 경비관련업 외의 영업을 할 때
④ 시·도경찰청장의 허가 없이 경비업무를 변경한 때

해설 ①·②·③ 허가를 취소하여야 한다(법 제19조 제1항 제1호·제4호·제3호).
④ 법 제19조 제2항 제1호

 ④

02 경비업법령상 경비업자에 대한 허가관청의 행정처분으로 옳지 않은 것은? 2009년 기출

① 경비업자가 영업정지처분을 받고도 계속 영업을 한 때에는 1년 이내의 기간을 정하여 영업의 전부에 대하여 영업정지를 명하여야 한다.
② 정당한 사유 없이 허가를 받은 날부터 2년 이내에 경비 도급실적이 없거나 계속하여 1년 이상 휴업한 때에는 허가를 취소하여야 한다.
③ 감독상 명령에 따르지 아니한 때에는 허가를 취소하거나 6개월 이내의 기간을 정하여 영업의 전부 또는 일부에 대하여 영업정지를 명할 수 있다.
④ 경비업자가 허위 그 밖의 부정한 방법으로 허가를 받은 때에는 허가를 취소하여야 한다.

해설 ① 영업정지처분을 받고 계속하여 영업을 한 때에는 허가를 취소하여야 한다(법 제19조 제1항 제6호).
② 법 제19조 제1항 제4호
③ 법 제19조 제2항 제15호
④ 법 제19조 제1항 제1호

정답 ①

03 경비업법령상 경비업의 허가취소 등에 관한 설명으로 옳지 않은 것은?
2010년 기출

① 허위 그 밖의 부정한 방법으로 허가 받은 경우 허가관청은 허가를 취소하여야 한다.
② 영업정지처분을 받고 계속하여 영업을 한 경우도 허가취소의 사유에 해당된다.
③ 감독상 명령에 따르지 아니한 경비업자에 대해서는 허가를 취소하거나 1년 이내의 기간을 정하여 영업의 전부에 대한 영업정지를 명할 수 있다.
④ 정당한 사유 없이 허가를 받은 날부터 계속하여 1년 이상 휴업한 경우 허가를 취소하여야 한다.

해설 ①·②·④ 법 제19조 제1항 제1호·제6호·제4호
③ 감독상 명령에 따르지 아니한 경비업자에 대해서는 허가를 취소하거나 '6개월' 이내의 기간을 정하여 영업의 '전부 또는 일부'에 대하여 영업정지를 명할 수 있다(법 제19조 제2항 제15호).

정답 ③

04 경비업법령상 경비업 허가의 취소사유로 옳지 않은 것은?
2011년 기출

① 허위 그 밖의 부정한 방법으로 허가를 받은 때
② 허가받은 경비업무 외의 업무에 경비원을 종사하게 한 때
③ 정당한 사유 없이 최종 도급계약 종료일의 다음 날부터 2년 이내에 경비 도급실적이 없을 때
④ 정당한 사유 없이 허가를 받은 날부터 6개월 이내에 도급실적이 없거나 계속하여 1년 이상 휴업한 때

해설 ①·②·③ 법 제19조 제1항 제1호·제2호·제5호
④ 6개월 이내 → 2년 이내(법 제19조 제1항 제4호)

정답 ④

05 경비업법령상 허가관청이 경비업 허가를 취소해야 하는 경우가 아닌 것은?
2012년 기출

① 허가받은 경비업무외의 업무에 경비원을 종사하게 한 때
② 정당한 사유 없이 허가를 받은 날부터 2년 이내에 경비 도급실적이 없거나 계속하여 1년 이상 휴업한 때
③ 정당한 사유 없이 최종 도급계약 종료일로부터 2년 이내에 경비 도급실적이 없을 때
④ 영업정지처분을 받고 계속하여 영업을 한 때

해설 ①·②·④ 법 제19조 제1항 제2호·제4호·제6호
③ 종료일로부터 → 종료일의 다음 날부터(법 제19조 제1항 제5호)

정답 ③

06 경비업법상 경비업 허가 취소대상에 해당하는 것을 〈보기〉에서 모두 고른 것은? 2015년 기출

〈보기〉
ㄱ. 허위 그 밖의 부정한 방법으로 허가를 받은 때
ㄴ. 허가받은 경비업무 외의 업무에 경비원을 종사하게 한 때
ㄷ. 정당한 사유없이 최종 도급계약 종료일의 다음 날부터 2년 이내에 경비 도급실적이 없을 때
ㄹ. 영업정지처분을 받고 계속하여 영업을 한 때

① ㄱ, ㄴ
② ㄷ, ㄹ
③ ㄱ, ㄴ, ㄹ
④ ㄱ, ㄴ, ㄷ, ㄹ

해설 ㄱ, ㄴ, ㄷ, ㄹ 모두 경비업 허가 취소대상에 해당한다(법 제19조 제1항 제1호·제2호·제4호·제6호 참조).

정답 ④

07 경비업법령상 경비업 허가취소처분 사유에 해당하지 않는 것은? 2017년 기출

① 경비업자가 집단민원현장에 경비지도사를 선임·배치하여야 함에도 불구하고 이를 3차례 위반한 때
② 경비업자가 특수폭행죄를 범하여 벌금형을 선고받고 5년이 지나지 아니한 자를 일반경비원으로 집단민원현장에 배치해서는 아니됨에도 불구하고 이를 2차례 위반한 때
③ 경비업자가 영업정지처분을 받고 계속하여 영업을 한 때
④ 경비업자가 관할경찰관서장의 배치폐지명령에 따르지 아니한 때

해설
① 영 제24조 별표4 제2호 다목
② 영업정지 3개월이다(영 제24조 별표4 제2호 하목).
③ 법 제19조 제1항 제6호
④ 법 제19조 제1항 제8호

정답 ②

08 경비업법령상 경비업 허가의 필요적 취소 사유에 해당하는 경우는? 2018년 기출

① 정당한 사유 없이 허가를 받은 날부터 1년 이내에 경비 도급 실적이 없거나 계속하여 1년간 휴업한 때
② 정당한 사유 없이 최종 도급계약 종료일의 다음 날부터 1년 이내에 경비 도급 실적이 없을 때
③ 경비원 명단 및 배치 일시·장소 등 배치허가신청의 내용을 거짓으로 한 때
④ 소속 경비원으로 하여금 경비업무의 범위를 벗어난 행위를 하게 한 때

해설
①·② '2년' 이내에 경비 도급 실적이 없을 때 필요적 취소 사유에 해당한다(법 제19조 제1항 제4호·제5호).
③ 임의적 취소 사유에 해당한다(법 제19조 제2항 제13호).
④ 법 제19조 제1항 제7호

정답 ④

09 경비업법령상 경비업 허가의 취소사유로 옳지 않은 것은?

2019년·2022년 기출

① 경비업자가 허가받은 경비업무외의 업무에 경비원을 종사하게 한 때
② 특수경비업자가 경비업 및 경비관련업외의 영업을 한 때
③ 경비업자가 소속 경비원으로 하여금 경비업무의 범위를 벗어난 행위를 하게 한 때
④ 경비업자가 정당한 사유없이 최종 도급계약 종료일의 다음 날부터 1년 이내에 경비도급실적이 없을 때

해설
①·②·③ 법 제19조 제1항 제2호·제3호·제7호
④ 1년 → 2년(법 제19조 제1항 제5호)

정답 ④

10 경비업법령상 경비업 허가의 취소 사유에 해당하지 않는 것은?

2020년 기출

① 허가받은 경비업무외의 업무에 경비원을 종사하게 한 때
② 정당한 사유없이 계속하여 15개월동안 휴업한 때
③ 정당한 사유없이 최종 도급계약 체결일부터 2년 이내에 경비 도급실적이 없을 때
④ 영업정지처분을 받고 계속하여 영업한 때

해설
① 법 제19조 제1항 제2호
② 정당한 사유없이 계속하여 "1년 이상" 휴업한 때에는 그 허가를 취소하여야 한다(법 제19조 제1항 제4호). 따라서 15개월 동안 휴업한 때에도 취소 사유에 해당한다.
③ 체결일부터 → 종료일의 다음 날부터(법 제19조 제1항 제5호)
④ 법 제19조 제1항 제6호

정답 ③

11 경비업법령상 허가관청이 의무적으로 경비업 허가를 취소해야 하는 사유가 아닌 것은?

2021년 기출

① 도급을 의뢰받은 경비업무가 위법한 것임에도 이를 거부하지 아니한 때
② 정당한 사유없이 허가를 받은 날부터 2년 이내에 경비 도급실적이 없거나 계속하여 1년 이상 휴업한 때
③ 소속 경비원으로 하여금 경비업무의 범위를 벗어난 행위를 하게 한 때
④ 관할 경찰관서장의 배치폐지 명령에 따르지 아니한 때

해설
① 임의적 허가취소사유에 해당한다(법 제19조 제2항 제2호).
②·③·④ 필요적(의무적) 허가취소사유에 해당한다(법 제19조 제1항 제4호·제7호·제8호).

정답 ①

12 경비업법령상 경비업 허가를 취소하여야 하는 경우가 아닌 것은? 2023년 기출

① 정당한 사유없이 최종 도급계약 종료일의 다음 날부터 1년 이내에 경비 도급실적이 없을 때
② 정당한 사유없이 허가를 받은 날부터 2년 이내에 경비 도급실적이 없거나 계속하여 1년 이상 휴업한 때
③ 영업정지처분을 받고 계속하여 영업을 한 때
④ 관할 경찰관서장의 배치폐지 명령에 따르지 아니한 때

해설 ① 1년 → 2년(법 제19조 제1항 제5호)
②·③·④ 법 제19조 제1항 제4호·제6호·제8호

정답 ①

13 경비업법령상 경비업 허가취소 사유에 해당하지 않는 것은? 2024년 기출

① 경비업 및 경비관련업외의 영업을 한 때
② 영업정지처분을 받고 계속하여 영업을 한 때
③ 정당한 사유없이 허가를 받은 날부터 1년 이내에 경비 도급실적이 없을 때
④ 관할 경찰관서장의 배치폐지 명령에 따르지 아니한 때

해설 ①·②·④ 법 제19조 제1항 제3호·제6호·제8호
③ 1년 → 2년(법 제19조 제1항 제4호)

정답 ③

14 다음 중 경비업법상 경비업 허가를 취소하여야 하는 경우를 모두 고른 것은?

ㄱ. 허위 또는 그 밖의 부정한 방법으로 특수경비업무 개시 신고를 한 때
ㄴ. 기계경비업자가 경비업 및 경비관련업 외의 영업을 한 때
ㄷ. 정당한 사유없이 허가를 받은 날부터 2년 이내에 휴업한 때
ㄹ. 정당한 사유없이 최종 도급계약 체결일의 다음날부터 2년 이내에 경비 도급실적이 없을 때
ㅁ. 과태료처분을 받고 계속하여 영업을 한 때
ㅂ. 소속 경비지도사로 하여금 직무의 범위를 벗어난 행위를 하게 한 때

① ㄱ, ㄴ, ㄷ, ㄹ, ㅁ, ㅂ
② ㄱ, ㄷ, ㅂ
③ ㄴ, ㄹ, ㅁ
④ 없음

해설 허가 취소사유가 되려면 다음과 같이 바꿔야 한다(법 제19조 제1항 참조).
ㄱ. 특수경비업무 개시 신고를 한 때 → 허가를 받은 때
ㄴ. 기계경비업자가 → 특수경비업자가
ㄷ. 휴업한 때 → 경비 도급실적이 없는 때
ㄹ. 체결일 → 종료일
ㅁ. 과태료처분을 → 영업정지처분을
ㅂ. 경비지도사로 하여금 직무의 → 경비원으로 하여금 경비업무의

정답 ④

15 경비업법상 경비업의 영업정지를 명할 수 있는 경우가 아닌 것은? 2016년 기출

① 특수경비업자가 시·도경찰청장의 감독상 명령에 따르지 아니한 경우
② 특수경비업자가 경비관련업 외의 영업을 한 경우
③ 특수경비업자가 도급을 의뢰받은 경비업무가 위법한 것임에도 이를 거부하지 아니한 경우
④ 특수경비업자가 신임교육을 받지 않은 사람을 경비원으로 배치한 경우

해설 ①·③·④ 법 제19조 제2항 제15호·제2호·제8호
② 경비업 허가를 취소하여야 하는 경우이다(법 제19조 제1항 제3호).

 ②

16 경비업법령상 6개월 이내의 기간을 정하여 영업의 전부 또는 일부에 대하여 경비업자에게 영업정지를 명할 수 있는 사유로 명시되지 않은 것은? 2020년 기출

① 경비원의 출동차량 등에 관한 규정을 위반한 때
② 배치경비원 인원 및 배치시간 등 배치허가 신청의 내용을 과실로 누락한 때
③ 경비원으로 하여금 교육을 받게 하지 아니한 때
④ 경비원의 복장·장비에 관한 규정을 위반한 때

해설 ①·③·④ 경비업법 제19조 제2항 제11호, 제8호, 제9호·제10호에 각각 명시적으로 규정되어 있다.
② 경비원 명단 및 배치일시·배치장소 등 배치허가 신청의 내용을 거짓으로 한 때에는 영업정지를 명할 수 있다(법 제19조 제2항 제13호 참조).

 ②

17 경비업법령상 경비업자가 경비업법에 따른 감독상 명령에 위반한 때 행해지는 행정처분기준에 관한 설명으로 옳지 않은 것은? 2010년 기출

① 허가관청은 개별 행정처분기준에 따른 행정처분이 영업정지인 경우에는 위반행위의 동기, 내용 및 위반의 정도 등을 고려하여 가중하거나 감경할 수 있다.
② 위반행위가 2 이상인 경우로서 그에 해당하는 각각의 처분기준이 다른 경우에는 그 중 중(重)한 처분기준에 따른다.
③ 위반행위가 2 이상인 경우로서 2 이상의 처분기준이 동일한 영업정지인 경우에는 중(重)한 처분기준의 2분의 1까지 가중할 수 있되, 가중하는 경우에도 각 처분기준을 합산한 기간을 초과할 수 없다.
④ 영업정지처분에 해당하는 위반행위가 적발된 날 이전 최근 3년간 같은 위반행위로 3회 영업정지처분을 받은 경우에는 그 위반행위에 대한 행정처분기준은 허가취소로 한다.

해설 ①·②·③ 영 제24조 별표4 제1호 가목·나목·다목
④ 3년간 같은 위반행위로 3회 → 2년간 같은 위반행위로 2회(영 제24조 별표4 제1호 라목)

 ④

18 경비업법령상 행정처분의 일반기준에 관한 설명으로 옳은 것은?   2014년 기출

① 위반행위가 2 이상인 경우로서 그에 해당하는 각각의 처분기준이 다른 경우에는 그 중 경한 처분기준에 따른다.
② 2 이상의 처분 기준이 동일한 영업정지인 경우에는 중한 처분기준의 3분의 1까지 가중할 수 있다.
③ 위반행위의 횟수에 따른 행정처분 기준은 최근 1년간 같은 위반행위로 행정처분을 받은 경우에 적용한다.
④ 영업정지처분에 해당하는 위반행위가 적발된 날 이전 최근 2년간 같은 위반행위로 2회 영업정지처분을 받은 경우에는 그 위반행위에 대한 행정처분기준은 허가취소로 한다.

해설 ① 경한 → 중한(영 제24조 별표4 제1호 나목)
② 3분의 1 → 2분의 1(영 제24조 별표4 제1호 나목)
③ 1년간 → 2년간(영 제24조 별표4 제1호 다목)
④ 영 제24조 별표4 제1호 라목

정답 ④

19 경비업법령상 행정처분의 일반기준에 관한 설명으로 옳지 않은 것은?   2016년 기출

① 행정처분이 영업정지인 경우에는 위반행위의 동기, 내용 및 위반의 정도 등을 고려하여 가중하거나 감경할 수 있다.
② 위반행위가 2 이상인 경우로서 그에 해당하는 각각의 처분기준이 다른 경우에는 그 중 중한 처분기준에 따른다.
③ 위반행위가 2 이상인 경우로서 2 이상의 처분기준이 동일한 영업정지인 경우에는 각 처분기준을 합산한 기간으로 한다.
④ 영업정지처분에 해당하는 위반행위가 적발된 날 이전 최근 2년간 같은 위반행위로 2회 영업정지처분을 받은 경우에는 개별기준에도 불구하고 그 위반행위에 대한 행정처분기준은 허가취소로 한다.

해설 ①·②·④ 영 제24조 별표4 참조
③ 위반행위가 2 이상인 경우로서 2 이상의 처분기준이 동일한 영업정지인 경우에는 중한 처분기준의 2분의 1까지 가중할 수 있다. 다만, 가중하는 경우에도 각 처분기준을 합산한 기간을 초과할 수 없다(영 제24조 별표4 참조).

정답 ③

20 경비업법령상 행정처분의 일반기준에 관한 설명으로 옳은 것은? 2021년 기출

① 행정처분이 영업정지인 경우에는 가중하거나 감경할 수 없다.
② 위반행위가 2 이상인 경우로서 그에 해당하는 각각의 처분기준이 다른 경우에는 그 중 경한 처분기준에 따른다.
③ 위반행위의 횟수에 따른 행정처분 기준 적용일은 위반행위에 대한 행정처분일과 그 처분 후의 위반행위가 다시 적발된 날을 기준으로 한다.
④ 영업정지처분에 해당하는 위반행위가 적발된 날 이전 최근 2년간 같은 위반행위로 3회 이상 영업정지처분을 받은 경우에는 그 위반행위에 대한 행정처분기준은 허가취소로 한다.

해설
① 없다 → 있다(영 제24조 별표4 제1호 가목)
② 경한 → 중한(영 제24조 별표4 제1호 나목)
③ 영 제24조 별표4 제1호 다목
④ 3회 → 2회(영 제24조 별표4 제1호 라목)

정답 ③

21 A경비업자는 경비원의 복장 규정을 위반하여, 2022년 8월 1일에 1차 행정처분을 받았으며, 2023년 9월 1일에 2차 행정처분을 받았다. 그런데 A경비업자는 2024년 10월 1일에 또다시 경비원의 복장 규정을 위반하여 적발된 경우 행정처분 기준은? (단, 가중·감경은 고려하지 않음)

① 경고
② 영업정지 1개월
③ 영업정지 3개월
④ 허가취소

해설 2023년 9월 1일(행정처분일) 2차 행정처분(영업정지 1개월)을 받고, 2년 이내인 2024년 10월 1일에 다시 적발되었으므로 3차 위반에 해당하여 '영업정지 3개월'이 부과된다(영 제24조 별표4 일반기준 참조).

정답 ③

22 B경비업자는 경찰청장의 감독상 명령에 따르지 않은 사유로 2021년 6월 1일과 2022년 6월 1일에 각각 행정처분을 받았다. 그런데 B경비업자가 2024년 11월 1일에 경찰청장의 감독상 명령에 따르지 않은 사유가 또 적발되었다. B경비업자에게 부과될 행정처분은? (단, 경비업법 시행령상 행정처분 기준에 의한다)

① 경고
② 영업정지 3개월
③ 영업정지 6개월
④ 허가취소

해설 2021년 6월 1일에 1차 위반으로 경고, 2022년 6월 1일에 2차 위반으로 영업정지 3개월의 행정처분을 받았을 것이다. 그러나 2024년 11월 1일은 2차 위반으로 처분을 받은 날로부터 2년이 지나 적발되었으므로 3차 위반이 아니라 다시 1차 위반으로 '경고'처분을 받을 것이다(영 제24조 별표4 일반기준 참조).

정답 ①

23 K경비업자는 2023년 3월 5일에 교육 규정 위반으로 1차 경고처분을 받고, 2024년 5월 7일에 감독명령 위반으로 1차 경고처분을 받았다. 이후 2025년 4월 10일에 교육규정 위반으로 적발되었다면 어떤 처분을 받는가? (단, 경비업법 시행령상 행정처분 기준에 의한다)

① 경고
② 영업정지 1개월
③ 영업정지 3개월
④ 허가취소

해설 위반행위의 횟수에 따른 행정처분 기준은 최근 '2년'간 '같은' 위반행위로 행정처분을 받은 경우에 적용된다(영 제24조 별표4 일반기준 참조). 즉, 해당 사안별로 적용되기 때문에 1차 교육규정 위반 경고처분(2023년 3월 5일) 후 '2년이 경과'하여 교육규정 위반으로 적발(2025년 4월 10일)되었으므로 새로이 1차 처분이 된다. 따라서 경고처분을 받을 것이다.

정답 ①

24 S경비업자는 경비원의 장비 규정을 위반하여, 2023년 7월 1일에 1차 행정처분을 받았으며, 2023년 9월 1일에 2차 행정처분을 받았으며, 2023년 12월 1일에 3차 행정처분을 받았다. 그런데 S경비업자는 2024년 5월 1일에 또다시 경비원의 장비 규정을 위반하여 적발된 경우 행정처분 기준은? (단, 가중·감경은 고려하지 않음)

① 영업정지 1개월
② 영업정지 3개월
③ 영업정지 6개월
④ 허가취소

해설 영업정지처분에 해당하는 위반행위가 적발된 날(2024년 5월 1일) 이전 최근 2년간(2022년 5월 1일부터 2024년 4월 30일 사이) 같은 위반행위로 2회 영업정지처분을 받은 경우(2023년 9월 1일 영업정지 1개월, 2023년 12월 1일 영업정지 3개월)에는 개별기준(2024년 5월 1일은 4차 위반으로 영업정지 3개월)에도 불구하고 그 위반행위에 대한 행정처분기준은 '허가취소'로 한다(영 제24조 별표4 일반기준 참조).

정답 ④

25 경비업체가 도급을 의뢰받은 경비업무가 위법한 것임에도 이를 거부하지 아니한 경우, 처벌로 맞는 것은? 2006년 기출

① 1차 위반시 경고
② 2차 위반시 영업정지 1월
③ 3차 위반시 영업정지 3월
④ 4차 위반시 허가취소

해설 경비업체가 도급을 의뢰받은 경비업무가 위법한 것임에도 이를 거부하지 않은 때에는 1차 위반시 영업정지 1개월, 2차 위반시 영업정지 3개월, 3차 이상 위반시 허가취소로 한다(영 제24조 별표4 제2호 나목).

정답 ④

26 경비업법령상 행정처분기준 중 개별기준에 관한 다음 표의 ( ) 안의 내용으로 알맞은 것은?

2012년 기출

위반행위	1차위반	2차위반	3차위반
경비업법 제24조의 규정에 의한 경찰청장·시·도경찰청장 또는 관할경찰관서장의 감독상 명령에 따르지 아니한 경우	(ㄱ)	영업정지 3개월	(ㄴ)
경비업법 제26조의 규정에 위반하여 경비업자가 경비원이 업무수행 중 고의 또는 과실로 발생한 손해를 배상하지 아니한 경우			(ㄷ)

① ㄱ : 영업정지 1월,   ㄴ : 영업정지 6월,   ㄷ : 영업정지 6월
② ㄱ : 영업정지 1월,   ㄴ : 영업정지 6월,   ㄷ : 허가취소
③ ㄱ : 경고,   ㄴ : 허가취소,   ㄷ : 허가취소
④ ㄱ : 경고,   ㄴ : 허가취소,   ㄷ : 영업정지 6월

해설 경고, 허가취소, 영업정지 6월이 각각 들어간다(영 제24조 별표4 제2호 거목·너목).

정답 ④

27 경비업법령상 경비업자의 행위에 대한 행정처분기준으로 옳지 않은 것은? (단, 행정처분기준의 경감이나 가중은 고려하지 않는다)

2013년 기출

① 시·도경찰청장의 허가 없이 경비업무를 변경한 경우 2차 위반에 대하여는 영업정지 3월이다.
② 경비원이 업무수행 중 고의로 발생한 손해를 배상하지 아니한 경우 3차 위반에 대하여는 영업정지 6월이다.
③ 경비원의 복장·장비 및 출동차량에 관한 규정을 위반한 경우 3차 위반에 대하여는 영업정지 3월이다.
④ 경비원으로 하여금 규정에 의한 교육을 받게 하지 아니한 경우 3차 위반에 대하여는 영업정지 1월이다.

해설
① 영업정지 6개월이다(영 제24조 별표4 제2호 가목).
② 영 제24조 별표4 제2호 너목
③ 영 제24조 별표4 제2호 자목·차목·카목
④ 영 제24조 별표4 제2호 아목

정답 ①

28 다음은 경비업법 시행령 별표에서 정한 행정처분의 개별기준이다. ( ) 안에 들어갈 내용으로 옳은 것은?

2015년 기출

위반행위	1차 위반	2차 위반	3차 이상 위반
경비업법 제4조제1항 후단을 위반하여 시·도경찰청장의 허가 없이 경비업무를 변경한 때	(ㄱ)	(ㄴ)	(ㄷ)

① ㄱ: 경고, ㄴ: 영업정지 1개월, ㄷ: 영업정지 3개월
② ㄱ: 경고, ㄴ: 영업정지 6개월, ㄷ: 허가취소
③ ㄱ: 영업정지 1개월, ㄴ: 영업정지 3개월, ㄷ: 영업정지 6개월
④ ㄱ: 영업정지 1개월, ㄴ: 영업정지 3개월, ㄷ: 허가취소

해설 시·도경찰청장의 허가 없이 경비업무를 변경한 때에는 1차 위반시 경고, 2차 위반시 영업정지 6개월, 3차 이상 위반시 허가취소이다(영 제24조 별표4 제2호 가목).

정답 ②

29 경비업법령상 행정처분의 기준이 3차 위반시 영업정지 3개월인 위반행위에 해당하는 것은?

2021년 기출

① 집단민원현장에 일반경비원 명부를 작성·비치하지 않은 때
② 경비원의 복장 등에 관한 규정을 위반한 때
③ 손해를 배상하지 않은 때
④ 경비대상시설에 관한 경보대응체제를 갖추지 않은 때

해설 3차 위반시 ①은 허가취소, ②는 영업정지 3개월, ③은 영업정지 6개월, ④는 영업정지 1개월에 각각 해당한다(영 제24조 별표4 참조).

정답 ②

30 경비업법령상 2차 위반 시 행정처분의 기준이 가장 중한 행위는?

2023년 기출

① 경비업자가 경비원의 복장 등에 관한 규정을 위반한 때
② 경비업자가 결격사유에 해당하는 일반경비원을 집단민원현장에 배치한 때
③ 경비업자가 경비원의 출동차량 등에 관한 규정을 위반한 때
④ 기계경비업자가 관련서류를 작성·비치하지 않은 때

해설 ①은 영업정지 1개월, ②는 영업정지 3개월, ③은 영업정지 1개월, ④는 경고이다(영 제24조 별표4 참조).

정답 ②

31. 경비업법 시행령상 행정처분의 개별기준에 의할 때, 다음 중 3차 위반시 행정처분의 연결이 옳은 것을 모두 고른 것은? (단, 행정처분기준의 경감이나 가중은 고려하지 않는다)

ㄱ. 기계경비업자가 경비대상시설에 관한 경보 대응체제를 갖추지 않은 때 - 영업정지 1개월
ㄴ. 기계경비업자가 관련 서류를 작성·비치하지 않은 때 - 영업정지 3개월
ㄷ. 경비업자가 경비지도사 선임·배치기준을 위반하여 경비지도사를 선임한 때 - 영업정지 3개월
ㄹ. 경비업자가 집단민원현장에 일반경비원 명부를 작성·비치하지 않은 때 - 영업정지 6개월
ㅁ. 경비업자가 결격사유에 해당하는 경비원을 배치한 때 - 영업정지 6개월
ㅂ. 경비업자가 배치허가 신청의 내용을 거짓으로 한 때 - 허가취소
ㅅ. 경비업자가 도급을 의뢰받은 경비업무가 부당한 것임에도 이를 거부하지 않은 때 - 허가취소

① ㄱ, ㅂ
② ㄱ, ㅂ, ㅅ
③ ㄴ, ㄷ, ㄹ, ㅁ
④ ㄷ, ㄹ, ㅁ, ㅅ

해설 ㄴ은 영업정지 1개월, ㄷ·ㄹ·ㅁ은 허가취소이다. ㅅ의 경우 '위법'한 것임에도 거부하지 않은 때에는 허가취소이나 '부당'한 것임에도 거부하지 않은 때에는 행정처분 대상이 아니다(영 제24조 별표 4 참조).

정답 ①

32. 경비업법령상 경비지도사 자격의 취소 또는 정지사유에 해당하지 않는 것은? 2008년 기출

① 경비업자와의 업무계약사항을 성실하게 수행하지 아니한 경우
② 경비지도사 자격증을 다른 사람에게 빌려주거나 양도한 경우
③ 경찰청장 또는 시·도경찰청장이 지도·감독을 위하여 발령한 명령을 위반한 경우
④ 경비원의 지도·감독·교육에 관한 계획의 수립·실시 및 그 기록의 유지를 성실하게 수행하지 아니한 경우

해설 ②는 자격취소사유에 해당하며(법 제20조 제1항 제3호), ③·④는 자격정지사유에 해당한다(법 제20조 제2항).

정답 ①

33. 경비업법령상 경비지도사 자격의 취소사유에 해당하지 않는 것은? 2010년 기출

① 금고 이상의 형의 집행유예선고를 받고 그 유예기간 중에 있는 경우
② 금고 이상의 형의 선고유예를 받고 그 유예기간 중에 있는 경우
③ 금고 이상의 실형의 선고를 받고 그 집행이 종료되거나 집행이 면제된 날부터 5년이 지나지 아니한 경우
④ 경비지도사가 경비지도사자격증을 다른 사람에게 빌려주거나 양도한 경우

> **해설** ①·② 금고 이상의 형의 '집행유예선고'를 받고 그 유예기간 중에 있는 경우에는 자격취소사유에 해당하나, 금고 이상의 형의 '선고유예'를 받고 그 유예기간 중에 있는 경우에는 자격취소사유가 아니다(법 제20조 제1항 제1호, 제10조 제1항 제4호 참조).
> ③ 자격취소사유에 해당한다(법 제20조 제1항 제1호, 제10조 제1항 제3호).
> ④ 자격취소사유에 해당한다(법 제20조 제1항 제3호).
>
> **정답** ②

34 경비업법령상 경비지도사 자격의 취소 및 정지에 관한 설명으로 옳은 것은? 2011년 기출

① 경찰청장은 경비지도사가 경비지도사자격증을 다른 사람에게 빌려주거나 양도한 때에는 그 자격을 취소하여야 한다.
② 경찰기관 및 소방기관과의 연락방법에 대한 지도 등의 직무를 성실하게 수행하지 아니한 때에는 2년의 범위 내에서 그 자격을 정지시킬 수 있다.
③ 경찰청장은 경비지도사가 협박죄로 벌금형을 선고받은 때에는 그 자격을 취소하여야 한다.
④ 경찰청장은 경비지도사의 자격을 취소한 때에는 경비지도사자격증을 회수하여야 하고, 자격을 정지한 때에는 자격증을 회수하지 않는다.

> **해설** ① 법 제20조 제1항 제3호
> ② 1년의 범위 내에서 그 자격을 정지시킬 수 있다(법 제20조 제2항 제1호).
> ③ 경비지도사가 '협박죄'로 벌금형을 선고받은 때에는 경비지도사 결격사유에 해당하지 않으므로 자격취소사유가 아니다. 그러나 강간죄·강도죄·절도죄 등을 범하여 벌금형을 선고받은 때에는 그 자격을 취소하여야 한다(법 제20조 제1항 제1호 참조).
> ④ 자격을 정지한 때에는 그 정지기간 동안 경비지도사자격증을 회수하여 보관하여야 한다(법 제20조 제3항).
>
> **정답** ①

35 경비업법령상 경비지도사 자격의 취소사유에 해당하는 것을 모두 고른 것은? 2012년 기출

> ㄱ. 피성년후견의 선고를 받은 경우
> ㄴ. 경비지도사자격증을 다른 사람에게 빌려주거나 양도한 경우
> ㄷ. 허위 그 밖의 부정한 방법으로 경비지도사자격증을 교부 받은 경우
> ㄹ. 경비업무의 적절한 수행을 위한 경찰청장 또는 시·도경찰청장의 감독상의 명령을 위반한 경우

① ㄱ, ㄴ
② ㄴ, ㄷ
③ ㄱ, ㄴ, ㄷ
④ ㄴ, ㄷ, ㄹ

> **해설** ㄱ, ㄴ, ㄷ은 자격취소사유에 해당하나(법 제20조 제1항), ㄹ은 자격정지사유에 해당한다(법 제20조 제2항).
>
> **정답** ③

36 경비업법령상 경비지도사자격의 취소 등에 관한 설명으로 옳지 않은 것은?

2013년 기출

① 경비지도사가 허위로 경비지도사자격증을 교부 받은 때에는 그 자격이 취소된다.
② 경비지도사가 경비지도사자격증을 다른 사람에게 빌려준 때에는 그 자격이 취소된다.
③ 경비지도사가 경비업법 제24조의 명령을 위반하여 자격정지처분을 받은 후 2년 내에 또 다시 명령위반으로 적발된 경우 12월의 자격정지처분을 받을 수 있다.
④ 경비지도사가 경비현장에 배치된 경비원에 대한 순회점검 및 감독 의무 등 직무를 성실하게 수행하지 아니하여 1차 적발된 경우 3월의 자격정지처분을 받을 수 있다.

해설 ①·② 법 제20조 제1항 제2호·제3호
③ 6월의 자격정지처분을 받을 수 있다(영 제25조 별표5 제2호).
④ 영 제25조 별표5 제1호

정답 ③

37 경비업법령상 경찰청장이 경비지도사의 자격을 취소해야 하는 경우에 해당하지 않는 것은?

2014년 기출

① 경비지도사로서의 결격사유에 해당하게 된 때
② 허위로 경비지도사자격증을 교부받은 때
③ 경비지도사자격증을 다른 사람에게 빌려준 때
④ 경찰청장이 경비업무의 적정한 수행을 위하여 경비지도사를 지도·감독하며 내린 필요한 명령을 경비지도사가 위반한 때

해설 ①·②·③ 법 제20조 제1항
④ 자격정지사유에 해당한다(법 제20조 제2항 제2호).

정답 ④

38 경비업법령상 경비지도사자격의 취소사유에 해당하지 않는 것은?

2019년·2021년 기출

① 허위 그 밖의 부정한 방법으로 경비지도사자격증을 교부받은 때
② 경비지도사자격증을 다른 사람에게 빌려주거나 양도한 때
③ 경찰청장 또는 시·도경찰청장의 명령을 위반한 때
④ 자격정지 기간 중에 경비지도사로 선임되어 활동한 때

해설 ①·②·④ 자격취소사유에 해당한다(법 제20조 제1항 제2호·제3호·제4호).
③ 자격정지사유에 해당한다(법 제20조 제2항 제2호).

정답 ③

39 경비업법령상 경비지도사자격의 취소와 정지에 관한 설명으로 옳지 않은 것은?　2020년 기출

① 경찰청장은 경비지도사가 자격정지 기간 중에 경비지도사로 선임되어 활동한 때에는 1년의 범위 내에서 정지기간을 연장시킬 수 있다.
② 경찰청장은 경비지도사가 허위로 경비지도사자격증을 교부받은 때에는 그 자격을 취소하여야 한다.
③ 경찰청장은 경비지도사가 시·도경찰청장의 명령을 위반한 때에는 1년의 범위 내에서 그 자격을 정지시킬 수 있다.
④ 경찰청장은 경비지도사의 자격을 정지한 때에는 그 정지기간 동안 경비지도사자격증을 회수하여 보관하여야 한다.

> 해설　① 경찰청장은 경비지도사가 자격정지 기간 중에 경비지도사로 선임되어 활동한 때에는 그 자격을 취소하여야 한다(법 제20조 제1항 제4호).
> ②·③·④ 법 제20조 제1항 제2호·제2항 제2호·제3항

 ①

40 경비업법령상 경비지도사자격의 취소 등에 관한 설명으로 옳지 않은 것은?　2022년 기출

① 경찰청장은 기계경비지도사가 오경보방지 등을 위한 기기관리 감독의 직무를 위반하여 직무를 성실하게 수행하지 아니한 때에는 1년의 범위 내에서 그 자격을 정지시킬 수 있다.
② 경찰청장은 경비지도사의 자격을 정지한 때에는 그 정지기간동안 경비지도사자격증을 회수하여 보관하여야 한다.
③ 경찰청장은 경비지도사가 경찰청장 또는 시·도경찰청장의 명령을 위반한 때에는 1년의 범위 내에서 그 자격을 정지시킬 수 있다.
④ 경찰청장은 경비지도사가 자격정지 기간 중에 경비지도사로 선임되어 활동한 때에는 1년의 범위 내에서 그 자격을 정지시킬 수 있다.

> 해설　① 법 제20조 제2항 제1호
> ② 법 제20조 제3항
> ③ 법 제20조 제2항 제2호
> ④ 경찰청장은 경비지도사가 자격정지 기간 중에 경비지도사로 선임되어 활동한 때에는 그 자격을 취소하여야 한다(법 제20조 제1항 제4호).

 ④

41 경비업법령상 경비지도사 자격의 취소사유를 모두 고른 것은?

2023년 기출

ㄱ. 경비지도사자격증을 다른 사람에게 양도한 때
ㄴ. 자격정지 기간 중에 경비지도사로 선임되어 활동한 때
ㄷ. 파산선고를 받고 복권되지 아니한 자
ㄹ. 금고 이상의 형의 집행유예선고를 받고 그 유예기간중에 있는 자

① ㄱ, ㄴ
② ㄱ, ㄷ, ㄹ
③ ㄴ, ㄷ, ㄹ
④ ㄱ, ㄴ, ㄷ, ㄹ

해설 ㄱ·ㄴ. 경비지도사 자격의 취소사유이다(법 제20조 제1항 제3호·제4호).
ㄷ·ㄹ. 결격사유에 해당하므로 경비지도사 자격의 취소사유이다(법 제20조 제1항 제1호).

정답 ④

42 경비지도사 자격을 정지할 수 있는 경우는?

2004년 기출

① 지도·감독에 필요한 시·도경찰청장의 명령을 위반한 때
② 파산선고를 받게 된 때
③ 허위 그 밖의 부정한 방법으로 경비지도사자격증을 교부받은 때
④ 경비지도사자격증을 다른 사람에게 빌려주거나 양도한 때

해설 ① 법 제20조 제2항 제2호
②·③·④ 자격취소사유에 해당한다(법 제20조 제1항).

정답 ①

43 경비업법령상 경비지도사 자격의 정지사유에 해당되는 것은?

2007년 기출수정

① 경비지도사 자격증을 빌려주거나 양도한 경우
② 피한정후견 선고를 받은 경우
③ 허위 또는 부정한 방법으로 경비지도사 자격증을 교부받은 경우
④ 경찰청장 또는 시·도경찰청장이 경비업무의 적정한 수행을 위하여 경비지도사에게 발한 지도·감독상 명령을 위반한 경우

해설 ①·③은 자격취소사유에 해당하며(법 제20조 제1항), ④는 자격정지사유에 해당한다(법 제20조 제2항 제2호). ②는 결격사유가 아니므로 자격취소사유도 아니다.

정답 ④

44 경비업법상 경비지도사 자격을 정지시킬 수 있는 경우는? 2016년 기출

① 집단민원현장에 배치된 경비원에 대한 지도·감독 직무를 성실하게 수행하지 아니한 때
② 자격정지 기간 중에 경비지도사로 선임되어 활동한 때
③ 허위 그 밖의 부정한 방법으로 경비지도사 자격증을 교부받은 때
④ 경비지도사 자격증을 다른 사람에게 빌려주거나 양도한 때

해설 ① 법 제20조 제2항 제1호
②·③·④ 경비지도사 자격을 취소하여야 하는 경우이다(법 제20조 제1항).

정답 ①

45 경비업법령상 경비지도사에 대한 자격정지처분의 사유에 해당하는 것은? 2017년 기출

① 경비지도사 갑(甲)은 자격정지 기간 중에 경비지도사로 선임되어 활동하였다.
② 경비지도사 을(乙)은 허위 그 밖의 부정한 방법으로 경비지도사자격증을 교부받았다.
③ 경비지도사 병(丙)은 시·도경찰청장의 적정한 경비업무수행을 위하여 필요한 지도·감독상 명령을 위반하였다.
④ 경비지도사 정(丁)은 경비지도사자격증을 무(戊)에게 빌려주거나 양도하였다.

해설 ①·②·④ 자격취소처분의 사유에 해당한다(법 제20조 제1항 참조).
③ 자격정지처분의 사유에 해당한다(법 제20조 제2항 제2호).

정답 ③

46 다음 표는 경비업법 시행령별표에서 정한 경비지도사 자격정지처분기준이다. (   ) 안에 들어갈 내용으로 옳은 것은? 2014년 기출

위반행위	1차 위반	2차 위반	3차이상 위반
경비업법 제12조 제3항의 규정에 위반하여 직무를 성실하게 수행하지 아니한 때	자격정지 3월	자격정지 (ㄱ)월	자격정지 (ㄴ)월
경비업법 제24조의 규정에 의한 경찰청장·시·도경찰청장의 명령을 위반한 때	자격정지 (ㄷ)월	자격정지 6월	자격정지 9월

① ㄱ : 6, ㄴ : 9, ㄷ : 1
② ㄱ : 6, ㄴ : 9, ㄷ : 3
③ ㄱ : 6, ㄴ : 12, ㄷ : 1
④ ㄱ : 9, ㄴ : 12, ㄷ : 3

해설 ㄱ은 6월, ㄴ은 12월, ㄷ은 1월이 각각 들어간다(영 제25조 별표5 참조).

정답 ③

47 경비업법령상 경비지도사가 경찰청장의 명령을 위반한 때 부과되는 자격정지 처분기준으로 옳은 것은?

2007년·2016년·2018년 기출

① 1차 위반: 1월, 2차 위반: 3월
② 1차 위반: 1월, 2차 위반: 6월
③ 1차 위반: 3월, 2차 위반: 6월
④ 1차 위반: 3월, 2차 위반: 9월

해설 경비지도사가 경찰청장·시·도경찰청장의 명령을 위반한 때에는 1차 자격정지 1월, 2차 자격정지 6월, 3차 자격정지 9월의 처분이 부과된다(영 제25조 별표5 참조).

정답 ②

48 경비업법령상 경비지도사가 직무를 성실하게 수행하지 아니한 경우, 1차 위반 시 행정처분 기준으로 옳은 것은?

2019년 기출

① 경비지도사 자격정지 1월
② 경비지도사 자격정지 3월
③ 경비지도사 자격정지 6월
④ 경비지도사 자격정지 9월

해설 경비지도사가 직무를 성실하게 수행하지 아니한 경우, 1차 위반 시 자격정지 3월, 2차 위반 시 자격정지 6월, 3차 위반 시 자격정지 12월이다(영 제25조 별표5 참조).

정답 ②

49 경비업법령상 경비지도사 자격정지처분 기준에 관한 설명으로 옳은 것은?

2020년 기출

① 위반행위의 횟수에 따른 행정처분의 기준은 당해 위반행위가 있은 이전 최근 1년간 같은 위반행위로 행정처분을 받은 경우에 적용한다.
② 위반행위의 횟수에 따른 행정처분의 기준은 당해 위반행위가 있은 이전 최근 2년간 동일성 여부와 관계없이 위반행위로 행정처분을 받은 누적 횟수에 적용한다.
③ 경찰청장의 명령을 1차 위반한 때 행정처분기준은 자격정지 6월이다.
④ 시·도경찰청장의 명령을 2차 위반한 때 행정처분기준은 자격정지 6월이다.

해설 ① 1년간 → 2년간(영 제25조 별표5)
② 동일성 여부와 관계없이 → 같은(영 제25조 별표5)
③ 6월 → 1월(영 제25조 별표5)
④ 영 제25조 별표5

정답 ④

50 경비업법령상 경비지도사 자격정지처분 기준으로 옳은 것은? 2024년 기출

① 경비업법 제12조제3항의 규정을 1차 위반하여 직무를 성실하게 수행하지 아니한 때: 자격정지 1월
② 경비업법 제12조제3항의 규정을 2차 위반하여 직무를 성실하게 수행하지 아니한 때: 자격정지 3월
③ 경비업법 제24조의 규정에 의한 시·도경찰청장의 명령을 2차 위반한 때: 자격정지 3월
④ 경비업법 제24조의 규정에 의한 시·도경찰청장의 명령을 3차 위반한 때: 자격정지 9월

해설 ①은 자격정지 3월, ②는 자격정지 6월, ③은 자격정지 6월이다(영 제25조 별표5 참조).

 ④

51 경비업법령상 경비지도사 자격정지처분 기준에 대한 설명으로 옳은 것은?

① 경비지도사의 직무를 성실하게 수행하지 아니한 때에는 1차 위반시 자격정지 3월, 2차 위반시 자격정지 6월, 3차 위반시 자격정지 9월이다.
② 위반행위의 횟수에 따른 행정처분의 기준은 당해 위반행위가 있은 이전 최근 2년간 같은 위반행위로 행정처분을 받은 경우에 적용한다.
③ 자격정지의 경우에는 위반행위의 동기, 내용 및 위반의 정도 등을 고려하여 가중하거나 감경할 수 있다.
④ 자격정지처분에 해당하는 위반행위가 적발된 날 이전 최근 2년간 같은 위반행위로 2회 자격정지처분을 받은 경우에는 그 위반행위에 대한 행정처분 기준은 자격취소로 한다.

해설 ① 9월 → 12월(영 제25조 별표5)
② 영 제25조 별표5
③·④ 경비업자에 대한 행정처분과 달리 경비지도사의 자격정지처분에는 이러한 기준이 규정되어 있지 않다(영 제24조 별표4, 제25조 별표5 참조).

 ②

52 경비업법령상 경찰청장 또는 시·도경찰청장이 처분을 하고자 하는 경우에 청문을 실시하여야 하는 경우가 아닌 것은? 2012년 기출

① 허위의 방법으로 받은 경비업 허가의 취소
② 경비업법에 위반하여 받은 경비업의 영업정지
③ 경비지도사 자격증의 양도로 인한 경비지도사 자격의 취소
④ 경비업의 영업허가

> **해설** 경찰청장 또는 시·도경찰청장은 다음에 해당하는 처분을 하고자 하는 경우에는 청문을 실시하여야 한다(법 제21조).
> ㉠ 경비지도사 교육기관의 지정 취소 또는 업무의 정지
> ㉡ 경비원 교육기관의 지정 취소 또는 업무의 정지
> ㉢ 경비업 허가의 취소 또는 영업정지
> ㉣ 경비지도사자격의 취소 또는 정지
>
> **정답** ④

53 경비업법령상 경찰청장 또는 시·도경찰청장이 해당 처분을 하기 위해 청문을 실시하여야 하는 경우가 아닌 것은? 2015년 기출

① 특수경비원의 징계
② 경비지도사 자격의 취소
③ 경비지도사 자격의 정지
④ 경비업 허가의 취소 또는 영업정지

> **해설** ① 특수경비원의 징계시에는 청문을 실시하지 않는다(법 제21조 참조).
> ②·③·④ 법 제21조 제3호·제4호
>
> **정답** ①

54 경비업법에 관한 설명으로 옳지 않은 것은? 2016년 기출

① 시·도경찰청장이 경비업 허가의 취소 또는 영업정지를 하고자 하는 경우에는 청문을 실시하여야 한다.
② 시·도경찰청장은 경비지도사의 자격을 정지하는 때에는 청문을 실시하지 않는다.
③ 경찰청장이 경비지도사의 자격을 정지한 때에는 그 정지기간 동안 경비지도사 자격증을 회수하여 보관하여야 한다.
④ 허가관청은 경비업자가 영업정지처분을 받고 계속하여 영업을 한 때에는 그 허가를 취소하여야 한다.

> **해설** ① 법 제21조 제3호
> ② 경비지도사의 자격을 취소 또는 정지하는 때에는 청문을 실시하여야 한다(법 제21조 제2호).
> ③ 법 제20조 제3항
> ④ 법 제19조 제1항 제4호
>
> **정답** ②

55 경비업법령상 경찰청장 또는 시·도경찰청장이 청문을 실시해야 하는 행정처분이 아닌 것은? 2017년·2019년 기출

① 경비업자에 대한 과태료 부과처분
② 경비업 영업정지처분
③ 경비지도사자격 취소처분
④ 경비지도사자격 정지처분

> **해설** 경비업자에 대한 과태료 부과처분시에는 청문을 실시하지 않는다(법 제21조 참조).
>
> **정답** ①

56 경비업법령상 청문을 실시하여야 하는 경우로 옳지 않은 것은? 2018년 기출

① 관할 경찰관서장의 배치폐지 명령에 따르지 아니하여 경비업 허가의 취소 처분을 하고자 하는 경우
② 경비업자가 집단민원현장에 특수경비원 명부를 작성·비치하지 않아 9개월 영업정지 처분을 하고자 하는 경우
③ 경비지도사가 자격정지 기간 중에 경비지도사로 선임되어 활동하다가 적발되어 경비지도사 자격취소 처분을 하고자 하는 경우
④ 경비현장에 배치된 경비원에 대한 순회점검 및 감독을 수행하지 않아 경비지도사 자격정지 처분을 하고자 하는 경우

해설 경비업 허가의 취소 또는 영업정지처분, 경비지도사자격의 취소 또는 정지처분을 하고자 하는 경우에 청문을 실시하여야 한다(법 제21조). 그러나 ②의 경우에는 영업정지처분 사유가 아니다. 즉, 집단민원현장에 "일반"경비원 명부를 작성·비치하지 않은 경우 그 허가를 취소하거나 "6개월" 이내의 기간을 정하여 영업의 정지를 명할 수 있다(법 제19조 제2항 참조). 따라서 ②는 청문을 실시하여야 하는 경우가 아니다.

정답 ②

57 경비업법령상 경찰청장 또는 시·도경찰청장이 청문을 실시해야 하는 행정처분에 해당하는 것을 모두 고른 것은? 2022년 기출

| ㄱ. 경비업 허가의 취소 | ㄴ. 경비업 영업정지 |
| ㄷ. 경비지도사자격의 취소 | ㄹ. 경비지도사자격의 정지 |

① ㄱ, ㄷ
② ㄴ, ㄹ
③ ㄱ, ㄴ, ㄷ
④ ㄱ, ㄴ, ㄷ, ㄹ

해설 ㄱ, ㄴ, ㄷ, ㄹ의 경우 모두 청문을 실시해야 한다(법 제21조 참조).

정답 ④

58 경비업법령상 경찰청장 또는 시·도경찰청장이 행정처분을 하기 위하여 청문을 실시하여야 하는 경우를 모두 고른 것은? 2023년 기출

ㄱ. 경비업자가 허위 그 밖의 부정한 방법으로 허가를 받아 그 허가를 취소하는 경우
ㄴ. 허위 그 밖의 부정한 방법으로 경비지도사자격증을 교부받아 그 자격을 취소하는 경우
ㄷ. 경비지도사가 경찰청장 또는 시·도경찰청장의 명령을 위반하여 그 자격을 정지하는 경우

① ㄱ, ㄴ
② ㄱ, ㄷ
③ ㄴ, ㄷ
④ ㄱ, ㄴ, ㄷ

해설 ㄱ, ㄴ, ㄷ의 경우 모두 청문을 실시해야 한다(법 제21조 참조).

정답 ④

59. 경비업법령상 청문을 실시하여야 하는 업무정지처분의 대상을 모두 고른 것은? 2024년 기출

> ㄱ. 경비지도사 교육기관이 교육지침을 위반하여 시정명령을 받고도 정당한 사유 없이 정하여진 기간 이내에 시정하지 아니한 경우
> ㄴ. 경비지도사 교육기관이 거짓으로 경비지도사 교육기관의 지정을 받은 경우
> ㄷ. 경비원 교육기관이 지정 기준에 적합하지 아니하게 된 경우
> ㄹ. 경비원 교육기관이 지정받은 사항을 위반하여 업무를 행한 경우

① ㄱ, ㄴ
② ㄱ, ㄷ, ㄹ
③ ㄴ, ㄷ, ㄹ
④ ㄱ, ㄴ, ㄷ, ㄹ

해설 ㄱ·ㄴ·ㄷ·ㄹ 모두 청문을 실시해야 하는 사유에 해당한다. 그러나 ㄴ의 경우 '업무정지처분'의 대상이 아니라 '지정취소처분'의 대상이다(법 제11조의4 제1항, 법 제21조 참조).

정답 ②

60. 경비업법상 경찰청장 등이 청문을 실시해야 하는 행정처분이 아닌 것은?

① 경비지도사 교육기관의 지정 취소
② 경비지도사 교육기관의 업무 정지
③ 경비지도사 시험기관의 위탁 취소
④ 경비원 교육기관의 지정 취소 또는 업무 정지

해설 경비지도사·경비원 교육기관의 지정 취소 또는 업무 정지 처분을 하고자 하는 경우에는 청문을 실시하여야 한다(법 제21조 참조).

정답 ③

제2절 벌칙 및 과태료

01 경비업법상 벌칙에 대한 설명 중 틀린 것은? 2006년 기출

① 국가중요시설의 정상적인 운영을 해치는 장해를 일으킨 특수경비원은 3년 이하의 징역 또는 3천만원 이하의 벌금에 처한다.
② 허가를 받지 아니하고 경비업을 영위한 자는 3년 이하의 징역 또는 3천만원 이하의 벌금에 처한다.
③ 직무상 알게 된 비밀을 누설하거나 부당한 목적을 위하여 사용한 자는 3년 이하의 징역 또는 3천만원 이하의 벌금에 처한다.
④ 경비업무의 중단을 통보하지 아니하거나 경비업무를 즉시 인수하지 아니한 특수경비업자 또는 경비대행업자는 3년 이하의 징역 또는 3천만원 이하의 벌금에 처한다.

해설 ① 5년 이하의 징역 또는 5천만원 이하의 벌금에 처한다(법 제28조 제1항).
②·③·④ 법 제28조 제2항 제1호·제2호·제3호

정답 ①

02 경비업법에 의하여 형사처벌을 받게 되는 자는? 2006년 기출

① 경비대행업자 지정신고를 아니한 자
② 무기대여를 받고 시설주가 경찰서장의 감독상 명령을 정당한 이유없이 이행하지 아니한 시설주
③ 시설주로부터 무기관리책임자로 지정받고 무기장비운영카드를 비치하지 않는 관리책임자
④ 경비지도사를 선임하지 않은 경비업자

해설 ①·②·④ 500만원 이하의 과태료를 부과한다(법 제31조 제2항 제2호·제5호·제4호).
③ 1년 이하의 징역 또는 1천만원 이하의 벌금에 처한다(법 제28조 제4항 제1호).

정답 ③

03 다음 중 경비업법령상 처벌기준이 다른 것은? 2007년 기출

① 경비대행업자 지정신고를 하지 아니한 자
② 설명의무를 이행하지 아니한 자
③ 경비지도사를 선임하지 아니한 자
④ 경찰관서장의 배치폐지 명령을 따르지 아니한 자

해설 ①·②·③ 500만원 이하의 과태료를 부과한다(법 제31조 제2항 제2호·제3호·제4호).
④ 1년 이하의 징역 또는 1천만원 이하의 벌금에 처한다(법 제28조 제4항 제5호).

정답 ④

04 경비업법령상 규정된 벌칙 중에서 가장 가벼운 벌칙을 부과받는 경우는?

2009년 기출

① 허가를 받지 아니하고 경비업을 영위한 경우
② 직무상 알게 된 비밀을 누설하거나 부당한 목적을 위하여 사용한 경우
③ 경비원에게 경비업무의 범위를 벗어난 행위를 하게 한 경우
④ 경비원이 경비업무의 범위를 벗어나 타인에게 물리력을 행사한 경우

> **해설** ①·②·③ 3년 이하의 징역 또는 3천만원 이하의 벌금에 처한다(법 제28조 제2항 제1호·제2호·제9호).
> ④ 1년 이하의 징역 또는 1천만원 이하의 벌금에 처한다(법 제28조 제4항 제3호).
>
> **정답** ④

05 경비업법령상 가장 무거운 벌칙사유에 해당하는 것은?

2010년 기출

① 경비업자가 법령상의 신고의무를 위반하여 일반경비원을 배치한 경우 관할 경찰관서장의 배치폐지 명령을 이행하지 아니한 경우
② 특수경비원이 직무수행 중 경비구역 안에서 위험물의 폭발로 인한 위급사태가 발생한 때에 소속 상사의 직무상 명령에 복종하지 아니한 경우
③ 법령에 의하여 무기를 대여받은 시설주가 관할 경찰관서장의 무기의 적정한 관리를 위한 감독상 필요한 명령을 정당한 이유 없이 이행하지 아니한 경우
④ 특수경비원이 경비업무의 정상적인 운영을 저해하는 쟁의행위를 한 경우

> **해설** ① 1년 이하의 징역 또는 1천만원 이하의 벌금에 처한다(법 제28조 제4항 제5호).
> ② 3년 이하의 징역 또는 3천만원 이하의 벌금에 처한다(법 제28조 제2항 제8호).
> ③ 500만원 이하의 과태료를 부과한다(법 제31조 제2항 제5호).
> ④ 1년 이하의 징역 또는 1천만원 이하의 벌금에 처한다(법 제28조 제4항 제2호).
>
> **정답** ②

06 경비업법령상 3년 이하의 징역 또는 3천만원 이하의 벌금에 처해지는 경우로 옳지 않은 것은?

2010년 기출

① 허가를 받지 않고 경비업을 영위한 경우
② 특수경비원이 과실로 인하여 국가중요시설에 대한 경비업무수행 중 국가중요시설의 정상적인 운영을 해치는 장해를 일으킨 경우
③ 시설주로 부터 무기의 관리를 위하여 지정받은 책임자가 특수경비원에게 무기를 직접 지급 또는 회수하지 아니한 경우
④ 특수경비원이 경비구역 안에서 위험물의 폭발 등의 사유로 위급사태가 발생했음에도 정당한 사유 없이 경비구역을 벗어난 경우

> **해설** ①·②·④ 법 제28조 제2항 제1호·제7호·제8호
> ③ 1년 이하의 징역 또는 1천만원 이하의 벌금에 처한다(법 제28조 제4항 제1호).
>
> **정답** ③

07 경비업법령상 벌칙의 형량이 다른 것은?   2011년 기출

① 허가를 받지 아니하고 경비업을 영위한 자
② 파업·태업 그 밖에 경비업무의 정상적인 운영을 저해하는 쟁의행위를 한 특수경비원
③ 경비원에게 경비업무의 범위를 벗어난 행위를 하게 한 자
④ 국가중요시설에 대한 경비업무 수행 중 과실로 인하여 국가중요시설의 정상적인 운영을 해치는 장해를 일으킨 특수경비원

해설 ①·③·④ 3년 이하의 징역 또는 3천만원 이하의 벌금에 처한다(법 제28조 제2항 제1호·제9호·제7호).
② 1년 이하의 징역 또는 1천만원 이하의 벌금에 처한다(법 제28조 제4항 제2호).

정답 ②

08 경비업법령상 경비업자 또는 경비원의 행위와 벌칙에 관한 설명으로 옳은 것은?   2013년 기출

① 파업을 한 특수경비원은 1년 이하의 징역 또는 1천만원 이하의 벌금에 처한다.
② 직무상 알게 된 비밀을 누설한 경비업자의 임·직원은 2년 이하의 징역 또는 2천만원 이하의 벌금에 처한다.
③ 고의로 국가중요시설의 정상적인 운영을 해치는 장해를 일으킨 특수경비원은 3년 이하의 징역 또는 3천만원 이하의 벌금에 처한다.
④ 정당한 사유 없이 무기를 소지하고 배치된 경비구역을 벗어난 특수경비원은 3년 이하의 징역 또는 3천만원 이하의 벌금에 처한다.

해설 ① 법 제28조 제4항 제2호
② 3년 이하의 징역 또는 3천만원 이하의 벌금에 처한다(법 제28조 제2항 제2호).
③ 5년 이하의 징역 또는 5천만원 이하의 벌금에 처한다(법 제28조 제1항).
④ 2년 이하의 징역 또는 2천만원 이하의 벌금에 처한다(법 제28조 제3항).

정답 ①

09 경비업법령상 벌칙에 관한 설명으로 옳은 것은?   2014년 기출

① 국가중요시설에 대한 경비업무 수행 중 국가중요시설의 정상적인 운영을 해치는 장해를 일으킨 특수경비원은 5년 이하의 징역 또는 5천만원 이하의 벌금에 처한다.
② 허가를 받지 아니하고 경비업을 영위한 자는 2년 이하의 징역 또는 2천만원 이하의 벌금에 처한다.
③ 국가중요시설에 대한 경비업무의 수행 중 정당한 사유 없이 무기를 소지하고 배치된 경비구역을 벗어난 특수경비원은 3년 이하의 징역 또는 3천만원 이하의 벌금에 처한다.
④ 경비업법 규정에 위반하여 쟁의행위를 한 특수경비원은 2년 이하의 징역 또는 2천만원이하의 벌금에 처한다.

해설 ① 법 제28조 제1항
② 3년 이하의 징역 또는 3천만원 이하의 벌금에 처한다(법 제28조 제2항 제1호).
③ 2년 이하의 징역 또는 2천만원 이하의 벌금에 처한다(법 제28조 제3항).
④ 1년 이하의 징역 또는 1천만원 이하의 벌금에 처한다(법 제28조 제4항 제2호).

정답 ①

10 경비업법상 위반행위를 한 행위자에 대한 법정형이 같은 것으로 묶인 것은?
2015년 기출

ㄱ. 허가를 받지 아니하고 경비업을 영위한 자
ㄴ. 경비업법에서 정한 장비 외에 흉기를 휴대하고 경비업무를 수행한 경비원
ㄷ. 경비업무 수행 중 과실로 인하여 국가중요시설의 정상적인 운영을 해치는 장해를 일으킨 특수경비원
ㄹ. 국가중요시설에 대한 경비업무 중 정당한 사유 없이 무기를 소지하고 배치된 경비구역을 벗어난 특수경비원

① ㄱ, ㄷ
② ㄱ, ㄹ
③ ㄴ, ㄷ
④ ㄴ, ㄹ

해설 ㄱ. 3년 이하의 징역 또는 3천만원 이하의 벌금에 처한다(법 제28조 제2항 제1호).
ㄴ. 1년 이하의 징역 또는 1천만원 이하의 벌금에 처한다(법 제28조 제4항 제4호).
ㄷ. 3년 이하의 징역 또는 3천만원 이하의 벌금에 처한다(법 제28조 제2항 제7호).
ㄹ. 2년 이하의 징역 또는 2천만원 이하의 벌금에 처한다(법 제28조 제3항).

정답 ①

11 경비업법상 법정형 3년 이하의 징역 또는 3천만원 이하의 벌금에 처해지지 않는 자는?
2016년 기출

① 경비업 허가를 받지 않고 경비업을 영위한 자
② 집단민원현장에 경비원을 배치하면서 경비업 허가를 받지 아니한 자에게 경비업무를 도급한 자
③ 경비원으로 하여금 직무를 수행함에 있어 타인에게 위력을 과시하거나 물리력을 행사하는 등 경비업무의 범위를 벗어난 행위를 하게 한 자
④ 파업·태업 그 밖에 경비업무의 정상적인 운영을 저해하는 쟁의행위를 한 특수경비원

해설 ①·②·③ 법 제28조 제2항 제1호·제4호·제9호
④ 1년 이하의 징역 또는 1천만원 이하의 벌금에 처한다(법 제28조 제4항 제2호).

정답 ④

12 경비업법령상 국가중요시설에 대한 경비업무 중 정당한 사유 없이 무기를 소지하고 배치된 경비구역을 벗어난 특수경비원의 처벌기준은?　　　　　　　　　　　　　　2018년 기출

① 1년 이하의 징역 또는 1천만원 이하의 벌금
② 2년 이하의 징역 또는 2천만원 이하의 벌금
③ 3년 이하의 징역 또는 3천만원 이하의 벌금
④ 5년 이하의 징역 또는 5천만원 이하의 벌금

> **해설** 정당한 사유없이 무기를 소지하고 배치된 경비구역을 벗어난 특수경비원은 2년 이하의 징역 또는 2천만원 이하의 벌금에 처한다(법 제28조 제3항).
>
> **정답** ②

13 경비업법령상 1년 이하의 징역이나 1천만원 이하의 벌금형에 해당하는 행위를 한 사람을 모두 고른 것은?　　　　　　　　　　　　　　2019년 기출

> ㄱ. 직무수행 중 경비업무의 범위를 벗어나 타인에게 물리력을 행사한 경비원
> ㄴ. 정당한 사유없이 무기를 소지하고 배치된 경비구역을 벗어난 특수경비원
> ㄷ. 법률에 근거없이 직무상 알게 된 비밀을 누설한 경비업체의 임원
> ㄹ. 「경비업법」에서 정한 장비 외에 흉기를 휴대하고 경비업무를 수행한 경비원

① ㄱ, ㄴ　　　　② ㄱ, ㄹ
③ ㄴ, ㄷ　　　　④ ㄷ, ㄹ

> **해설** ㄱ. 1년 이하의 징역 또는 1천만원 이하의 벌금에 처한다(법 제28조 제4항 제3호).
> ㄴ. 2년 이하의 징역 또는 2천만원 이하의 벌금에 처한다(법 제28조 제3항).
> ㄷ. 3년 이하의 징역 또는 3천만원 이하의 벌금에 처한다(법 제28조 제2항 제2호).
> ㄹ. 1년 이하의 징역 또는 1천만원 이하의 벌금에 처한다(법 제28조 제4항 제4호).
>
> **정답** ②

14 경비업법령상 벌칙에 관한 설명으로 옳은 것을 모두 고른 것은?　　　　　　　　　　　　　　2020년 기출

> ㄱ. 과실로 인하여 국가중요시설의 정상적인 운영을 해치는 장해를 일으킨 특수경비원은 3년 이하의 징역 또는 3천만원 이하의 벌금에 처한다.
> ㄴ. 정당한 사유 없이 무기를 소지하고 배치된 경비구역을 벗어난 특수경비원은 2년 이하의 징역 또는 2천만원 이하의 벌금에 처한다.
> ㄷ. 허가를 받지 아니하고 경비업을 영위한 자는 2년 이하의 징역 또는 2천만원 이하의 벌금에 처한다.

① ㄱ, ㄴ　　　　② ㄱ, ㄷ
③ ㄴ, ㄷ　　　　④ ㄱ, ㄴ, ㄷ

해설 ㄱ. 법 제28조 제2항 제7호
ㄴ. 법 제28조 제3항
ㄷ. 허가를 받지 아니하고 경비업을 영위한 자는 3년 이하의 징역 또는 3천만원 이하의 벌금에 처한다(법 제28조 제2항 제1호).

정답 ①

15 경비업법령상 법정형의 최고한도가 높은 것부터 순서대로 나열된 것은? (단, 가중처벌 등은 고려하지 않음)
2021년 기출

ㄱ. 경찰관서장의 배치폐지 명령을 따르지 아니한 자
ㄴ. 경비원에게 경비업무의 범위를 벗어난 행위를 하게 한 자
ㄷ. 국가중요시설의 정상적인 운영을 해치는 장해를 일으킨 특수경비원

① ㄴ - ㄱ - ㄷ
② ㄴ - ㄷ - ㄱ
③ ㄷ - ㄱ - ㄴ
④ ㄷ - ㄴ - ㄱ

해설 ㄱ은 1년 이하의 징역 또는 1천만원 이하의 벌금, ㄴ은 3년 이하의 징역 또는 3천만원 이하의 벌금, ㄷ은 5년 이하의 징역 또는 5천만원 이하의 벌금에 각각 처한다(법 제28조 제4항 제5호, 제2항 제9호, 제1항 참조).

정답 ④

16 경비업법령상 위반행위를 한 행위자에 대한 법정형이 다른 것은?
2022년 기출

① 경비업무 도급인이 그 경비업무를 수급한 경비업자의 경비원 채용 시 무자격자나 부적격자 등을 채용하도록 관여하거나 영향력을 행사한 경우
② 경비원이 경비업법령에서 정한 장비 외에 흉기 또는 그 밖의 위험한 물건을 휴대하고 경비업무를 수행한 경우
③ 경비원이 직무를 수행함에 있어 타인에게 위력을 과시하는 등 경비업무의 범위를 벗어난 행위를 한 경우
④ 경비업자가 배치허가 신청의 내용을 거짓으로 한 것이 발각되어 경찰관서장이 배치폐지 명령을 하였으나 이에 따르지 아니한 경우

해설 ① 3년 이하의 징역 또는 3천만원 이하의 벌금에 처한다(법 제28조 제2항 제6호).
②·③·④ 1년 이하의 징역 또는 1천만원 이하의 벌금에 처한다(법 제28조 제4항 제4호·제3호·제5호).

정답 ①

17 경비업법령상 법정형이 "경비업의 허가를 받지 아니하고 경비업을 영위한 자"에 대한 법정형과 같은 것은?
<small>2024년 기출</small>

① 다른 법률에 특별한 규정이 있는 경우가 아님에도 그 직무상 알게 된 비밀을 누설한 경비업자의 임·직원
② 국가중요시설에 대한 경비업무 수행 중 국가중요시설의 정상적인 운영을 해치는 장해를 일으킨 특수경비원
③ 쟁의행위를 한 특수경비원
④ 경비업법에서 정한 장비 외에 흉기 또는 그 밖의 위험한 물건을 휴대하고 경비업무를 수행한 경비원

해설 경비업의 허가를 받지 아니하고 경비업을 영위한 자는 3년 이하의 징역 또는 3천만원 이하의 벌금에 처한다. ①은 3년 이하의 징역 또는 3천만원 이하의 벌금, ②는 5년 이하의 징역 또는 5천만원 이하의 벌금, ③·④는 1년 이하의 징역 또는 1천만원 이하의 벌금에 각각 처한다(법 제28조 참조).

정답 ①

18 다음 중 경비업법상 법정형이 다른 하나는?

① 국가중요시설에 대한 특수경비업무의 중단을 통보받고 즉시 인수하지 아니한 경비대행업자
② 집단민원현장에 20명 이상의 경비인력을 배치하면서 그 경비인력을 직접 고용한 자
③ 시·도경찰청장 또는 관할경찰관서장의 중지명령에 따르지 아니한 자
④ 경비업자의 경비원 채용 시 무자격자나 부적격자 등을 채용하도록 관여하거나 영향력을 행사한 도급인

해설 ①·②·④ 3년 이하의 징역 또는 3천만원 이하의 벌금에 처한다(법 제28조 제2항 제3호·제5호·제6호).
③ 1년 이하의 징역 또는 1천만원 이하의 벌금에 처한다(법 제28조 제4항 제6호).

정답 ③

19 다음 중 경비업법상 처벌대상에 해당하는 사람은?

① 경비구역 안에서 위험물의 폭발 등의 사유로 인한 위급 사태가 발생한 때에 직무상 명령에 불복종한 일반경비원
② 파업·태업 그 밖에 경비업무의 정상적인 운영을 저해하는 쟁의행위를 한 일반경비원
③ 과실로 인하여 경비대상시설의 정상적인 운영을 해치는 장해를 일으킨 일반경비원
④ 위험을 물건을 휴대하고 경비업무를 수행한 일반경비원

해설 ① '특수'경비원인 경우에 한하여 3년 이하의 징역 또는 3천만원 이하의 벌금에 처한다(법 제28조 제2항 제8호).
② '특수'경비원인 경우에 한하여 1년 이하의 징역 또는 1천만원 이하의 벌금에 처한다(법 제28조 제4항 제2호).
③ 과실로 인하여 '국가중요시설'의 정상적인 운영을 해치는 장해를 일으킨 '특수'경비원인 경우에 3년 이하의 징역 또는 3천만원 이하의 벌금에 처한다(법 제28조 제2항 제7호).
④ 1년 이하의 징역 또는 1천만원 이하의 벌금에 처한다(법 제28조 제4항 제4호).

정답 ④

20
특수경비원 갑(甲)이 국가중요시설에 대한 경비업무 수행 중 국가중요시설의 정상적인 운영을 해치는 장해를 발생시킨 경우, 경비업법령상 벌칙규정에 관한 설명으로 옳은 것을 모두 고른 것은?

2019년 기출

ㄱ. 갑(甲)이 고의로 위와 같은 행위를 했다면, 그 처벌기준은 5년 이하의 징역 또는 5천만원 이하의 벌금이다.
ㄴ. 갑(甲)이 과실로 위와 같은 행위를 했다면, 그 처벌기준은 1년 이하의 징역 또는 1천만원 이하의 벌금이다.
ㄷ. 양벌규정에 의하면 갑(甲)이 소속된 법인의 처벌기준은 1천만원 이하의 벌금이다.
ㄹ. 갑(甲)을 고용한 법인의 대표자에게는 3천만원 이하의 과태료가 부과된다.

① ㄱ
② ㄱ, ㄴ
③ ㄱ, ㄷ
④ ㄴ, ㄹ

해설 ㄱ. 법 제28조 제1항
ㄴ. 3년 이하의 징역 또는 3천만원 이하의 벌금이다(법 제28조 제2항 제7호).
ㄷ. 양벌규정에 의하면 갑(甲)이 소속된 법인에게도 해당 조문의 벌금형을 과한다. 따라서 고의인 경우 5천만원, 과실인 경우 3천만원 이하의 벌금이다(법 제30조).
ㄹ. 과태료는 부과되지 않는다(법 제31조 제1항 참조).

정답 ①

21
특수경비원이 무기를 휴대하고 경비업법령상 무기의 안전수칙을 위반하여 범죄를 범한 경우 그 범죄의 법정형의 2분의 1까지 가중처벌 한다는 규정에 해당하는 형법상 범죄가 아닌 것은?

2008년 기출수정

① 형법 제258조의2 제1항(특수상해죄)
② 형법 제262조(폭행치사상죄)
③ 형법 제324조 제2항(특수강요죄)
④ 형법 제267조(과실치사죄)

해설 업무상 과실치사죄는 해당하나, 단순 과실치사죄는 해당하지 않는다(법 제29조 제1항 참조).

정답 ④

22 경비업법령상 특수경비원이 무기를 휴대하고 경비업무를 수행 중에 법령에 규정된 무기의 안전수칙을 위반하여 범죄를 범한 경우 법정형의 2분의 1까지 가중처벌되는 형법상 범죄인 것은?

2010년 기출

① 살인죄
② 강간죄
③ 특수공갈죄
④ 강도죄

> **해설** 특수경비원이 무기를 휴대하고 경비업무를 수행 중에 무기의 안전수칙을 위반하여 형법상 특수상해죄, 특수중상해죄, 상해치사죄, 폭행죄, 폭행치사상죄, 업무상 과실·중과실 치사상죄, 체포·감금죄, 중체포·중감금죄, 체포·감금 치사상죄, 협박죄, 특수강요죄, 특수공갈죄, 재물손괴죄를 범한 때에는 그 죄에 정한 형의 2분의 1까지 가중처벌한다(법 제29조 제1항).

정답 ③

23 특수경비원이 무기를 휴대하고 경비업무를 수행 중에 경비업법령상 무기의 안전수칙을 위반하여 죄를 범한 경우 그 죄에 정한 형의 2분의 1까지 가중처벌한다는 규정에 해당하는 형법상 범죄가 아닌 것은?

2012년 기출수정

① 형법 제262조(폭행치사상죄)
② 형법 제266조(과실치상죄)
③ 형법 제324조 제2항(특수강요죄)
④ 형법 제350조의2(특수공갈죄)

> **해설** 업무상 과실치상죄는 해당하나, 단순 과실치상죄는 해당하지 않는다(법 제29조 제1항 참조).

정답 ②

24 경비업법령상 특수경비원의 형의 가중처벌 대상에 해당되는 형법상 범죄는?

2013년 기출

① 특수강도죄
② 특수주거침입죄
③ 살인죄
④ 중체포죄

> **해설** 중체포죄가 가중처벌 대상에 해당하는 범죄이다(법 제29조 제1항 참조).

정답 ④

25 경비업법령상 특수경비원이 무기를 휴대하고 경비업무를 수행 중에 경비업법의 규정에 의한 무기의 안전수칙을 위반하여 범죄를 범한 경우 그 법정형의 2분의 1까지 가중처벌되는 형법상의 범죄가 아닌 것은?

2021년 기출

① 형법 제261조(특수폭행죄)
② 형법 제268조(업무상과실·중과실 치사상죄)
③ 형법 제350조의2(특수공갈죄)
④ 형법 제366조(재물손괴죄)

> **해설** ① 특수폭행죄가 아니라 (단순)폭행죄가 가중 처벌되는 범죄에 해당한다(법 제29조 제1항 참조).
> ②·③·④ 법 제29조 제1항 참조

정답 ①

26 경비업법령상 특수경비원이 무기를 휴대하고 경비업무 수행 중에 경비업법령의 규정에 의한 무기의 안전수칙을 위반하여 형법에 규정된 범죄를 범한 경우, 그 법정형의 2분의 1까지 가중처벌하는 범죄가 아닌 것은? 2023년 기출

① 특수상해죄(「형법」 제258조의2 제1항) ② 특수폭행죄(「형법」 제261조)
③ 특수강요죄(「형법」 제324조 제2항) ④ 특수공갈죄(「형법」 제350조의2)

해설 설문의 경우 '특수폭행죄'가 아니라 '폭행죄'가 가중처벌하는 범죄에 해당한다(법 제29조 제1항 참조).
정답 ②

27 경비업법령상 경비원이 경비업무 수행 중에 경비업법에 규정된 장비 외에 흉기 그 밖의 위험한 물건을 휴대하고 일정한 형법상의 범죄를 범한 경우 그 법정형의 2분의 1까지 가중처벌된다. 다음 중 이에 해당되는 형법상 범죄는? 2014년 기출

① 형법 제324조의2(인질강요죄) ② 형법 제261조(특수폭행죄)
③ 형법 제136조(공무집행방해죄) ④ 형법 제333조(강도죄)

해설 경비원이 경비업무 수행 중에 경비업법에 규정된 장비 외에 흉기 또는 그 밖의 위험한 물건을 휴대하고 형법상 특수상해죄, 특수중상해죄, 상해치사죄, 특수폭행죄, 폭행치사상죄, 업무상 과실·중과실 치사상죄, 체포·감금죄, 중체포·중감금죄, 체포·감금 치사상죄, 협박죄, 특수강요죄, 특수공갈죄, 재물손괴죄를 범한 때에는 그 죄에 정한 형의 2분의 1까지 가중처벌한다(법 제29조 제2항).
정답 ②

28 경비업법상 경비원이 경비업무 수행 중에 경비업법에 규정된 장비 외에 흉기 또는 그 밖의 위험한 물건을 휴대하고 범죄를 범한 경우 그 법정형의 2분의 1까지 가중처벌되는 형법상의 범죄가 아닌 것은? 2015년 기출수정

① 형법 제262조(폭행치사상죄) ② 형법 제268조(업무상과실치사상죄)
③ 형법 제319조(주거침입죄) ④ 형법 제324조 제2항(특수강요죄)

해설 주거침입죄는 가중처벌되는 형법상 범죄가 아니다(법 제29조 제2항 참조).
정답 ③

29 경비업법령상 경비원이 경비업무 수행 중에 경비업법에서 정한 장비 외에 흉기 등을 휴대하고 범죄를 범한 경우 그 법정형의 2분의 1까지 가중 처벌되는 형법상의 범죄가 아닌 것은? 2017년·2018년 기출

① 폭행죄 ② 재물손괴죄
③ 중체포 또는 중감금죄 ④ 협박죄

해설 폭행죄가 아니라 '특수'폭행죄가 가중 처벌되는 범죄에 해당한다(법 제29조 제2항 참조).
정답 ①

30 경비업법령상 경비원이 경비업무 수행 중에 경비업법령에서 정한 장비 외에 흉기 또는 그 밖의 위험한 물건을 휴대하고 죄를 범한 경우, 그 죄에 정한 형의 2분의 1까지 가중처벌하는 형법상 범죄에 해당하지 않는 것은? 2020년 기출

① 형법 제268조(업무상과실치사상죄)　② 형법 제276조제1항(체포·감금죄)
③ 형법 제283조제1항(협박죄)　④ 형법 제314조(업무방해죄)

해설 형법 제314조(업무방해죄)는 가중처벌하는 형법상 범죄에 해당하지 않는다(법 제29조 제2항 참조).

정답 ④

31 경비업법령상 경비원이 경비업무 수행 중에 경비업법령에서 정한 장비 외에 흉기 또는 그 밖의 위험한 물건을 휴대하고 죄를 범한 경우, 그 죄에 정한 형의 2분의 1까지 가중처벌되는 형법상의 범죄가 아닌 것은? 2022년 기출

① 특수폭행죄(형법 제261조)　② 폭행치사상죄(형법 제262조)
③ 특수협박죄(형법 제284조)　④ 특수공갈죄(형법 제350조의2)

해설 ③의 경우 '특수협박죄'가 아니라 '협박죄'이다(법 제29조 제2항 참조).

정답 ③

32 경비업법령상 일반경비원이 경비업무 수행 중에 경비업법령에서 정한 장비 외에 흉기 또는 그 밖의 위험한 물건을 휴대하고 죄를 범한 경우, 그 죄에 정한 형의 2분의 1까지 가중처벌되는 「형법」상의 범죄가 아닌 것은? 2024년 기출

① 폭행죄(「형법」제260조제1항)　② 특수폭행죄(「형법」제261조)
③ 폭행치사상죄(「형법」제262조)　④ 업무상과실·중과실치사상죄(「형법」제268조)

해설 ① 특수경비원이 무기를 휴대하고 경비업무 수행 중에 무기의 안전수칙을 위반하여 죄를 범한 경우 그 죄에 정한 형의 2분의 1까지 가중처벌되는 범죄에 해당한다(법 제29조 제1항).
②·③·④ 법 제29조 제2항

정답 ①

33 경비업법상 경비원이 경비업무 수행 중에 경비업법에 규정된 장비 외에 흉기 또는 그 밖의 위험한 물건을 휴대하고 범죄를 범한 경우 그 법정형의 2분의 1까지 가중처벌되는 형법상의 범죄를 모두 고른 것은?

ㄱ. 상해죄	ㄴ. 특수상해죄
ㄷ. 협박죄	ㄹ. 특수협박죄
ㅁ. 강요죄	ㅂ. 특수강요죄
ㅅ. 공갈죄	ㅇ. 특수공갈죄
ㅈ. 재물손괴죄	ㅊ. 특수손괴죄

① ㄱ, ㄷ, ㅁ, ㅅ, ㅈ
② ㄴ, ㄹ, ㅂ, ㅇ, ㅊ
③ ㄱ, ㄹ, ㅂ, ㅇ, ㅈ
④ ㄴ, ㄷ, ㅂ, ㅇ, ㅈ

해설》 협박죄와 손괴죄의 경우 특수협박죄와 특수손괴죄가 아님을 주의한다(법 제29조 제2항 참조).

정답 ④

34 경비업법령상 법인이나 개인에게도 벌금형을 과하는 양벌규정이 적용되는 행위자가 될 수 없는 자는? 2014년 기출

① 법인의 대표자
② 법인의 대리인
③ 개인의 대리인
④ 개인의 직계비속

해설》 법인의 대표자나 법인 또는 개인의 대리인, 사용인, 그 밖의 종업원이 그 법인 또는 개인의 업무에 관하여 제28조(벌칙)의 위반행위를 하면 그 행위자를 벌하는 외에 그 법인 또는 개인에게도 해당 조문의 벌금형을 과한다(법 제30조).

정답 ④

35 경비업법령상 양벌규정이 적용되는 행위자가 될 수 없는 자는? 2018년 기출

① 법인의 대표자
② 개인의 대리인
③ 사용인
④ 직계비속

해설》 직계비속은 양벌규정이 적용되는 행위자가 아니다(법 제30조 참조).

정답 ④

36 경비업법령상 양벌규정이 적용될 수 없는 자는? 2023년 기출

① 법인의 대표자
② 법인의 대리인
③ 사용인
④ 사용인의 배우자

해설》 법인의 대표자·대리인·사용인·종업원, 개인의 대리인·사용인·종업원의 위반행위가 양벌규정의 적용대상이 된다(법 제30조 참조).

정답 ④

37 경비업법령상 양벌규정이 적용되는 경우에 해당하지 않는 것은? (단, 법인 또는 개인이 그 위반행위를 방지하기 위하여 해당 업무에 관하여 상당한 주의와 감독을 게을리하지 아니한 경우는 고려하지 않음) 2021년 기출

① 경비업자의 경비원 채용 시 부적격자 등을 채용하도록 관여한 도급인
② 배치허가를 받지 아니하고 경비원을 배치한 자
③ 허가를 받지 아니하고 경비업을 영위한 자
④ 경비업무의 범위를 벗어난 행위를 한 경비원

> **해설** 양벌규정은 '벌칙' 위반행위에 대하여 적용된다(법 제30조 참조). ①·③·④는 벌칙사유에 해당하나(법 제28조 제2항 제6호·제1호, 제4항 제3호), ②는 과태료 부과사유에 해당한다(법 제31조 제1항 제4호).

정답 ②

38 경비업법상 양벌규정에 대한 설명으로 옳은 것은?

① 법인의 대표자가 그 법인의 업무에 관하여 제28조(벌칙)의 위반행위를 하면 그 행위자를 벌하는 외에 그 법인에게도 행위자와 동일한 벌금형을 과한다.
② 개인의 대리인이 그 개인의 업무에 관하여 제28조(벌칙)의 위반행위를 하면 그 행위자를 벌하는 외에 그 개인에게도 해당 조문의 징역형을 과한다.
③ 법인의 사용인이 그 법인의 업무에 관하여 제31조(과태료)의 위반행위를 하면 그 행위자를 벌하는 외에 그 법인에게도 해당 조문의 과태료를 과한다.
④ 개인의 종업원이 그 개인의 업무에 관하여 제28조(벌칙)의 위반행위를 하면 그 행위자를 벌하는 외에 그 개인에게도 해당 조문의 벌금형을 과한다.

> **해설** ① 행위자와 동일한 벌금형 → 해당 조문의 벌금형
> ② 징역형 → 벌금형
> ③ 제31조(과태료) → 제28조(벌칙) / 과태료를 → 벌금형을
> ④ 법 제30조

정답 ④

39 경비업법령상 경비업자 또는 시설주에 대하여 500만원 이하의 과태료에 처하는 경우가 아닌 것은? 2012년 기출

① 기계경비업자가 경비계약을 체결하는 때에 오경보를 막기 위하여 계약상대방에게 기기사용요령 및 기계경비운영체계 등에 관하여 설명하지 않은 경우
② 경비업의 허가를 받은 법인이 영업을 폐업하거나 휴업한 때 시·도경찰청장에게 신고하지 않은 경우
③ 경비업의 허가를 받은 법인이 기계경비업무의 수행을 위한 관제시설을 신설한 때 시·도경찰청장에게 신고하지 않은 경우
④ 특수경비업자가 국가중요시설에 대한 특수경비업무를 중단하게 되는 때에 미리 이를 경비대행업자에게 통보하지 아니하는 경우

해설 ①·②·③ 500만원 이하의 과태료를 부과한다(법 제31조 제2항 제1호·제3호 참조).
④ 3년 이하의 징역 또는 3천만원 이하의 벌금에 처한다(법 제28조 제2항 제3호).

정답 ④

40 경비업법령상 과태료의 부과기준금액이 가장 많은 것은? (단, 과태료의 경감이나 가중은 고려하지 않는다.) – 1회 위반시를 기준으로 함
2013년 기출

① 경비대행업자 지정신고를 그 밖의 사유로 하지 않은 경우
② 경비원 명부를 비치하지 아니한 경우
③ 경비지도사를 선임하지 아니한 경우
④ 법인의 주사무소를 이전하고 12개월 초과의 기간이 경과하고도 신고하지 아니한 경우

해설 ① 300만원이다(영 제32조 제1항 별표6 제2호 나목).
② 100만원이다(영 제32조 제1항 별표6 제11호 가목).
③ 100만원이다(영 제32조 제1항 별표6 제5호).
④ 400만원이다(영 제32조 제1항 별표6 제1호 라목).

정답 ④

41 경비업법령상 과태료 부과기준금액이 옳지 않은 것은?

① 경비지도사가 정당한 사유 없이 보수교육을 받지 않고 1년 이내의 기간 경과 시 과태료 금액은 100만원이다.
② 경비업자가 선임·해임의 신고를 하지 않고 6개월 이내의 기간 경과 시 과태료 금액은 100만원이다.
③ 경비지도사가 정당한 사유 없이 보수교육을 받지 않고 2년 초과의 기간 경과 시 과태료 금액은 400만원이다.
④ 경비업자가 선임·해임의 신고를 하지 않고 12개월 초과의 기간 경과 시 과태료 금액은 400만원이다.

해설 ③의 경우 과태료 금액은 300만원이다(영 제32조 제1항 별표6 참조).

정답 ③

42 경비업법령상 경비업법 위반 횟수에 관계없이 과태료 금액이 동일한 것은?
2014년 기출

① 기계경비업자가 경비계약을 체결하면서 계약상대방에게 설명의무를 이행하지 않은 경우
② 무기의 적정관리를 위해 관할 경찰관서장의 감독상 필요한 명령을 발하였으나 무기를 대여받은 시설주가 정당한 이유 없이 이를 이행하지 않은 경우
③ 경비업자가 경비업법을 위반하여 경비원의 복장에 관한 신고를 하지 않고 집단민원현장에 경비원을 배치한 경우
④ 경비업자가 경비업법을 위반하여 경비원의 근무상황을 기록하여 보관하지 않은 경우

해설 ① 1차 위반시 100만원, 2차 위반시 200만원, 3차 이상 위반시 400만원이다(영 제32조 제1항 별표6 제3호).
② 위반 횟수에 관계없이 500만원이다(영 제32조 제1항 별표6 제6호).
③ 1차 위반시 600만원, 2차 위반시 1200만원, 3차 이상 위반시 2400만원이다(영 제32조 제1항 별표6 제8호).
④ 1차 위반시 50만원, 2차 위반시 100만원, 3차 이상 위반시 200만원이다(영 제32조 제1항 별표6 제14호).

 ②

43 경비업법령상 과태료의 부과기준으로서 과태료 금액이 가장 많은 것은? (단, 최초 1회 위반을 기준으로 함)
2015년 기출

① 집단민원현장에 일반경비원을 배치하면서 일반경비원 명부를 그 배치장소에 비치하지 아니한 경우
② 경비업법상 복장 등에 관한 신고규정을 위반하여 신고를 하지 않은 경우
③ 경비원 명단 및 배치일시·배치장소 등 배치허가 신청의 내용을 거짓으로 한 경우
④ 기계경비업자가 경비계약을 체결하면서, 오경보를 막기 위하여 계약상대방에게 기기사용요령 및 기계경비운영체계 등에 관한 설명의무를 이행하지 아니한 경우

해설 ①은 600만원, ②는 100만원, ③은 1,000만원, ④는 100만원이다(영 제32조 제1항 별표6 참조).

 ③

44 경비업법령상 과태료의 부과기준에서 1회 위반 시 부과되는 과태료 금액이 다른 것은?
2016년 기출

① 경비지도사를 선임하지 않은 경우
② 경비원 명부를 비치하지 않은 경우
③ 결격사유에 해당하는 경비지도사를 선임·배치한 경우
④ 경비원 명단 및 배치일시·배치장소 등 배치허가 신청의 내용을 거짓으로 한 경우

해설 ①·②·③ 100만원의 과태료를 부과한다(영 제32조 제1항 별표6 제5호·제11호·제4호).
④ 1000만원의 과태료를 부과한다(영 제32조 제1항 별표6 제13호).

④

45 경비업법령상 과태료 부과금액이 다른 것은?   2017년 기출

① 기계경비업자가 경비계약을 체결하면서 계약상대방에게 기기사용요령 및 기계경비 운영체계 등에 관한 설명의무를 이행하지 않은 경우
② 경비업자가 신임교육을 이수하지 않은 자를 집단민원현장이 아닌 곳에서 신변보호업무를 수행하는 일반경비원으로 배치한 경우
③ 경비업자가 결격사유에 해당하는 경비원을 배치하거나 결격사유에 해당하는 경비지도사를 선임·배치한 경우
④ 경비업자가 행정안전부령에 따라 경비원명부를 작성·비치하지 않고 경비원을 경비업무에 배치한 경우

해설 ①·③·④ 500만원 이하의 과태료를 부과한다(법 제31조 제2항 제3호·제6호·제9호).
② 3천만원 이하의 과태료를 부과한다(법 제31조 제1항 제5호).

정답 ②

46 경비업법령상 과태료 부과기준이다. ( )에 들어갈 숫자의 연결이 옳은 것은?   2018년 기출

위반행위	과태료 금액 (단위: 만원)		
	1회 위반	2회 위반	3회 이상
경비업자가 경비원의 복장 등에 관한 신고규정을 위반하여 신고를 하지 않은 경우	100	200	(ㄱ)
경비업자가 경비원의 복장에 관한 신고를 하지 않고 집단민원현장에 경비원을 배치한 경우	(ㄴ)	1200	2400

① ㄱ: 300, ㄴ: 300
② ㄱ: 400, ㄴ: 600
③ ㄱ: 500, ㄴ: 800
④ ㄱ: 600, ㄴ: 1000

해설 ㄱ은 400만원, ㄴ은 600만원이다(영 제32조 제1항 별표6 참조).

정답 ②

47 경비업법령상 2회 위반의 경우 과태료 부과기준이 다른 것은?   2019년 기출

① 경비업자가 결격사유에 해당하는 경비원을 배치한 경우
② 경비업자가 경비지도사를 선임하지 않은 경우
③ 특수경비업무를 수행하는 경비업자가 경비대행업자 지정신고를 허위로 한 경우
④ 경비업자가 복장 등에 관한 신고규정을 위반하여 신고를 하지 않은 경우

해설 ①·②·④는 200만원의 과태료를 부과하나, ③은 400만원의 과태료를 부과한다(영 제32조 제1항 별표6 참조).

정답 ③

48 경비업법령상 과태료 부과기준이 다른 하나는?　　2020년 기출

① 경비업자가 기계경비업자의 계약자에 대한 오경보를 막기 위한 기기설명의무를 위반하여 설명의무를 이행하지 않은 경우
② 경비업자가 신고된 동일 복장을 착용하게 하지 아니하고 집단민원현장에 경비원을 배치한 경우
③ 경비업자가 행정안전부령에 따라 경비원 명부를 비치하지 않은 경우
④ 경비업자가 대통령령이 정하는 바에 따라 경비지도사를 선임하지 않은 경우

해설　①·③·④ 500만원 이하의 과태료를 부과한다(법 제31조 제2항 제3호·제9호·제4호).
　　　　② 3천만원 이하의 과태료를 부과한다(법 제31조 제1항 제2호).

정답 ②

49 경비업법령상 과태료의 부과기준이 다른 것은?　　2021년 기출

① 경비업자가 경비원의 복장에 관한 신고를 하지 않고 집단민원현장에 경비원을 배치한 경우
② 경비업자가 집단민원현장에 배치되는 일반경비원의 명부를 그 배치 장소에 비치하지 않은 경우
③ 경비업자가 신임교육을 이수하지 않은 자를 특수경비원으로 배치한 경우
④ 경비업자가 결격사유에 해당하는 경비지도사를 선임·배치한 경우

해설　①·②·③ 3천만원 이하의 과태료를 부과한다(법 제31조 제1항 제1호·제3호·제5호).
　　　　④ 500만원 이하의 과태료를 부과한다(법 제31조 제2항 제6호).

정답 ④

50 경비업법령상 과태료의 부과기준에 관한 설명으로 옳은 것은?　　2022년 기출

① 경비원의 복장에 관한 신고를 하지 않고 집단민원현장에 경비원을 배치한 경우에는 위반 횟수가 2회이면 부과되는 과태료 금액은 600만원이다.
② 관할 경찰관서장이 무기의 적정 관리를 위하여 무기를 대여받은 시설주에 대하여 감독상 필요한 명령을 하였으나 정당한 이유없이 이행하지 않은 경우에는 위반 횟수에 관계없이 부과되는 과태료 금액은 500만원이다.
③ 이름표를 부착하게 하지 않거나, 신고된 동일 복장을 착용하게 하지 않고 집단민원현장에 경비원을 배치한 경우에는 위반 횟수가 1회이면 부과되는 과태료 금액은 300만원이다.
④ 집단민원현장에 배치되는 일반경비원의 명부를 그 배치 장소에 비치하지 않은 경우에는 위반 횟수가 3회 이상이면 부과되는 과태료 금액은 1200만원이다.

해설　①은 1200만원, ③은 600만원, ④는 2400만원이다(영 제32조 제1항 별표6 참조).

정답 ②

51. 경비업법령상 2회 위반 시 과태료 부과기준의 금액이 다른 경우는?

2023년 기출

① 기계경비업자가 계약상대방에게 설명의무를 이행하지 않은 경우
② 경비업자가 결격사유에 해당하는 경비지도사를 선임·배치한 경우
③ 경비업자가 경비원의 근무상황을 기록하여 보관하지 않은 경우
④ 경비업자가 경비원의 복장 등에 관한 신고규정을 위반하여 신고를 하지 않은 경우

해설 ①·②·④는 200만원, ③은 100만원이다(영 제32조 제1항 별표6 참조).

정답 ③

52. 경비업법령에 위반한 다음의 경비업자 중 부과될 수 있는 과태료 최고액이 다른 사람은? (단, 가중·감경은 고려하지 않음)

2024년 기출

① 경비업법의 규정에 위반하여 경비대행업자 지정신고를 하지 아니한 자
② 경비업법의 규정에 위반하여 경비원의 복장에 관한 신고를 하지 아니하고 집단민원현장에 경비원을 배치한 자
③ 경비업법의 규정에 위반하여 이름표를 부착하게 하지 아니하고 집단민원현장에 경비원을 배치한 자
④ 경비업법의 규정에 위반하여 집단민원현장에 일반경비원을 배치하면서 경비원의 명부를 배치장소에 작성·비치하지 아니한 자

해설 ① 500만원 이하의 과태료를 부과한다(법 제31조 제2항 제2호).
②·③·④ 3천만원 이하의 과태료를 부과한다(법 제31조 제1항 제1호·제2호·제3호).

정답 ①

53. 경비업법상 과태료 부과금액이 다른 것은?

① 정당한 사유 없이 보수교육을 받지 아니한 경비지도사
② 경비원의 근무상황을 기록하여 보관하지 아니한 자
③ 경비지도사의 선임 또는 해임의 신고를 하지 아니한 자
④ 경비원 명단 및 배치일시·배치장소 등 배치허가 신청의 내용을 거짓으로 한 자

해설 ①·②·③ 500만원 이하의 과태료를 부과한다(법 제31조 제2항 제3의2호·제10호·제4의2호).
④ 3천만원 이하의 과태료를 부과한다(법 제31조 제1항 제4호).

정답 ④

54 경비업법령상 경비업자의 행정처분과 처벌 등에 관한 설명으로 옳지 않은 것은? 2009년 기출

① 허가관청은 경비업자가 허가 받은 경비업무 외의 업무에 경비원을 종사하게 한 때에는 6월 이내의 영업정지를 명할 수 있다.
② 허가관청은 특수경비업자가 경비업과 경비관련업 외의 영업을 하였을 때에는 허가를 취소한다.
③ 경비업자의 임·직원이거나 임·직원이었던 자가 직무상 비밀누설금지 의무를 위반한 때에는 3년 이하의 징역 또는 3천만원 이하의 벌금에 처한다.
④ 경비업자 또는 시설주에 대한 과태료는 대통령령이 정하는 바에 의하여 시·도경찰청장 또는 경찰관서장이 부과·징수한다.

해설 ① 허가를 취소하여야 한다(법 제19조 제1항 제2호).
② 법 제19조 제1항 제3호
③ 법 제28조 제2항 제2호
④ 법 제31조 제3항

 ①

55 경비업법령에 관한 내용으로 옳지 않은 것은? 2013년 기출

① 전기장비 제조업은 특수경비업자가 할 수 있는 경비관련업이다.
② 관할경찰관서장은 시설주의 신청에 의하여 특수경비원이 배치된 국가중요시설 등에 경비전화를 가설할 수 있다.
③ 과태료는 경찰청의 행정규칙이 정하는 바에 의하여 시·도경찰청장 또는 경찰관서장이 부과·징수한다.
④ 경비업자는 경비원이 업무수행 중 고의 또는 과실로 제3자에게 손해를 입힌 경우에는 이를 배상하여야 한다.

해설 ① 영 제7조의2 제1항 제1호
② 규칙 제25조 제1항
③ 경찰청의 행정규칙 → 대통령령(법 제31조 제3항)
④ 법 제26조 제2항

 ③

청원경찰법

CHAPTER 01

청원경찰의 의의 및 직무

제1절 청원경찰의 의의

Ⅰ 청원경찰법의 연혁 및 목적

1 청원경찰법의 연혁

경영자가 소요경비를 부담할 것을 조건으로 경찰관의 배치를 신청하는 경우에 이에 응하여 청원경찰관을 배치하는 제도를 신설함으로써 경찰인력의 부족을 보완하고 건물 등의 경비 및 공안업무에 만전을 기하고자 1962년 4월 3일 「청원경찰법」을 제정하게 되었다. 이후 1973년 제1차 전부개정 등 20여 차례 개정이 있었다.

2 청원경찰법령의 목적

(1) 청원경찰법의 목적

이 법은 청원경찰의 직무·임용·배치·보수·사회보장 및 그 밖에 필요한 사항을 규정함으로써 청원경찰의 원활한 운영을 목적으로 한다(법 제1조).

(2) 청원경찰법 시행령의 목적

이 영은 「청원경찰법」에서 위임된 사항과 그 시행에 필요한 사항을 규정함을 목적으로 한다(영 제1조). 따라서 「청원경찰법」에서 '대통령령'으로 정한다라고 하면 「청원경찰법 시행령」에서 규정함을 의미한다.

(3) 청원경찰법 시행규칙의 목적

이 규칙은 「청원경찰법」 및 같은 법 시행령에서 위임된 사항과 그 시행에 필요한 사항을 규정함을 목적으로 한다(규칙 제1조). 따라서 「청원경찰법」 및 「청원경찰법 시행령」에서 '행정안전부령'으로 정한다라고 하면 「청원경찰법 시행규칙」에서 규정함을 의미한다.

Ⅱ 청원경찰의 의의 및 배치대상

청원경찰이란 다음에 해당하는 기관의 장 또는 시설·사업장 등의 경영자가 경비[이하 '청원경찰경비'(請願警察經費)라 함]를 부담할 것을 조건으로 경찰의 배치를 신청하는 경우 그 기관·시설 또는 사업장 등의 경비(警備)를 담당하게 하기 위하여 배치하는 경찰을 말한다(법 제2조, 규칙 제2조).

① 국가기관 또는 공공단체와 그 관리 하에 있는 중요 시설 또는 사업장
② 국내 주재 외국기관
③ 그 밖에 행정안전부령으로 정하는 중요 시설, 사업장 또는 장소

> ㉠ 선박, 항공기 등 수송시설
> ㉡ 금융 또는 보험을 업(業)으로 하는 시설 또는 사업장
> ㉢ 언론, 통신, 방송 또는 인쇄를 업으로 하는 시설 또는 사업장
> ㉣ 학교 등 육영시설
> ㉤ 「의료법」에 따른 의료기관
> ㉥ 그 밖에 공공의 안녕질서 유지와 국민경제를 위하여 고도의 경비(警備)가 필요한 중요 시설, 사업체 또는 장소

제2절 청원경찰의 직무 및 복무

I 청원경찰의 직무

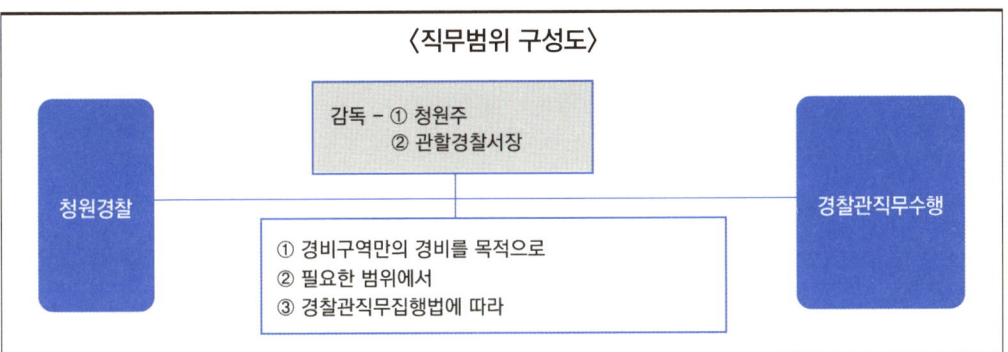

1 직무범위와 권한

(1) 직무범위

청원경찰은 청원경찰의 배치결정을 받은 자(이하 '청원주'라 함)와 배치된 기관·시설 또는 사업장 등의 구역을 관할하는 경찰서장의 감독을 받아 그 경비구역만의 경비를 목적으로 필요한 범위에서 「경찰관 직무집행법」에 따른 경찰관의 직무를 수행한다(법 제3조).

(2) 직무권한

청원경찰의 직무권한은 경비구역 내에서의 불심검문, 보호조치, 위험발생의 방지, 범죄의 예방과 제지, 장구·분사기·무기의 사용 등이 있다.

2 직무수행의 한계 및 보고

(1) 직무수행의 한계

① 청원경찰이 경찰관의 직무를 수행할 때에는 경비 목적을 위하여 필요한 최소한의 범위에서 하여야 한다(규칙 제21조 제1항).
② 청원경찰은 「경찰관 직무집행법」에 따른 직무 외의 수사활동 등 사법경찰관리의 직무를 수행해서는 아니된다(규칙 제21조 제2항).

(2) 직무보고

청원경찰이 직무를 수행할 때에 「경찰관 직무집행법」 및 같은 법 시행령에 따라 하여야 할 모든 보고는 관할 경찰서장에게 서면으로 보고하기 전에 지체 없이 구두로 보고하고 그 지시에 따라야 한다(규칙 제22조).

3 직무상 불법행위에 대한 배상책임

청원경찰(국가기관·지방자치단체에 근무하는 청원경찰은 제외)의 직무상 불법행위에 대한 배상책임에 관하여는 「민법」의 규정을 따른다(법 제10조의2). 한편, 국가기관이나 지방자치단체에 근무하는 청원경찰의 직무상 불법행위에 대한 배상책임에 관하여는 「국가배상법」의 규정에 따른다.

Ⅱ 청원경찰의 복무

청원경찰의 복무에 관하여는 「국가공무원법」 제57조(복종의 의무), 제58조 제1항(직장이탈금지), 제60조(비밀엄수의 의무) 및 「경찰공무원법」 제24조(거짓 보고 등의 금지)를 준용한다(법 제5조 제4항). 이에 규정한 사항 외에 청원경찰의 복무에 관하여는 해당 사업장의 취업규칙에 따른다(영 제7조).

국가 공무원법	복종의 의무	공무원은 직무를 수행할 때 소속 상관의 직무상 명령에 복종하여야 한다.
	직장이탈금지	공무원은 소속 상관의 허가 또는 정당한 사유가 없으면 직장을 이탈하지 못한다.
	비밀엄수의 의무	공무원은 재직 중은 물론 퇴직 후에도 직무상 알게 된 비밀을 엄수하여야 한다.
경찰 공무원법	거짓 보고 등의 금지	• 경찰공무원은 직무에 관하여 거짓으로 보고나 통보를 하여서는 아니된다. • 경찰공무원은 직무를 게을리하거나 유기해서는 아니된다

Ⅲ 청원경찰의 근무요령

1 입초근무
자체경비를 하는 입초근무자는 경비구역의 정문이나 그 밖의 지정된 장소에서 경비구역의 내부, 외부 및 출입자의 움직임을 감시한다(규칙 제14조 제1항).

2 소내근무
업무처리 및 자체경비를 하는 소내근무자는 근무 중 특이한 사항이 발생하였을 때에는 지체 없이 청원주 또는 관할 경찰서장에게 보고하고 그 지시에 따라야 한다(규칙 제14조 제2항).

3 순찰근무
순찰근무자는 청원주가 지정한 일정한 구역을 순회하면서 경비임무를 수행한다. 이 경우 순찰은 단독 또는 복수로 정선순찰(정해진 노선을 규칙적으로 순찰하는 것을 말함)을 하되, 청원주가 필요하다고 인정할 때에는 요점순찰(순찰구역 내 지정된 중요지점을 순찰하는 것을 말함) 또는 난선순찰(임의로 순찰지역이나 노선을 선정하여 불규칙적으로 순찰하는 것을 말함)을 할 수 있다(규칙 제14조 제3항).

4 대기근무
대기근무자는 소내근무에 협조하거나 휴식하면서 불의의 사고에 대비한다(규칙 제14조 제4항).

1 청원경찰의 의의 및 직무

Target · 경비업법
기출 및 예상문제

제1절 청원경찰의 의의

01 청원경찰법 제1조의 내용이다. (   ) 안에 들어갈 용어로 옳은 것은? 2014년 기출

> 청원경찰법은 청원경찰의 직무, 임용, 배치, 보수, (   ) 및 그 밖에 필요한 사항을 규정함으로써 청원경찰의 원활한 운영을 목적으로 한다.

① 무기휴대
② 신분보장
③ 사회보장
④ 징계

해설 청원경찰법은 청원경찰의 직무·임용·배치·보수·사회보장 및 그 밖에 필요한 사항을 규정함으로써 청원경찰의 원활한 운영을 목적으로 한다(법 제1조).

정답 ③

02 청원경찰의 원활한 운영을 목적으로 청원경찰법에서 규정하고 있는 것은 모두 몇 개인가? 2024년 기출

> ㄱ. 청원경찰의 보수
> ㄴ. 청원경찰의 임용
> ㄷ. 청원경찰의 직무
> ㄹ. 청원경찰의 사회보장

① 1개
② 2개
③ 3개
④ 4개

해설 청원경찰법은 청원경찰의 직무·임용·배치·보수·사회보장 및 그 밖에 필요한 사항을 규정함으로써 청원경찰의 원활한 운영을 목적으로 한다(법 제1조).

정답 ④

03 청원경찰이 배치되는 시설이 아닌 것은? 2004년·2018년 기출

① 선박, 항공기 등 수송시설
② 의료법에 의한 의료기관
③ 사회복지법에 의한 사회복지시설
④ 학교 등 육영시설

해설 사회복지법에 의한 사회복지시설은 청원경찰이 배치되는 시설이 아니다(규칙 제2조 참조).

정답 ③

04 청원경찰법령상 청원경찰의 배치 대상이 되는 기관·시설·사업장을 모두 고른 것은? 2011년 기출

> ㄱ. 국가기관 또는 공공단체와 그 관리 하에 있는 중요시설 또는 사업장
> ㄴ. 국외 주재 국내기관
> ㄷ. 보험을 업으로 하는 시설 또는 사업장
> ㄹ. 인쇄를 업으로 하는 시설 또는 사업장

① ㄱ, ㄴ
② ㄱ, ㄷ
③ ㄱ, ㄷ, ㄹ
④ ㄴ, ㄷ, ㄹ

해설 ㄴ. 국내 주재 외국기관이 청원경찰의 배치 대상이다(법 제2조 제2호).

정답 ③

05 청원경찰법령상 청원경찰 배치 대상 기관·시설·사업장에 해당하는 것을 모두 고른 것은? 2014년 기출

> ㄱ. 국내 주재(駐在) 외국기관
> ㄴ. 선박, 항공기 등 수송시설
> ㄷ. 언론, 통신, 방송을 업으로 하는 시설
> ㄹ. 공공의 안녕질서 유지와 국민경제를 위하여 고도의 경비가 필요한 장소

① ㄱ, ㄴ
② ㄱ, ㄷ, ㄹ
③ ㄴ, ㄷ, ㄹ
④ ㄱ, ㄴ, ㄷ, ㄹ

해설 ㄱ, ㄴ, ㄷ, ㄹ 모두 청원경찰 배치 대상 기관·시설·사업장에 해당한다(법 제2조, 규칙 제2조 참조).

정답 ④

06 청원경찰법령상 청원경찰의 배치 대상으로 명시되지 않은 것은? 2020년 기출

① 국가기관
② 공공단체
③ 국내 주재(駐在) 외국기관
④ 대통령령으로 정하는 중요시설

해설 ①·②·③ 법 제2조 참조
④ 대통령령 → 행정안전부령(법 제2조 참조)

정답 ④

07 청원경찰법령상 청원경찰의 배치 대상이 아닌 것은?

2021년 기출

① 「의료법」에 따른 의료기관
② 인쇄를 업으로 하는 사업장
③ 「사회복지사업법」에 따른 사회복지시설
④ 학교 등 육영시설

해설 사회복지시설은 청원경찰의 배치 대상이 아니다(규칙 제2조 참조).

정답 ③

08 청원경찰법령상 청원경찰의 배치 대상 기관·시설·사업장에 해당하는 것을 모두 고른 것은?

2022년 기출

ㄱ. 금융을 업으로 하는 시설 또는 사업장
ㄴ. 국내 주재(駐在) 외국기관
ㄷ. 인쇄를 업으로 하는 시설 또는 사업장
ㄹ. 대통령령으로 정하는 중요 시설, 사업장 또는 장소

① ㄱ, ㄴ
② ㄴ, ㄷ
③ ㄱ, ㄴ, ㄷ
④ ㄱ, ㄴ, ㄹ

해설
ㄱ. 규칙 제2조 제2호
ㄴ. 법 제2조 제2호
ㄷ. 규칙 제2조 제3호
ㄹ. 대통령령 → 행정안전부령(법 제2조 제3호)

정답 ③

09 청원경찰법령상 청원경찰의 배치 대상 기관·시설·사업장 등에 해당하는 것은 모두 몇 개인가?

2023년 기출

○ 학교 등 육영시설
○ 언론, 통신, 방송 또는 인쇄를 업으로 하는 시설 또는 사업장
○ 「의료법」에 따른 의료기관
○ 선박, 항공기 등 수송시설
○ 금융 또는 보험을 업(業)으로 하는 시설 또는 사업장

① 2개
② 3개
③ 4개
④ 5개

해설 보기 모두 청원경찰의 배치 대상 기관·시설·사업장에 해당한다(규칙 제2조 참조).

정답 ④

10 청원경찰법령상 청원경찰에 관한 설명으로 옳은 것은?   **2024년 기출**

① 청원경찰은 청원주 등의 경비(經費)의 부담을 면제할 것을 조건으로 사업장 등의 경비(警備)를 담당하게 하기 위하여 배치하는 경찰이다.
② 선박, 항공기 등 수송시설에는 청원경찰이 배치될 수 없다.
③ 청원경찰은 청원경찰의 배치 결정을 받은 자의 감독을 받는다.
④ 청원경찰은 배치된 기관·시설 또는 사업장 등의 구역을 관할하는 시·도지사의 감독을 받는다.

해설
① 부담을 면제할 것을 조건으로 → 부담할 것을 조건으로(법 제2조 참조)
② 없다 → 있다(규칙 제2조 제1호 참조)
③ 법 제3조 참조
④ 시·도지사 → 경찰서장(법 제3조 참조)

정답 ③

제2절 청원경찰의 직무 및 복무

01 청원경찰법령상 청원경찰에 관한 설명으로 옳지 않은 것은? 2021년 기출

① 청원주 등이 경비(經費)를 부담할 것을 조건으로 사업장 등의 경비(警備)를 담당하게 하기 위하여 배치하는 경찰이다.
② 청원주와 배치된 사업장 등의 구역을 관할하는 시·도지사 및 시·도경찰청장의 감독을 받는다.
③ 선박, 항공기 등 수송시설에도 배치될 수 있다.
④ 배치된 경비구역만의 경비를 목적으로 필요한 범위에서 「경찰관 직무집행법」에 따른 경찰관의 직무를 수행한다.

해설
① 법 제2조
② 시·도지사 및 시·도경찰청장 → 경찰서장(법 제3조)
③ 규칙 제2조 제1호
④ 법 제3조

정답 ②

02 청원경찰법령상 청원경찰의 직무에 관한 설명으로 옳지 않은 것은? 2022년 기출

① 청원경찰은 청원경찰의 배치 결정을 받은 자와 배치된 기관·시설 또는 사업장 등의 구역을 관할하는 시·도경찰청장의 감독을 받는다.
② 청원경찰은 「경찰관 직무집행법」에 따른 직무 외의 수사활동 등 사법경찰관리의 직무를 수행해서는 아니 된다.
③ 청원경찰은 그 경비구역만의 경비를 목적으로 필요한 범위에서 「경찰관 직무집행법」에 따른 경찰관의 직무를 수행한다.
④ 청원경찰이 직무를 수행할 때에는 경비 목적을 위하여 필요한 최소한의 범위에서 하여야 한다.

해설
① 시·도경찰청장 → 경찰서장(법 제3조)
② 규칙 제21조 제2항
③ 법 제3조
④ 규칙 제21조 제1항

정답 ①

03 다음 중 청원경찰이 행사할 수 있는 권한이라고 보기 어려운 것은? 2005년 기출

① 경비구역 내의 불심검문
② 경비구역 내에서의 무기사용
③ 경비구역 내에서의 현행범인체포
④ 경비구역 내에서의 수사활동

해설 청원경찰은 「경찰관 직무집행법」에 따른 직무 외의 수사활동 등 사법경찰관리의 직무를 수행해서는 아니 된다(규칙 제21조 제2항).

정답 ④

04 청원경찰법령상 청원경찰의 직무에 관한 설명으로 옳지 않은 것은?

2009년 기출

① 청원경찰은 경비구역 안에 한하여 경비목적을 위하여 필요한 범위 안에서 경찰관직무집행법에 의한 경찰관의 직무를 행할 수 있다.
② 청원경찰은 경비구역 안에서 수사활동 등 사법경찰관리의 직무를 수행할 수 있다.
③ 청원경찰의 무기휴대에 관하여 필요한 사항은 대통령령으로 정한다.
④ 청원경찰은 청원주와 배치된 기관·시설 또는 사업장 등의 구역을 관할하는 경찰서장의 감독을 받는다.

해설
① 법 제3조
② 청원경찰은 「경찰관 직무집행법」에 따른 직무 외의 수사활동 등 사법경찰관리의 직무를 수행해서는 아니된다(규칙 제21조 제2항).
③ 법 제8조 제3항
④ 법 제3조

정답 ②

05 청원경찰법령상 청원경찰의 직무에 관한 설명으로 옳은 것은?

2010년 기출

① 청원경찰은 청원주와 관할경찰서장의 감독을 받아 그 경비구역만의 경비를 목적으로 필요한 범위에서 경찰관직무집행법에 따른 경찰관의 직무를 수행한다.
② 청원경찰은 자신이 배치된 기관의 경비뿐 아니라 그 구역을 관할하는 경찰서장의 명에 따라 관할 경찰서의 경비업무를 보조하여야 한다.
③ 복무에 관하여 청원경찰은 해당 사업장의 취업규칙에 따르지 않는다.
④ 청원경찰은 청원주의 신청에 따라 배치되며, 청원주의 감독을 받는 것이 아니라 배치된 기관·시설 또는 사업장 등의 구역을 관할하는 경찰서장의 감독을 받는다.

해설
① 법 제3조
② 청원경찰은 자신이 배치된 기관의 경비구역만의 경비를 수행한다(법 제3조 참조).
③ 청원경찰의 복무에 관하여는 해당 사업장의 취업규칙에 따른다(영 제7조).
④ 청원경찰은 청원주와 배치된 기관·시설 또는 사업장 등의 구역을 관할하는 경찰서장의 감독을 받는다(법 제3조 참조).

정답 ①

06 청원경찰법상 청원경찰 등에 관한 설명으로 옳지 않은 것은?

2017년 기출

① 청원경찰법은 청원경찰의 원활한 운영을 목적으로 제정되었다.
② 청원경찰은 국내 주재 외국기관에도 배치될 수 있다.
③ 청원경찰은 청원주 등이 경비(經費)를 부담할 것을 조건으로 사업장 등의 경비(警備)를 담당하게 하기 위하여 배치하는 경찰을 말한다.
④ 청원경찰은 청원주와 관할시·도경찰청장의 감독을 받아 그 경비구역만의 경비를 목적으로 필요한 범위에서 경찰공무원법에 따른 경찰관의 직무를 수행한다.

> 해설 ① 법 제1조 참조
> ②·③ 법 제2조 제2호 참조
> ④ 청원경찰은 청원주와 배치된 기관·시설 또는 사업장 등의 구역을 '관할하는 경찰서장'의 감독을 받아 그 경비구역만의 경비를 목적으로 필요한 범위에서 '경찰관 직무집행법'에 따른 경찰관의 직무를 수행한다(법 제3조).

정답 ④

07 청원경찰법령상 청원경찰의 직무에 관한 설명으로 옳지 않은 것은?   2014년 기출

① 경비구역 내에서의 입초근무, 소내근무, 순찰근무, 대기근무를 수행한다.
② 청원경찰의 배치 결정을 받은 자의 지시와 감독에 의해서만 직무를 수행해야 한다.
③ 직무를 수행할 때에는 경비 목적을 위하여 필요한 최소한의 범위에서 해야 한다.
④ 경찰관 직무집행법에 따른 직무 외의 수사활동 등의 직무를 수행해서는 아니된다.

> 해설 ① 규칙 제14조
> ② 청원경찰은 청원경찰의 배치 결정을 받은 자와 배치된 기관·시설 또는 사업장 등의 구역을 관할하는 경찰서장의 감독을 받아 직무를 수행한다(법 제3조).
> ③·④ 규칙 제21조 제1항·제2항

정답 ②

08 청원경찰법령상 청원경찰의 직무 및 배치에 관한 설명으로 옳지 않은 것은?   2013년 기출

① 청원경찰을 배치받으려는 자는 관할 시·도경찰청장에게 청원경찰 배치를 신청해야 한다.
② 시·도경찰청장은 청원경찰 배치 신청을 받으면 지체 없이 그 배치 여부를 결정하여 신청인에게 알려야 한다.
③ 청원경찰이 직무를 수행할 때에 경찰관직무집행법령에 따라 하여야 할 모든 보고는 관할 시·도경찰청장에게 서면으로 해야 한다.
④ 시·도경찰청장은 청원경찰 배치가 필요하다고 인정하는 기관의 장에게 청원경찰을 배치할 것을 요청할 수 있다.

> 해설 ①·②·④ 법 제4조 제1항·제2항·제3항
> ③ 청원경찰이 직무를 수행할 때에 경찰관직무집행법령에 따라 하여야 할 모든 보고는 관할 경찰서장에게 서면으로 보고하기 전에 지체 없이 구두로 보고하고 그 지시에 따라야 한다(규칙 제22조).

정답 ③

09 청원경찰법령상 청원경찰의 직무와 표창에 관한 설명으로 옳지 않은 것은?
2024년 기출

① 청원경찰은 청원경찰법 제3조에 따른 직무를 수행할 때에는 경비 목적을 위하여 필요한 최대한의 범위에서 하여야 한다.
② 청원경찰은 「경찰관 직무집행법」에 따른 직무 외의 수사활동 등 사법경찰관리의 직무를 수행해서는 아니 된다.
③ 청원주는 헌신적인 봉사로 특별한 공적을 세운 청원경찰에게 공적상을 수여할 수 있다.
④ 관할 경찰서장은 교육훈련에서 교육성적이 우수한 청원경찰에게 우등상을 수여할 수 있다.

해설 ① 최대한 → 최소한(규칙 제21조 제1항)
② 규칙 제21조 제2항
③·④ 규칙 제18조 제1호·제2호

정답 ①

10 청원경찰법상 국가기관 또는 지방자치단체에 근무하는 청원경찰을 제외한 청원경찰의 직무상 불법행위에 대한 손해배상책임에 관하여는 무슨 법의 규정에 의하는가?
2005년 기출

① 민법
② 행정법
③ 청원경찰법
④ 청원경찰법시행령

해설 청원경찰(국가기관이나 지방자치단체에 근무하는 청원경찰은 제외한다)의 직무상 불법행위에 대한 배상책임에 관하여는 '민법'의 규정을 따른다(법 제10조의2).

정답 ①

11 청원경찰법령상 청원경찰의 징계 및 불법행위 책임에 관한 설명으로 옳지 않은 것은?
2014년·2015년 기출

① 청원경찰이 직무를 수행할 때 직권을 남용하여 국민에게 해를 끼친 경우에는 6개월 이하의 징역이나 금고에 처한다.
② 국가기관이나 지방자치단체에 근무하는 청원경찰의 직무상 불법행위에 대한 배상책임에 관하여는 「민법」의 규정을 따른다.
③ 청원주는 청원경찰이 직무상의 의무를 위반하거나 직무를 태만히 한 때, 품위를 손상하는 행위를 한 때에는 대통령령으로 정하는 징계절차를 거쳐 징계처분을 하여야 한다.
④ 청원경찰에 대한 징계처분 중 정직(停職)은 1개월 이상 3개월 이하로 하고, 그 기간에 청원경찰의 신분은 보유하나 직무에 종사하지 못하며, 보수의 3분의 2를 줄인다.

해설 ① 법 제10조 제1항
② 민법 → 국가배상법(법 제10조의2 참조)
③ 법 제5조의2 제1항
④ 영 제8조 제2항

정답 ②

12 청원경찰법에 관한 설명으로 옳지 않은 것은? 2016년 기출

① 청원경찰 업무에 종사하는 사람은 형법이나 그 밖의 법령에 따른 벌칙을 적용할 때에는 공무원으로 본다.
② 국가기관이나 지방자치단체에 근무하는 청원경찰의 직무상 불법행위에 대한 배상책임에 관하여는 민법의 규정을 따른다.
③ 청원경찰법에 따른 시·도경찰청장의 권한은 그 일부를 대통령령으로 정하는 바에 따라 관할 경찰서장에게 위임할 수 있다.
④ 청원경찰이 직무를 수행할 때 직권을 남용하여 국민에게 해를 끼친 경우에는 6개월 이하의 징역이나 금고에 처한다.

해설 ① 법 제10조 제2항
② 민법 → 국가배상법(법 제10조의2 참조)
③ 법 제10조의3
④ 법 제10조 제1항

 ②

13 청원경찰법령상 청원경찰의 신분 및 직무수행에 관한 설명으로 옳지 않은 것은? 2018년 기출

① 청원경찰은 파업, 태업 또는 그 밖에 업무의 정상적인 운영을 방해하는 일체의 쟁의행위를 하여서는 아니 된다.
② 국가기관에 근무하는 청원경찰의 직무상 불법행위에 대한 배상책임은 「민법」의 규정을 따른다.
③ 청원경찰은 형의 선고, 징계처분 또는 신체상·정신상의 이상으로 직무를 감당하지 못할 때를 제외하고는 그 의사에 반하여 면직되지 아니한다.
④ 청원경찰의 근무구역 순찰은 단독 또는 복수로 정선순찰을 하되, 청원주가 필요하다고 인정할 때에는 요점순찰 또는 난선순찰을 할 수 있다.

해설 ① 법 제9조의4
② 민법 → 국가배상법(법 제10조의2 참조)
③ 법 제10조의4 제1항
④ 규칙 제14조 제3항

 ②

14 청원경찰법령에 관한 설명으로 옳지 않은 것은?   2020년 기출

① 청원경찰법은 1962년에 제정되었다.
② 청원경찰법은 청원경찰의 직무·임용·배치·보수·사회보장 및 그 밖에 필요한 사항을 규정함으로써 청원경찰의 원활한 운영을 목적으로 한다.
③ 청원경찰은 파업, 태업 또는 그 밖에 업무의 정상적인 운영을 방해하는 일체의 쟁의행위를 하여서는 아니 된다.
④ 지방자치단체에 근무하는 청원경찰의 직무상 불법행위에 대한 배상책임에 관하여는 「민법」의 규정을 따른다.

해설 ②·③ 법 제1조·제9조의4
④ 민법 → 국가배상법(법 제10조의2 참조)

정답 ④

15 청원경찰법령에 관한 설명으로 옳지 않은 것은?   2023년 기출

① 청원경찰법은 청원경찰의 직무·임용·배치·보수·사회보장 및 그 밖에 필요한 사항을 규정함으로써 청원경찰의 원활한 운영을 목적으로 한다.
② 청원경찰은 청원주가 경비(經費)를 부담할 것을 조건으로 사업장 등의 경비(警備)를 담당하게 하기 위하여 배치하는 경찰을 말한다.
③ 청원경찰의 직무상 불법행위에 대한 배상책임에 관하여는 「경찰관 직무집행법」의 규정을 따른다.
④ 청원경찰은 형의 선고, 징계처분 또는 신체상·정신상의 이상으로 직무를 감당하지 못할 때를 제외하고는 그 의사에 반하여 면직되지 아니한다.

해설 ① 법 제1조
② 법 제2조
③ 경찰관 직무집행법 → 민법(법 제10조의2)
④ 법 제10조의4 제1항

정답 ③

16 청원경찰법령상 청원경찰의 복무에 관하여 국가공무원법의 규정이 준용되지 않는 것은?
                                                                            2013년 기출

① 청원경찰의 정치 운동의 금지
② 청원경찰의 비밀 엄수의 의무
③ 청원경찰의 복종의 의무
④ 청원경찰의 직장 이탈의 금지

해설 청원경찰의 복무에 관하여 국가공무원법의 ㉠ 복종의 의무, ㉡ 직장 이탈 금지, ㉢ 비밀 엄수의 의무 규정이 준용된다(법 제5조 제4항).

정답 ①

17 청원경찰법상 청원경찰의 복무에 관하여 경찰공무원법 규정이 준용되는 것은?   2015년 기출

① 거짓 보고 등의 금지
② 비밀 엄수의 의무
③ 집단 행위의 금지
④ 복종의 의무

> **해설** ① 법 제5조 제4항, 경찰공무원법 제18조 참조
> ②·④ 국가공무원법 규정이 준용된다(법 제5조 제4항 참조).
> ③ 개정전 법률에 의하면, 청원경찰의 복무에 관하여 「국가공무원법」 제66조제1항(집단 행위의 금지)을 준용하였다. 그러나 2018. 9. 18. 개정으로 동규정을 준용하지 않게 되었다.
>
> **정답** ①

18 다음 중 청원경찰의 복무상 의무에 해당하는 것은?

① 청원경찰은 퇴직 후에도 직무상 알게 된 비밀을 엄수하여야 한다.
② 청원경찰은 직무의 내외를 불문하고 그 품위가 손상되는 행위를 하여서는 아니된다.
③ 청원경찰은 정당이나 그 밖의 정치단체의 결성에 관여하거나 이에 가입할 수 없다.
④ 청원경찰은 종교에 따른 차별 없이 직무를 수행하여야 한다.

> **해설** ① 비밀엄수의무는 국가공무원법이 준용되나, ② 품위유지의무, ③ 정치운동금지의무, ④ 종교중립의무는 준용되지 않는다(청원경찰법 제5조 제4항 참조).
>
> **정답** ①

19 청원경찰법령상 청원경찰의 근무요령에 대한 설명으로 옳지 않은 것은?   2009년 기출

① 자체경비를 위한 입초근무자는 경비구역의 정문 기타 지정된 장소에서 경비구역의 내부, 외부 및 출입자의 동태를 감시한다.
② 소내에서 업무처리 및 자체경비를 하는 소내근무자는 근무중 특이한 사항이 발생한 때에는 지체없이 청원주 또는 관할경찰서장에게 보고하여 그 지시에 따라야 한다.
③ 순찰근무자는 원칙적으로 요점·난선 또는 복수순찰을 행하되 청원주가 필요하다고 인정할 때에는 정선순찰을 할 수 있다.
④ 대기근무자는 소내근무를 협조하거나 휴식하면서 불의의 사고에 대비한다.

> **해설** ①·②·④ 규칙 제14조 제1항·제2항·제4항
> ③ 순찰근무자는 원칙적으로 정선순찰을 행하되, 청원주가 필요하다고 인정할 때에는 요점순찰 또는 난선순찰을 할 수 있다(규칙 제14조 제3항 참조).
>
> **정답** ③

20 청원경찰법령상 청원경찰의 근무요령에 관한 설명으로 옳은 것은?

2014년 기출

① 대기근무자는 소내근무에 협조하거나 휴식하면서 불의의 사고에 대비한다.
② 소내근무자는 근무 중 특이한 사항이 발생하였을 때에는 지체 없이 관할 시·도경찰청장에게 보고하고 그 지시에 따라야 한다.
③ 순찰근무자는 요점순찰(要點巡察) 또는 난선순찰(亂線巡察)을 하되, 청원주가 필요하다고 인정할 때에는 정선순찰(定線巡察)을 할 수 있다.
④ 소내근무자는 경비구역의 정문이나 그 밖의 지정된 장소에서 경비구역의 내부, 외부 및 출입자의 움직임을 감시한다.

해설
① 규칙 제14조 제4항
② 관할 시·도경찰청장 → 청원주 또는 관할 경찰서장(규칙 제14조 제2항)
③ 순찰근무자는 '정선순찰'을 하되, 청원주가 필요하다고 인정할 때에는 '요점순찰 또는 난선순찰'을 할 수 있다(규칙 제14조 제3항).
④ 소내근무자 → 입초근무자(규칙 제14조 제1항)

정답 ①

21 청원경찰법령상 근무요령 중 '업무처리 및 자체경비를 하며, 근무 중 특이한 사항이 발생하였을 때에는 지체 없이 청원주 또는 관할 경찰서장에게 보고하고 그 지시에 따라야 하는' 근무자는 누구인가?

2015년 기출

① 입초근무자
② 순찰근무자
③ 소내근무자
④ 대기근무자

해설 업무처리 및 자체경비를 하는 '소내근무자'는 근무 중 특이한 사항이 발생하였을 때에는 지체 없이 청원주 또는 관할 경찰서장에게 보고하고 그 지시에 따라야 한다(규칙 제14조 제2항).

정답 ③

22 청원경찰법령상 청원경찰의 근무요령으로 옳지 않은 것은?

2019년·2021년 기출

① 자체경비를 하는 입초근무자는 경비구역의 정문이나 그 밖의 지정된 장소에서 경비구역의 내부, 외부 및 출입자의 움직임을 감시한다.
② 업무처리 및 자체경비를 하는 소내근무자는 근무 중 특이한 사항이 발생하였을 때에는 지체 없이 청원주 또는 관할 경찰서장에게 보고하고 그 지시에 따라야 한다.
③ 대기근무자는 소내근무에 협조하거나 휴식하면서 불의의 사고에 대비한다.
④ 순찰근무자는 단독 또는 복수로 요점순찰을 하되, 청원주가 필요하다고 인정할 때에는 정선순찰 또는 난선순찰을 할 수 있다.

해설
①·②·③ 규칙 제14조 제1항·제2항·제4항
④ 순찰근무자는 단독 또는 복수로 정선순찰을 하되, 청원주가 필요하다고 인정할 때에는 요점순찰 또는 난선순찰을 할 수 있다(규칙 제14조 제3항).

정답 ④

23 청원경찰법령상 청원경찰의 근무요령에 관한 설명으로 옳은 것은? 2022년 기출

① 소내근무자는 근무 중 특이한 사항이 발생하였을 때에는 지체 없이 청원주 또는 시·도경찰청장에게 보고하고 그 지시에 따라야 한다.
② 대기근무자는 입초근무에 협조하거나 휴식하면서 불의의 사고에 대비한다.
③ 순찰근무자는 청원주가 지정한 일정한 구역을 단독 또는 복수로 난선순찰을 하되, 청원주가 필요하다고 인정할 때에는 정선순찰 또는 요점순찰을 할 수 있다.
④ 입초근무자는 경비구역의 정문이나 그 밖의 지정된 장소에서 경비구역의 내부, 외부 및 출입자의 움직임을 감시한다.

해설 ① 시·도경찰청장 → 관할 경찰서장(규칙 제14조 제2항)
② 입초근무 → 소내근무(규칙 제14조 제4항)
③ 난선순찰 → 정선순찰 / 정선순찰 → 난선순찰(규칙 제14조 제3항)
④ 규칙 제14조 제1항

정답 ④

24 청원경찰법령상 청원경찰의 근무요령에 관한 설명으로 옳은 것은 모두 몇 개인가? 2023년 기출

○ 대기근무자는 소내근무에 협조하거나 휴식하면서 불의의 사고에 대비한다.
○ 순찰근무자는 청원주가 지정한 일정한 구역을 순회하면서 경비 임무를 수행한다. 이 경우 순찰은 단독 또는 복수로 정선순찰을 하되, 청원주가 필요하다고 인정할 때에는 요점순찰 또는 난선순찰을 할 수 있다.
○ 소내근무자는 근무 중 특이한 사항이 발생하였을 때에는 지체 없이 청원주 또는 관할 경찰서장에게 보고하고 그 지시에 따라야 한다.
○ 입초근무자는 경비구역의 정문이나 그 밖의 지정된 장소에서 경비구역의 내부, 외부 및 출입자의 움직임을 감시한다.

① 1개 ② 2개
③ 3개 ④ 4개

해설 모두 옳은 설명이다(규칙 제14조 제1항·제2항·제3항·제4항 참조).

정답 ④

25 청원경찰법령상 청원경찰의 순찰근무에 대한 설명으로 옳은 것은?

① 순찰은 단독 또는 복수로 정선순찰을 하되, 관할 경찰서장이 필요하다고 인정할 때에는 요점순찰 또는 난선순찰을 할 수 있다.
② 정선순찰은 정해진 노선을 불규칙적으로 순찰하는 것을 말한다.
③ 요점순찰은 순찰구역 외 지정된 중요지점을 순찰하는 것을 말한다.
④ 난선순찰은 임의로 순찰지역이나 노선을 선정하여 불규칙적으로 순찰하는 것을 말한다.

해설
① 관할 경찰서장이 → 청원주가(규칙 제14조 제3항)
② 불규칙적으로 → 규칙적으로(규칙 제14조 제3항).
③ 외 → 내(규칙 제14조 제3항)
④ 규칙 제14조 제3항

 정답 ④

CHAPTER 02 청원경찰의 배치·임용 및 교육

제1절 청원경찰의 배치·임용

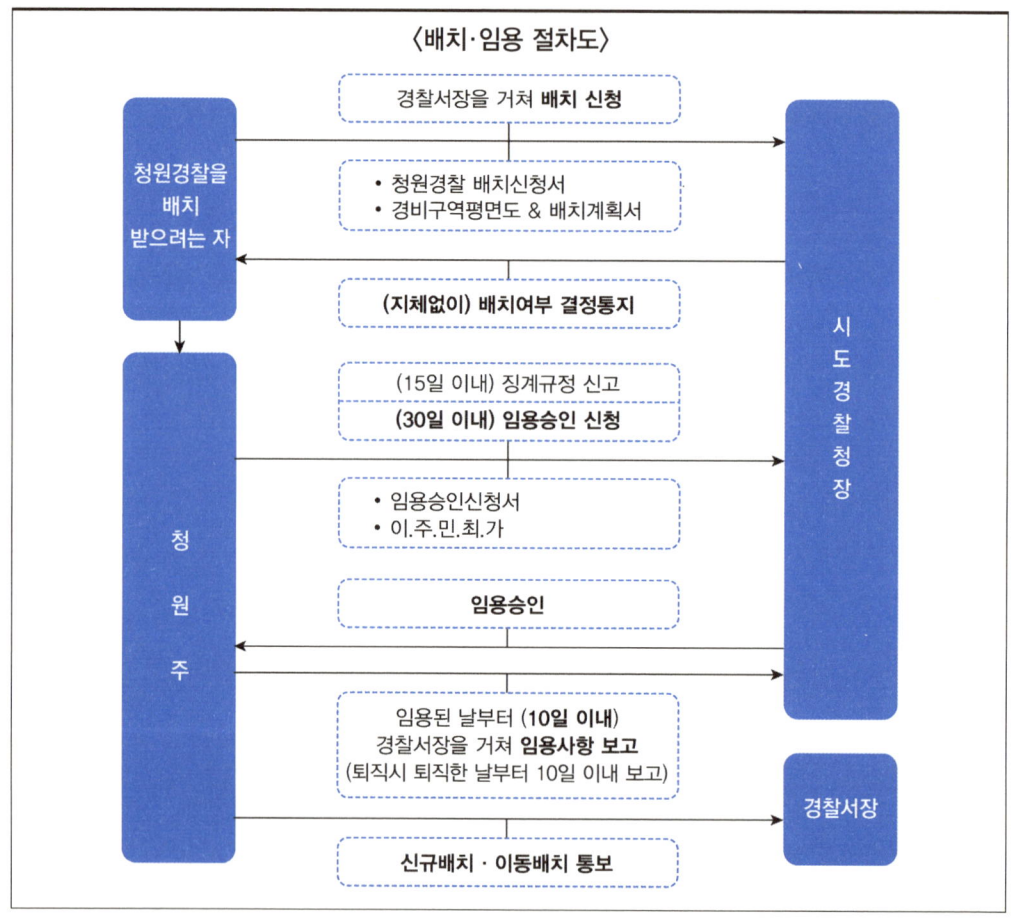

Ⅰ 배치 신청 및 요청

1 배치신청

(1) 신청기관

청원경찰을 배치받으려는 자는 대통령령으로 정하는 바에 따라 관할 시·도경찰청장에게 청원경찰 배치를 신청하여야 한다(법 제4조 제1항).

(2) 신청절차 및 첨부서류

① 청원경찰의 배치를 받으려는 자는 청원경찰 배치신청서에 경비구역 평면도 1부와 배치계획서 1부를 첨부하여 사업장(기관·시설·사업장 또는 장소)의 소재지를 관할하는 경찰서장을 거쳐 시·도경찰청장에게 제출하여야 한다(영 제2조 전단).

② 이 경우 배치 장소가 둘 이상의 도(특별시, 광역시, 특별자치시 및 특별자치도 포함)일 때에는 주된 사업장의 관할 경찰서장을 거쳐 시·도경찰청장에게 한꺼번에 신청할 수 있다(영 제2조 후단).

(3) 배치여부 결정 및 통지

시·도경찰청장은 청원경찰 배치 신청을 받으면 지체 없이 그 배치 여부를 결정하여 신청인에게 알려야 한다(법 제4조 제2항).[84]

2 배치요청

시·도경찰청장은 청원경찰 배치가 필요하다고 인정하는 기관의 장 또는 시설·사업장의 경영자에게 청원경찰을 배치할 것을 요청할 수 있다(법 제4조 제3항).

Ⅱ 청원경찰의 임용

1 임용자격 및 결격사유

(1) 임용권자·승인권자

청원경찰은 청원주가 임용하되, 임용을 할 때에는 미리 시·도경찰청장의 승인을 받아야 한다(법 제5조 제1항). 그러므로 청원경찰의 임용권자는 청원주이며, 임용승인권자는 시·도경찰청장이다. 청원경찰의 임용자격·임용방법·교육 및 보수에 관하여는 대통령령으로 정한다(법 제5조 제3항).

(2) 임용자격(임용조건)

청원경찰의 임용자격은 다음과 같다(영 제3조, 규칙 제4조).

> ① 18세 이상인 사람
> ② 행정안전부령으로 정하는 신체조건에 해당하는 사람
>   ㉠ 신체가 건강하고 팔다리가 완전할 것
>   ㉡ 시력(교정시력 포함)은 양쪽 눈이 각각 0.8 이상일 것

---

[84] 청원경찰 배치 결정 통지 또는 청원경찰 배치 불허 통지는 별지 제2호 서식[청원경찰 배치 결정(배치 불허) 통지서]에 따른다(규칙 제3조 제2항).

(3) 결격사유

다음의 「국가공무원법」상 결격사유에 해당하는 사람은 청원경찰로 임용될 수 없다(법 제5조 제2항).

① 피성년후견인
② 파산선고를 받고 복권되지 아니한 자
③ 금고 이상의 실형을 선고받고 그 집행이 끝나거나(집행이 끝난 것으로 보는 경우 포함) 집행이 면제된 날부터 5년이 지나지 아니한 자
④ 금고 이상의 형의 집행유예를 선고받고 그 유예기간이 끝난 날부터 2년이 지나지 아니한 자
⑤ 금고 이상의 형의 선고유예를 받은 경우에 그 선고유예 기간 중에 있는 자
⑥ 법원의 판결 또는 다른 법률에 따라 자격이 상실되거나 정지된 자
⑦ 공무원으로 재직기간 중 직무와 관련하여 「형법」상 횡령·배임죄, 업무상 횡령·배임죄를 범한 자로서 300만원 이상의 벌금형을 선고받고 그 형이 확정된 후 2년이 지나지 아니한 자[85]
⑧ 다음의 어느 하나에 해당하는 죄를 범한 사람으로서 100만원 이상의 벌금형을 선고받고 그 형이 확정된 후 3년이 지나지 아니한 사람
  ㉠ 「성폭력범죄의 처벌 등에 관한 특례법」에 따른 성폭력범죄
  ㉡ 「정보통신망 이용촉진 및 정보보호 등에 관한 법률」 제74조 제1항 제2호[86] 및 제3호[87]에 규정된 죄
  ㉢ 「스토킹범죄의 처벌 등에 관한 법률」에 따른 스토킹범죄
⑨ 미성년자에 대하여 「성폭력범죄의 처벌 등에 관한 특례법」에 따른 성폭력범죄 또는 「아동·청소년의 성보호에 관한 법률」에 따른 아동·청소년대상 성범죄를 범한 사람으로서 다음의 어느 하나에 해당하는 날부터 20년이 지나지 아니한 사람
  ㉠ 금고 이상의 실형을 선고받고 그 집행이 끝나거나(집행이 끝난 것으로 보는 경우 포함) 집행이 면제된 날
  ㉡ 금고 이상의 형의 집행유예를 선고받고 그 집행유예가 확정된 날
  ㉢ 벌금 이하의 형을 선고받고 그 형이 확정된 날
  ㉣ 치료감호를 선고받고 그 집행이 끝나거나 집행이 면제된 날
  ㉤ 징계로 파면처분 또는 해임처분을 받은 날
⑩ 징계로 파면처분을 받은 때부터 5년이 지나지 아니한 자
⑪ 징계로 해임처분을 받은 때부터 3년이 지나지 아니한 자

---

85) 이 규정을 적용할 때 '공무원'은 '청원경찰'로 본다.
86) 음란한 부호·문언·음향·화상 또는 영상을 배포·판매·임대하거나 공공연하게 전시한 자
87) 공포심이나 불안감을 유발하는 부호·문언·음향·화상 또는 영상을 반복적으로 상대방에게 도달하게 한 자

정리 Note – 결격사유 비교

법인의 임원	경비지도사·일반경비원	특수경비원	청원경찰
• 피·파	• 피·파	• 피·파	• 피·파
	• 18세 미만	• 18세 미만 • 60세 이상	• 18세 미만 • 60세(당연퇴직)
		• 신체조건(팔다리완전, 맨눈 0.2, 교정 0.8)	• 신체조건(신체건강, 팔다리완전, 맨눈·교정 0.8)
• 금고 → 실효× • 경비업법·대통령경호법 위반 벌금 → 3년× (특수경비업에 한함) • 취소법인임원 → 3년× → 5년×	• 금고 실형 → 5년× • 금고 집유 → 유예中 • 범죄단체 조직·구성·활동죄 벌금·금고 → 10년× • 강간 관련 범죄 벌금·금고, 치료감호 → 10년× • 절도·강도 관련 범죄 벌금·금고, 치료감호 → 5년× • 경비업법 위반 벌금·금고 → 5년×	• 금고 실형 → 5년× • 금고 집유 → 유예中 • 금고 선유 → 유예中 • 심신상실자, 알코올 중독자 등 대통령령으로 정하는 정신적 제약이 있는 자	• 금고 실형 → 5년× • 금고 집유 → 2년× • 금고 선유 → 유예中 • 자격상실·정지 • 횡령·배임죄 등 300만원 벌금 → 2년× • 성폭력범죄, 스토킹범죄 등 100만원 벌금 → 3년× • 미성년자 대상 성폭력범죄, 아동·청소년 대상 성범죄 → 20년× • 파면 → 5년× • 해임 → 3년×

2 임용절차

(1) 임용승인신청

① **신청기관 및 기간** : 청원주(청원경찰의 배치결정을 받은 자)는 그 배치 결정의 통지를 받은 날부터 30일 이내에 배치 결정된 인원수의 임용예정자에 대하여 청원경찰 임용승인을 시·도경찰청장에게 신청하여야 한다(영 제4조 제1항).

② **첨부서류** : 청원주가 시·도경찰청장에게 청원경찰 임용승인을 신청할 때에는 청원경찰 임용승인신청서에 그 해당자에 관한 다음의 서류를 첨부해야 한다(규칙 제5조 제1항).

> ㉠ 이력서 1부
> ㉡ 주민등록증 사본 1부
> ㉢ 민간인 신원진술서(「보안업무규정」에 따른 신원조사가 필요한 경우만 해당) 1부
> ㉣ 최근 3개월 이내에 발행한 채용신체검사서 또는 취업용 건강진단서 1부
> ㉤ 가족관계등록부 중 기본증명서 1부

(2) 병적증명서 확인

신청서를 제출받은 시·도경찰청장은 「전자정부법」에 따라 행정정보의 공동이용을 통하여 해당자의 병적증명서를 확인하여야 한다. 다만, 그 해당자가 확인에 동의하지 아니할 때에는 해당 서류를 첨부하도록 하여야 한다(규칙 제5조 제2항).

3 임용사항보고

청원주가 청원경찰을 임용하였을 때에는 임용한 날부터 10일 이내에 그 임용사항을 관할 경찰서장을 거쳐 시·도경찰청장에게 보고하여야 한다. 청원경찰이 퇴직하였을 때에도 또한 같다(영 제4조 제2항). 즉, 청원주는 청원경찰이 퇴직하였을 때에도 퇴직한 날부터 10일 이내에 그 퇴직사항을 관할 경찰서장을 거쳐 시·도경찰청장에게 보고하여야 한다.

III 청원경찰의 배치 및 배치폐지

1 배치 및 이동

(1) 신규배치사실 통보

청원주는 청원경찰을 신규로 배치하였을 때에는 배치지를 관할하는 경찰서장에게 그 사실을 통보하여야 한다(영 제6조 제1항).

(2) 이동배치사실 통보

① 청원주는 청원경찰을 이동배치하였을 때에는 종전의 배치지를 관할하는 경찰서장에게 그 사실을 통보하여야 한다(영 제6조 제1항).[88]

② 통보를 받은 경찰서장은 이동배치지가 다른 관할구역에 속할 때에는 전입지를 관할하는 경찰서장에게 이동배치한 사실을 통보하여야 한다(영 제6조 제2항).[89]

---

[88] 이는 관할 경찰서장의 청원경찰을 배치한 경비구역에 대한 복무규율과 근무 상황, 무기의 관리·취급 사항 감독 등을 위한 것으로, 청원경찰이 기존 배치지에서 관할 경찰서가 다른 구역으로 이동배치될 경우 반드시 이동배치를 통보해야 한다. 다만, 청원경찰법령상 청원경찰의 이동배치시 통보 기한은 별도로 규정되어 있지 않으므로 시·도경찰청장 또는 관할 경찰서장의 감독 하에 해당 사업장의 여건에 맞는 범위에서 이동배치 통보를 할 수 있다(경찰청).

[89] 청원경찰 배치 통보 및 청원경찰 전출 통보는 별지 제4호 서식[청원경찰 배치(전출)통보서]에 따른다(규칙 제7조).

2 배치폐지 및 인원감축

(1) 배치폐지·감축사유

청원주는 청원경찰이 배치된 시설이 폐쇄되거나 축소되어 청원경찰의 배치를 폐지하거나 배치인원을 감축할 필요가 있다고 인정하면 청원경찰의 배치를 폐지하거나 배치인원을 감축할 수 있다(법 제10조의5 제1항 본문).[90]

(2) 배치폐지·감축금지사유

청원주는 다음에 해당하는 경우에는 청원경찰의 배치를 폐지하거나 배치인원을 감축할 수 없다(법 제10조의5 제1항 단서).[91]

> ① 청원경찰을 대체할 목적으로 「경비업법」에 따른 특수경비원을 배치하는 경우
> ② 청원경찰이 배치된 기관·시설 또는 사업장 등이 배치인원의 변동사유 없이 다른 곳으로 이전하는 경우

(3) 배치폐지·감축통보 및 사유명시

청원주가 청원경찰을 폐지하거나 감축하였을 때에는 청원경찰 배치 결정을 한 경찰관서의 장[92]에게 알려야 하며, 그 사업장이 시·도경찰청장이 청원경찰의 배치를 요청한 사업장일 때에는 그 폐지 또는 감축 사유를 구체적으로 밝혀야 한다(법 제10조의5 제2항).[93]

(4) 고용보장노력

청원경찰의 배치를 폐지하거나 배치인원을 감축하는 경우 해당 청원주는 배치폐지나 배치인원 감축으로 과원(過員)이 되는 청원경찰 인원을 그 기관·시설 또는 사업장 내 유사 업무에 종사하게 하거나 다른 시설·사업장 등에 재배치하는 등 청원경찰의 고용이 보장될 수 있도록 노력하여야 한다(법 제10조의5 제3항).

---

[90] 청원주는 청원경찰이 배치된 시설의 폐쇄 또는 축소 외의 사유로는 청원경찰의 배치를 폐지하거나 배치인원을 감축할 수 없다. 다만, 이 경우의 "시설의 폐쇄 또는 축소"는 경비대상 시설물의 물리적인 폐쇄나 시설 면적의 감축뿐만 아니라 첨단 경비 설비의 증강 또는 청원경찰을 배치할 수 있는 국가중요시설로서의 지정의 해제 등으로 실질적으로 청원경찰에 의한 경비의 필요성이 없어지거나 감소된 경우도 포함하는 의미라고 할 것이다(법제처 15-0570, 2015.11.2, 경찰청).

[91] 배치된 청원경찰이 의원면직하거나 퇴직하여 결원이 발생한 경우에 청원주는 새로운 청원경찰을 충원하지 않고, 결원이 발생한 청원경찰의 수만큼 「경비업법」에 따른 특수경비원을 배치하여 그 결원을 충원할 수 있다. 또한 청원경찰이 배치된 시설이 폐쇄되거나 축소되어, 청원경찰의 배치를 폐지하거나 배치인원을 감축한 후, 특수경비원을 신규 채용하는 경우가 「청원경찰법」에서 금지하고 있는 "청원경찰을 대체할 목적으로 「경비업법」에 따른 특수경비원을 배치하는 경우"에 해당하는지는 감축된 청원경찰의 수 및 신규 채용된 특수경비원의 수, 특수경비원의 채용 시기, 청원경찰의 배치인원 감축 전에 특수경비원을 채용하기 위한 사전 절차의 진행 여부 등에 따라 개별적·구체적으로 판단해야 한다(법제처 15-0830, 2016.1.18, 경찰청).

[92] 청원경찰 배치결정권자는 시·도경찰청장이다(법 제4조 참조). 한편, 시·도경찰청장은 청원경찰 배치결정에 관한 권한을 관할 경찰서장에게 위임할 수 있다(법 제10조의3, 영 제20조 참조). 따라서 여기서의 '경찰관서의 장'이란 시·도경찰청장과 관할 경찰서장을 의미하며, 「경비업법」상 관할 경찰서장 및 공항경찰대장 등 국가중요시설의 경비책임자를 의미하는 관할 '경찰관서장'과는 다른 개념이다.

[93] 청원경찰 배치의 폐지 또는 감축의 통보는 별지 제6호 서식[청원경찰 배치 (폐지, 감축) 통보서]에 따른다(규칙 제23조).

Ⅳ 문서와 장부의 비치

청원주, 관할 경찰서장, 시·도경찰청장은 다음의 문서와 장부를 갖춰 두어야 한다. 문서와 장부의 서식은 경찰관서에서 사용하는 서식을 준용한다(규칙 제17조).

청원주 비치 문서·장부	관할 경찰서장 비치 문서·장부	시·도경찰청장 비치 문서·장부
청원경찰 명부 교육훈련 실시부	청원경찰 명부 교육훈련 실시부	
	전출입 관계철	전출입 관계철
근무일지 근무상황카드 경비구역 배치도 순찰표철 무기·탄약 출납부 무기장비운영카드 봉급지급 조서철 신분증명서 발급대장 징계 관계철 청원경찰 직무교육계획서 급여품 및 대여품 대장	감독순시부 무기·탄약 대여대장 징계 요구서철	배치결정 관계철 청원경찰 임용승인 관계철
그 밖에 청원경찰의 운영에 필요한 문서와 장부		

제2절 청원경찰의 교육

I 신임교육

1 교육시기

(1) 원 칙

청원주는 청원경찰로 임용된 사람으로 하여금 경비구역에 배치하기 전에 경찰교육기관에서 직무 수행에 필요한 교육을 받게 하여야 한다(영 제5조 제1항 본문).

(2) 예 외

다만, 경찰교육기관의 교육계획상 부득이하다고 인정할 때에는 우선 배치하고 임용 후 1년 이내에 교육을 받게 할 수 있다(영 제5조 제1항 단서).

2 교육면제

경찰공무원(의무경찰 포함) 또는 청원경찰에서 퇴직한 사람이 퇴직한 날부터 3년 이내에 청원경찰로 임용되었을 때에는 직무수행에 필요한 교육을 면제할 수 있다(영 제5조 제2항).

3 교육기간·과목·시간

청원경찰의 교육기간·교육과목·수업시간 및 그 밖에 교육의 시행에 필요한 사항은 행정안전부령으로 정한다(영 제5조 제3항).

(1) 교육기간

청원경찰의 교육기간은 2주로 한다(규칙 제6조).

(2) 교육과목 및 수업시간

청원경찰의 교육과목 및 수업시간은 다음과 같다(규칙 제6조 별표1). 즉, 정신교육 8시간, 학술교육 15시간, 실무교육 44시간, 술과 6시간, 기타 3시간으로 총 76시간이다.

학과별	과목		시간
정신교육	정신교육		8
학술교육	형사법		10
	청원경찰법		5
실무교육	경무	경찰관직무집행법	5
	방범	방범업무	3
		경범죄처벌법	2

실무교육	경비	시설경비	6
		소방	4
	정보	대공이론	2
		불심검문	2
	민방위	민방공	3
		화생방	2
	기본훈련		5
	총기조작		2
	총검술		2
	사격		6
술과	체포술 및 호신술		6
기타	입교·수료 및 평가		3
계			76

▎정리 Note - 신임교육과목(법과목) 비교

구분	경비지도사	일반경비원	특수경비원	청원경찰
경비업법	○	○	○	×
경찰관직무집행법	○	×	○	○
도로교통법	○	×	×	×
형사법	×	×	○	○
헌법	×	×	○	×
청원경찰법	×	×	×	○
경범죄처벌법	×	×	×	○

Ⅱ 직무교육

1 교육시간

청원주는 소속 청원경찰에게 그 직무집행에 필요한 교육을 매월 4시간 이상 하여야 한다(규칙 제13조 제1항).

2 공무원 파견 직무교육 실시

청원경찰이 배치된 사업장의 소재지를 관할하는 경찰서장은 필요하다고 인정하는 경우에는 그 사업장에 소속 공무원을 파견하여 직무집행에 필요한 교육을 할 수 있다(규칙 제13조 제2항).

2 기출 및 예상문제 — 청원경찰의 배치 · 임용 및 교육

Target · 경비업법

◎ 제1절 청원경찰의 배치·임용

01 청원경찰법령상 청원경찰에 대한 설명으로 틀린 것은? 2008년 기출

① 청원경찰은 청원주가 소요경비를 부담할 것을 조건으로 경찰의 배치를 신청하는 경우 그 경비를 담당하게 하기 위하여 배치되는 경찰이다.
② 청원경찰의 배치를 받고자 하는 자는 경찰청장령이 정하는 바에 의하여 관할 시·도경찰청장에게 신청하여야 한다.
③ 청원경찰은 청원주와 배치된 기관·시설 또는 사업장 등의 구역을 관할하는 경찰서장의 감독을 받아 경비구역내에서 경비목적을 위하여 필요한 범위내에서 경찰관직무집행법에 의한 경찰관의 직무를 행한다.
④ 청원경찰은 공공의 안녕질서 유지와 국민경제를 위하여 고도의 경비(警備)가 필요한 중요시설, 사업체 또는 장소에도 배치될 수 있다.

> 해설
> ① 법 제2조
> ② 경찰청장령이 → 대통령령으로(법 제4조 제1항)
> ③ 법 제3조
> ④ 규칙 제2조 제6호

정답 ②

02 청원경찰법령상 청원경찰의 배치에 관한 설명으로 틀린 것은? 2008년 기출

① KBS와 같은 언론사는 청원경찰의 배치대상이 되는 시설에 해당된다.
② 청원경찰의 배치를 받고자 하는 자는 청원경찰배치신청서를 사업장 소재지 관할경찰서장을 거쳐 시·도경찰청장에게 제출하여야 한다.
③ 청원경찰의 배치장소가 둘 이상의 도일 때에는 주된 사업장의 관할경찰서장을 거쳐 시·도경찰청장에게 한꺼번에 신청할 수 있다.
④ 청원경찰의 배치를 받고자 하는 자는 청원경찰배치신청서에 경비구역 평면도 1부 또는 배치계획서 1부를 첨부하여야 한다.

> 해설
> ① 규칙 제2조
> ②·③ 영 제2조
> ④ 또는 → 및(영 제2조)

정답 ④

03 청원경찰의 배치를 받으려는 자가 청원경찰배치신청서에 첨부하여야 할 서류를 모두 고른 것은?

ㄱ. 경비구역 평면도	ㄴ. 경비구역 배치도
ㄷ. 배치계획서	ㄹ. 경비계획서
ㅁ. 청원경찰명부	ㅂ. 배치결정관계철

① ㄱ, ㄴ, ㄷ, ㄹ, ㅁ ② ㄱ, ㄷ
③ ㄴ, ㄹ ④ ㅁ, ㅂ

해설   청원경찰배치신청서에 경비구역 평면도와 배치계획서를 첨부하여야 한다(영 제2조).

 ②

04 청원경찰법령상 청원경찰에 관한 설명으로 옳은 것은?   2008년 기출수정

① 청원경찰의 복무와 관련하여 국가공무법상의 공무원의 복종의무, 직장이탈금지의무, 비밀엄수의무가 준용되며, 경찰공무원법상의 준용 규정은 존재하지 않는다.
② 청원주가 관할 시·도경찰청장에게 청원경찰임용의 승인을 신청할 때 첨부할 서류는 이력서 1부, 주민등록증 사본 1부, 민간인 신원진술서 1부, 가족관계등록부 중 기본증명서 1부의 네 가지 종류이다.
③ 청원주는 청원경찰을 신규로 배치하거나 이동배치하였을 때에는 배치지(이동배치의 경우에는 종전의 배치지)를 관할하는 경찰서장에게 그 사실을 통보하여야 한다.
④ 청원경찰의 임용자격은 20세 이상 50세 미만의 자에 한한다.

해설   ① 경찰공무원법 제24조(거짓 보고 등의 금지)를 준용한다(법 제5조 제4항).
② 청원주가 시·도경찰청장에게 청원경찰 임용승인을 신청할 때에는 청원경찰 임용승인신청서에 그 해당자에 관한 ㉠ 이력서 1부, ㉡ 주민등록증 사본 1부, ㉢ 민간인 신원진술서(「보안업무규정」에 따른 신원조사가 필요한 경우만 해당) 1부, ㉣ 최근 3개월 이내에 발행한 채용신체검사서 또는 취업용 건강진단서 1부, ㉤ 가족관계등록부 중 기본증명서 1부를 첨부해야 한다(규칙 제5조 제1항). 즉, 다섯 가지 종류이다.
③ 영 제6조 제1항
④ 청원경찰의 임용자격은 18세 이상인 사람이다(영 제3조 제1호).

 ③

05 청원경찰법상 청원경찰의 배치에 관한 설명으로 옳은 것은?

2009년 기출

① 청원경찰법령상 청원경찰이 배치될 수 있는 곳은 국가기관 또는 공공단체와 그 관리하에 있는 중요 시설 또는 사업장, 국내주재 외국기관으로 한정된다.
② 시·도경찰청장은 청원경찰 배치가 필요하다고 인정하는 기관의 장 또는 시설·사업장의 경영자에게 청원경찰을 배치할 것을 요청할 수 있다.
③ 시·도경찰청장은 배치신청을 받은 후 20일 이내에 배치여부를 결정하여 통지하여야 한다.
④ 청원경찰의 배치를 받고자 하는 배치장소가 2 이상의 도에 해당하는 경우에는 각 사업장의 관할 경찰서장 간의 협의를 통해 배치신청을 할 시·도경찰청장을 결정한다.

> **해설**
> ① 청원경찰이 배치될 수 있는 곳은 국가기관 또는 공공단체와 그 관리하에 있는 중요 시설 또는 사업장, 국내주재 외국기관, 그 밖에 행정안전부령으로 정하는 중요 시설, 사업장 또는 장소이다(법 제2조, 규칙 제2조 참조).
> ② 법 제4조 제3항
> ③ 시·도경찰청장은 청원경찰 배치신청을 받으면 '지체 없이' 그 배치여부를 결정하여 신청인에게 알려야 한다(법 제4조 제2항).
> ④ 청원경찰의 배치를 받고자 하는 배치장소가 둘 이상의 도일 때에는 주된 사업장의 관할 경찰서장을 거쳐 시·도경찰청장에게 한꺼번에 신청할 수 있다(영 제2조).

정답 ②

06 청원경찰법령상 청원경찰의 배치 등에 관한 설명으로 옳은 것은?

2010년 기출

① 청원경찰을 배치받으려는 자는 법령이 정하는 청원경찰 배치신청서를 경찰청장에게 직접 제출하여야 한다.
② 청원경찰 배치신청서에는 경비구역 평면도와 배치계획서 및 청원경찰경비에 관한 사항이 첨부되어야 한다.
③ 시·도경찰청장은 청원경찰 배치 신청을 받으면 1개월 이내에 그 배치 여부를 결정하여 신청인에게 알려야 한다.
④ 시·도경찰청장은 청원경찰 배치가 필요하다고 인정하는 기관의 장에게 청원경찰을 배치할 것을 요청할 수 있다.

> **해설**
> ①·② 청원경찰의 배치를 받으려는 자는 청원경찰 배치신청서에 '경비구역 평면도와 배치계획서'를 첨부하여 사업장의 소재지를 관할하는 '경찰서장을 거쳐 시·도경찰청장'에게 제출하여야 한다(영 제2조).
> ③ 1개월 이내에 → 지체 없이(법 제4조 제2항)
> ④ 법 제4조 제3항

정답 ④

07 청원경찰법령상 청원경찰 배치에 관한 설명으로 옳은 것은? 2016년 기출

① 청원경찰을 배치받으려는 자는 행정안전부령으로 정하는 바에 따라 경찰청장에게 청원경찰 배치를 신청하여야 한다.
② 청원경찰의 배치를 받으려는 자는 청원경찰 배치신청서에 경비구역 평면도 1부와 배치계획서 1부를 첨부하여야 한다.
③ 사회복지법에 따른 사회복지시설은 청원경찰 배치 대상이다.
④ 금융 또는 보험을 업(業)으로 하는 시설 또는 사업장은 청원경찰 배치 대상이 아니다.

해설 ① 청원경찰을 배치받으려는 자는 '대통령령'으로 정하는 바에 따라 관할 '시·도경찰청장'에게 청원경찰 배치를 신청하여야 한다(법 제4조 제1항).
② 영 제2조
③ 청원경찰 배치 대상이 아니다(규칙 제2조 참조).
④ 청원경찰 배치 대상이다(규칙 제2조 참조).

정답 ②

08 청원경찰법령상 청원경찰의 배치에 관한 설명으로 옳은 것은? 2018년 기출

① 시·도경찰청장은 청원경찰 배치 신청을 받으면 15일 이내에 그 배치 여부를 결정하여 신청인에게 알려야 한다.
② 청원경찰 배치신청서 제출시, 배치 장소가 둘 이상의 도(道)일 때에는 주된 사업장의 관할 경찰서장을 거쳐 시·도경찰청장에게 한꺼번에 신청할 수 있다.
③ 청원경찰의 배치를 받으려는 자는 청원경찰 배치신청서에 경비구역 배치도 1부를 첨부하여 사업장의 소재지를 관할하는 시·도경찰청장에게 제출하여야 한다.
④ 관할 경찰서장은 청원경찰이 배치된 시설이 축소될 경우 배치인원을 감축할 수 있다.

해설 ① 15일 이내에 → 지체 없이(법 제4조 제2항)
② 영 제2조
③ 경비구역 배치도 1부 → 경비구역 평면도 1부와 배치계획서 1부(영 제2조)
④ 관할 경찰서장은 → 청원주는(법 제10조의5 제1항)

정답 ②

09 청원경찰법령상 청원경찰의 배치에 관한 설명으로 옳은 것은? 2019년 기출

① 청원경찰 배치신청서에 첨부할 서류는 경비구역 평면도와 청원경찰 명부이다.
② 시·도경찰청장은 청원경찰 배치 신청을 받으면 30일 이내에 그 배치 여부를 결정하여 신청인에게 알려야 한다.
③ 경찰청장은 청원경찰 배치가 필요하다고 인정하는 기관의 장에게 청원경찰을 배치할 것을 요청하여야 한다.
④ 청원경찰 배치신청서상 배치 장소가 둘 이상의 도(道)일 때에는 주된 사업장의 관할 경찰서장을 거쳐 시·도경찰청장에게 한꺼번에 신청할 수 있다.

> 해설 ① 청원경찰 명부 → 배치계획서(영 제2조)
> ② 30일 이내에 → 지체 없이(법 제4조 제2항)
> ③ 경찰청장 → 시·도경찰청장 / 요청하여야 한다 → 요청할 수 있다(법 제4조 제3항)
> ④ 영 제2조

> 정답 ④

10 청원경찰법령상 청원경찰의 배치에 관한 설명으로 옳지 않은 것은? 2020년 기출

① 청원경찰 배치신청서 제출 시 배치 장소가 둘 이상의 도(道)일 때에는 주된 사업장의 관할 경찰서장을 거쳐 시·도경찰청장에게 한꺼번에 신청할 수 있다.
② 청원경찰을 배치받으려는 자는 대통령령으로 정하는 바에 따라 관할 시·도경찰청장에게 청원경찰 배치를 신청하여야 한다.
③ 청원경찰 배치신청서에 첨부하여야 할 서류는 경비구역 평면도와 청원경찰 직무교육 계획서이다.
④ 시·도경찰청장은 청원경찰 배치가 필요하다고 인정하는 기관의 장 또는 시설·사업장의 경영자에게 청원경찰을 배치할 것을 요청할 수 있다.

> 해설 ① 영 제2조
> ② 법 제4조 제1항
> ③ 청원경찰 직무교육 계획서 → 배치계획서(영 제2조 참조)
> ④ 법 제4조 제3항

> 정답 ③

11 청원경찰법령상 청원경찰의 배치에 관한 설명으로 옳지 않은 것은? 2022년 기출

① 청원경찰을 배치받으려는 자는 대통령령으로 정하는 바에 따라 관할 시·도경찰청장에게 청원경찰 배치를 신청하여야 한다.
② 시·도경찰청장은 청원경찰 배치 신청을 받으면 지체 없이 그 배치 여부를 결정하여 신청인에게 알려야 한다.
③ 시·도경찰청장은 청원경찰 배치가 필요하다고 인정하는 기관의 장 또는 시설·사업장의 경영자에게 청원경찰을 배치할 것을 요청할 수 있다.
④ 청원경찰의 배치를 받으려는 자는 청원경찰 배치신청서에 경비구역 평면도 1부 또는 배치계획서 1부를 첨부해야 한다.

> 해설 ①·②·③ 법 제4조 제1항·제2항·제3항
> ④ 또는 → 및(영 제2조)

> 정답 ④

12 청원경찰법령상 청원경찰의 배치에 관한 설명으로 옳지 않은 것은?

2024년 기출

① 청원경찰을 배치받으려는 자는 대통령령으로 정하는 바에 따라 관할 시·도경찰청장에게 청원경찰 배치를 신청하여야 한다.
② 시·도경찰청장은 청원경찰 배치 신청을 받으면 7일 이내에 그 배치 여부를 결정하여 신청인에게 알려야 한다.
③ 청원경찰의 배치를 받으려는 자는 청원경찰 배치신청서에 경비구역 평면도 1부와 배치계획서 1부를 첨부하여야 한다.
④ 청원경찰 배치신청서 제출 시 배치 장소가 둘 이상의 도(특별시, 광역시, 특별자치시 및 특별자치도를 포함)일 때에는 주된 사업장의 관할 경찰서장을 거쳐 시·도경찰청장에게 한꺼번에 신청할 수 있다.

해설 ① 법 제4조 제1항
② 7일 이내에 → 지체 없이(법 제4조 제2항)
③·④ 영 제2조

정답 ②

13 청원경찰의 임용에 관한 설명으로 맞는 것은?

2006년 기출

① 청원경찰의 배치를 받고자 하는 자는 배치신청서에 경비구역 평면도, 배치계획서를 첨부하여 관할경찰서장을 거쳐 시·도경찰청장에게 제출하여야 한다.
② 청원경찰의 임용권자는 청원경찰의 배치결정을 한 시·도경찰청장이 된다.
③ 청원주는 배치결정의 통보를 받은 날로부터 30일 이내에 청원경찰의 임용을 하여야 한다.
④ 청원경찰에 임용된 자는 경찰청으로부터 승인된 특수경비원 교육기관에서 30시간 이상의 교육을 이수하여야 한다.

해설 ① 영 제2조
② 청원경찰의 임용권자는 청원주이다(법 제5조 제1항).
③ 청원주는 배치결정의 통지를 받은 날부터 30일 이내에 배치결정된 인원수의 임용예정자에 대하여 청원경찰 임용승인을 시·도경찰청장에게 신청하여야 한다(영 제4조 제1항).
④ 청원경찰로 임용된 자는 경찰교육기관에서 76시간의 교육을 이수하여야 한다(영 제5조 제1항, 규칙 제6조 참조).

정답 ①

14 청원경찰법령상 청원경찰의 임용권자와 임용승인권자가 순서대로 바르게 연결된 것은?

2007년·2022년 기출

① 청원주 - 시·도경찰청장
② 청원주 - 경찰서장
③ 시·도경찰청장 - 청원주
④ 경찰서장 - 청원주

해설 청원경찰의 임용권자는 청원주이며, 임용승인권자는 시·도경찰청장이다(법 제5조 제1항 참조).

정답 ①

15 청원경찰법령상 청원경찰의 임용과 승인에 관한 내용이다. (   ) 안에 들어갈 말로 옳게 짝지어진 것은?

2011년 기출

> 청원경찰은 (ㄱ)가(이) 임용하되, 임용을 할 때에는 미리 (ㄴ)의 승인을 받아야 한다.

① ㄱ : 시·도경찰청장, ㄴ : 청원주
② ㄱ : 경찰청장, ㄴ : 청원주
③ ㄱ : 청원주, ㄴ : 시·도경찰청장
④ ㄱ : 청원주, ㄴ : 경찰청장

해설 청원경찰은 청원주가 임용하되, 임용을 할 때에는 미리 시·도경찰청장의 승인을 받아야 한다(법 제5조 제1항).

정답 ③

16 청원경찰법령상 청원경찰에 관한 설명으로 옳은 것은?

2011년 기출

① 군 복무를 마친 60세의 남자는 청원경찰이 될 수 있다.
② 청원경찰의 신체조건으로서 두 눈의 교정시력이 각각 0.2 이상이어야 한다.
③ 금고 이상의 형의 집행유예를 선고받고 그 유예기간이 끝난 날부터 2년이 지나지 아니한 자는 청원경찰로 임용될 수 없다.
④ 청원경찰의 복무와 관련하여 경찰공무원법상의 교육훈련에 관한 규정이 준용된다.

해설 ① 2011년 출제 당시 청원경찰의 임용자격은 '18세 이상 50세 미만의 사람'이었으나, 2014. 3. 18. 개정시 임용대상을 확대하기 위하여 임용 상한 연령을 폐지하여 '18세 이상인 사람'으로 개정하였다(영 제3조 참조). 그러니 현행법에 의히더라도 60세가 되면 당연 퇴직되므로(법 제10조의6 참조) 60세인 경우 청원경찰이 될 수 없다.
② 0.8 이상이어야 한다(규칙 제4조 제2호).
③ 법 제5조 제2항, 국가공무원법 제33조 제4호
④ 교육훈련에 관한 규정은 준용되지 않는다(법 제5조 제4항 참조).

정답 ③

17 청원경찰법령상 청원경찰 임용의 조건에 해당하지 않는 것은?

2012년 기출

① 체중이 남자는 50kg 이상, 여자는 40kg 이상일 것
② 신체가 건강하고 팔다리가 완전할 것
③ 시력(교정시력을 포함한다)은 양쪽 눈이 각각 0.8 이상일 것
④ 18세 이상인 사람, 다만 남자의 경우에는 군복무를 마쳤거나 군복무가 면제된 사람으로 한정한다.

해설 ① 청원경찰 임용의 신체조건에 체중에 관한 조건은 없다(규칙 제4조 참조).
②·③ 규칙 제4조 제1호·제2호
④ 출제당시에는 옳은 지문이었다. 그러나 병역미필자에 대한 불합리한 차별을 해소하고자 2021. 8. 24. 개정 시 청원경찰의 임용자격에서 "남자의 경우에는 군복무를 마쳤거나 군복무가 면제된 사람으로 한정한다."라는 내용을 삭제하였다(영 제3조 제1호 참조). 따라서 현행법에 의하면 군복무를 마치지 않아도 청원경찰로 임용될 수 있으므로 이 지문은 틀린 지문이 된다.

정답 ①·④

18 청원경찰법령상 청원경찰의 임용자격에 관한 내용이다. (   )에 들어갈 숫자가 순서대로 옳은 것은?

2021년 기출

> 청원경찰의 임용자격은 (   )세 이상으로 신체가 건강하고 팔다리가 완전하며 시력(교정시력을 포함한다)은 양쪽 눈이 각각 (   ) 이상인 사람이다.

① 18, 0.5
② 18, 0.8
③ 19, 0.8
④ 19, 1.0

해설 청원경찰의 임용자격은 18세 이상이며, 시력은 0.8 이상이어야 한다(영 제3조, 규칙 제4조 참조).

정답 ②

19 청원경찰로 임용될 수 없는 「국가공무원법」상 결격사유에 대한 내용으로 옳은 것은?

① 「스토킹범죄의 처벌 등에 관한 법률」에 따른 스토킹범죄를 범한 사람으로서 100만원 이상의 벌금형을 선고받고 그 형이 확정된 후 3년이 지나지 아니한 사람
② 공무원으로 재직기간 중 직무와 관련하여 「형법」상 횡령·배임죄를 범한 자로서 100만원 이상의 벌금형을 선고받고 그 형이 확정된 후 3년이 지나지 아니한 자
③ 「성폭력범죄의 처벌 등에 관한 특례법」상 성폭력범죄를 범한 사람으로서 300만원 이상의 벌금형을 선고받고 그 형이 확정된 후 2년이 지나지 아니한 사람
④ 미성년자에 대하여 「성폭력범죄의 처벌 등에 관한 특례법」에 따른 성폭력범죄 또는 「아동·청소년의 성보호에 관한 법률」에 따른 아동·청소년대상 성범죄를 범한 사람으로서 벌금형을 선고받고 그 형이 확정된 날부터 10년이 지나지 아니한 사람

해설 ① 청원경찰법 제5조 제2항, 국가공무원법 제33조 참조
② 100만원 → 300만원 / 3년 → 2년
③ 300만원 → 100만원 / 2년 → 3년
④ 10년 → 20년

정답 ①

20 다음 중 경비지도사, 특수경비원, 청원경찰의 공통된 결격사유에 해당하는 것은?

① 금고 이상의 형의 집행유예를 선고받고 그 유예기간이 끝난 날부터 2년이 지나지 아니한 자
② 금고 이상의 형의 선고유예를 받고 그 유예기간 중에 있는 자
③ 금고 이상의 실형의 선고를 받고 그 집행이 종료된 날부터 5년이 지나지 아니한 자
④ 금고 이상의 형의 선고를 받고 그 형이 실효되지 아니한 자

해설 ①은 청원경찰의 결격사유, ②는 특수경비원과 청원경찰의 결격사유, ④는 법인 임원의 결격사유에 해당한다.

정답 ③

21 청원경찰법령상의 내용으로 옳은 것은?   2012년 기출

① 청원경찰의 경비는 시·도경찰청에서 부담한다.
② 청원경찰은 시·도경찰청장이 임용하며 미리 시설·사업장의 경영자의 승인을 받아야 한다.
③ 법원의 판결 또는 다른 법률에 따라 자격이 정지된 자는 청원경찰로 임용될 수 없다.
④ 경찰청장은 청원경찰 배치가 필요하다고 인정하는 기관의 장 또는 시설·사업장의 경영자에게 청원경찰을 배치할 것을 요청할 수 있다.

> 해설
> ① 청원경찰의 경비는 청원주가 부담한다(법 제6조 제1항 참조).
> ② 청원경찰은 청원주가 임용하되, 임용을 할 때에는 미리 시·도경찰청장의 승인을 받아야 한다(법 제5조 제1항).
> ③ 법 제5조 제2항, 국가공무원법 제33조 제6호
> ④ 경찰청장 → 시·도경찰청장(법 제4조 제3항)

 정답 ③

22 청원경찰법령상 청원경찰의 임용 등에 관한 설명으로 옳지 않은 것은?   2013년 기출수정

① 청원경찰은 청원주가 임용하되, 임용을 할 때에는 미리 시·도경찰청장의 승인을 받아야 한다.
② 피한정후견인은 청원경찰로 임용될 수 없다.
③ 청원경찰로 임용되기 위해서는 신체가 건강하고 팔다리가 완전하며, 시력(교정시력을 포함한다)은 양쪽 눈이 각각 0.8 이상이어야 한다.
④ 군복무가 면제된 만 25세인 남자는 청원경찰로 임용될 수 있다.

> 해설
> ① 법 제5조 제1항
> ② 피성년후견인은 청원경찰로 임용될 수 없으나, 피한정후견인은 청원경찰로 임용될 수 있다(법 제5조 제2항, 국가공무원법 제33조 제1호 참조).
> ③ 규칙 제4조
> ④ 영 제3조 제1호

 정답 ②

23 청원경찰법령상 청원경찰의 배치 및 임용방법 등에 관한 설명으로 옳지 않은 것은?   2013년 기출

① 청원경찰의 배치를 받으려는 자는 청원경찰 배치신청서에 경비구역 평면도 1부와 배치계획서 1부를 첨부해야 한다.
② 청원주는 청원경찰 배치 결정의 통지를 받은 날부터 30일 이내에 청원경찰 임용승인을 시·도경찰청장에게 신청해야 한다.
③ 청원주가 청원경찰을 임용하였을 때에는 임용한 날부터 10일 이내에 그 임용사항을 관할 경찰서장을 거쳐 시·도경찰청장에게 보고해야 한다.
④ 청원주는 청원경찰이 퇴직하였을 때에는 그 퇴직한 날부터 14일 이내에 시·도경찰청장에게 보고해야 한다.

> **해설** ① 영 제2조
> ②·③ 영 제4조 제1항·제2항
> ④ 14일 이내 → 10일 이내(영 제4조 제2항)

> **정답** ④

24 청원경찰법령상 청원주가 시·도경찰청장에게 청원경찰 임용승인을 신청할 때 청원경찰 임용승인신청서에 첨부해야 하는 서류가 아닌 것은? 2014년 기출

① 주민등록증 사본 1부
② 가족관계등록부 중 가족관계증명서 1부
③ 민간인 신원진술서(「보안업무규정」에 따른 신원조사가 필요한 경우) 1부
④ 최근 3개월 이내에 발행한 채용신체검사서 또는 취업용 건강진단서 1부

> **해설** ①·③·④ 규칙 제5조 제1항
> ② 가족관계증명서 → 기본증명서(규칙 제5조 제1항 제5호)

> **정답** ②

25 청원경찰법령상 청원경찰 임용승인신청서의 첨부서류에 해당하지 않는 것은? 2023년 기출

① 이력서 1부
② 주민등록등본 1부
③ 가족관계등록부 중 기본증명서 1부
④ 최근 3개월 이내에 발행한 채용신체검사서 1부

> **해설** ①·③·④ 규칙 제5조 제1항 제1호·제5호·제4호
> ② 주민등록등본 → 주민등록증 사본(규칙 제5조 제1항 제2호).

> **정답** ②

26 청원경찰법령상 임용방법 등에 관한 내용이다. ( ) 안에 들어갈 내용을 순서대로 옳게 나열한 것은? 2015년 기출

> • 청원주는 청원경찰의 배치 결정의 통지를 받은 날부터 ( )일 이내에 배치 결정된 인원 수의 임용예정자에 대하여 청원경찰 임용승인을 시·도경찰청장에게 신청하여야 한다.
> • 청원주가 청원경찰을 임용하였을 때에는 임용한 날부터 ( )일 이내에 그 임용사항을 관할 경찰서장을 거쳐 시·도경찰청장에게 보고하여야 한다.

① 10, 30
② 15, 30
③ 30, 10
④ 30, 15

> **해설** 청원주는 '30일' 이내에 임용승인을 신청하여야 하며, '10일' 이내에 임용사항을 보고하여야 한다(영 제4조 제1항·제2항 참조).

> **정답** ③

27 청원경찰법령에 관한 설명으로 옳지 않은 것은? 　　　　　　　　　　　　2016년 기출

① 청원경찰은 청원주가 임용하되, 임용을 할 때에는 미리 시·도경찰청장의 승인을 받아야 한다.
② 청원경찰의 배치 결정을 받은 자는 그 배치 결정의 통지를 받은 날부터 60일 이내에 임용예정자에 대한 임용승인을 관할 경찰서장에게 신청하여야 한다.
③ 청원주가 청원경찰을 임용하였을 때에는 임용한 날부터 10일 이내에 그 임용사항을 관할 경찰서장을 거쳐 시·도경찰청장에게 보고하여야 한다.
④ 청원주가 청원경찰을 면직시켰을 때에는 그 사실을 관할 경찰서장을 거쳐 시·도경찰청장에게 보고하여야 한다.

해설
① 법 제5조 제1항
② 청원경찰의 배치 결정을 받은 자는 그 배치 결정의 통지를 받은 날부터 '30일' 이내에 배치 결정된 인원수의 임용예정자에 대하여 청원경찰 임용승인을 '시·도경찰청장'에게 신청하여야 한다(영 제4조 제1항).
③ 영 제4조 제2항
④ 법 제10조의4 제2항

정답 ②

28 청원경찰법령상 청원경찰의 임용 등에 관한 설명으로 옳은 것은? 　　　　　　　2018년 기출

① 청원경찰은 나이가 58세가 되었을 때 당연 퇴직된다.
② 청원경찰의 복무에 관하여는 「경찰관직무집행법」을 준용한다.
③ 청원경찰은 청원주가 임용하되, 임용을 할 때에는 「경찰공무원법」이 정하는 특별한 경우를 제외하고는 미리 경찰청장의 승인을 받아야 한다.
④ 청원주가 청원경찰을 임용하였을 때에는 임용한 날부터 10일 이내에 그 임용사항을 관할 경찰서장을 거쳐 시·도경찰청장에게 보고하여야 한다.

해설
① 58세 → 60세(법 제10조의6 제3호)
② 경찰관직무집행법 → 경찰공무원법(법 제5조 제4항)
③ 경찰청장 → 시·도경찰청장(법 제5조 제1항)
④ 영 제4조 제2항

정답 ④

29 청원경찰법령상 청원경찰의 임용 등에 관한 설명으로 옳은 것은? 　　　　　　　2020년 기출

① 청원주는 청원경찰 배치 결정의 통지를 받은 날부터 10일 이내에 배치 결정된 인원수의 임용예정자에 대하여 청원경찰 임용승인을 시·도경찰청장에게 신청하여야 한다.
② 청원주가 청원경찰을 임용하였을 때에는 임용한 날부터 10일 이내에 그 임용사항을 관할 경찰서장을 거쳐 시·도경찰청장에게 보고하여야 한다.
③ 청원경찰의 임용자격·임용방법·교육 및 보수에 관하여는 행정안전부령으로 정한다.
④ 청원경찰의 복무에 관하여는 「국가공무원법」 및 「경찰법」을 준용한다.

> 해설 ① 10일 이내 → 30일 이내(영 제4조 제1항)
> ② 영 제4조 제2항
> ③ 행정안전부령 → 대통령령(법 제5조 제3항)
> ④ 경찰법 → 경찰공무원법(법 제5조 제4항)

정답 ②

30 청원경찰법령상 청원경찰의 임용에 관한 설명으로 옳은 것은? 2024년 기출

① 청원경찰의 임용자격에 관하여는 대통령령으로 정한다.
② 청원경찰은 관할경찰서장이 임용한다.
③ 청원주가 청원경찰을 임용하였을 때에는 임용한 날부터 30일 이내에 그 사항을 관할경찰서장을 거쳐 시·도경찰청장에게 보고하여야 한다.
④ 청원주는 청원경찰이 퇴직하였을 때에는 퇴직한 날부터 60일 이내에 그 사항을 관할경찰서장을 거쳐 시·도경찰청장에게 보고하여야 한다.

> 해설 ① 법 제5조 제3항
> ② 관할경찰서장이 → 청원주가(법 제5조 제1항)
> ③ 30일 → 10일(영 제4조 제2항 전단)
> ④ 60일 → 10일(영 제4조 제2항 후단)

정답 ①

31 청원경찰법령상의 내용에 관한 설명으로 옳지 않은 것은? 2010년 기출

① 법령에 의한 청원경찰 임용의 신체조건 중 시력(교정시력을 포함)은 양쪽 눈이 각각 0.8 이상이어야 한다.
② 청원경찰의 배치를 받으려는 자는 대통령령으로 정하는 바에 따라 관할 시·도경찰청장에게 청원경찰 배치신청을 하여야 한다.
③ 청원주가 청원경찰을 신규로 배치한 때에는 배치지를 관할하는 시·도경찰청장에게 그 사실을 통보하여야 한다.
④ 청원경찰이 직무수행으로 인하여 사망한 경우 청원주는 사망한 청원경찰의 유족에게 보상금을 지급하여야 한다.

> 해설 ① 규칙 제4조 제2호
> ② 법 제4조 제1항
> ③ 시·도경찰청장 → 경찰서장(영 제6조 제1항)
> ④ 법 제7조 제1호

정답 ③

32 청원경찰법령상 청원경찰에 관한 설명으로 옳은 것은? 2010년 기출

① 청원경찰은 청원주 사업장 소재지의 관할 경찰서장이 임용하며 그 임용을 할 때에는 시·도경찰청장의 승인을 받아야 한다.
② 징계에 의하여 파면처분을 받고 6년이 지난 자는 청원경찰로 임용될 수 없다.
③ 청원주는 청원경찰을 대체할 목적으로 경비업법에 따른 특수경비원을 배치하는 경우에는 청원경찰의 배치를 폐지하거나 배치인원을 감축할 수 없다.
④ 청원주는 청원경찰의 자녀교육비를 부담하여야 한다.

해설 ① 청원경찰은 청원주가 임용하되, 임용을 할 때에는 미리 시·도경찰청장의 승인을 받아야 한다(법 제5조 제1항).
② 징계에 의하여 파면처분을 받고 5년이 지난 자는 청원경찰로 임용될 수 있다(법 제5조 제2항, 국가공무원법 제33조 제7호).
③ 법 제10조의5 제1항 제1호
④ 청원주는 청원경찰의 '교육비'는 부담하나, '자녀교육비'는 부담하지 않는다(법 제6조 제1항 참조).

 ③

33 청원경찰법령상 청원경찰의 배치폐지 등에 관한 설명으로 옳지 않은 것은? 2017년 기출

① 청원주는 청원경찰을 대체할 목적으로 특수경비원을 배치하는 경우에 청원경찰의 배치를 폐지하거나 배치인원을 감축할 수 없다.
② 청원주가 청원경찰의 배치폐지하였을 때에는 청원경찰 배치결정을 한 경찰관서장에게 알려야 한다.
③ 청원주가 청원경찰의 배치폐지하는 경우에는 배치폐지로 과원(過員)이 되는 그 사업장 내의 유사 업무에 종사하게 하는 등 청원경찰의 고용을 보장하여야 한다.
④ 청원주는 청원경찰이 배치된 사업장이 배치인원의 변동사유 없이 다른 곳으로 이전하는 경우에 배치인원을 감축할 수 없다.

해설 ① 법 제10조의5 제1항 제1호
② 법 제10조의5 제2항
③ 고용을 보장하여야 한다 → 고용이 보장될 수 있도록 노력하여야 한다(법 제10조의5 제3항)
④ 법 제10조의5 제1항 제2호

 ③

34 청원경찰법령상 청원경찰의 배치와 이동 등에 관한 설명으로 옳지 않은 것은? 2019년 기출

① 청원경찰이 배치된 사업장이 배치인원의 변동사유 없이 다른 곳으로 이전하는 경우 청원주는 청원경찰의 배치를 폐지하거나 배치인원을 감축할 수 없다.
② 청원주는 배치폐지나 배치인원 감축으로 과원(過員)이 되는 청원경찰의 고용이 보장될 수 있도록 노력하여야 한다.
③ 청원주는 청원경찰을 신규로 배치하였을 때에는 배치지를 관할하는 경찰서장에게 그 사실을 통보하여야 한다.
④ 청원경찰의 이동배치의 통보를 받은 경찰서장은 이동배치지가 다른 관할구역에 속할 때에는 전입지를 관할하는 시·도경찰청장에게 이동배치한 사실을 통보하여야 한다.

해설 ① 법 제10조의5 제1항 제2호
② 법 제10조의5 제3항
③ 영 제6조 제1항
④ 시·도경찰청장에게 → 경찰서장에게(영 제6조 제2항)

정답 ④

35 청원경찰법령상 청원경찰의 배치와 이동에 관한 설명으로 옳지 않은 것은? 2021년 기출

① 청원경찰을 배치받으려는 자는 대통령령으로 정하는 바에 따라 관할 시·도경찰청장에게 청원경찰 배치를 신청하여야 한다.
② 시·도경찰청장은 청원경찰 배치가 필요하다고 인정하는 기관의 장 또는 시설·사업장의 경영자에게 청원경찰을 배치할 것을 요청할 수 있다.
③ 청원주는 청원경찰을 이동배치하였을 때에는 전입지를 관할하는 경찰서장에게 그 사실을 통보하여야 한다.
④ 청원주는 청원경찰이 배치된 기관·시설 또는 사업장 등이 배치인원의 변동사유 없이 다른 곳으로 이전하는 경우에는 청원경찰의 배치인원을 감축할 수 없다.

해설 ①·② 법 제4조 제1항·제3항
③ 전입지 → 종전의 배치지(영 제6조 제1항)
④ 법 제10조의5 제1항 제2호

정답 ③

36 청원경찰법령상 청원경찰의 배치 및 이동에 관한 설명으로 옳은 것은? 2023년 기출

① 청원경찰 배치신청서 제출 시, 배치 장소가 둘 이상의 도(道)일 때에는 경찰청장에게 한꺼번에 신청할 수 있다.
② 청원경찰의 배치를 받으려는 자는 청원경찰 배치신청서에 경비구역 평면도 1부와 청원경찰 명부 1부를 첨부하여야 한다.
③ 청원경찰을 배치받으려는 자는 대통령령으로 정하는 바에 따라 경찰청장에게 청원경찰 배치를 신청하여야 한다.
④ 청원주는 청원경찰을 신규로 배치하거나 이동배치하였을 때에는 배치지(이동배치의 경우에는 종전의 배치지)를 관할하는 경찰서장에게 그 사실을 통보하여야 한다.

> **해설**
> ① 경찰청장 → 시·도경찰청장(영 제2조)
> ② 청원경찰 명부 → 배치계획서(영 제2조)
> ③ 경찰청장 → 시·도경찰청장(법 제4조 제1항)
> ④ 영 제6조 제1항
>
> **정답** ④

37 청원경찰법령상 청원주와 관할경찰서장이 공통적으로 비치해야 할 부책은? 2008년 기출

① 청원경찰 명부
② 무기·탄약 출납부
③ 전출입관계철
④ 징계관계철

> **해설** 청원주와 관할경찰서장이 공통적으로 비치해야 할 부책은 '청원경찰 명부'와 '교육훈련실시부'이다(규칙 제17조 제1항·제2항 참조).
>
> **정답** ①

38 청원경찰법령상 청원주와 관할경찰서장이 갖추어 두어야 할 문서와 장부로서 공통적인 것은? 2011년 기출

① 청원경찰 명부, 교육훈련실시부
② 근무일지, 징계요구서철
③ 경비구역배치도, 감독순시부
④ 무기장비 운영카드, 전출입 관계철

> **해설**
> ① 규칙 제17조 제1항·제2항 참조
> ② 근무일지는 청원주가, 징계요구서철은 관할경찰서장이 갖추어 두어야 한다(규칙 제17조 제1항·제2항 참조).
> ③ 경비구역 배치도는 청원주가, 감독순시부는 관할경찰서장이 갖추어 두어야 한다(규칙 제17조 제1항·제2항 참조).
> ④ 무기장비 운영카드는 청원주가, 전출입 관계철은 관할경찰서장과 시·도경찰청장이 갖추어 두어야 한다(규칙 제17조 참조).
>
> **정답** ①

39 청원경찰법령상 청원주가 비치해야 할 문서와 장부가 아닌 것은?

2012년 기출

① 무기·탄약 대여대장 ② 청원경찰 명부
③ 경비구역배치도 ④ 무기장비운영카드

해설 ① 관할경찰서장이 비치해야 할 문서와 장부에 해당한다(규칙 제17조 제2항 참조).
② 청원주와 관할경찰서장이 비치해야 할 문서와 장부에 해당한다(규칙 제17조 제1항·제2항 참조).
③·④ 청원주가 비치해야 할 문서와 장부에 해당한다(규칙 제17조 제1항 참조).

정답 ①

40 청원경찰법령상 관할경찰서장과 시·도경찰청장이 공통으로 갖춰 두어야 할 문서나 장부에 해당하는 것은?

2013년 기출

① 청원경찰 명부 ② 전출입 관계철
③ 교육훈련실시부 ④ 청원경찰 임용승인 관계철

해설 ①·③ 청원주와 관할경찰서장이 갖춰 두어야 할 문서나 장부에 해당한다(규칙 제17조 제1항·제2항 참조).
② 규칙 제17조 제2항·제3항 참조
④ 시·도경찰청장이 갖춰 두어야 할 문서나 장부에 해당한다(규칙 제17조 제3항 참조).

정답 ②

41 청원경찰법령상 청원주가 비치해야 할 문서와 장부에 해당되는 것은?

2014년 기출

① 감독순시부, 징계요구서철
② 경비구역배치도, 교육훈련실시부
③ 무기·탄약 대여대장, 전출입 관계철
④ 배치결정 관계철, 청원경찰 임용승인 관계철

해설 ①·③ 관할경찰서장이 비치해야 할 문서와 장부에 해당한다(규칙 제17조 제2항 참조).
② 규칙 제17조 제1항 참조
④ 시·도경찰청장이 비치해야 할 문서와 장부에 해당한다(규칙 제17조 제3항 참조).

정답 ②

42 청원경찰법령상 관할경찰서장과 청원주가 공통으로 비치해야 할 문서와 장부에 해당하는 것은?

2015년 기출

① 전출입 관계철 ② 교육훈련 실시부
③ 신분증명서 발급대장 ④ 경비구역 배치도

해설 ① 관할경찰서장과 시·도경찰청장이 비치한다(규칙 제17조 제2항 제4호, 제3항 제3호).
② 규칙 제17조 제1항 제11호, 제2항 제4호 참조
③·④ 청원주가 비치한다(규칙 제17조 제1항 제4호·제9호).

정답 ②

43 청원경찰법령상 청원주가 비치하여야 할 문서와 장부가 아닌 것은?

2016년 기출

① 경비구역 배치도
② 징계관계철
③ 감독순시부
④ 교육훈련실시부

해설 ①·②·④ 규칙 제17조 제1항 참조
③ 감독순시부는 관할경찰서장이 비치하여야 할 문서와 장부에 해당한다(규칙 제17조 제2항 제2호).

정답 ③

44 청원경찰법령상 시·도경찰청장과 관할경찰서장이 모두 비치해야 할 장부 등으로 옳은 것은?

2017년 기출

① 전출입 관계철
② 교육훈련 실시부
③ 청원경찰 명부
④ 배치결정 관계철

해설 ① 규칙 제17조 제2항·제3항 참조
②·③ 청원주·관할경찰서장이 비치해야 할 장부에 해당한다(규칙 제17조 제1항·제2항 참조).
④ 시·도경찰청장이 비치해야 할 장부에 해당한다(규칙 제17조 제3항 참조).

정답 ①

45 청원경찰법령상 관할 경찰서장이 갖춰 두어야 할 문서와 장부가 아닌 것은?

2019년 기출

① 청원경찰 명부
② 전출입 관계철
③ 교육훈련 실시부
④ 청원경찰 임용승인 관계철

해설 ①·③은 청원주와 관할 경찰서장이 갖춰 두어야 하며, ②는 관할 경찰서장과 시·도경찰청장이 갖춰 두어야 하며, ④는 시·도경찰청장이 갖춰 두어야 한다(규칙 제17조 참조).

정답 ④

46 청원경찰법령상 청원주가 갖추어 두어야 할 문서와 장부에 해당하는 것을 모두 고른 것은?

2021년 기출

| ㄱ. 청원경찰 명부 | ㄴ. 경비구역 배치도 |
| ㄷ. 청원경찰 직무교육계획서 | ㄹ. 전출입 관계철 |

① ㄱ, ㄷ
② ㄱ, ㄴ, ㄷ
③ ㄱ, ㄴ, ㄹ
④ ㄴ, ㄷ, ㄹ

해설 ㄱ은 청원주와 관할경찰서장이, ㄴ·ㄷ은 청원주가, ㄹ은 관할경찰서장과 시·도경찰청장이 갖추어 두어야 할 문서와 장부에 해당한다(규칙 제17조 참조).

정답 ②

47 청원경찰법령상 청원주와 관할 경찰서장이 공통으로 갖춰 두어야 할 문서와 장부로 옳은 것은?

2022년 기출

① 무기·탄약 출납부
② 교육훈련 실시부
③ 무기장비 운영카드
④ 무기·탄약 대여대장

해설 ① 청원주가 갖춰 두어야 한다(규칙 제17조 제1항 제6호).
② 청원주와 관할 경찰서장이 공통으로 갖춰 두어야 한다(규칙 제17조 제1항 제11호·제2항 제4호).
③ 청원주가 갖춰 두어야 한다(규칙 제17조 제1항 제7호).
④ 관할 경찰서장이 갖춰 두어야 한다(규칙 제17조 제2항 제5호).

정답 ②

48 청원경찰법령상 청원주가 갖추어야 할 문서와 장부가 아닌 것은?

2023년 기출

① 청원경찰 임용승인 관계철
② 청원경찰 명부
③ 경비구역 배치도
④ 무기·탄약 출납부

해설 청원경찰 임용승인 관계철은 시·도경찰청장이 갖추어야 할 문서와 장부이다(규칙 제17조 참조).

정답 ①

49 청원경찰법령상 관할 경찰서장이 갖춰 두어야 할 문서와 장부로 옳지 않은 것은?

2024년 기출

① 청원경찰 명부
② 감독 순시부
③ 교육훈련 실시부
④ 배치 결정 관계철

해설 ①·②·③ 규칙 제17조 제2항 참조
④ 시·도경찰청장이 갖춰 두어야 할 문서와 장부에 해당한다(규칙 제17조 제3항 참조).

정답 ④

제2절 청원경찰의 교육

01 청원경찰법령상 청원경찰의 교육에 관한 설명으로 틀린 것은? 2007년 기출

① 청원주는 청원경찰로 임용된 사람으로 하여금 경비구역에 배치하기 전에 경찰교육기관에서 직무 수행에 필요한 교육을 받게 하여야 한다.
② 경찰공무원 또는 청원경찰에서 퇴직한 사람이 퇴직한 날부터 3년 이내에 청원경찰로 임용되었을 때에는 교육을 면제할 수 있다.
③ 청원경찰의 신임교육의 기간은 4주로 한다.
④ 청원주는 소속 청원경찰에게 그 직무집행에 필요한 교육을 매월 4시간 이상 하여야 한다.

해설 ① 영 제5조 제1항
② 영 제5조 제2항
③ 4주 → 2주(규칙 제6조)
④ 규칙 제13조 제1항

정답 ③

02 청원경찰법령상 청원경찰의 교육에 대한 설명으로 옳은 것은?

① 청원주는 소속 청원경찰에게 그 직무집행에 필요한 교육을 매월 2시간 이상 하여야 한다.
② 청원경찰이 배치된 사업장의 소재지를 관할하는 경찰서장은 필요하다고 인정하는 경우에는 그 사업장에 소속 공무원을 파견하여 직무집행에 필요한 교육을 할 수 있다.
③ 청원경찰의 교육비는 교육을 받는 자가 부담한다.
④ 청원주는 청원경찰로 임용된 사람으로 하여금 경비구역에 배치한 후 1월 이내에 경찰교육기관에서 직무 수행에 필요한 교육을 받게 하여야 한다.

해설 ① 2시간 → 4시간(규칙 제13조 제1항)
② 규칙 제13조 제2항
③ 교육을 받는 자 → 청원주(법 제6조 제1항 참조)
④ 배치한 후 1월 이내에 → 배치하기 전에(영 제5조 제1항)

정답 ②

03 청원경찰법령상 청원경찰의 교육에 관한 내용으로 옳은 것을 모두 고른 것은?   2012년 기출

> ㄱ. 청원경찰에서 퇴직한 자가 퇴직한 날부터 3년 이내에 청원경찰로 임용되었을 때에는 경비구역에 배치하기 전에 경찰교육기관에서 시행하는 직무수행에 필요한 교육을 면제할 수 있다.
> ㄴ. 청원경찰로 임용된 자가 받는 교육과목 중 학술교육과목으로 형사법, 청원경찰법이 있다.
> ㄷ. 청원경찰로 임용된 자가 경찰교육기관에서 받는 직무수행에 필요한 교육의 기간은 4주로 한다.
> ㄹ. 청원주는 소속 청원경찰에게 그 직무집행에 필요한 교육을 매년 4시간 이상 하여야 한다.

① ㄱ, ㄴ
② ㄱ, ㄷ
③ ㄴ, ㄷ
④ ㄷ, ㄹ

해설
ㄱ. 영 제5조 제2항
ㄴ. 규칙 제6조 별표1
ㄷ. 4주 → 2주(규칙 제6조)
ㄹ. 매년 → 매월(규칙 제13조 제1항)

정답 ①

04 청원경찰법령상 청원경찰의 교육 및 배치 등에 관한 설명으로 옳은 것은?   2013년 기출

① 청원경찰의 교육기간은 2주이며, 수업시간은 76시간이다.
② 경찰공무원으로 퇴직한 사람이 퇴직한 날부터 5년 이내에 청원경찰로 임용되었을 때에는 청원경찰 교육을 면제해야 한다.
③ 청원주의 사정상 부득이하다고 인정될 때에는 청원경찰을 우선 배치하고 임용후 1년 이내에 청원경찰 교육을 받게 할 수 있다.
④ 청원경찰을 이동배치하여 이동배치지가 다른 관할구역에 속할 때에는 청원주는 전입지를 관할하는 경찰서장에게 그 사실을 통보해야 한다.

해설
① 규칙 제6조
② 5년 이내 → 3년 이내 / 면제해야 한다 → 면제할 수 있다(영 제5조 제2항)
③ 청원주의 사정상 → 경찰교육기관의 교육계획상(영 제5조 제1항)
④ 청원주는 → 이동배치 통보를 받은 경찰서은(영 제6조 제2항 참조)

정답 ①

05 청원경찰법령상 청원경찰의 교육에 관한 설명으로 옳지 않은 것은? 2014년 기출

① 청원경찰은 배치하기 전에 직무수행에 필요한 교육을 받게 해야 한다. 다만 부득이한 경우에는 임용 후 2년 이내에 교육을 받게 할 수 있다.
② 청원경찰의 신임교육기간은 2주이다.
③ 청원주는 소속 청원경찰에게 매월 4시간 이상의 직무교육을 실시해야 한다.
④ 청원경찰의 신임교육과목에는 형사법, 경찰관직무집행법, 화생방 등이 있다.

해설 ① 2년 이내 → 1년 이내(영 제5조 제1항)
② 규칙 제6조
③ 규칙 제13조 제1항
④ 규칙 제6조 별표1

 ①

06 청원경찰법령상 청원경찰의 교육에 관한 설명으로 옳지 않은 것은? 2015년 기출

① 청원경찰의 교육과목에는 대공이론, 국가보안법, 통합방위법이 포함된다.
② 청원주는 소속 청원경찰에게 그 직무집행에 필요한 교육을 매월 4시간 이상 하여야 한다.
③ 의무경찰을 포함한 경찰공무원 또는 청원경찰에서 퇴직한 사람이 퇴직한 날부터 3년 이내에 청원경찰로 임용되었을 때에는 신임 교육을 면제할 수 있다.
④ 청원경찰의 신임 교육기간은 2주로 한다.

해설 ① 청원경찰의 교육과목에 국가보안법과 통합방위법은 포함되지 않는다(규칙 제6조 별표1 참조).
② 규칙 제13조 제1항
③ 영 제5조 제2항
④ 규칙 제6조

 ①

07 청원경찰법령상 청원경찰의 교육에 관한 설명으로 옳지 않은 것은? 2016년 기출

① 경찰공무원(의무경찰을 포함한다)에서 퇴직한 사람이 퇴직한 날부터 3년 이내에 청원경찰로 임용되었을 때에는 직무수행에 필요한 교육을 면제할 수 있다.
② 청원주는 청원경찰로 임용된 사람으로 하여금 경비구역에 배치하기 전에 경찰교육기관에서 직무 수행에 필요한 교육을 받게 하여야 한다. 다만, 경찰교육기관의 교육계획상 부득이하다고 인정할 때에는 우선 배치하고 임용 후 1년 이내에 교육을 받게 할 수 있다.
③ 청원경찰의 교육과목에는 법학개론, 민사소송법, 민간경비론이 있다.
④ 청원주는 소속 청원경찰에게 그 직무집행에 필요한 교육을 매월 4시간 이상 하여야 한다.

해설 ① 영 제5조 제2항
② 영 제5조 제1항
③ 법학개론, 민사소송법, 민간경비론은 청원경찰의 교육과목에 포함되지 않는다(규칙 제6조 별표1 참조).
④ 규칙 제13조 제1항

정답 ③

08 청원경찰법령상 청원경찰의 임용과 교육에 관한 설명으로 옳은 것은? 2019년 기출

① 청원경찰의 임용자격으로는 19세 이상인 사람으로 남자의 경우에는 군복무를 마친 사람으로 한다.
② 경찰공무원에서 퇴직한 사람이 퇴직한 날부터 3년 이내에 청원경찰로 임용되었을 때에는 직무수행에 필요한 교육을 면제할 수 있다.
③ 청원주가 청원경찰을 임용하였을 때에는 임용한 날부터 15일 이내에 그 임용사항을 관할 경찰서장을 거쳐 시·도경찰청장에게 보고하여야 한다.
④ 경찰교육기관의 교육계획상 부득이하다고 인정할 때에는 청원주는 청원경찰로 임용된 사람을 경비구역에 우선 배치하고 임용 후 2년 이내에 교육을 받게 할 수 있다.

해설 ① 청원경찰의 임용자격으로는 18세 이상인 사람으로 하며, 남자의 경우에도 군복무를 마친 사람으로 한정하지 않는다(영 제3조 제1호 참조).
② 영 제5조 제2항
③ 15일 → 10일(영 제4조 제2항)
④ 2년 → 1년(영 제5조 제1항)

정답 ②

09 청원경찰법령상 청원경찰의 교육 등에 관한 설명으로 옳지 않은 것은? 2020년 기출

① 청원주는 청원경찰로 임용된 사람으로 하여금 경비구역에 배치하기 전에 경찰교육기관에서 직무 수행에 필요한 교육을 받게 하여야 한다. 다만, 경찰교육기관의 교육계획상 부득이하다고 인정할 때에는 우선 배치하고 임용 후 1년 이내에 교육을 받게 할 수 있다.
② 경비지도사 자격증을 취득한 사람이 청원경찰로 임용되었을 때에는 경찰교육기관에서 직무 수행에 필요한 교육을 면제할 수 있다.
③ 청원경찰의 직무 수행에 필요한 교육의 교육과목 및 수업시간표는 행정안전부령으로 정한다.
④ 청원경찰의 직무 수행에 필요한 교육의 교육과목 중 정신교육의 수업시간은 8시간이다.

해설 ① 영 제5조 제1항
② 경찰공무원(의무경찰 포함) 또는 청원경찰에서 퇴직한 사람이 퇴직한 날부터 3년 이내에 청원경찰로 임용되었을 때에는 직무 수행에 필요한 교육을 면제할 수 있다(영 제5조 제2항). 따라서 경비지도사는 청원경찰 신임교육 면제대상이 아니다.
③ 영 제5조 제3항
④ 규칙 제6조 별표1 참조

정답 ②

10 청원경찰법령상 청원경찰로 임용이 된 경우에 이수하여야 할 교육과목과 수업시간으로 옳지 않은 것은? (단, 교육면제자는 고려하지 않는다.) *2016년 기출*

① 형사법 – 5시간
② 청원경찰법 – 5시간
③ 경찰관직무집행법 – 5시간
④ 시설경비 – 6시간

해설 ① 형사법은 10시간이다(규칙 제6조 별표1 참조).
②·③·④ 규칙 제6조 별표1 참조

정답 ①

11 청원경찰법령상 청원경찰을 배치하기 전에 직무수행에 필요한 교육의 내용으로 옳지 않은 것은? (단, 교육대상 제외자는 해당하지 않는다.) *2017년 기출*

① 학술교육은 형사법 10시간, 청원경찰법 5시간을 이수하여야 한다.
② 정신교육은 정신교육 과목을 8시간 이수하여야 한다.
③ 실무교육은 경범죄처벌법 및 사격 과목 등을 포함하여 40시간을 이수하여야 한다.
④ 술과는 체포술 및 호신술 과목 6시간과 입교·수료 및 평가 3시간을 이수하여야 한다.

해설 ①·② 규칙 제6조 별표1 참조
③ 40시간 → 44시간(규칙 제6조 별표1 참조)
④ 규칙 제6조 별표1 참조 ※ 논란의 여지가 있는 지문이다. 왜냐하면, 입교·수료 및 평가 과목은 술과에 포함되지 않기 때문이다. 따라서 "술과는 체포술 및 호신술 과목 6시간을 이수하여야 하며, 기타 입교·수료 및 평가 3시간을 이수하여야 한다."라고 기술하는 것이 정확한 표현이다. 참고로, 본 문제에 대하여 응시자가 행정심판을 제기하여 복수정답을 인정해야 한다는 결정이 나왔다.

정답 ③·④

12 다음 청원경찰 신임교육과목 중 수업시간이 가장 많은 것은?

① 경범죄처벌법
② 정신교육
③ 사격
④ 기본훈련

해설 경범죄처벌법 2시간, 정신교육 8시간, 사격 6시간, 기본훈련 5시간이다(청원경찰법 시행규칙 제6조 별표1 참조).

정답 ②

13 다음 중 청원경찰의 신임교육과목 중 실무교육과목에 해당하지 않는 것은?

① 경찰관직무집행법
② 경범죄처벌법
③ 청원경찰법
④ 대공이론

해설 청원경찰법은 '학술교육' 과목에 해당한다(규칙 제6조).

정답 ③

14 청원경찰과 특수경비원의 공통적인 신임교육과목에 해당하는 것을 모두 고른 것은?

ㄱ. 총기조작	ㄴ. 경비업법
ㄷ. 청원경찰법	ㄹ. 불심검문
ㅁ. 민방공	ㅂ. 총검술
ㅅ. 직업윤리 및 인권보호	ㅇ. 혼잡·교통유도경비 업무

① ㄱ, ㅁ
② ㄷ, ㅂ
③ ㄴ, ㅅ, ㅇ
④ ㄷ, ㄹ, ㅂ

해설 경비업법, 직업윤리 및 인권보호, 혼잡·교통유도경비 업무는 특수경비원만의 신임교육과목이며, 청원경찰법, 불심검문, 총검술은 청원경찰만의 신임교육과목에 해당한다(경비업법 시행규칙 제15조 제1항 별표4, 청원경찰법 시행규칙 제6조 별표1 참조).

정답 ①

CHAPTER 03 청원경찰의 경비 및 표창·징계

제1절 청원경찰의 경비(經費)

I 청원주의 부담경비

청원주는 다음의 청원경찰경비를 부담하여야 한다(법 제6조 제1항). 청원경찰경비(봉급·수당·피복비·교육비)의 지급방법 또는 납부방법은 행정안전부령으로 정한다(영 제12조 제1항).

> ① 청원경찰에게 지급할 봉급과 각종 수당
> ② 청원경찰의 피복비
> ③ 청원경찰의 교육비
> ④ 보상금 및 퇴직금

II 청원경찰의 보수(봉급·수당)

1 국가기관·지방자치단체 근무 청원경찰의 보수

(1) 보수산정기준

① 국가기관 또는 지방자치단체에 근무하는 청원경찰의 보수는 다음의 구분에 따라 같은 재직기간에 해당하는 경찰공무원의 보수를 감안하여 대통령령으로 정한다(법 제6조 제2항). 이에 따른 국가기관 또는 지방자치단체에 근무하는 청원경찰의 보수산정시 기준이 되는 재직기간은 청원경찰로서 근무한 기간으로 한다(영 제9조 제3항).

> ㉠ 재직기간 15년 미만 : 순경
> ㉡ 재직기간 15년 이상 23년 미만 : 경장
> ㉢ 재직기간 23년 이상 30년 미만 : 경사
> ㉣ 재직기간 30년 이상 : 경위

② 국가기관 또는 지방자치단체에 근무하는 청원경찰의 각종 수당은 「공무원수당 등에 관한 규정」에 따른 수당 중 가계보전수당, 실비변상 등으로 하며, 그 세부 항목은 경찰청장이 정하여 고시한다(영 제9조 제2항).

(2) 봉급산정시 인정 경력

청원경찰의 보수 산정에 관하여 그 배치된 사업장의 취업규칙에 특별한 규정이 없는 경우에는 다음의 경력을 봉급 산정의 기준이 되는 경력에 산입하여야 한다(영 제11조 제1항).

> ① 청원경찰로 근무한 경력
> ② 군 또는 의무경찰에 복무한 경력
> ③ 수위·경비원·감시원 또는 그 밖에 청원경찰과 비슷한 직무에 종사하던 사람이 해당 사업장의 청원주에 의하여 청원경찰로 임용된 경우에는 그 직무에 종사한 경력[94]
> ④ 국가기관 또는 지방자치단체에서 상근(常勤)으로 근무한 경력[95]

(3) 호봉 간 승급기간

국가기관 또는 지방자치단체에 근무하는 청원경찰 보수의 호봉 간 승급기간은 경찰공무원의 승급기간에 관한 규정을 준용한다(영 제11조 제2항).[96]

2 국가기관·지방자치단체 외 근무 청원경찰의 보수

(1) 최저부담기준액 고시

① 청원주가 부담하는 봉급·수당의 최저부담기준액(국가기관 또는 지방자치단체에 근무하는 청원경찰의 봉급·수당은 제외)은 경찰청장이 정하여 고시한다(법 제6조 제3항).
② 최저부담기준액은 경찰공무원 중 순경의 것을 고려하여 다음 연도분을 매년 12월에 고시하여야 한다. 다만, 부득이한 사유가 있을 때에는 수시로 고시할 수 있다(영 제12조 제2항).

(2) 최저부담기준액 이상 지급

① 국가기관 또는 지방자치단체에 근무하는 청원경찰 외의 청원경찰의 봉급과 각종 수당은 경찰청장이 고시한 최저부담기준액 이상으로 지급하여야 한다(영 제10조 본문).
② 다만, 고시된 최저부담기준액이 배치된 사업장에서 같은 종류의 직무나 유사 직무에 종사하는 근로자에게 지급하는 임금보다 적을 때에는 그 사업장에서 같은 종류의 직무나 유사 직무에 종사하는 근로자에게 지급하는 임금에 상당하는 금액을 지급하여야 한다(영 제10조 단서).

---

[94] 「청원경찰법 시행령」 제11조 제1항 제3호에서 "해당 사업장의 청원주"는 "청원경찰로 임용되기 전에 경비원으로 근무했던 사업장의 청원주"를 의미하는 것으로 해석하여야 한다. 따라서 경비원으로 근무했던 사람이 새로운 청원주의 사업장에 청원경찰로 임용되었는데, 배치된 새로운 사업장의 취업규칙에 청원경찰의 보수 산정에 관하여 특별한 규정이 없는 경우, 새로운 청원주는 종전 사업장에서 경비원으로 근무한 경력을 「청원경찰법 시행령」 제11조 제항 제3호에 따라 봉급 산정의 기준이 되는 경력에 산입하여야 하는 것은 아니라고 할 것이다(법제처 15-0139, 2015.4.29, 민원인).

[95] "국가기관 또는 지방자치단체에서 근무하는 청원경찰"의 경우 국가기관 또는 지방자치단체에서 일정한 절차에 따라 공무원 또는 그 밖의 직원으로 임용 또는 채용되어 상시적·계속적인 근로관계에 기초하여 복무 또는 근무한 이상 상근으로 근무한 경력에 해당하므로, 상근으로 근무한 경력의 근무 분야와 관계 없이 봉급 산정의 기준이 되는 경력에 산입해야 한다고 해석해야 한다. 따라서 「청원경찰법 시행령」 제11조 제항 제4호에 따른 "국가기관 또는 지방자치단체에서 상근으로 근무한 경력"에는 청원경찰과 유사한 분야에서 근무한 경력만 포함되는 것이 아니다(법제처 19-0753, 2020.3.20, 민원인).

[96] 국가기관 또는 지방자치단체에 근무하는 청원경찰 보수의 호봉 간 승급기간은 경찰공무원의 "승급기간"에 관한 규정을 준용한다고 규정하고 있는데, 경찰공무원의 승급에 관해 규정하고 있는 「공무원보수규정」 제4조 제4호에서는 "승급"이란 일정한 재직기간의 경과나 그 밖에 법령의 규정에 따라 현재의 호봉보다 높은 호봉을 부여하는 것을 말한다고 규정하고 있으므로 "승급기간"이란 "일정한 재직기간의 경과 등에 따라 현재의 호봉보다 높은 호봉을 부여할 수 있는 기간"을 말하는 것으로 보아야 한다(법제처 18-0299, 2018.6.12, 민원인).

(3) 봉급산정시 인정 경력

청원경찰의 보수 산정에 관하여 그 배치된 사업장의 취업규칙에 특별한 규정이 없는 경우에는 다음의 경력을 봉급 산정의 기준이 되는 경력에 산입하여야 한다(영 제11조 제1항).

> ① 청원경찰로 근무한 경력
> ② 군 또는 의무경찰에 복무한 경력
> ③ 수위·경비원·감시원 또는 그 밖에 청원경찰과 비슷한 직무에 종사하던 사람이 해당 사업장의 청원주에 의하여 청원경찰로 임용된 경우에는 그 직무에 종사한 경력

(4) 호봉 간 승급기간 및 승급액

국가기관 또는 지방자치단체에 근무하는 청원경찰 외의 청원경찰 보수의 호봉 간 승급기간 및 승급액은 그 배치된 사업장의 취업규칙에 따르며, 이에 관한 취업규칙이 없을 때에는 순경의 승급에 관한 규정을 준용한다(영 제11조 제3항). 그러므로 순경의 승급에 관한 규정보다 취업규칙이 우선한다.

3 보수의 지급방법

봉급과 각종 수당은 청원주가 그 청원경찰이 배치된 기관·시설·사업장 또는 장소의 직원에 대한 보수 지급일에 청원경찰에게 직접 지급한다(규칙 제8조 제1호).

Ⅲ 청원경찰의 피복비 및 교육비

1 부담기준액 고시

청원주가 부담하는 피복비·교육비의 부담기준액은 경찰청장이 정하여 고시한다(법 제6조 제3항). 부담기준액은 경찰공무원 중 순경의 것을 고려하여 다음 연도분을 매년 12월에 고시하여야 한다. 다만, 부득이한 사유가 있을 때에는 수시로 고시할 수 있다(영 제12조 제2항).

2 지급방법

(1) 피복비의 지급방법

피복은 청원주가 제작하거나 구입하여 정기지급일 또는 신규 배치시에 청원경찰에게 현품으로 지급한다(규칙 제8조 제2호).

(2) 교육비의 지급방법

교육비는 청원주가 해당 청원경찰의 입교(入校) 3일 전에 해당 경찰교육기관에 낸다(규칙 제8조 제3호).

Ⅳ 보상금 및 퇴직금

1 보상금

(1) 지급사유

청원주는 청원경찰이 다음에 해당하게 되면 대통령령으로 정하는 바에 따라 청원경찰 본인 또는 그 유족에게 보상금을 지급하여야 한다(법 제7조). 따라서 부상·질병시에는 본인에게, 사망시에는 유족에게 보상금을 지급하여야 한다.

> ① 직무수행으로 인하여 부상을 입거나 질병에 걸리거나 또는 사망한 경우
> ② 직무상의 부상·질병으로 인하여 퇴직하거나 퇴직 후 2년 이내에 사망한 경우

(2) 지급주체

청원주는 보상금의 지급을 이행하기 위하여 「산업재해보상보험법」에 따른 산업재해보상보험에 가입하거나, 「근로기준법」에 따라 보상금을 지급하기 위한 재원(財源)을 따로 마련하여야 한다(영 제13조). 그러므로 산업재해보상보험 가입여부에 따라 보상금의 지급주체가 달라진다.[97]

2 퇴직금

청원주는 청원경찰이 퇴직할 때에는 「근로자퇴직급여 보장법」에 따른 퇴직금을 지급하여야 한다. 다만, 국가기관이나 지방자치단체에 근무하는 청원경찰의 퇴직금에 관하여는 따로 대통령령으로 정한다(법 제7조의2).[98][99]

---

[97] 즉, 산업재해보상보험에 가입한 경우에는 근로복지공단에서 지급하며, 산업재해보상보험에 가입하지 않은 경우에는 근로기준법에 따라 청원주가 지급한다. 한편, 국가기관이나 지방자치단체에 근무하는 청원경찰의 경우에는 「공무원재해보상법」에 따른 재해보상을 받는다.
[98] 국가기관이나 지방자치단체에 근무하는 청원경찰은 「공무원연금법」에 따른 퇴직급여를 지급받는다.
[99] 국가나 지방자치단체에 근무하는 청원경찰은 「국가공무원법」이나 「지방공무원법」상의 공무원은 아니지만, 다른 청원경찰과는 달리 그 임용권자가 행정기관의 장이고, 국가나 지방자치단체로부터 보수를 받으며, 「산업재해보상보험법」이나 「근로기준법」이 아닌 「공무원 재해보상법」 및 「공무원연금법」에 따른 재해보상과 퇴직급여를 지급받고, 직무상의 불법행위에 대하여도 「민법」이 아닌 「국가배상법」이 적용되는 등의 특질이 있으며 그 외 임용자격, 직무, 복무의무 내용 등을 종합하여 볼 때, 그 근무관계를 사법상의 고용계약관계로 보기는 어렵다 할 것이다(대법원 1993.7.13, 92다47564).

정리 Note - 청원경찰의 경비(經費) 등 비교

구분	국가·지자체 근무 청경	국가·지자체 외 근무 청경
봉급과 수당	• 봉급 : 경찰공무원의 보수 감안하여 대통령령으로 정한 금액 지급 • 수당 : 「공무원수당 등에 관한 규정」에 따른 수당 중 가계보전수당, 실비변상 등 지급(세부항목은 경찰청장이 고시)	경찰청장이 고시한 최저부담기준액 이상으로 지급(최저부담기준액은 순경의 것을 고려하여 고시)
보수산정시 인정경력	취업규칙에 따름(취업규칙에 없을시 청경, 군·의경, 수위·경비원·감시원, 국가기관·지자체 상근 경력 산입)	취업규칙에 따름(취업규칙에 없을시 청경, 군·의경, 수위·경비원·감시원 경력 산입)
호봉간 승급기간	경찰공무원의 승급기간에 관한 규정 준용	취업규칙에 따름(취업규칙 없을시 순경의 승급에 관한 규정 준용)
피복비 교육비	경찰청장이 고시한 부담기준액(부담기준액은 순경의 것을 고려하여 고시)	
보상금	「공무원재해보상법」에 따른 재해보상	「산업재해보상보험법」에 따른 보험급여 또는 「근로기준법」에 따른 재해보상
퇴직금	대통령령(「공무원연금법」에 따른 퇴직급여)	「근로자퇴직급여 보장법」에 따른 퇴직금
배상책임	「국가배상법」에 따름	「민법」에 따름

제2절 청원경찰의 표창·징계 등

I 청원경찰의 표창

1 수여권자

시·도경찰청장, 관할 경찰서장 또는 청원주는 청원경찰에게 표창을 수여할 수 있다(규칙 제18조).

2 표창의 구분

(1) 공적상

성실히 직무를 수행하여 근무성적이 탁월하거나 헌신적인 봉사로 특별한 공적을 세운 경우에 수여할 수 있다(규칙 제18조 제1호).

(2) 우등상

교육훈련에서 교육성적이 우수한 경우에 수여할 수 있다(규칙 제18조 제2호).

II 청원경찰의 징계

1 징계권자 및 징계사유

청원경찰에 대한 징계(처분)권자는 청원주이다. 따라서 청원주는 청원경찰이 다음에 해당하는 때에는 대통령령으로 정하는 징계절차를 거쳐 징계처분을 하여야 한다(법 제5조의2 제1항).

① 직무상의 의무를 위반하거나 직무를 태만히 한 때
② 품위를 손상하는 행위를 한 때[100]

2 징계의 종류

청원경찰에 대한 징계의 종류는 파면, 해임, 정직, 감봉 및 견책으로 구분한다(법 제5조의2 제2항). 청원경찰의 징계에 관하여 그 밖에 필요한 사항은 대통령령으로 정한다(법 제5조의2 제3항).

---

[100] 품위손상조항에서 규정하고 있는 품위손상행위란 '청원경찰이 경찰관에 준하여 경비 및 공안업무를 하는 주체로서 직책을 맡아 수행해 나가기에 손색이 없는 인품에 어울리지 않는 행위를 함으로써 국민이 가지는 청원경찰에 대한 정직성, 공정성, 도덕성에 대한 믿음을 떨어뜨릴 우려가 있는 행위'라고 해석할 수 있으므로 명확성원칙에 위배되지 않는다. 또한 품위손상조항은 청원경찰이 수행하는 업무의 특수성으로 인해 일반 근로자보다 두텁게 신분이 보장되므로 이에 부합하는 특별한 책임이 요구된다는 점, 직무와 관련된 사유에 한해 징계사유로 삼는 것만으로 국민의 신뢰를 제고하려는 입법목적을 달성하기 어려운 점 등을 고려하면 과잉금지원칙에 위배되어 일반적 행동의 자유를 침해한다고 보기도 어렵다(헌재 2022.5.26. 2019헌바530).

파면	청원경찰의 신분을 박탈하며, 파면처분을 받은 때로부터 5년이 지나지 아니하면 청원경찰에 임용될 수 없다.
해임	청원경찰의 신분을 박탈하며, 해임처분을 받은 때로부터 3년이 지나지 아니하면 청원경찰에 임용될 수 없다.
정직	1개월 이상 3개월 이하로 하고, 그 기간에 청원경찰의 신분은 보유하나 직무에 종사하지 못하며, 보수의 3분의 2를 줄인다(영 제8조 제2항).
감봉	1개월 이상 3개월 이하로 하고, 그 기간에 보수의 3분의 1을 줄인다(영 제8조 제3항).
견책	전과(前過)에 대하여 훈계하고 회개하게 한다(영 제8조 제4항).

3 징계의 요청

관할 경찰서장은 청원경찰이 징계사유에 해당한다고 인정되면 청원주에게 해당 청원경찰에 대하여 징계처분을 하도록 요청할 수 있다(영 제8조 제1항).

4 징계규정

(1) 징계규정의 제정 및 변경

청원주는 청원경찰 배치 결정의 통지를 받았을 때에는 통지를 받은 날부터 15일 이내에 청원경찰에 대한 징계규정을 제정하여 관할 시·도경찰청장에게 신고하여야 한다. 징계규정을 변경할 때에도 또한 같다(영 제8조 제5항).

(2) 징계규정의 보완

시·도경찰청장은 징계규정의 보완이 필요하다고 인정할 때에는 청원주에게 그 보완을 요구할 수 있다(영 제8조 제6항).

III 청원경찰의 신분보장

1 청원경찰의 신분

청원경찰 업무에 종사하는 사람은 「형법」이나 그 밖의 법령에 따른 벌칙을 적용할 때에는 공무원으로 본다(법 제10조 제2항).[101] 청원경찰은 「형법」이나 그 밖의 법령에 따른 벌칙을 적용하는 경우와 「청원경찰법」 및 이 영에서 특별히 규정한 경우를 제외하고는 공무원으로 보지 아니한다(영 제18조).

따라서 청원경찰의 신분은 민간인이나 벌칙을 적용할 때에는 공무원으로 간주되어 처벌을 받는다. 다만, 의사에 반한 면직금지(법 제10조의4), 특수경비원 배치를 목적으로 배치폐지의 금지, 배치폐지 또는 감축사유의 명시(법 제10조의5), 당연퇴직(법 제10조의6), 휴직 및 명예퇴직(법 제10조의7) 등의 규정으로 인하여 청원경찰직에 대한 신분은 사실상 보장되어 있다.

---

[101] 공무원으로 '본다'는 것은 공무원으로 '간주한다'는 의미이다.

2 청원경찰의 면직

(1) 의사에 반한 면직금지

청원경찰은 형의 선고, 징계처분 또는 신체상·정신상의 이상으로 직무를 감당하지 못할 때를 제외하고는 그 의사(意思)에 반하여 면직되지 아니한다(법 제10조의4 제1항).[102]

(2) 면직사실 보고의무

청원주가 청원경찰을 면직시켰을 때에는 그 사실을 관할 경찰서장을 거쳐 시·도경찰청장에게 보고하여야 한다(법 제10조의4 제2항).

3 청원경찰의 퇴직

(1) 당연퇴직

청원경찰이 다음에 해당할 때에는 당연퇴직된다(법 제10조의6).[103]

> ① 임용결격사유에 해당될 때.
> 다만, 「국가공무원법」 제33조 제2호는 파산선고를 받은 사람으로서 「채무자 회생 및 파산에 관한 법률」에 따라 신청기한 내에 면책신청을 하지 아니하였거나 면책불허가 결정 또는 면책 취소가 확정된 경우만 해당하고,
> 「국가공무원법」 제33조 제5호는 「형법」 제129조부터 제132조(수뢰, 사전수뢰, 제삼자뇌물제공, 수뢰후부정처사, 사후수뢰, 알선수뢰)까지, 「성폭력범죄의 처벌 등에 관한 특례법」 제2조(성폭력범죄), 「아동·청소년의 성보호에 관한 법률」 제2조 제2호(아동·청소년대상 성범죄) 및 직무와 관련하여 「형법」 제355조(횡령, 배임) 또는 제356조(업무상의 횡령과 배임)에 규정된 죄를 범한 사람으로서 금고 이상의 형의 선고유예를 받은 경우만 해당한다.[104]
> ② 청원경찰의 배치가 폐지되었을 때
> ③ 나이가 60세가 되었을 때. 다만, 나이가 60세가 된 날이 1월부터 6월 사이에 있으면 6월 30일에, 7월부터 12월 사이에 있으면 12월 31일에 각각 당연 퇴직된다.

---

102) 그러므로 청원경찰이 형의 선고, 징계처분 또는 신체상·정신상의 이상으로 직무를 감당하지 못할 경우에는 의사에 반하여 면직될 수 있다. 참고로, 면직이란 일정한 직무에서 물러나게 하는 것으로서(공무원인 경우에는 공무원 관계를 소멸시키는 것), 본인의 의사에 의하는 의원면직, 임용권자의 일방적 의사에 의하는 직권면직, 징계처분으로 행하여지는 징계면직(파면·해임)이 있다.
103) 당연퇴직은 법령에 규정한 사유에 해당하면 그 시점부터 더 이상 근무할 수 없고 자동적으로 퇴직되는 것이다. 따라서 당연퇴직연령은 정년이 아니라 근무상한연령을 의미하므로 청원경찰을 고용하고 있는 사업장의 취업규칙에서 청원경찰의 정년을 당연퇴직연령보다 늦게 정할 수는 없으나 그보다 이르게 정할 수는 있는 것이다(법제처 05-0157, 2006.1.27, 경찰청).
104) 금고 이상의 형의 선고유예를 받은 경우 범죄의 종류를 불문하고 일률적으로 당연 퇴직되도록 규정한 조항은 과잉금지 원칙에 반하여 직업의 자유를 침해하므로 헌법에 위반된다(헌재 2018.1.25. 2017헌가26). 이에 개정법(2022.11.15.)에서 단서를 신설하여, 임용 후 금고 이상의 형의 선고유예를 받아 임용결격사유에 해당하게 되더라도 수뢰죄, 성폭력범죄, 직무 관련 횡령죄 등 특정 범죄로 인하여 선고유예를 받은 경우에 한해 당연 퇴직되도록 하였다. 또한 임용 후 파산선고를 받아 임용결격사유에 해당하게 되더라도 면책불허가 결정 또는 면책취소가 확정되지 않은 경우에는 당연 퇴직되지 않도록 함으로써 청원경찰의 기본권을 보호하였다.

(2) 명예퇴직

국가기관이나 지방자치단체에 근무하는 청원경찰의 명예퇴직에 관하여는 「국가공무원법」을 준용한다(법 제10조의7).

① **명예퇴직 수당의 지급**

   ㉠ 20년 근속시 : 청원경찰로 20년 이상 근속한 자가 정년 전에 스스로 퇴직하면 예산의 범위에서 명예퇴직 수당을 지급할 수 있다(국가공무원법 제74조의2 제1항).

   ㉡ 폐직·과원시 : 직제와 정원의 개폐 또는 예산의 감소 등에 따라 폐직 또는 과원이 되었을 때에 20년 미만 근속한 자가 정년 전에 스스로 퇴직하면 예산의 범위에서 수당을 지급할 수 있다(국가공무원법 제74조의2 제2항).

② **명예퇴직 수당의 환수** : 명예퇴직수당을 지급받은 자가 다음의 어느 하나에 해당하는 경우에는 명예퇴직수당을 지급한 국가기관의 장이 그 명예퇴직 수당을 환수하여야 한다(국가공무원법 제74조의2 제3항). 명예퇴직수당을 환수하여야 하는 국가기관의 장은 환수 대상자가 납부기한까지 환수금을 납부하지 아니하면 국세강제징수의 예에 따라 징수할 수 있다(동조 제4항).[105]

> ㉠ 재직 중의 사유로 금고 이상의 형을 받은 경우
> ㉡ 재직 중에 「형법」상 수뢰죄, 사전수뢰죄, 제삼자뇌물제공죄, 수뢰후부정처사죄, 사후수뢰죄, 알선수뢰죄를 범하여 금고 이상의 형의 선고유예를 받은 경우
> ㉢ 재직 중에 직무와 관련하여 「형법」상 횡령·배임죄, 업무상 횡령 배임죄를 범하여 300만원 이상의 벌금형을 선고받고 그 형이 확정되거나 금고 이상의 형의 선고유예를 받은 경우
> ㉣ 경력직공무원, 그 밖에 대통령령등으로 정하는 공무원으로 재임용되는 경우
> ㉤ 명예퇴직 수당을 초과하여 지급받거나 그 밖에 명예퇴직 수당의 지급 대상이 아닌 자가 지급받은 경우

4 청원경찰의 휴직

국가기관이나 지방자치단체에 근무하는 청원경찰의 휴직에 관하여는 「국가공무원법」을 준용한다(법 제10조의7).

(1) 휴직사유 및 기간

① 직권휴직사유 및 기간 : 청원경찰이 다음의 어느 하나에 해당하면 임용권자(청원주)는 본인의 의사에도 불구하고 휴직을 명하여야 한다(국가공무원법 제71조 제1항, 제72조).

---

105) 이 경우 체납액의 징수가 사실상 곤란하다고 판단되는 경우에는 징수 대상자의 주소지를 관할하는 세무서장에게 징수를 위탁한다.

- ⊙ 신체·정신상의 장애로 장기 요양이 필요할 때. 이 경우 휴직기간은 1년 이내로 하되, 부득이한 경우 1년의 범위에서 연장할 수 있다.106)
- ⓒ 병역 복무를 마치기 위하여 징집 또는 소집된 때. 이 경우 휴직기간은 그 복무기간이 끝날 때까지로 한다.
- ⓒ 천재지변이나 전시·사변, 그 밖의 사유로 생사 또는 소재가 불명확하게 된 때. 이 경우 휴직기간은 3개월 이내로 한다.
- ⓔ 그 밖에 법률의 규정에 따른 의무를 수행하기 위하여 직무를 이탈하게 된 때. 이 경우 휴직기간은 그 복무기간이 끝날 때까지로 한다.
- ⓜ 노동조합 전임자로 종사하게 된 때. 이 경우 휴직기간은 그 전임기간으로 한다.

② **의원휴직사유 및 기간** : 임용권자(청원주)는 청원경찰이 다음의 어느 하나에 해당하는 사유로 휴직을 원하면 휴직을 명할 수 있다. 다만, ⓔ의 경우에는 대통령령으로 정하는 특별한 사정이 없으면 휴직을 명하여야 한다(국가공무원법 제71조 제2항, 제72조).

- ⊙ 국제기구, 외국 기관, 국내외의 대학·연구기관, 다른 국가기관 또는 대통령령으로 정하는 민간기업, 그 밖의 기관에 임시로 채용될 때. 이 경우 휴직기간은 그 채용기간으로 한다. 다만, 민간기업이나 그 밖의 기관에 채용되면 3년 이내로 한다.
- ⓒ 국외 유학을 하게 된 때. 이 경우 휴직기간은 3년 이내로 하되, 부득이한 경우에는 2년의 범위에서 연장할 수 있다.
- ⓒ 중앙인사관장기관의 장이 지정하는 연구기관이나 교육기관 등에서 연수하게 된 때. 이 경우 휴직기간은 2년 이내로 한다.
- ⓔ 8세 이하 또는 초등학교 2학년 이하의 자녀를 양육하기 위하여 필요하거나 여성청원경찰이 임신 또는 출산하게 된 때. 이 경우 휴직기간은 자녀 1명에 대하여 3년 이내로 한다. 임용권자는 이에 따른 휴직을 이유로 인사에 불리한 처우를 하여서는 아니된다(국가공무원법 제71조 제4항).
- ⓜ 조부모, 부모(배우자의 부모 포함), 배우자, 자녀 또는 손자녀를 부양하거나 돌보기 위하여 필요한 경우.107) 이 경우 휴직기간은 1년 이내로 하되, 재직기간 중 총 3년을 넘을 수 없다.
- ⓝ 외국에서 근무·유학 또는 연수하게 되는 배우자를 동반하게 된 때. 이 경우 휴직기간은 3년 이내로 하되, 부득이한 경우에는 2년의 범위에서 연장할 수 있다.
- ⓟ 대통령령등으로 정하는 기간(3년 이상) 동안 재직한 청원경찰이 직무 관련 연구과제 수행 또는 자기개발을 위하여 학습·연구 등을 하게 된 때.108) 이 경우 휴직기간은 1년 이내로 한다.

---

106) 다만, 「공무원 재해보상법」에 따른 요양급여 지급 대상 부상 또는 질병, 「산업재해보상보험법」에 따른 요양급여 결정 대상 질병 또는 부상에 해당하는 공무상 질병 또는 부상으로 인한 휴직기간은 3년 이내로 하되, 의학적 소견 등을 고려하여 대통령령으로 정하는 바에 따라 2년의 범위에서 연장할 수 있다.
107) 다만, 조부모나 손자녀의 돌봄을 위하여 휴직할 수 있는 경우는 본인 외에 돌볼 사람이 없는 등 대통령령등으로 정하는 요건을 갖춘 경우로 한정한다. 이를 '가족돌봄휴직'이라 한다(공무원임용령 제57조의8 참조).
108) 이를 '자기개발휴직'이라고 한다(공무원임용령 제57조의10 참조).

(2) 휴직의 효력
   ① 휴직 중인 청원경찰은 신분은 보유하나 직무에 종사하지 못한다(국가공무원법 제73조 제1항).
   ② 휴직기간 중 그 사유가 없어지면 30일 이내에 임용권자에게 신고하여야 하며, 임용권자는 지체 없이 복직을 명하여야 한다(국가공무원법 제73조 제2항).
   ③ 휴직기간이 끝난 청원경찰이 30일 이내에 복귀 신고를 하면 당연히 복직된다(국가공무원법 제73조 제3항).

3 청원경찰의 경비 및 표창·징계

Target · 경비업법
기출 및 예상문제

◎ 제1절 청원경찰의 경비(經費)

01 청원경찰법령상 청원경찰의 봉급과 각종 수당은 누가 부담하는가? 2013년 기출

① 청원주
② 시·도경찰청장
③ 관할 경찰서장
④ 지방자치단체장

> 해설 청원경찰의 봉급과 각종 수당 등 청원경찰경비는 청원주가 부담한다(법 제6조 제1항 참조).
>
>  ①

02 청원주가 부담하지 않아도 되는 것은? 2005년 기출

① 청원경찰의 봉급 및 각종 수당
② 청원경찰의 교육비
③ 청원경찰의 피복비
④ 직무상 부상으로 인하여 퇴직 후 2년 이후에 사망한 자에 대한 보상금

> 해설 ①·②·③ 청원주가 부담하여야 한다(법 제6조 제1항 참조).
> ④ 청원주는 청원경찰이 직무상의 부상으로 인하여 퇴직 후 2년 '이내'에 사망한 경우에는 청원경찰 본인 또는 그 유족에게 보상금을 지급하여야 한다(법 제7조 제2호).
>
> 정답 ④

03 청원경찰법령상 청원주가 부담해야 하는 청원경찰경비가 아닌 것은? 2006년·2007년 기출

① 청원경찰에게 지급할 봉급 및 각종 수당
② 청원경찰의 피복비
③ 청원경찰의 교육비
④ 청원경찰의 의료비

> 해설 청원경찰의 의료비는 청원주가 부담해야 하는 청원경찰경비에 포함되지 않는다(법 제6조 제1항 참조).
>
> ④

04 청원경찰법령상 청원경찰경비의 지급방법 또는 납부방법을 행정안전부령으로 정하지 않는 것은?

2013년 기출

① 청원경찰의 피복비
② 청원경찰의 교육비
③ 청원경찰의 퇴직금
④ 청원경찰에게 지급할 봉급과 각종 수당

해설 청원경찰에게 지급할 봉급과 각종 수당, 청원경찰의 피복비·교육비의 지급방법 또는 납부방법은 행정안전부령으로 정한다(영 제12조 제1항). 국가기관·지방자치단체에 근무하는 청원경찰의 퇴직금은 대통령령으로 정하며, 국가기관·지방자치단체 외에 근무하는 청원경찰의 퇴직금은 「근로자퇴직급여 보장법」에 따라 지급한다(법 제7조의2 참조).

정답 ③

05 청원경찰법령상 청원주가 부담해야 하는 청원경찰경비를 모두 고른 것은?

2014년 기출

ㄱ. 청원경찰의 교통비	ㄴ. 청원경찰의 피복비
ㄷ. 청원경찰의 교육비	ㄹ. 청원경찰 본인 또는 유족 보상금

① ㄱ, ㄴ, ㄷ
② ㄱ, ㄴ, ㄹ
③ ㄱ, ㄷ, ㄹ
④ ㄴ, ㄷ, ㄹ

해설 청원경찰의 교통비는 청원주가 부담해야 하는 청원경찰경비에 포함되지 않는다(법 제6조 제1항 참조).

정답 ④

06 청원경찰법령상 청원주가 부담하여야 하는 청원경찰경비에 해당하지 않는 것은?

2020년 기출

① 청원경찰의 경조사비
② 청원경찰의 피복비
③ 청원경찰의 교육비
④ 청원경찰에게 지급할 봉급과 각종 수당

해설 청원주는 청원경찰에게 지급할 봉급과 각종 수당, 피복비, 교육비, 보상금, 퇴직금을 부담하여야 한다(법 제6조 제1항).

정답 ①

07 청원경찰법령상 청원주가 부담하여야 하는 청원경찰경비에 해당하지 않는 것은?

2022년 기출

① 청원경찰에게 지급할 봉급과 각종 수당
② 청원경찰의 피복비
③ 청원경찰의 교육비
④ 청원경찰의 업무추진비

해설 청원주는 봉급과 각종 수당, 피복비, 교육비, 보상금 및 퇴직금을 부담하여야 한다(법 제6조 제1항 참조).

정답 ④

08 청원경찰법령상 국가기관에 근무하는 청원경찰의 보수는 재직기간에 해당하는 경찰공무원 보수를 감안하여 정한다. 이에 관한 예시로 옳은 것은?
2018년 기출

① 16년: 경장, 20년: 경장, 25년: 경사, 32년: 경사
② 16년: 순경, 20년: 경장, 25년: 경사, 32년: 경사
③ 16년: 경장, 20년: 경장, 25년: 경사, 32년: 경위
④ 16년: 순경, 20년: 경장, 25년: 경사, 32년: 경위

해설 국가기관 또는 지방자치단체에 근무하는 청원경찰의 보수는 다음 각 호의 구분에 따라 같은 재직기간에 해당하는 경찰공무원의 보수를 감안하여 대통령령으로 정한다(법 제6조 제2항).
1. 재직기간 15년 미만 : 순경
2. 재직기간 15년 이상 23년 미만 : 경장
3. 재직기간 23년 이상 30년 미만 : 경사
4. 재직기간 30년 이상 : 경위

 정답 ③

09 국가기관 또는 지방자치단체에 근무하는 청원경찰의 보수에 대한 설명으로 옳은 것은?

① 청원경찰의 재직기간이 15년인 경우에는 순경의 보수를 감안하여 정한다.
② 청원경찰의 재직기간이 25년인 경우에는 경장의 보수를 감안하여 정한다.
③ 청원경찰의 재직기간의 30년인 경우에는 경사의 보수를 감안하여 정한다.
④ 청원경찰의 재직기간이 35년인 경우에는 경위의 보수를 감안하여 정한다.

해설 ① 순경 → 경장(법 제6조 제2항 제1호)
② 경장 → 경사(법 제6조 제2항 제2호)
③ 경사 → 경위(법 제6조 제2항 제3호)
④ 법 제6조 제2항 제4호

 정답 ④

10 A는 군 복무를 필하고 청원경찰로 2년간 근무하다가 퇴직하였다. 그 후 다시 청원경찰로 임용되었다면 청원경찰법령상 봉급산정에 있어서 산입되는 경력은? (단, A가 배치된 사업장의 취업규칙에 특별한 규정이 없는 것을 전제로 한다)
2008년 기출

① 군 복무경력과 청원경찰로 근무한 경력 중 어느 하나만 산입하여야 한다.
② 군 복무경력은 반드시 산입하여야 하고, 청원경찰 경력은 산입하지 않아도 된다.
③ 군 복무경력과 청원경찰의 경력을 모두 산입하여야 한다.
④ 군 복무경력은 산입하지 않아도 되고, 청원경찰경력은 산입하여야 한다.

해설 ▶ 청원경찰의 보수 산정에 관하여 그 배치된 사업장의 취업규칙에 특별한 규정이 없는 경우에는 다음의 경력을 봉급 산정의 기준이 되는 경력에 산입하여야 한다(영 제11조 제1항).
㉠ 청원경찰로 근무한 경력
㉡ 군 또는 의무경찰에 복무한 경력
㉢ 수위·경비원·감시원 또는 그 밖에 청원경찰과 비슷한 직무에 종사하던 사람이 해당 사업장의 청원주에 의하여 청원경찰로 임용된 경우에는 그 직무에 종사한 경력
㉣ 국가기관 또는 지방자치단체에서 근무하는 청원경찰에 대해서는 국가기관 또는 지방자치단체에서 상근으로 근무한 경력

정답 ③

11 청원경찰법령상 청원경찰의 보수산정에 관하여 그 배치된 사업장의 취업규칙에 특별한 규정이 없는 경우에 봉급 산정의 기준이 되는 경력에 불산입 되는 것으로 옳은 것은? 2017년 기출

① 군복무한 경력
② 의무경찰에 복무한 경력
③ 청원경찰로 임용되어 근무한 경력
④ 지방자치단체에서 근무하는 청원경찰에 대해서는 지방자치단체에 비상근으로 근무한 경력

해설 ▶ ①·②·③ 경력은 산입된다(영 제11조 제1항 제1호·제2호).
④ 상근으로 근무한 경력은 산입되나, 비상근으로 근무한 경력은 산입되지 않는다(영 제11조 제1항 제4호 참조).

정답 ④

12 청원경찰법령상 청원경찰의 봉급 산정의 기준이 되는 경력에 산입되지 않는 것은? 2022년 기출

① 청원경찰로 근무한 경력
② 군 또는 의무경찰에 복무한 경력
③ 수위·경비원·감시원 또는 그 밖에 청원경찰과 비슷한 직무에 종사하던 사람이 해당 사업장의 청원주에 의하여 청원경찰로 임용된 경우에는 그 직무에 종사한 경력
④ 국가기관 또는 공공단체에서 근무하는 청원경찰에 대해서는 국가기관 또는 공공단체에서 비상근(非常勤)으로 근무한 경력

해설 ▶ ①·②·③ 영 제11조 제1항 제1호·제2호·제3호
④ 공공단체 → 지방자치단체 / 비상근 → 상근(영 제11조 제1항 제4호)

정답 ④

13 청원경찰법령상 청원경찰의 보수산정 시의 경력 인정 등에 관한 규정이다. ( )에 들어갈 내용으로 옳은 것은?   2024년 기출

> 국가기관 또는 지방자치단체에 근무하는 청원경찰 외의 청원경찰 보수의 호봉 간 승급기간 및 승급액은 그 배치된 사업장의 (ㄱ)에 따르며, 이에 관한 (ㄱ)이 없을 때에는 (ㄴ)의 승급에 관한 규정을 준용한다.

① ㄱ : 정관,　　ㄴ : 순경
② ㄱ : 정관,　　ㄴ : 경장
③ ㄱ : 취업규칙,　ㄴ : 순경
④ ㄱ : 취업규칙,　ㄴ : 경장

해설 ㄱ에는 취업규칙, ㄴ에는 순경이 각각 들어간다(영 제11조 제3항 참조).

 ③

14 다음은 청원경찰경비의 고시 등에 관한 규정이다. ( ) 안에 들어갈 내용을 바르게 나열한 것은?

> 법 제6조 제3항에 따른 청원경찰경비의 최저부담기준액 및 부담기준액은 경찰공무원 중 (ㄱ)의 것을 고려하여 다음 연도분을 매년 (ㄴ)에 고시하여야 한다. 다만, 부득이한 사유가 있을 때에는 (ㄷ) 고시할 수 있다.

	ㄱ	ㄴ	ㄷ
①	순경	1월	임시로
②	순경	12월	수시로
③	경장	12월	임시로
④	경장	1월	수시로

해설 청원경찰경비의 최저부담기준액 및 부담기준액은 경찰공무원 중 "순경"의 것을 고려하여 다음 연도분을 매년 "12월"에 고시하여야 한다. 다만, 부득이한 사유가 있을 때에는 "수시로" 고시할 수 있다(영 제12조 제2항).

 ②

15 청원경찰법령상 청원경찰경비 등에 관한 설명으로 옳지 않은 것은 몇 개인가?

2010년 기출

ㄱ. 청원주는 청원경찰이 퇴직할 때에는 국민연금법에 따른 퇴직금을 지급하여야 한다.
ㄴ. 법령에 따라 청원주는 청원경찰의 피복비를 부담하여야 한다.
ㄷ. 국가기관 또는 지방자치단체에 근무하는 청원경찰의 보수산정시의 기준이 되는 재직기간은 청원경찰로서 근무한 기간으로 한다.
ㄹ. 국가기관 또는 지방자치단체에 근무하는 청원경찰 외의 청원경찰의 봉급과 각종 수당은 시·도경찰청장이 고시한 최저부담기준액 이상으로 지급하여야 한다.

① 1개　　② 2개
③ 3개　　④ 4개

해설
ㄱ. 국민연금법 → 근로자퇴직급여 보장법(법 제7조의2)
ㄴ. 법 제6조 제1항 제2호
ㄷ. 법 제6조 제2항, 영 제9조 제3항
ㄹ. 시·도경찰청장 → 경찰청장(영 제10조)

정답 ②

16 청원경찰법령상 청원경찰의 보수 등에 관한 설명으로 옳지 않은 것은?

2013년 기출

① 국가기관에 근무하는 청원경찰의 각종 수당은 공무원수당 등에 관한 규정에 따른 수당 중 가계보전수당, 실비변상 등으로 하며, 그 세부 항목은 경찰청장이 정하여 고시한다.
② 국가기관에 근무하는 청원경찰의 보수산정을 위한 재직기간은 청원경찰로서 근무한 기간으로 한다.
③ 국가기관에 근무하는 청원경찰 보수의 호봉 간 승급기간은 경찰공무원의 승급기간에 관한 규정을 준용한다.
④ 국가기관 또는 지방자치단체에 근무하는 청원경찰 외의 청원경찰 보수의 호봉 간 승급기간 및 승급액은 순경의 승급에 관한 규정을 사업장의 취업규칙보다 우선 준용한다.

해설
① 영 제9조 제2항
② 법 제6조 제2항
③ 영 제11조 제2항
④ 국가기관 또는 지방자치단체에 근무하는 청원경찰 외의 청원경찰 보수의 호봉 간 승급기간 및 승급액은 그 배치된 사업장의 취업규칙에 따르며, 이에 관한 취업규칙이 없을 때에는 순경의 승급에 관한 규정을 준용한다(영 제11조 제3항). 따라서 취업규칙을 순경의 승급에 관한 규정보다 우선 준용한다.

정답 ④

17 청원경찰법령상 청원경찰의 경비와 보상 등에 관한 설명으로 옳은 것은? 2014년 기출

① 지방자치단체에 근무하는 청원경찰의 봉급·수당의 최저부담기준액은 경찰청장이 정하여 고시한다.
② 지방자치단체에 근무하는 청원경찰의 퇴직금에 관하여는 따로 행정안전부령으로 정한다.
③ 청원경찰이 퇴직할 때에 급여품 및 대여품을 청원주에게 반납해야 한다.
④ 국가기관에 근무하는 청원경찰의 보수는 재직기간 15년 이상 23년 미만인 경우, 경장에 해당하는 경찰공무원의 보수를 감안하여 대통령령으로 정한다.

해설
① 국가기관이나 지방자치단체 '외에' 근무하는 청원경찰의 봉급·수당의 최저부담기준액은 경찰청장이 정하여 고시한다(법 제6조 제3항 참조).
② 행정안전부령 → 대통령령(법 제7조의2)
③ 청원경찰이 퇴직할 때에는 '대여품'을 청원주에게 반납하여야 한다(규칙 제12조 제2항). 그러나 급여품은 반납하지 않는다.
④ 법 제6조 제2항

정답 ④

18 청원경찰법령상 청원경찰의 보수에 관한 설명으로 옳지 않은 것은? 2015년 기출

① 국가기관 또는 지방자치단체에 근무하는 청원경찰 보수의 호봉 간 승급기간은 경찰공무원의 승급기간에 관한 규정을 준용한다.
② 국가기관에 근무하는 청원경찰의 보수는 그 재직기간이 25년인 경우, 경찰공무원 경사의 보수를 감안하여 대통령령으로 정한다.
③ 국가기관 또는 지방자치단체에 근무하는 청원경찰의 봉급·수당에 관한 청원주의 최저부담기준액은 경찰청장이 정하여 고시한다.
④ 국가기관 또는 지방자치단체에 근무하는 청원경찰의 각종 수당은 「공무원수당 등에 관한 규정」에 따른 수당 중 가계보전수당, 실비변상 등으로 하며, 그 세부항목은 경찰청장이 정하여 고시한다.

해설
① 영 제11조 제2항
② 법 제6조 제2항 제3호
③ 국가기관 또는 지방자치단체에 근무하는 청원경찰 '외'의 청원경찰의 봉급·수당에 관한 청원주의 최저부담기준액은 경찰청장이 정하여 고시한다(법 제6조 제3항).
④ 영 제9조 제2항

정답 ③

19 청원경찰법령상 청원경찰경비 등에 관한 설명으로 옳지 않은 것은?   2016년 기출

① 지방자치단체에 근무하는 청원경찰의 각종 수당에는 공무원수당 등에 관한 규정에 따른 수당 중 가계보전수당은 포함되지 않는다.
② 지방자치단체에 근무하는 재직기간이 22년인 청원경찰의 보수는 같은 재직기간에 해당하는 경찰공무원 중 경장의 보수를 감안하여 대통령령으로 정한다.
③ 국가기관 또는 지방자치단체에 근무하는 청원경찰 보수의 호봉 간 승급기간은 경찰공무원의 승급기간에 관한 규정을 준용한다.
④ 청원경찰의 피복비의 지급방법은 행정안전부령으로 정한다.

해설
① 국가기관 또는 지방자치단체에 근무하는 청원경찰의 각종 수당은 「공무원수당 등에 관한 규정」에 따른 수당 중 가계보전수당, 실비변상 등으로 하며, 그 세부 항목은 경찰청장이 정하여 고시한다(영 제9조 제2항).
② 법 제6조 제2항 제2호
③ 영 제11조 제2항
④ 영 제12조 제1항

 ①

20 청원경찰법령상 청원경찰의 경비(經費)에 관한 설명으로 옳은 것은?   2017년 기출

① 청원주는 대통령령이 정하는 바에 따라 청원경찰에게 봉급과 각종 수당 등을 지급하여야 한다.
② 청원주는 대통령령이 정하는 바에 따라 청원경찰이 직무수행 중 부상을 당한 경우에 본인에게 보상금을 지급하여야 한다.
③ 청원주는 청원경찰이 퇴직할 때에는 행정안전부령이 정하는 바에 따라 근로자퇴직급여 보장법에 따른 퇴직금을 지급하여야 한다.
④ 지방자치단체에 근무하는 청원경찰의 각종 수당은 공무원수당 등에 관한 규정에 따른 수당 중 가계보전수당, 실비변상 등으로 하며, 그 세부 항목은 대통령령으로 정하여 고시한다.

해설
① 국가기관 또는 지방자치단체에 근무하는 청원경찰 외의 청원경찰의 봉급과 각종 수당은 경찰청장이 고시한 최저부담기준액 이상으로 지급하여야 한다(영 제10조).
② 법 제7조 제1호
③ 청원주는 청원경찰이 퇴직할 때에는 「근로자퇴직급여 보장법」에 따른 퇴직금을 지급하여야 한다. 다만, 국가기관이나 지방자치단체에 근무하는 청원경찰의 퇴직금에 관하여는 따로 대통령령으로 정한다(법 제7조의2).
④ 대통령령으로 → 경찰청장이(영 제9조 제2항)

 ②

21
청원경찰법령상 국가기관·지방자치단체 외에 근무하는 청원경찰의 보수에 관한 설명으로 틀린 것을 모두 고른 것은?

> ㄱ. 청원주가 부담하는 봉급·수당의 최저부담기준액은 시·도경찰청장이 정하여 고시한다.
> ㄴ. 청원경찰의 봉급과 각종 수당은 경찰청장이 고시한 최고부담기준액 이상으로 지급하여야 한다.
> ㄷ. 고시된 최저부담기준액이 배치된 사업장에서 같은 종류의 직무에 종사하는 근로자에게 지급하는 임금보다 많을 때에는 그 사업장에서 같은 종류에 종사하는 근로자에게 지급하는 임금과 동일한 금액을 지급하여야 한다.
> ㄹ. 청원경찰 보수의 호봉 간 승급기간 및 승급액은 그 배치된 사업장의 취업규칙에 따르며, 이에 관한 취업규칙이 없을 때에는 경장의 승급에 관한 규정을 준용한다.
> ㅁ. 봉급과 각종 수당은 청원주가 그 청원경찰이 배치된 기관·시설·사업장 또는 장소의 직원에 대한 보수 지급일 전에 청원경찰에게 직접 지급한다.

① ㄱ, ㄷ, ㅁ
② ㄴ, ㄹ
③ ㄱ, ㄴ, ㄹ
④ ㄱ, ㄴ, ㄷ, ㄹ, ㅁ

해설 ㄱ. 시·도경찰청장 → 경찰청장(법 제6조 제3항)
ㄴ. 최고부담기준액 → 최저부담기준액(영 제10조 본문)
ㄷ. 고시된 최저부담기준액이 배치된 사업장에서 같은 종류의 직무에 종사하는 근로자에게 지급하는 임금보다 '적을' 때에는 그 사업장에서 같은 종류의 직무에 종사하는 근로자에게 지급하는 임금에 '상당하는' 금액을 지급하여야 한다(영 제10조 단서).
ㄹ. 경장 → 순경(영 제11조 제3항)
ㅁ. 지급일 전에 → 지급일에(규칙 제8조 제1호)

정답 ④

22
A광역시에 소재하고 있는 B은행 본점에는 20명의 청원경찰이 배치되어 있다. 이와 관련한 설명으로 틀린 것은? 2006년 기출

① 청원경찰에 대한 봉급 및 각종 수당은 B은행에서 지급한다.
② B은행은 B은행 직원의 봉급지급일에 청원경찰에 대한 봉급도 지급한다.
③ 청원경찰이 입을 피복은 B은행에서 직접 그 피복대금을 청원경찰에게 지급한다.
④ 청원경찰로 임용된 자는 원칙적으로 경비구역에 배치되기 전에 경찰교육기관에서 직무수행에 필요한 교육을 받아야 한다.

해설 ① 법 제6조 제1항 참조
② 규칙 제8조 제1호 참조
③ 청원경찰이 입을 피복은 청원주(B은행)가 제작하거나 구입하여 '현품'으로 청원경찰에게 지급한다(규칙 제8조 제2호 참조).
④ 영 제5조 제1항

정답 ③

23 청원경찰법령상 청원경찰경비 등에 관한 설명으로 옳지 않은 것은? 2009년 기출

① 청원경찰에 대한 봉급 및 각종 수당은 청원주가 당해 사업장의 직원에 대한 보수지급일에 청원경찰에게 직접 지급한다.
② 경비원으로 근무하던 자가 그 사업장의 청원주에 의하여 청원경찰로 임용된 경우 경비원 종사경력은 그 사업장의 취업규칙에 특별한 규정이 없는 경우 청원경찰의 봉급산정의 기준에 있어 경력으로 산입하여야 한다.
③ 청원경찰이 직무수행으로 인하여 부상을 입은 경우 보상금의 지급주체는 청원주의 산업재해보상보험 가입여부에 따라 달라지게 된다.
④ 교육비는 청원주가 당해 청원경찰의 입교 후 청원경찰에게 직접 지급한다.

> 해설
> ① 규칙 제8조 제1호
> ② 영 제11조 제1항 제3호
> ③ 영 제13조 참조
> ④ 교육비는 청원주가 해당 청원경찰의 입교 3일 전에 해당 경찰교육기관에 낸다(규칙 제8조 제3호).
>
> 정답 ④

24 청원경찰법령상의 내용으로 옳지 않은 것은? 2011년 기출

① 청원주는 청원경찰의 피복비를 부담하여야 한다.
② 청원주는 청원경찰의 교육비를 부담하여야 한다.
③ 청원주는 직무상의 부상·질병으로 인하여 퇴직하거나, 퇴직 후 3년 이내에 사망한 경우 보상금을 지급하여야 한다.
④ 청원주는 보상금의 지급을 이행하기 위하여 산업재해보상보험법에 따른 산업재해보상보험에 가입하거나, 근로기준법에 따라 보상금을 지급하기 위한 재원을 따로 마련하여야 한다.

> 해설
> ①·② 법 제6조 제1항
> ③ 3년 이내 → 2년 이내(법 제7조 제2호)
> ④ 영 제13조
>
> 정답 ③

25 청원경찰법령상 청원경찰에 관한 내용으로 옳지 않은 것은? 2011년 기출

① 국가기관이나 지방자치단체에 근무하는 청원경찰의 명예퇴직에 관하여는 국가공무원법을 준용한다.
② 청원경찰은 형의 선고, 징계처분 또는 신체상·정신상의 이상으로 직무를 감당하지 못할 때를 제외하고는 그 의사에 반하여 면직되지 아니한다.
③ 청원주가 청원경찰을 면직시켰을 때에는 그 사실을 관할 경찰서장을 거쳐 시·도경찰청장에게 보고하여야 한다.
④ 청원주는 청원경찰이 퇴직할 때에는 고용보험법에 따른 퇴직금을 지급하여야 한다.

> **해설**
> ① 법 제10조의7
> ②·③ 법 제10조의4 제1항·제2항
> ④ 고용보험법 → 근로자퇴직급여 보장법(법 제7조의2)
>
> **정답** ④

26 청원경찰법령상 청원경찰 경비 등에 관한 설명으로 옳지 않은 것은? 2015년 기출

① 청원경찰의 교육비는 청원주가 해당 청원경찰의 입교 후 3일 이내에 해당 경찰교육기관에 낸다.
② 청원주는 보상금의 지급을 이행하기 위하여 「산업재해보상보험법」에 따른 산업재해보상보험에 가입하거나, 「근로기준법」에 따라 보상금을 지급하기 위한 재원을 따로 마련하여야 한다.
③ 봉급과 각종 수당은 청원주가 그 청원경찰이 배치된 기관·시설·사업장 또는 장소의 직원에 대한 보수 지급일에 청원경찰에게 직접 지급한다.
④ 청원주는 청원경찰이 직무상의 부상·질병으로 인하여 퇴직하거나, 퇴직 후 2년 이내에 사망한 경우 청원경찰 본인 또는 그 유족에게 보상금을 지급하여야 한다.

> **해설**
> ① 입교 후 3일 이내에 → 입교 3일 전에(규칙 제8조 제3호)
> ② 영 제13조
> ③ 규칙 제8조 제1호
> ④ 법 제7조
>
> **정답** ①

27 청원경찰법령상 청원경찰경비(經費)에 관한 설명으로 옳지 않은 것은? 2018년 기출

① 청원경찰경비는 봉급과 각종 수당, 피복비, 교육비, 보상금 및 퇴직금을 말한다.
② 봉급·수당의 최저부담기준액(국가기관 또는 지방자치단체에 근무하는 청원경찰의 봉급·수당은 제외)은 경찰청장이 정하여 고시한다.
③ 국가기관 또는 지방자치단체에 근무하는 청원경찰의 각종 수당은 「공무원수당 등에 관한 규정」에 따른 수당 중 가계보전수당, 실비변상 등으로 한다.
④ 교육비는 청원주가 해당 청원경찰의 입교 7일 전에 청원경찰에게 직접 지급한다.

> **해설**
> ① 법 제6조 제1항
> ② 법 제6조 제3항
> ③ 영 제9조 제2항
> ④ 교육비는 청원주가 해당 청원경찰의 입교 3일 전에 해당 경찰교육기관에 낸다(규칙 제8조 제3호).
>
> **정답** ④

28. 청원경찰법령상 경비의 부담과 고시 등에 관한 설명으로 옳지 않은 것은?

2019년 기출

① 청원경찰의 피복비 및 교육비의 부담기준액은 시·도경찰청장이 정하여 고시한다.
② 부득이한 사유가 있는 경우를 제외하고, 청원경찰경비의 최저부담기준액 및 부담기준액은 순경의 것을 고려하여 다음 연도분을 매년 12월에 고시하여야 한다.
③ 청원경찰의 교육비는 청원주가 해당 청원경찰의 입교 3일 전에 해당 경찰교육기관에 낸다.
④ 청원주는 청원경찰이 직무상의 질병으로 인하여 퇴직하게 되면 청원경찰 본인에게 보상금을 지급하여야 한다.

해설
① 시·도경찰청장 → 경찰청장(법 제6조 제3항)
② 영 제12조 제2항
③ 규칙 제8조 제3호
④ 법 제7조

 ①

29. 청원경찰법상 청원주가 청원경찰 본인 또는 그 유족에게 보상금을 지급해야 하는 경우가 아닌 것은?

2016년 기출

① 청원경찰이 직무상의 부상·질병으로 인하여 퇴직한 경우
② 청원경찰이 직무수행으로 인하여 부상을 입은 경우
③ 청원경찰이 고의·과실에 의한 위법행위로 타인에게 손해를 가한 경우
④ 청원경찰이 직무수행으로 인하여 사망한 경우

해설 청원주는 청원경찰이 다음의 어느 하나에 해당하게 되면 청원경찰 본인 또는 그 유족에게 보상금을 지급하여야 한다(법 제7조).
㉠ 직무수행으로 인하여 부상을 입거나, 질병에 걸리거나 또는 사망한 경우
㉡ 직무상의 부상·질병으로 인하여 퇴직하거나, 퇴직 후 2년 이내에 사망한 경우

 ③

30. 청원경찰법령상 청원경찰의 보상금 지급사유가 아닌 것은?

2023년 기출

① 청원경찰이 직무수행으로 인하여 부상을 입은 경우
② 청원경찰이 직무수행으로 인하여 질병에 걸린 경우
③ 청원경찰이 직무수행으로 인하여 사망한 경우
④ 청원경찰이 직무상의 부상으로 인하여 퇴직 후 3년 이내에 사망한 경우

해설
①·②·③ 법 제7조 제1호·제2호
④ 3년 → 2년(법 제7조 제2호)

④

31 청원경찰법령상 청원경찰경비 등에 관한 설명으로 옳지 않은 것은?

2020년 기출

① 국가기관 또는 지방자치단체에 근무하는 청원경찰의 보수는 청원경찰법에서 정한 구분에 따라 같은 재직기간에 해당하는 경찰공무원의 보수를 감안하여 대통령령으로 정한다.
② 청원주의 청원경찰에 대한 봉급·수당의 최저부담기준액(국가기관 또는 지방자치단체에 근무하는 청원경찰의 봉급·수당은 제외한다)은 경찰청장이 정하여 고시(告示)한다.
③ 청원주는 청원경찰이 직무수행으로 인하여 부상을 입거나, 질병에 걸리거나 또는 사망한 경우 대통령령으로 정하는 바에 따라 청원경찰 본인 또는 그 유족에게 보상금을 지급하여야 한다.
④ 국가기관이나 지방자치단체에 근무하는 청원경찰의 퇴직금에 관하여는 행정안전부령으로 정한다.

해설 ①·② 법 제6조 제2항·제3항
③ 법 제7조
④ 행정안전부령 → 대통령령(법 제7조의2 단서)

 정답 ④

32 청원경찰법령상 청원경찰의 경비에 관한 설명으로 옳은 것은?

2021년 기출

① 국가기관 또는 지방자치단체에 근무하는 청원경찰의 보수는 재직기간 15년 이상 23년 미만인 경우 같은 재직기간에 해당하는 경찰공무원 '경장'의 보수를 감안하여 대통령령으로 정한다.
② 청원경찰의 피복비는 청원주가 부담하여야 하는 청원경찰경비에 해당하지 않는다.
③ 청원경찰이 직무상의 부상·질병으로 인하여 퇴직 후 3년 이내에 사망한 경우 청원주는 대통령령으로 정하는 바에 따라 그 유족에게 보상금을 지급하여야 한다.
④ 교육비는 청원주가 경찰교육기관 입교(入校) 3일 전에 해당 청원경찰에게 지급하여 납부하게 한다.

해설 ① 법 제6조 제2항 제2호
② 피복비도 청원주가 부담하여야 하는 청원경찰경비에 해당한다(법 제6조 제1항 참조).
③ 3년 → 2년(법 제7조 제2호)
④ 교육비는 청원주가 해당 청원경찰의 입교(入校) 3일 전에 해당 경찰교육기관에 낸다(규칙 제8조 제3호).

 정답 ①

33 청원경찰법령상 청원경찰의 보상금과 퇴직금에 관한 설명이다. (　)에 들어갈 내용으로 옳은 것은?

2024년 기출

> ○ 청원주는 보상금 지급의 이행을 위하여 (ㄱ)에 따른 산업재해보상보험에 가입하거나, (ㄴ)에 따라 보상금을 지급하기 위한 재원(財源)을 따로 마련하여야 한다.
> ○ 청원주는 청원경찰이 퇴직할 때에는 (ㄷ)에 따른 퇴직금을 지급하여야 한다. 다만, 국가기관이나 지방자치단체에 근무하는 청원경찰의 퇴직금에 관하여는 따로 (ㄹ)으로 정한다.

① ㄱ : 근로기준법
② ㄴ : 산업재해보상보험법
③ ㄷ : 근로자퇴직급여 보장법
④ ㄹ : 행정안전부령

해설 ㄱ·ㄴ. 산업재해보상보험법, 근로기준법이 각각 들어간다(영 제13조 참조).
ㄷ·ㄹ. 근로자퇴직급여 보장법, 대통령령이 각각 들어간다(법 제7조의2 참조).

정답 ③

제2절 청원경찰의 표창·징계 등

01 청원경찰법령상 표창에 관한 설명으로 옳지 않은 것은? 2020년 기출

① 경찰청장은 성실히 직무를 수행하여 근무성적이 탁월하거나 헌신적인 봉사로 특별한 공적을 세운 청원경찰에게 공적상을 수여할 수 있다.
② 청원주는 성실히 직무를 수행하여 근무성적이 탁월한 청원경찰에게 공적상을 수여할 수 있다.
③ 관할 경찰서장은 헌신적인 봉사로 특별한 공적을 세운 청원경찰에게 공적상을 수여할 수 있다.
④ 시·도경찰청장은 교육훈련에서 교육성적이 우수한 청원경찰에게 우등상을 수여할 수 있다.

해설 "시·도경찰청장, 관할 경찰서장 또는 청원주"는 청원경찰에게 공적상과 우등상을 수여할 수 있다(규칙 제18조).

정답 ①

02 청원경찰의 청원주의 권한이 아닌 것은? 2005년 기출

① 청원경찰의 임용권한
② 청원경찰 배치 폐지 권한
③ 청원경찰의 신분증명서 발급
④ 청원경찰에 대한 징계요청권

해설
① 법 제5조 제1항
② 법 제10조의5 제1항
③ 규칙 제11조 제1항
④ 관할 경찰서장은 청원경찰이 징계사유에 해당한다고 인정되면 청원주에게 해당 청원경찰에 대하여 징계처분을 하도록 요청할 수 있다(영 제8조 제1항). 즉, 청원경찰에 대한 징계요청권은 관할 경찰서장의 권한이다.

정답 ④

03 청원경찰법상 청원경찰의 징계사유에 해당하지 않는 것은?

① 형사사건으로 조사 대상이 된 때
② 직무상의 의무를 위반한 때
③ 품위를 손상하는 행위를 한 때
④ 직무를 태만히 한 때

해설
① 무기와 탄약 지급제한사유이다(청원경찰법 시행규칙 제16조 제4항 제2호).
②·③·④ 징계사유에 해당한다(청원경찰법 제5조의2 제1항).

정답 ①

04 청원경찰법령상 청원경찰의 징계에 관한 설명으로 옳은 것은?
2007년 기출

① 청원경찰의 징계권자는 청원주이다.
② 관할경찰서장은 청원경찰이 직무상의 의무를 위반한 때에만 청원주에게 징계를 요청할 수 있다.
③ 청원경찰에 대한 징계의 종류는 파면, 감봉, 견책이 있다.
④ 청원주는 청원경찰 배치 결정의 통지를 받았을 때에는 통지를 받은 날부터 30일 이내에 청원경찰에 대한 징계규정을 제정하여 관할 시·도경찰청장에게 신고하여야 한다.

> **해설** ① 법 제5조의2 제1항
> ② 관할경찰서장은 청원경찰이 직무상의 의무위반, 직무를 태만히 한 때, 품위를 손상하는 행위를 한 때에 청원주에게 징계처분을 하도록 요청할 수 있다(영 제8조 제1항).
> ③ 청원경찰에 대한 징계의 종류는 파면, 해임, 정직, 감봉 및 견책이 있다(법 제5조의2 제2항).
> ④ 30일 이내 → 15일 이내(영 제8조 제5항)
>
> **정답** ①

05 청원경찰법령상 청원경찰의 징계에 관한 설명으로 옳지 않은 것은?
2010년 기출

① 관할경찰서장은 청원경찰이 직무상 의무를 위반하거나 직무를 태만히 한 때에는 대통령령으로 정하는 징계절차를 거쳐 징계처분을 할 수 있다.
② 청원경찰에 대한 징계의 종류는 파면, 해임, 정직, 감봉 및 견책으로 구분한다.
③ 정직은 1개월 이상 3개월 이하로 하고, 그 기간에 청원경찰의 신분은 보유하나 직무에 종사하지 못하며, 보수의 3분의 2를 줄인다.
④ 감봉은 1개월 이상 3개월 이하로 하고, 그 기간에 보수의 3분의 1을 줄인다.

> **해설** ① '청원주'는 청원경찰이 직무상의 의무를 위반하거나 직무를 태만히 한 때에는 대통령령으로 정하는 징계절차를 거쳐 징계처분을 '하여야' 한다(법 제5조의2 제1항).
> ② 법 제5조의2 제2항
> ③·④ 영 제8조 제2항·제3항
>
> **정답** ①

06 청원경찰법령상 청원경찰에 대한 징계의 종류가 아닌 것은?
2011년 기출

① 경고　　② 견책
③ 감봉　　④ 파면

> **해설** 청원경찰에 대한 징계의 종류는 파면, 해임, 정직, 감봉 및 견책으로 구분한다(법 제5조의2 제2항).
>
> **정답** ①

07 청원경찰법상 청원경찰에 대한 징계의 종류가 아닌 것은?
2016년 기출

① 직위해제　　② 해임
③ 정직　　　　④ 감봉

> 해설 청원경찰에 대한 징계의 종류는 파면, 해임, 정직, 감봉 및 견책으로 구분한다(법 제5조의2 제2항).
>
> 정답 ①

08 청원경찰법령상 청원경찰에 대한 징계의 종류로 옳은 것은? 2022년 기출

① 강등
② 견책
③ 면직
④ 직위해제

> 해설 청원경찰에 대한 징계의 종류는 파면, 해임, 정직, 감봉 및 견책으로 구분한다(법 제5조 제2항).
>
> 정답 ②

09 청원경찰법령상 청원경찰의 징계에 관한 내용으로 옳지 않은 것은? 2012년 기출

① 청원경찰이 품위를 손상하는 행위를 하는 경우 청원주는 징계절차에 따라 징계처분을 하여야 한다.
② 관할 경찰서장은 청원경찰이 직무상의 의무 위반에 해당한다고 인정되면 청원주에게 해당 청원경찰에 대하여 징계처분을 하도록 요청할 수 있다.
③ 정직은 1개월 이상 3개월 이하로 하고, 그 기간에 청원경찰의 신분은 보유하나 직무에 종사하지 못하며, 보수의 3분의 1을 줄인다.
④ 감봉은 1개월 이상 3개월 이하로 하고, 그 기간에 보수의 3분의 1을 줄인다.

> 해설 ① 법 제5조의2 제1항 제2호
>   ② 영 제8조 제1항
>   ③ 3분의 1 → 3분의 2(영 제8조 제2항)
>   ④ 영 제8조 제3항
>
> 정답 ③

10 청원경찰법령상 청원경찰의 징계에 관한 설명으로 옳은 것은? 2013년 기출

① 징계처분권자는 청원주이다.
② 견책은 보수의 3분의 1을 줄인다.
③ 직위해제는 청원경찰에 대한 징계의 종류에 해당한다.
④ 관할 경찰서장은 징계규정의 보완이 필요하다고 인정할 때에는 청원주에게 그 보완을 요구할 수 있다.

> 해설 ① 법 제5조의2 제1항 제2호
>   ② 견책은 전과에 대하여 훈계하고 회개하게 한다(영 제8조 제4항). 따라서 견책은 보수의 삭감이 없다.
>   ③ 직위해제는 징계의 종류에 해당하지 않는다(법 제5조의2 제2항 참조).
>   ④ 관할 경찰서장 → 시·도경찰청장(영 제8조 제6항)
>
> 정답 ①

11 청원경찰법령상 청원경찰의 징계에 관한 설명으로 옳은 것은?

2014년 기출

① 청원경찰에 대한 징계의 종류는 파면, 해임, 강등, 정직, 감봉 및 견책으로 구분한다.
② 정직은 1개월 이상 6개월 이하로 하고, 그 기간에 직무에 종사하지 못하며, 보수의 2분의 1을 줄인다.
③ 감봉은 1개월 이상 3개월 이하로 하고, 그 기간에 보수의 3분의 1을 줄인다.
④ 청원주는 청원경찰 배치결정의 통지를 받았을 때에는 통지를 받은 날부터 30일 이내에 청원경찰에 대한 징계규정을 제정하여 관할 시·도경찰청장에게 신고해야 한다.

해설
① 강등은 징계의 종류에 해당하지 않는다(법 제5조의2 제2항 참조).
② 정직은 1개월 이상 '3개월' 이하로 하고, 그 기간에 직무에 종사하지 못하며, 보수의 '3분의 2'를 줄인다(영 제8조 제2항).
③ 영 제8조 제3항
④ 30일 이내 → 15일 이내(영 제8조 제5항)

정답 ③

12 청원경찰법령상 청원경찰의 징계에 관한 설명으로 옳은 것은?

2018년 기출

① 징계의 종류는 파면, 해임, 강등, 정직, 감봉 및 견책으로 구분한다.
② 시·도경찰청장은 징계규정의 보완이 필요하다고 인정할 때에는 청원주에게 그 보완을 요구할 수 있다.
③ 정직은 1개월 이상 3개월 이하로 하고, 보수의 3분의 1을 줄인다.
④ 청원주는 청원경찰 배치 결정의 통지를 받았을 때에는 통지를 받은 날부터 10일 이내에 청원경찰에 대한 징계규정을 제정하여야 한다.

해설
① 강등은 징계의 종류에 해당하지 않는다(법 제5조의2 제2항 참조).
② 영 제8조 제6항
③ 3분의 1 → 3분의 2(영 제8조 제2항)
④ 10일 이내 → 15일 이내(영 제8조 제5항)

정답 ②

13 청원경찰법령상 청원경찰의 징계에 관한 설명으로 옳지 않은 것은?

2019년 기출

① 청원주는 청원경찰이 품위를 손상하는 행위를 한 때에는 징계절차를 거쳐 징계처분을 하여야 한다.
② 관할 경찰서장은 청원경찰이 「청원경찰법」상의 징계사유에 해당한다고 인정되면 청원주에게 해당 청원경찰에 대하여 징계처분을 하도록 요청할 수 있다.
③ 감봉은 1개월 이상 3개월 이하로 하고, 그 기간에 보수의 3분의 1을 줄인다.
④ 청원주는 청원경찰 배치 결정의 통지를 받은 날부터 15일 이내에 청원경찰에 대한 징계규정을 제정하여 관할 경찰서장에게 신고하여야 한다.

해설 ① 법 제5조의2 제1항
② 영 제8조 제1항
③ 영 제8조 제3항
④ 경찰서장 → 시·도경찰청장(영 제8조 제5항)

정답 ④

14 청원경찰법령상 청원경찰의 징계에 관한 설명으로 옳은 것은?   2021년 기출

① 시·도경찰청장은 청원경찰이 품위를 손상하는 행위를 한 때에는 대통령령으로 정하는 징계절차를 거쳐 징계처분을 할 수 있다.
② 청원경찰에 대한 징계의 종류는 파면, 해임, 강등, 정직, 감봉 및 견책으로 구분한다.
③ 청원주는 청원경찰 배치 결정의 통지를 받았을 때에는 통지를 받은 날부터 15일 이내에 청원경찰에 대한 징계규정을 제정하여 관할 시·도경찰청장에게 신고하여야 한다.
④ 정직은 1개월 이상 3개월 이하로 하고, 그 기간에 청원경찰의 신분은 보유하나 직무에 종사하지 못하며, 보수는 전액을 감한다.

해설 ① 시·도경찰청장은 → 청원주는 / 할 수 있다 → 하여야 한다(법 제5조의2 제1항 제2호)
② 강등은 징계의 종류에 해당하지 않는다(법 제5조의2 제2항 참조).
③ 영 제8조 제5항
④ 전액을 → 3분의 2를(영 제8조 제2항)

정답 ③

15 청원경찰법령상 청원경찰의 징계에 관한 설명으로 옳은 것은?   2023년 기출

① 청원경찰에 대한 징계의 종류는 파면, 해임, 정직, 감봉 및 경고로 구분한다.
② 청원주는 청원경찰이 품위를 손상하는 행위를 한 때 행정안전부령으로 정하는 징계절차를 거쳐 징계처분을 할 수 있다.
③ 관할 경찰서장은 청원경찰이 직무를 태만히 한 것으로 인정되면 청원주에게 해당 청원경찰에 대하여 징계처분을 하도록 요청할 수 있다.
④ 청원주는 청원경찰 배치 결정의 통지를 받았을 때에는 통지를 받은 날부터 30일 이내에 청원경찰에 대한 징계규정을 제정하여 관할 시·도경찰청장에게 신고하여야 한다.

해설 ① 경고로 → 견책으로(법 제5조의2 제2항)
② 행정안전부령 → 대통령령 / 할 수 있다 → 하여야 한다(법 제5조의2 제1항)
③ 영 제8조 제1항
④ 30일 → 15일(영 제8조 제5항)

정답 ③

16 청원경찰법령상 청원경찰의 징계에 관한 설명으로 옳은 것은?   2024년 기출

① 관할경찰서장은 청원경찰이 품위를 손상하는 행위를 한 때에는 징계절차를 거쳐 징계처분을 하여야 한다.
② 감봉은 1개월 이상 3개월 이하로 하고, 그 기간에 보수의 3분의 2를 줄인다.
③ 시·도경찰청장은 징계규정의 보완이 필요하다고 인정할 때에는 관할경찰서장에게 그 보완을 요구할 수 있다.
④ 견책(譴責)은 전과(前過)에 대하여 훈계하고 회개하게 한다.

해설 ① 관할경찰서장은 → 청원주는(법 제5조의2 제1항)
② 3분의 2 → 3분의 1(영 제8조 제3항)
③ 관할경찰서장 → 청원주(영 제8조 제6항)
④ 영 제8조 제4항

 정답 ④

17 청원경찰법령상의 내용으로 옳은 것은?   2011년 기출

① 지방자치단체에 근무하는 청원경찰의 직무상 불법행위에 대한 배상책임에 관하여는 민법의 규정을 따른다.
② 청원경찰 업무에 종사하는 사람은 형법이나 그 밖의 법령에 따른 벌칙을 적용할 때에는 공무원으로 본다.
③ 청원경찰은 불가피한 사정이 있는 경우 경찰관직무집행법에 따른 직무 외의 수사활동 등 사법경찰관리의 직무를 수행할 수 있다.
④ 청원경찰이 직무를 수행할 때 직권을 남용하여 국민에게 해를 끼친 경우에는 1년 이하의 징역이나 금고에 처한다.

해설 ① 민법 → 국가배상법(법 제10조의2 참조)
② 법 제10조 제2항
③ 청원경찰은 경찰관 직무집행법에 따른 직무 외의 수사활동 등 사법경찰관리의 직무를 수행해서는 아니된다(규칙 제21조 제2항).
④ 1년 이하 → 6개월 이하(법 제10조 제1항)

 정답 ②

18 **청원경찰법령상 청원경찰에 관한 설명으로 옳지 않은 것은?** 2015년 기출

① 청원경찰은 「경찰관 직무집행법」에 따른 직무 외의 수사활동 등 사법경찰관리의 직무를 수행해서는 아니된다.
② 청원경찰은 「형법」이나 그 밖의 법령에 따른 벌칙을 적용하는 경우를 제외하고는 공무원으로 본다.
③ 청원경찰이 직무를 수행할 때에는 경비 목적을 위하여 필요한 최소한의 범위에서 하여야 한다.
④ 청원경찰이 직무를 수행할 때에 「경찰관 직무집행법」 및 같은 법 시행령에 따라 하여야 할 모든 보고는 관할 경찰서장에게 서면으로 보고하기 전에 지체 없이 구두로 보고하고 그 지시에 따라야 한다.

해설 ① 규칙 제21조 제2항
② 청원경찰은 「형법」이나 그 밖의 법령에 따른 벌칙을 적용하는 경우와 법 및 이 영에서 특별히 규정한 경우를 제외하고는 공무원으로 보지 아니한다(영 제18조).
③ 규칙 제21조 제1항
④ 규칙 제22조

 ②

19 **청원경찰법령상 청원경찰의 근무 등에 관한 설명으로 옳지 않은 것은?** 2017년 기출

① 청원경찰은 형법에 따른 벌칙을 적용할 때에는 공무원으로 간주하지 않는다.
② 청원경찰은 근무 중에는 행정안전부령이 정하는 제복을 착용하여야 한다.
③ 청원경찰이 직무수행시에 직권을 남용하여 국민에게 해를 끼친 경우에는 6개월 이하의 징역이나 금고에 처한다.
④ 시·도경찰청장은 직무수행에 필요하면 청원주의 신청을 받아 관할경찰서장으로 하여금 청원경찰에게 무기를 대여하여 지니게 할 수 있다.

해설 ① 간주하지 않는다 → 간주한다(법 제10조 제2항 참조)
② 청원경찰은 근무 중 제복을 착용하여야 한다(법 제8조 제1항). ※ 동 지문은 틀린 내용은 아니나, 경비지도사 시험에서는 '행정안전부령'과 '대통령령'을 구분하는 문제가 출제되는 점을 감안하면 논란의 여지가 있는 지문이다.
③ 법 제10조 제1항
④ 법 제8조 제2항

 ①

20 청원경찰법령상 청원경찰의 직무에 관한 설명으로 옳지 않은 것은? 2023년 기출

① 청원경찰은 청원주와 관할 경찰서장의 감독을 받아 그 경비구역만의 경비를 목적으로 필요한 범위에서 「경찰관 직무집행법」에 따른 경찰관의 직무를 수행한다.
② 청원경찰이 직무를 수행할 때에 「경찰관 직무집행법」 및 같은 법 시행령에 따라 하여야 할 모든 보고는 관할 경찰서장에게 서면으로 보고하기 전에 지체 없이 구두로 보고하고 그 지시에 따라야 한다.
③ 청원경찰은 「형법」이나 그 밖의 법령에 따른 벌칙을 적용하는 경우와 청원경찰법 및 같은 법 시행령에서 특별히 규정한 경우를 제외하고는 공무원으로 본다.
④ 청원경찰은 「경찰관 직무집행법」에 따른 직무 외의 수사활동 등 사법경찰관리의 직무를 수행해서는 아니 된다.

> 해설
> ① 법 제3조
> ② 규칙 제22조
> ③ 본다 → 보지 아니한다(영 제18조)
> ④ 규칙 제21조 제2항
>
> 정답 ③

21 청원경찰의 신분 및 근무 등에 관한 설명 중 옳은 것은? 2004년 기출

① 청원경찰업무에 종사하는 자는 형법 또는 기타 법령에 의한 벌칙의 적용과 불법행위로 인한 손해배상의 책임에 있어서는 공무원으로 본다.
② 청원경찰이 직무를 수행함에 있어서 직권을 남용하여 국민에게 해를 끼친 경우에는 6개월 이하의 징역 또는 1천만원 이하의 벌금에 처한다.
③ 청원경찰은 근무 중에 제복을 착용하여야 하며, 청원주는 직권으로 청원경찰에게 무기를 휴대하게 할 수 있다.
④ 청원경찰은 형의 선고·징계처분 또는 신체·정신상의 이상으로 직무를 감당하지 못할 때를 제외하고는 그 의사에 반하여 면직되지 아니한다.

> 해설
> ① 불법행위로 인한 손해배상의 책임에 있어서는 공무원으로 보지 않는다(법 제10조 제2항 참조).
> ② 6개월 이하의 징역이나 금고에 처한다(법 제10조 제1항).
> ③ 시·도경찰청장은 청원경찰이 직무를 수행하기 위하여 필요하다고 인정하면 청원주의 신청을 받아 관할 경찰서장으로 하여금 청원경찰에게 무기를 대여하여 지니게 할 수 있다(법 제8조 제2항). 그러므로 청원주가 직권으로 청원경찰에게 무기를 휴대하게 할 수 없다.
> ④ 법 제10조의4 제1항
>
> 정답 ④

22 청원경찰의 신분보장을 위한 규정이 아닌 것은? 2005년 기출

① 의사에 반한 면직금지
② 해임명령권 보장
③ 특수경비원 배치를 목적으로 배치폐지의 금지
④ 배치폐지 또는 감축사유의 명시

해설 ①·③·④에 대하여는 법 제10조의4, 제10조의5에 규정하고 있으나, ②에 대한 규정은 삭제 (2001.4.7.)되었다.

정답 ②

23 청원경찰의 신분보장에 관한 설명으로 틀린 것은? 2006년 기출

① 청원주가 청원경찰을 면직시킨 때에는 그 사실을 관할경찰서장을 거쳐 시·도경찰청장에게 보고하여야 한다.
② 청원경찰은 형의 선고·징계처분으로 직무를 감당하지 못할 때에는 그 의사에 반하여 면직될 수 있다.
③ 청원경찰은 신체상의 이상이 있는 경우에도 그 의사에 반하여 면직될 수는 없다.
④ 청원경찰은 원칙적으로 본인의 의사에 반하여 면직될 수 없다.

해설 ①·②·④ 법 제10조의4 제1항·제2항 참조
③ 청원경찰은 신체상의 이상으로 직무를 감당하지 못할 때에는 그 의사에 반하여 면직될 수 있다 (법 제10조의4 제1항 참조).

정답 ③

24 청원경찰법령에 관한 내용이다. ( )에 들어갈 내용이 옳은 것은? 2019년 기출

> 청원경찰은 형의 선고, 징계처분 또는 신체상·정신상의 이상으로 직무를 감당하지 못할 때를 제외하고는 그 의사에 반하여 ( )되지 아니한다.

① 파면
② 강등
③ 면직
④ 견책

해설 설문은 '면직'에 대한 내용이다(법 제10조의4 제1항 참조).

정답 ③

25 다음 중 청원경찰의 의사에 반하여 면직할 수 있는 경우에 해당하지 않는 것은?

① 형의 선고를 받은 때
② 징계처분을 받은 때
③ 과태료 처분을 받은 때
④ 신체상·정신상의 이유로 직무를 감당하지 못할 때

해설 청원경찰은 형의 선고, 징계처분 또는 신체상·정신상의 이상으로 직무를 감당하지 못할 때를 제외하고는 그 의사에 반하여 면직되지 아니한다(법 제10조의4).

정답 ③

26 청원경찰법상 청원경찰의 신분보장에 관한 설명으로 옳은 것은? 2006년 기출

① 청원주는 경비업법에 의해 특수경비원을 배치하고자 하는 경우에는 청원경찰의 배치를 폐지하거나 배치인원을 감축할 수 있다.
② 청원경찰이 배치된 시설이 폐쇄 또는 축소된 경우에도 청원주는 청원경찰의 배치를 폐지하거나 배치인원을 감축할 수 없다.
③ 시·도경찰청장이 청원경찰의 배치를 요청한 사업장에 배치된 청원경찰은 그 배치를 폐지하거나 감축할 수 없다.
④ 국가기관 또는 지방자치단체에 근무하는 청원경찰의 휴직 및 명예퇴직에 관하여는 국가공무원법의 관련규정이 준용된다.

해설 ① 청원주는 청원경찰을 대체할 목적으로 「경비업법」에 따른 특수경비원을 배치하는 경우에는 청원경찰의 배치를 폐지하거나 배치인원을 감축할 수 없다(법 제10조의5 제1항 제1호).
② 청원주는 청원경찰이 배치된 시설이 폐쇄되거나 축소되어 청원경찰의 배치를 폐지하거나 배치인원을 감축할 필요가 있다고 인정하면 청원경찰의 배치를 폐지하거나 배치인원을 감축할 수 있다(법 제10조의5 제1항 본문).
③ 시·도경찰청장이 청원경찰의 배치를 요청한 사업장일 때에는 그 폐지 또는 감축 사유를 구체적으로 밝혀야 한다(법 제10조의5 제2항). 즉, 배치를 폐지하거나 감축할 수는 있으나 그 사유를 밝혀야 한다.
④ 법 제10조의7

정답 ④

27 다음 중 청원경찰의 당연 퇴직사유에 해당하는 것은? 2006년 기출

① 청원경찰이 만 55세에 달한 때
② 청원주가 청원경찰이 배치된 시설을 축소하여 청원경찰의 배치인원을 감축한 경우
③ 청원주가 청원경찰이 배치된 시설을 폐쇄하여 청원경찰의 배치를 폐지한 때
④ 청원경찰이 견책처분을 받은 때

해설 청원경찰이 ㉠ 임용결격사유에 해당될 때(단서 생략), ㉡ 청원경찰의 배치가 폐지되었을 때, ㉢ 나이가 60세가 되었을 때에는 당연 퇴직된다(법 제10조의6).

정답 ③

28 청원경찰법령상 청원경찰의 당연 퇴직사유에 해당하는 것은? 2007년 기출수정

① 벌금형의 선고유예를 받은 경우
② 직무상 의무에 위반하거나 직무를 태만히 한 경우
③ 청원경찰의 배치가 폐지된 경우
④ 청원경찰 임용의 신체조건이 미달되는 사유가 발생한 경우

해설 ① 특정한 범죄에 대하여 '금고 이상의 형'의 선고유예를 받은 경우에 당연 퇴직사유에 해당한다(법 제10조의6 제1호 참조).
② 청원경찰의 징계사유이다(법 제5조의2 제1항 제1호).
③ 당연 퇴직사유에 해당한다(법 제10조의6 제2호).
④ 신체조건은 임용자격에 해당하고, 임용결격사유에는 해당하지 않으므로 당연 퇴직사유가 아니다(법 제10조의6 제1호 참조).

정답 ③

29 청원경찰법상 청원경찰의 면직 및 퇴직에 관한 설명으로 옳지 않은 것은? 2010년 기출

① 청원경찰이 품위를 손상하는 행위를 한 경우에는 당연히 퇴직된다.
② 청원경찰이 나이가 60세가 되는 날이 8월인 경우 12월 31일에 당연 퇴직된다.
③ 청원주가 청원경찰을 면직시켰을 때에는 그 사실을 관할경찰서장을 거쳐 시·도경찰청장에게 보고하여야 한다.
④ 청원경찰은 신체상·정신상의 이상으로 직무를 감당하지 못하는 경우에는 그 의사(意思)에 반하여 면직(免職)될 수 있다.

해설 ① 청원경찰이 품위를 손상하는 행위를 한 경우에는 징계처분을 받는다(법 제5조의2 제1항 참조).
② 법 제10조의6 제3호
③ 법 제10조의4 제2항
④ 법 제10조의4 제1항

정답 ①

30 청원경찰법령상 청원경찰의 퇴직과 면직에 관한 설명으로 옳은 것은? 2020년 기출

① 국가기관이나 지방자치단체에 근무하는 청원경찰의 휴직 및 명예퇴직에 관하여는 「국가공무원법」 관련규정을 준용한다.
② 청원경찰은 65세가 되었을 때 당연 퇴직된다.
③ 청원경찰의 배치폐지는 당연 퇴직사유에 해당하지 않는다.
④ 청원주가 청원경찰을 면직시켰을 때에는 그 사실을 관할 시·도경찰청장을 거쳐 경찰청장에게 보고하여야 한다.

해설 ① 법 제10조의7
② 65세 → 60세(법 제10조의6)
③ 청원경찰의 배치폐지는 당연 퇴직사유에 해당한다(법 제10조의6 참조).
④ 시·도경찰청장을 거쳐 경찰청장에게 → 경찰서장을 거쳐 시·도경찰청장에게(법 제10조의4 제2항)

정답 ①

31. 청원경찰법령상 청원경찰의 퇴직에 관한 설명으로 옳지 않은 것은?

2022년 기출

① 임용결격사유에 해당될 때 당연 퇴직된다.
② 청원경찰의 배치가 폐지되었을 때 당연 퇴직된다.
③ 나이가 60세가 되었을 때 당연 퇴직된다.
④ 국가기관이나 지방자치단체에 근무하는 청원경찰의 명예퇴직에 관하여는 「경찰공무원법」을 준용한다.

해설
① 임용결격사유에 해당될 때는 당연 퇴직된다(법 제10조의6 제1호). 그러나 임용결격사유 중 '금고 이상의 형의 선고유예를 받은 경우'에는 헌법재판소의 위헌결정(2017헌가26)으로 인하여 당연 퇴직사유가 아니게 되었다. 따라서 ①도 복수정답으로 인정하였다. 다만, 현행 개정법(2022.11.15.)에 의하면, '특정한 범죄'를 범한 사람으로서 금고 이상의 형의 선고유예를 받은 경우에는 당연 퇴직사유에 해당한다.
②·③ 법 제10조의6 제2호·제3호
④ 경찰공무원법 → 국가공무원법(법 제10조의7)

정답 ①·④

32. 청원경찰로 임용된 후 '특정한 범죄'를 범하여 금고 이상의 형의 선고유예를 받은 경우에는 당연 퇴진된다. 다음 중 특정한 범죄에 해당하지 않는 것은?

① 「형법」상 수뢰죄
② 「성폭력범죄의 처벌 등에 관한 특례법」상 성폭력범죄
③ 「형법」상 횡령·배임죄
④ 「폭력행위 등 처벌에 대한 법률」상 범죄단체등의 구성·활동죄

해설
청원경찰이 임용결격사유에 해당될 때에는 당연 퇴직된다. 다만, 임용결격사유 중 '금고 이상의 형의 선고유예를 받은 경우'에는 「형법」상 수뢰죄, 사전수뢰죄, 제삼자뇌물제공죄, 수뢰후부정처사죄, 사후수뢰죄, 알선수뢰죄, 「성폭력범죄의 처벌 등에 관한 특례법」상 성폭력범죄, 「아동·청소년의 성보호에 관한 법률」상 아동·청소년대상 성범죄 및 직무와 관련하여 「형법」상 횡령·배임죄, 업무상 횡령·배임죄를 범한 사람으로서 금고 이상의 형의 선고유예를 받은 경우만 당연 퇴직된다(법 제10조의6 제1호 참조).

정답 ④

33. 청원경찰법령상 국가기관이나 지방자치단체에 근무하는 청원경찰 본인의 의사에도 불구하고 휴직을 명하여야 하는 경우가 아닌 것은?

2013년 기출

① 국외유학을 하게 된 때
② 신체·정신상의 장애로 장기 요양이 필요한 때
③ 병역법에 따른 병역 복무를 마치기 위하여 징집된 때
④ 천재지변 등의 사유로 생사가 불명확하게 된 때

> **해설** ① 국외유학을 하게 된 때에는 청원경찰 본인이 휴직을 원하면 휴직을 명할 수 있다(법 제10조의7, 국가공무원법 제71조 제2항 제2호).
> ②·③·④ 법 제10조의7, 국가공무원법 제71조 제1항 제1호·제3호·제4호

정답 ①

34 청원경찰법령상 청원경찰에게 명예퇴직수당을 지급한 국가기관의 장이 그 명예퇴직 수당을 환수하여야 하는 경우가 아닌 것은?

① 재직 중의 사유로 금고 이상의 형을 받은 경우
② 재직 중에「형법」상 수뢰죄를 범하여 금고 이상의 형의 선고유예를 받은 경우
③ 재직 중에 직무와 관련하여「형법」상 횡령·배임죄를 범하여 100만원의 벌금형을 선고받고 그 형이 확정된 경우
④ 명예퇴직 수당을 초과하여 지급받은 경우

> **해설** ①·②·④ 법 제10조의7, 국가공무원법 제74조의2 제3항 참조
> ③ 100만원 → 300만원(법 제10조의7, 국가공무원법 제74조의2 제3항 참조)

정답 ③

35 다음 중 국가기관에 근무하는 청원경찰의 휴직사유와 휴직기간이 바르게 연결된 것은? (휴직기간의 연장은 고려하지 않음)

	휴직사유	휴직기간
①	천재지변이나 전시·사변 등의 사유로 소재가 불명확하게 된 때	6개월 이내
②	병역복무를 마치기 위하여 징집 또는 소집된 때	3년 이내
③	신체·정신상의 장애로 장기 요양이 필요할 때	3년 이내
④	노동조합 전임자로 종사하게 된 때	전임기간

> **해설** ① 3개월 이내, ② 복무기간, ③ 1년 이내이다(법 제10조의7, 국가공무원법 제71조 제1항, 제72조 참조).

정답 ④

36 다음 중 지방자치단체에 근무하는 청원경찰의 휴직사유와 휴직기간이 바르게 연결된 것은? (휴직기간의 연장은 고려하지 않음)

휴직사유	휴직기간
① 국외 유학을 하게 된 때	2년 이내
② 8세 이하 또는 초등학교 2학년 이하의 자녀를 양육하기 위하여 필요한 때	자녀 1명에 대하여 1년 이내
③ 부모, 배우자 또는 자녀를 부양하거나 돌보기 위하여 필요한 경우	1년 이내
④ 3년 이상 재직한 청원경찰이 자기개발을 위하여 학습·연구하게 된 때	3년 이내

해설 ① 3년 이내, ② 자녀 1명에 대하여 3년 이내, ④ 1년 이내이다(법 제10조의7, 국가공무원법 제71조 제2항, 제72조 참조).

 ③

37 국가기관이나 지방자치단체에 근무하는 청원경찰의 휴직 및 명예퇴직에 관한 설명으로 옳은 것은?

① 휴직 중인 청원경찰은 신분은 보유하나 직무에 종사하지 못한다.
② 휴직기간 중 그 사유가 없어지면 30일 이내에 청원주에게 신고하여야 하며, 청원주는 7일 이내 복직을 명하여야 한다.
③ 휴직기간이 끝난 청원경찰은 15일 이내에 복귀 신고를 하면 당연히 복직된다.
④ 청원경찰로 10년 이상 근속한 자가 정년 전에 스스로 퇴직하면 예산의 범위에서 명예퇴직 수당을 지급할 수 있다.

해설 ① 법 제10조의7, 국가공무원법 제73조 제1항
② 7일 이내 → 지체 없이(법 제10조의7, 국가공무원법 제73조 제2항)
③ 15일 이내 → 30일 이내(법 제10조의7, 국가공무원법 제73조 제3항)
④ 10년 → 20년(법 제10조의7, 국가공무원법 제74조의2 제1항)

 ①

CHAPTER 04 청원경찰의 복제 및 무기

제1절 청원경찰의 복제 등

I 복제의 구분 및 형태 등

청원경찰의 복제와 무기 휴대에 필요한 사항은 대통령령으로 정한다(법 제8조 제3항).

청원경찰의 제복·장구 및 부속물에 관하여 필요한 사항은 행정안전부령으로 정한다(영 제14조 제2항).

1 복제의 구분(종류)

청원경찰의 복제(服制)는 제복·장구 및 부속물로 구분한다(영 제14조 제1항).

청원경찰의 제복·장구 및 부속물의 종류는 다음과 같다(규칙 제9조 제1항).

제복	정모, 기동모(활동에 편한 모자), 근무복(하복·동복), 한여름 옷, 기동복, 점퍼, 비옷, 방한복, 외투, 단화, 기동화, 방한화
장구	허리띠, 경찰봉, 호루라기, 포승
부속물	모자표장, 가슴표장, 휘장, 계급장, 넥타이핀, 단추, 장갑

2 복제의 형태·규격 및 재질

청원경찰의 제복·장구 및 부속물의 형태·규격 및 재질은 다음과 같다(규칙 제9조 제2항).

제복	제복의 형태·규격 및 재질은 청원주가 결정하되, 경찰공무원 또는 군인 제복의 색상과 명확하게 구별될 수 있어야 하며, 사업장별로 통일해야 한다. 다만, 기동모와 기동복의 색상은 진한 청색으로 한다.
장구	장구의 형태·규격 및 재질은 경찰 장구와 같이 한다.
부속물	• 모자표장의 형태·규격 및 재질은 별도2와 같이 하되, 기동모의 표장은 정모 표장의 2분의 1 크기로 할 것 • 가슴표장, 휘장, 계급장, 넥타이핀 및 단추의 형태·규격 및 재질은 별도3부터 별도7까지와 같이 할 것[109]

---

109) [별도5] 계급장

조원(신임)	조원(8년 이상 근속)	조장	반장	대장

Ⅱ 복제 등의 착용 및 휴대

1 제복의 착용

(1) 착용원칙
① 청원경찰은 근무 중 제복을 착용하여야 한다(법 제8조 제1항).
② 청원경찰이 그 배치지의 특수성 등으로 특수복장을 착용할 필요가 있을 때에는 청원주는 시·도경찰청장의 승인을 받아 특수복장을 착용하게 할 수 있다(영 제14조 제3항).

(2) 착용시기
하복·동복의 착용시기는 사업장별로 청원주가 결정하되, 착용시기를 통일하여야 한다(규칙 제10조).

2 복제의 착용 및 휴대

(1) 평상근무 중
청원경찰은 평상근무 중에는 정모, 근무복, 단화, 호루라기, 경찰봉 및 포승을 착용하거나 휴대하여야 한다(규칙 제9조 제3항).

(2) 교육훈련·특수근무 중
청원경찰은 교육훈련이나 그 밖의 특수근무 중에는 기동모, 기동복, 기동화 및 휘장을 착용하거나 부착하되, 허리띠와 경찰봉은 착용하거나 휴대하지 아니할 수 있다(규칙 제9조 제3항).

3 분사기 휴대

청원주는 「총포·도검·화약류 등의 안전관리에 관한 법률」에 따른 분사기의 소지허가를 받아 청원경찰로 하여금 그 분사기를 휴대하여 직무를 수행하게 할 수 있다(영 제15조).

청원경찰은 평상근무 중에 총기를 휴대하지 아니할 때에는 분사기를 휴대하여야 한다(규칙 제9조 제3항).

4 신분증명서 휴대

청원경찰은 근무 중에는 항상 신분증명서를 휴대하여야 한다(규칙 제11조 제2항). 청원경찰의 신분증명서는 청원주가 발행하며, 그 형식은 청원주가 결정하되 사업장별로 통일하여야 한다(규칙 제11조 제1항).

Ⅲ 급여품 및 대여품

1 급여품

청원경찰에게 지급하는 급여품은 다음과 같다(규칙 제12조 제1항).

품명	수량	사용기간	정기지급일
근무복(하복)	1	1년	5월 5일
한여름 옷	1	1년	6월 5일
근무복(동복)	1	1년	9월 25일
단화 또는 기동화	1	단화 1년 기동화 2년	9월 25일
호루라기	1	2년	9월 25일
장갑	1	2년	9월 25일
방한화	1	2년	9월 25일
외투·방한복 또는 점퍼	1	2~3년	9월 25일
정모	1	3년	9월 25일
비옷	1	3년	5월 5일
기동모	1	3년	필요할 때
기동복	1	2년	필요할 때

2 대여품

청원경찰에게 지급하는 대여품은 다음과 같다(규칙 제12조 제1항).

청원경찰이 퇴직할 때에는 대여품을 청원주에게 반납하여야 한다(규칙 제12조 제2항).

품명	수량
허리띠	1
경찰봉	1
가슴표장	1
분사기	1
포승	1

제2절 청원경찰의 무기

I 무기휴대 및 대여

1 무기휴대

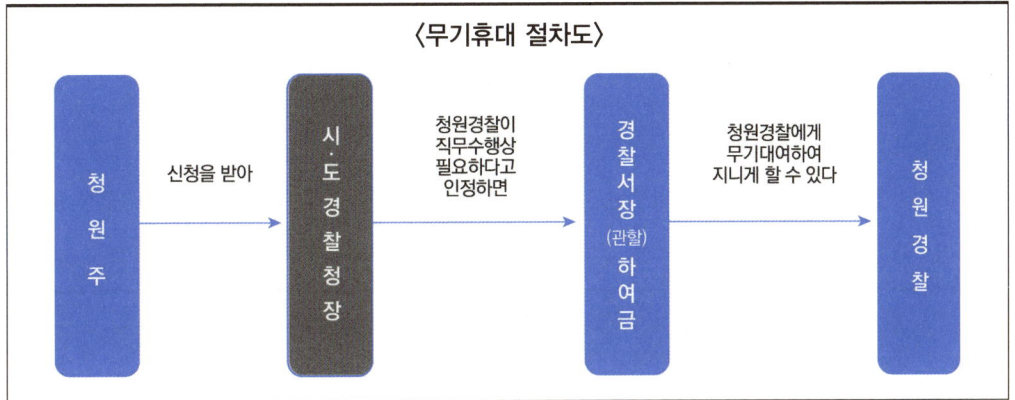

〈무기휴대 절차도〉

시·도경찰청장은 청원경찰이 직무를 수행하기 위하여 필요하다고 인정하면 청원주의 신청을 받아 관할 경찰서장으로 하여금 청원경찰에게 무기를 대여하여 지니게 할 수 있다(법 제8조 제2항). 청원경찰의 복제와 무기 휴대에 필요한 사항은 대통령령으로 정한다(법 제8조 제3항).

2 무기대여

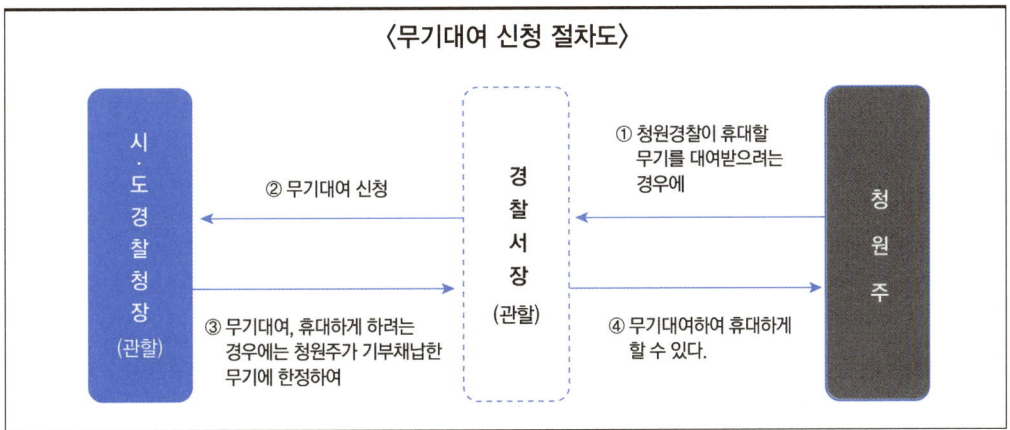

〈무기대여 신청 절차도〉

청원주가 청원경찰이 휴대할 무기를 대여받으려는 경우에는 관할 경찰서장을 거쳐 시·도경찰청장에게 무기대여를 신청하여야 한다(영 제16조 제1항). 신청을 받은 시·도경찰청장이 무기를 대여하여 휴대하게 하려는 경우에는 청원주로부터 국가에 기부채납된 무기에 한정하여 관할 경찰서장으로 하여금 무기를 대여하여 휴대하게 할 수 있다(영 제16조 제2항).

3 무기관리상황 점검

청원경찰에게 무기를 대여하였을 때에는 관할 경찰서장은 청원경찰의 무기관리상황을 수시로 점검하여야 한다(영 제16조 제3항).

Ⅱ 무기관리수칙

청원주 및 청원경찰은 행정안전부령으로 정하는 무기관리수칙을 준수하여야 한다(영 제16조 제4항).

1 청원주의 무기관리수칙

무기와 탄약을 대여받은 청원주는 다음에 따라 무기와 탄약을 관리해야 한다(규칙 제16조 제1항).

> ① 청원주가 무기와 탄약을 대여받았을 때에는 경찰청장이 정하는 무기·탄약 출납부 및 무기장비 운영카드를 갖춰 두고 기록하여야 한다.
> ② 청원주는 무기와 탄약의 관리를 위하여 관리책임자를 지정하고 관할 경찰서장에게 그 사실을 통보하여야 한다.
> ③ 무기고 및 탄약고는 단층에 설치하고 환기·방습·방화 및 총받침대 등의 시설을 갖추어야 한다.
> ④ 탄약고는 무기고와 떨어진 곳에 설치하고, 그 위치는 사무실이나 그 밖에 여러 사람을 수용하거나 여러 사람이 오고 가는 시설로부터 격리되어야 한다.
> ⑤ 무기고와 탄약고에는 이중 잠금장치를 하고, 열쇠는 관리책임자가 보관하되, 근무시간 이후에는 숙직책임자에게 인계하여 보관시켜야 한다.
> ⑥ 청원주는 경찰청장이 정하는 바에 따라 매월 무기와 탄약의 관리 실태를 파악하여 다음 달 3일까지 관할 경찰서장에게 통보하여야 한다.
> ⑦ 청원주는 대여받은 무기와 탄약이 분실되거나 도난당하거나 빼앗기거나 훼손되는 등의 사고가 발생했을 때에는 지체 없이 그 사유를 관할 경찰서장에게 통보해야 한다.
> ⑧ 청원주는 무기와 탄약이 분실되거나 도난당하거나 빼앗기거나 훼손되었을 때에는 경찰청장이 정하는 바에 따라 그 전액을 배상해야 한다. 다만, 전시·사변·천재지변이나 그 밖의 불가항력적인 사유가 있다고 시·도경찰청장이 인정하였을 때에는 그렇지 않다.

2 청원주의 무기출납시 관리수칙

무기와 탄약을 대여받은 청원주가 청원경찰에게 무기와 탄약을 출납하려는 경우에는 다음에 따라야 한다. 다만, 관할 경찰서장의 지시에 따라 탄약의 수를 늘리거나 줄일 수 있고, 무기와 탄약의 출납을 중지할 수 있으며, 무기와 탄약을 회수하여 집중관리할 수 있다(규칙 제16조 제2항).

① 무기와 탄약을 출납하였을 때에는 무기·탄약 출납부에 그 출납사항을 기록하여야 한다.
② 소총의 탄약은 1정당 15발 이내, 권총의 탄약은 1정당 7발 이내로 출납하여야 한다. 이 경우 생산된 후 오래된 탄약을 우선하여 출납하여야 한다.
③ 청원경찰에게 지급한 무기와 탄약은 매주 1회 이상 손질하게 하여야 한다.
④ 수리가 필요한 무기가 있을 때에는 그 목록과 무기장비 운영카드를 첨부하여 관할 경찰서장에게 수리를 요청할 수 있다.

3 청원경찰의 무기관리수칙(준수사항)

청원주로부터 무기와 탄약을 지급받은 청원경찰은 다음의 사항을 준수하여야 한다(규칙 제16조 제3항).

① 무기를 지급받거나 반납할 때 또는 인계인수할 때에는 반드시 '앞에 총' 자세에서 '검사 총'을 하여야 한다.
② 무기와 탄약을 지급받았을 때에는 별도의 지시가 없으면 무기와 탄약을 분리하여 휴대하여야 하며, 소총은 '우로 어깨 걸어 총'의 자세를 유지하고, 권총은 '권총집에 넣어 총'의 자세를 유지하여야 한다.
③ 지급받은 무기는 다른 사람에게 보관 또는 휴대하게 할 수 없으며 손질을 의뢰할 수 없다.
④ 무기를 손질하거나 조작할 때에는 반드시 총구를 공중으로 향하게 하여야 한다.
⑤ 무기와 탄약을 반납할 때에는 손질을 철저히 하여야 한다.
⑥ 근무시간 이후에는 무기와 탄약을 청원주에게 반납하거나 교대근무자에게 인계하여야 한다.

4 무기 지급 제한·회수

(1) 무기 지급 제한·회수 사유

청원주는 다음에 해당하는 청원경찰에게 무기와 탄약을 지급해서는 안 되며, 지급한 무기와 탄약은 즉시 회수해야 한다(규칙 제16조 제4항).

① 직무상 비위(非違)로 징계 대상이 된 사람
② 형사사건으로 조사 대상이 된 사람
③ 사직 의사를 밝힌 사람
④ 치매, 조현병, 조현정동장애, 양극성 정동장애(조울병), 재발성 우울장애 등의 정신질환으로 인하여 무기와 탄약의 휴대가 적합하지 않다고 해당 분야 전문의가 인정하는 사람
⑤ 위 ①부터 ④까지의 규정 중 어느 하나에 준하는 사유로 청원주가 무기와 탄약을 지급하기에 적절하지 않다고 인정하는 사람

(2) 무기 지급 제한·회수 절차

① **결정 통지서 작성 및 통지** : 청원주는 무기와 탄약을 지급하지 않거나 회수할 때에는 (무기·탄약 지급 제한·회수) 결정 통지서를 작성하여 지체 없이 해당 청원경찰에게 통지해야 한다. 다만, 지급한 무기와 탄약의 신속한 회수가 필요하다고 인정되는 경우에는 무기와 탄약을 먼저 회수한 후 통지서를 내줄 수 있다(규칙 제16조 제5항).

② **결정 통보서 작성 및 통보** : 청원주는 청원경찰에게 무기와 탄약을 지급하지 않거나 회수한 경우 7일 이내에 관할 경찰서장에게 (무기·탄약 지급 제한·회수) 결정 통보서를 작성하여 통보해야 한다(규칙 제16조 제6항).

③ **적정성 판단** : 무기·탄약 지급 제한 또는 회수 통보를 받은 관할 경찰서장은 통보받은 날부터 14일 이내에 무기와 탄약의 지급 제한 또는 회수의 적정성을 판단하기 위해 현장을 방문하여 해당 청원경찰의 의견을 청취하고 필요한 조치를 할 수 있다(규칙 제16조 제7항).

④ **무기·탄약의 재지급** : 청원주는 무기·탄약 지급 제한·회수 사유가 소멸하게 된 경우에는 청원경찰에게 무기와 탄약을 지급할 수 있다(규칙 제16조 제8항).

4 청원경찰의 복제 및 무기

Target · 경비업법
기출 및 예상문제

제1절 청원경찰의 복제 등

01 청원경찰법령상 청원경찰의 제복착용과 무기휴대에 대한 설명으로 옳은 것은?   2008년 기출

① 청원경찰은 근무 중 제복을 착용하여야 한다.
② 청원경찰의 제복·장구 및 부속물에 관하여 필요한 사항은 대통령령으로 정한다.
③ 경찰청장은 청원경찰이 직무를 수행하기 위하여 필요하다고 인정하면 관할 경찰서장의 신청을 받아 시·도경찰청장으로 하여금 청원경찰에게 무기를 대여하여 지니게 할 수 있다.
④ 청원경찰의 복제와 무기 휴대에 필요한 사항은 경찰청장령으로 정한다.

해설 ① 법 제8조 제1항
② 대통령령 → 행정안전부령(영 제14조 제2항)
③ '시·도경찰청장'은 청원경찰이 직무를 수행하기 위하여 필요하다고 인정하면 '청원주'의 신청을 받아 '관할 경찰서장'으로 하여금 청원경찰에게 무기를 대여하여 지니게 할 수 있다(법 제8조 제2항).
④ 경찰청장령 → 대통령령(법 제8조 제3항)

 ①

02 청원경찰의 복제에 대한 설명 중 틀린 것은?   2005년 기출

① 장구는 허리띠, 경찰봉, 호루라기 및 포승으로 구분한다.
② 기동모, 기동복의 색상은 진한 청색으로 한다.
③ 제복의 형태·규격 및 재질은 경찰복제와 같이 한다.
④ 장구의 형태·규격 및 재질은 경찰장구와 같이 한다.

해설 ① 규칙 제9조 제1항 제2호
② 규칙 제9조 제2항 제1호
③ 제복의 형태·규격 및 재질은 청원주가 결정하되, 경찰공무원 또는 군인 제복의 색상과 명확하게 구별될 수 있어야 한다(규칙 제9조 제2항 제1호).
④ 규칙 제9조 제2항 제2호

 ③

03 청원경찰법령상 청원경찰의 복제에 관한 설명으로 옳지 않은 것은?
2016년 기출

① 부속물에는 모자표장, 가슴표장, 휘장, 계급장, 넥타이핀, 단추 및 장갑이 있다.
② 제복의 형태·규격 및 재질은 청원주가 결정하되, 경찰공무원 또는 군인 제복의 색상과 명확하게 구별될 수 있어야 하며, 사업장별로 통일해야 한다.
③ 청원경찰이 그 배치지의 특수성 등으로 특수복장을 착용할 필요가 있을 때에는 청원주는 시·도경찰청장의 승인을 받아 특수복장을 착용하게 할 수 있다.
④ 장구의 종류에는 허리띠, 경찰봉, 권총이 있다.

> 해설
> ① 규칙 제9조 제1항 제3호
> ② 규칙 제9조 제2항 제1호
> ③ 영 제14조 제3항
> ④ 장구의 종류에는 허리띠, 경찰봉, 호루라기 및 포승이 있다(규칙 제9조 제1항 제2호).

 ④

04 청원경찰법령상 청원경찰의 복제(服制) 등에 관한 설명으로 옳지 않은 것은?
2017년 기출

① 청원경찰의 복제는 제복·장구(裝具) 및 부속물로 구분하며 필요한 사항은 대통령령으로 정한다.
② 청원주 및 청원경찰은 행정안전부령으로 정하는 무기관리수칙을 준수하여야 한다.
③ 청원경찰이 특수복장을 착용할 필요가 있을 때 청원주는 시·도경찰청장의 승인을 받아 착용하게 할 수 있다.
④ 시·도경찰청장이 무기를 대여하여 휴대하게 하려는 경우에는 청원주로부터 국가에 기부채납된 무기에 한정하여 관할경찰서장으로 하여금 청원경찰에게 무기를 대여하여 휴대하게 할 수 있다.

> 해설
> ① 대통령령 → 행정안전부령(영 제14조 제1항·제2항) ※ 논란의 여지가 있는 지문이다. 왜냐하면 법 제8조 제3항에 의하면, "청원경찰의 복제에 필요한 사항은 대통령령으로 정한다."라는 규정도 있기 때문이다.
> ② 영 제16조 제4항
> ③ 영 제14조 제3항
> ④ 법 제8조 제2항, 영 제16조 제3항

 ①

05 청원경찰법령상 청원경찰의 복제(服制)에 관한 설명으로 옳은 것은?　　　　2018년 기출

① 청원경찰의 복제는 제복·장구 및 부속물로 구분하며, 이 가운데 모자표장, 계급장, 장갑 등은 부속물에 해당한다.
② 청원주는 청원경찰이 특수복장을 착용할 필요가 있을 때에는 관할 경찰서장에게 보고하고 특수복장을 착용하게 할 수 있다.
③ 청원경찰의 제복의 형태·규격 및 재질은 시·도경찰청장이 결정하되, 사업장별로 통일해야 한다.
④ 청원경찰은 특수근무 중에는 정모, 근무복, 단화, 호루라기, 경찰봉 및 포승을 착용하거나 휴대하여야 한다.

> 해설　① 영 제14조 제1항, 규칙 제9조 제1항 참조
> ② 관할 경찰서장에게 보고하고 → 시·도경찰청장의 승인을 받아(영 제14조 제3항)
> ③ 시·도경찰청장이 → 청원주가(규칙 제9조 제2항 제1호)
> ④ 특수근무 → 평상근무(규칙 제9조 제3항)

 ①

06 청원경찰법령상 청원경찰의 복제(服制)와 무기 휴대에 관한 설명으로 옳지 않은 것은?　　　　2019년 기출

① 시·도경찰청장은 청원경찰이 직무를 수행하기 위하여 필요하다고 인정하면 청원주의 신청을 받아 관할 경찰서장으로 하여금 청원경찰에게 무기를 대여하여 지니게 할 수 있다.
② 청원경찰이 특수복장을 착용할 필요가 있을 때에는 청원주는 관할 경찰서장의 승인을 받아 특수복장을 착용하게 할 수 있다.
③ 청원주에게 무기를 대여하였을 때에는 관할 경찰서장은 청원경찰의 무기관리 상황을 수시로 점검하여야 한다.
④ 청원경찰은 평상근무 중에는 정모, 근무복, 단화, 호루라기, 경찰봉 및 포승을 착용하거나 휴대하여야 한다.

> 해설　① 법 제8조 제2항
> ② 관할 경찰서장 → 시·도경찰청장(영 제14조 제3항)
> ③ 영 제16조 제3항
> ④ 규칙 제9조 제3항

 ②

07 청원경찰법령상 청원경찰의 복제에 관한 설명으로 옳은 것은?

2021년 기출

① 청원경찰의 기동모와 기동복의 색상은 진한 청색으로 한다.
② 청원경찰은 평상근무 중에는 정모, 근무복, 단화, 호루라기를 착용하거나 휴대하여야 하고, 경찰봉 및 포승은 휴대하지 아니할 수 있다.
③ 청원경찰이 그 배치지의 특수성 등으로 특수복장을 착용할 필요가 있을 때에는 청원주는 관할 경찰서장의 승인을 받아 특수복장을 착용하게 할 수 있다.
④ 청원경찰 장구의 종류는 경찰봉, 호루라기, 수갑 및 포승이다.

해설
① 규칙 제9조 제2항 제1호
② 청원경찰은 평상근무 중에는 정모, 근무복, 단화, 호루라기, 경찰봉 및 포승을 착용하거나 휴대하여야 한다(규칙 제9조 제3항).
③ 관할 경찰서장 → 시·도경찰청장(영 제14조 제3항)
④ 청원경찰의 장구의 종류는 허리띠, 경찰봉, 호루라기 및 포승이다(규칙 제9조 제1항 제2호).

정답 ①

08 청원경찰법령상 복제와 관련한 설명으로 틀린 것을 모두 고른 것은?

ㄱ. 부속물은 허리띠, 경찰봉, 가슴표장, 분사기, 포승이다.
ㄴ. 청원경찰은 평상근무 중에는 기동모, 기동복, 기동화, 호루라기, 경찰봉 및 포승을 착용하거나 휴대하여야 한다.
ㄷ. 부속물의 형태·규격 및 재질은 경찰 부속물과 같이 한다.
ㄹ. 정모의 표장은 기동모 표장의 2분의 1 크기로 한다.
ㅁ. 제복의 형태·규격 및 재질은 경찰서 관할 구역별로 통일해야 한다.

① ㄱ, ㄴ, ㄷ, ㄹ, ㅁ
② ㄱ, ㄷ, ㄹ
③ ㄴ, ㅁ
④ 없음

해설
ㄱ. 부속물은 모자표장, 가슴표장, 휘장, 계급장, 넥타이핀, 단추 및 장갑이다. 설문은 대여품목이다(규칙 제9조 제1항 제3호).
ㄴ. 기동모, 기동복, 기동화 → 정모, 근무복, 단화(규칙 제9조 제3항)
ㄷ. 부속물 → 장구(규칙 제9조 제2항 제2호)
ㄹ. 기동모의 표장은 정모 표장의 2분의 1 크기로 한다(규칙 제9조 제2항 제3호).
ㅁ. 경찰서 관할 구역별로 → 사업장별로(규칙 제9조 제2항 제1호)

정답 ①

09 청원경찰법령상 청원경찰의 제복착용 및 무기휴대에 관한 설명으로 옳은 것은? 2010년 기출

① 청원경찰의 하복·동복의 착용시기는 사업장별로 관할경찰서장이 결정한다.
② 제복의 형태·규격 및 재질은 청원주가 결정하되 사업장별로 통일해야 한다.
③ 청원경찰은 교육훈련 중에도 허리띠와 경찰봉을 착용하거나 휴대해야 하나 휘장은 부착하지 아니할 수 있다.
④ 청원주 및 청원경찰은 대통령령으로 정하는 무기관리수칙을 준수하여야 한다.

해설
① 관할경찰서장 → 청원주(규칙 제10조)
② 규칙 제9조 제2항 제1호
③ 청원경찰은 교육훈련 중에는 기동모, 기동복, 기동화 및 휘장을 착용하거나 부착하되, 허리띠와 경찰봉은 착용하거나 휴대하지 아니할 수 있다(규칙 제9조 제3항).
④ 대통령령 → 행정안전부령(영 제16조 제4항)

정답 ②

10 청원경찰법령상 청원경찰의 복제와 관련한 설명으로 옳은 것은?

① 청원경찰의 복제는 제복·장구 및 무기로 구분한다.
② 청원경찰이 그 배치지의 특수성 등으로 특수복장을 착용할 필요가 있을 때에는 청원주는 시·도경찰청장에게 신고하고 특수복장을 착용하게 할 수 있다.
③ 청원경찰 장구의 형태·규격 및 재질은 경찰 장구와 같이 한다.
④ 청원경찰 제복의 형태·규격 및 재질은 청원주가 결정하되, 지역별로 통일해야 한다.

해설
① 무기 → 부속물(영 제14조 제1항).
② 신고하고 → 승인을 받아(영 제14조 제3항).
③ 규칙 제9조 제2항 제2호
④ 지역별로 → 사업장별로(규칙 제9조 제2항)

정답 ③

11 청원경찰의 무기 휴대에 관한 사항 중 틀린 것은? 2005년 기출

① 청원주가 청원경찰이 휴대할 무기를 대여받으려는 경우에는 관할 경찰서장을 거쳐 시·도경찰청장에게 무기대여를 신청하여야 한다.
② 청원경찰은 별도의 허가를 받지 아니하고도 분사기를 휴대할 수 있다.
③ 청원경찰에게 무기를 대여하였을 때에는 관할 경찰서장은 청원경찰의 무기관리사항을 수시로 점검하여야 한다.
④ 청원주는 경찰청장이 정하는 바에 따라 매월 무기와 탄약의 관리 실태를 파악하여 다음달 3일까지 관할 경찰서장에게 통보하여야 한다.

해설 ① 영 제16조 제1항
② 청원주는 분사기의 소지허가를 받아 청원경찰로 하여금 그 분사기를 휴대하여 직무를 수행하게 할 수 있다(영 제15조).
③ 영 제16조 제3항
④ 규칙 제16조 제1항 제6호

정답 ②

12 청원경찰법령상 청원경찰의 분사기 및 무기휴대에 관한 설명으로 옳은 것은? 2018년 기출

① 관할 경찰서장은 대여한 청원경찰의 무기관리 상황을 월 1회 이상 점검하여야 한다.
② 청원경찰은 평상근무 중에 총기를 휴대하지 아니할 때에는 분사기를 휴대하여야 한다.
③ 청원주는 「위험물안전관리법」에 따른 분사기의 소지허가를 받아 청원경찰로 하여금 그 분사기를 휴대하여 직무를 수행하게 할 수 있다.
④ 관할 경찰서장은 청원경찰이 직무를 수행하기 위하여 필요하다고 인정하면 직권으로 청원경찰에게 무기를 대여하여 지니게 할 수 있다.

해설 ① 월 1회 이상 → 수시로(영 제16조 제3항)
② 규칙 제9조 제3항
③ 위험물안전관리법 → 총포·도검·화약류 등의 안전관리에 관한 법률(영 제15조)
④ '시·도경찰청장'은 청원경찰이 직무를 수행하기 위하여 필요하다고 인정하면 '청원주의 신청'을 받아 관할 경찰서장으로 하여금 청원경찰에게 무기를 대여하여 지니게 할 수 있다(법 제8조 제2항).

정답 ②

13 청원경찰법령에 관한 설명으로 옳지 않은 것은? 2018년 기출

① 청원경찰의 신분증명서는 청원주가 발행하며, 그 형식은 시·도경찰청장이 결정한다.
② 청원주는 소속 청원경찰에게 그 직무집행에 필요한 교육을 매월 4시간 이상 하여야 한다.
③ 청원경찰이 퇴직할 때에는 대여품을 청원주에게 반납하여야 한다.
④ 청원경찰은 국내 주재 외국기관에도 배치될 수 있다.

해설 ① 시·도경찰청장이 → 청원주가(규칙 제11조 제1항)
② 규칙 제13조 제1항
③ 규칙 제12조 제2항
④ 법 제2조 제2호

정답 ①

14 청원경찰의 신분증명서와 관련하여 청원경찰법령에서 규정하고 있지 않은 것은?

① 청원경찰의 신분증명서는 청원주가 발행한다.
② 신분증명서의 형식은 청원주가 결정하되 사업장별로 통일해야 한다.
③ 청원경찰이 퇴직할 때에는 신분증명서를 청원주에게 반납하여야 한다.
④ 청원경찰은 근무 중에는 항상 신분증명서를 휴대하여야 한다.

해설 ①·②·④는 청원경찰법 시행규칙 제11조에서 규정하고 있으나, ③의 규정은 없다.

정답 ③

15 청원경찰법령상 청원경찰이 퇴직할 때 청원주에게 반납해야 하는 것은? 2015년 기출

① 장갑
② 허리띠
③ 방한화
④ 호루라기

해설 허리띠는 대여품이므로 퇴직할 때 청원주에게 반납해야 한다. 그러나 장갑, 방한화, 호루라기는 급여품이므로 반납하지 않는다(규칙 제12조 제1항·제2항 별표2·별표3 참조).

정답 ②

16 청원경찰법령상 청원경찰이 퇴직할 때 청원주에게 반납하여야 하는 것을 모두 고른 것은? 2017년 기출

ㄱ. 허리띠	ㄴ. 근무복
ㄷ. 방한화	ㄹ. 호루라기
ㅁ. 가슴표장	ㅂ. 분사기
ㅅ. 포승	ㅇ. 기동복

① ㄱ, ㄷ, ㅁ, ㅇ
② ㄱ, ㅁ, ㅂ, ㅅ
③ ㄴ, ㄷ, ㄹ, ㅇ
④ ㄴ, ㄹ, ㅂ, ㅅ

해설 청원경찰이 퇴직할 때 대여품(ㄱ, ㅁ, ㅂ, ㅅ)은 반납하여야 하나, 급여품(ㄴ, ㄷ, ㄹ, ㅇ)은 반납하지 않는다(규칙 제12조 참조).

정답 ②

17 청원경찰법령상 청원경찰에게 지급하는 대여품에 해당하는 것은? 2020년 기출

① 기동복
② 가슴표장
③ 호루라기
④ 정모

해설 ①·③·④는 급여품에 해당한다(규칙 제12조 제1항 별표2 참조).

정답 ②

4. 청원경찰의 복제 및 무기 기출 및 예상문제 · **401**

18 청원경찰법령상 청원경찰의 대여품에 해당하는 것은? 2021년 기출

① 기동모
② 방한화
③ 허리띠
④ 근무복

해설 기동모, 방한화, 근무복은 급여품에 해당한다(규칙 제12조 제1항 별표2 참조).

정답 ③

19 청원경찰법령상 급여품과 대여품에 관한 설명으로 옳지 않은 것은? 2019년 기출

① 근무복과 기동화는 청원경찰에게 지급하는 급여품에 해당한다.
② 청원경찰에게 지급하는 대여품에는 허리띠, 경찰봉, 가슴표장, 분사기, 포승이 있다.
③ 급여품 중 호루라기, 방한화, 장갑의 사용기간은 2년이다.
④ 청원경찰이 퇴직할 때에는 급여품과 대여품을 청원주에게 반납하여야 한다.

해설 ①·②·③ 규칙 제12조 제1항 별표2·별표3 참조
④ 청원경찰이 퇴직할 때에는 대여품을 청원주에게 반납하여야 한다(규칙 제12조 제2항). 따라서 급여품은 반납하지 않는다.

정답 ④

20 다음 청원경찰의 급여품 중 그 사용기간이 다른 하나는?

① 근무복
② 기동복
③ 방한화
④ 호루라기

해설 근무복의 사용기간은 1년이고, 나머지는 모두 2년이다(규칙 제12조 제1항 별표2 참조).

정답 ①

21 다음 청원경찰의 급여품 중 지급일이 다른 하나는?

① 단화
② 비옷
③ 장갑
④ 호루라기

해설 ①·③·④는 9월 25일이며, ②는 5월 5일이다(규칙 제12조 제1항 별표2).

정답 ②

22 청원경찰법령상 급여품 및 대여품에 대한 설명으로 옳은 것은?

① 정모, 비옷, 기동복의 사용기간은 3년이다.
② 기동모와 기동복의 정기지급일은 9월 25일이다.
③ 외투·방한복의 사용기간 2~3년이다.
④ 허리띠, 경찰봉, 모자표장, 분사기, 포승은 대여품이다.

해설 ① 기동복 → 기동모(규칙 제12조 제1항 별표2)
② 9월 25일 → 필요할 때(규칙 제12조 제1항 별표2)
④ 모자표장 → 가슴표장(규칙 제12조 제1항 별표3)

정답 ③

23 청원경찰법령상 복제 및 급여품에 대한 설명으로 옳지 않은 것은?

① 기동모는 급여품이면서 제복이다.
② 호루라기는 급여품이면서 장구이다.
③ 장갑은 급여품이면서 부속물이다.
④ 넥타이핀은 급여품이면서 부속물이다.

해설 ①·②·③ 규칙 제9조 제1항·제12조 제1항 참조
④ 넥타이핀은 부속물은 맞으나 급여품이 아니다(규칙 제9조 제1항·제12조 제1항 참조).

정답 ④

24 다음 중 청원경찰법령상 대여품이면서 부속물인 것은?

① 한여름 옷
② 허리띠
③ 가슴표장
④ 모자표장

해설 ①은 급여품이면서 제복이며, ②는 대여품이면서 장구이며, ④는 부속물이다(규칙 제9조 제1항·제12조 제1항 참조).

정답 ③

25 청원경찰법령상 장구 및 대여품에 대한 설명으로 옳지 않은 것은?

① 허리띠는 장구이면서 대여품이다.
② 경찰봉은 장구이면서 대여품이다.
③ 분사기는 장구이면서 대여품이다.
④ 포승은 장구이면서 대여품이다.

해설 ①·②·④ 규칙 제9조 제1항·제12조 제1항 참조
③ 분사기는 대여품은 맞으나 장구는 아니다(규칙 제9조 제1항·제12조 제1항 참조).

정답 ③

제2절 청원경찰의 무기

01 청원경찰법령상 무기와 관련된 내용으로 옳지 않은 것은? 2011년 기출

① 관할 경찰서장은 무기를 대여하였을 경우에는 월 1회 정기적으로 무기관리 상황을 점검하여야 한다.
② 청원주가 청원경찰이 휴대할 무기를 대여받으려는 경우에는 관할 경찰서장을 거쳐 시·도경찰청장에게 무기대여를 신청하여야 한다.
③ 시·도경찰청장은 청원경찰이 직무를 수행하기 위하여 필요하다고 인정하면 청원주의 신청을 받아 관할 경찰서장으로 하여금 청원경찰에게 무기를 대여하여 지니게 할 수 있다.
④ 청원주로부터 무기를 지급받은 청원경찰이 무기를 손질하거나 조작할 때에는 반드시 총구를 공중으로 향하게 하여야 한다.

해설 ① 월 1회 정기적으로 → 수시로(영 제16조 제3항)
② 영 제16조 제1항
③ 법 제8조 제2항
④ 규칙 제16조 제3항 제4호

정답 ①

02 청원경찰법령상 분사기 및 무기의 휴대에 관한 내용으로 옳은 것은? 2012년 기출

① 시·도경찰청장은 청원경찰의 직무수행을 위하여 필요하다고 인정하면 청원주의 신청을 받아 관할 경찰서장으로 하여금 청원경찰에게 무기를 대여하여 지니게 할 수 있다.
② 청원경찰로 하여금 분사기를 휴대하여 직무를 수행하게 하고자 하는 경우 청원주는 총포·도검·화약류 등의 안전관리에 관한 법률에 따라 관할 경찰서장에게 소지신고를 하여야 한다.
③ 관할 경찰서장이 대여할 수 있는 무기는 청원주가 국가에 기부채납한 무기에 한하지 않는다.
④ 청원주가 무기와 탄약을 출납하려는 경우 청원주는 청원경찰에게 지급한 무기와 탄약을 월 2회 손질하게 하여야 한다.

해설 ① 법 제8조 제2항
② 청원경찰로 하여금 분사기를 휴대하여 직무를 수행하게 하고자 하는 경우 청원주는 총포·도검·화약류 등의 안전관리에 관한 법률에 따른 분사기의 '소지허가'를 받아야 한다(영 제15조 참조).
③ 관할 경찰서장이 대여할 수 있는 무기는 청원주가 국가에 기부채납한 무기에 한한다(영 제16조 제2항 참조).
④ 월 2회 → 매주 1회 이상(규칙 제16조 제2항 제3호)

정답 ①

03 청원경찰법령상 청원경찰의 무기 휴대 등에 관한 설명으로 옳은 것은?
2014년 기출

① 청원주는 청원경찰이 직무를 수행하기 위하여 필요하다고 인정하면 관할 경찰서장으로 하여금 청원경찰에게 무기를 대여하여 지니게 할 수 있다.
② 청원주는 청원경찰에게 지급한 무기와 탄약을 매월 1회 이상 손질하게 해야 한다.
③ 시·도경찰청장이 무기를 대여하여 휴대하게 하려는 경우에는 청원주로부터 국가에 기부채납된 무기에 한정하여 관할 경찰서장으로 하여금 무기를 대여하여 휴대하게 할 수 있다.
④ 청원경찰에게 무기를 대여하였을 때에는 시·도경찰청장은 청원경찰의 무기관리상황을 수시로 점검해야 한다.

해설
① 청원주 → 시·도경찰청장(법 제8조 제2항)
② 매월 → 매주(규칙 제16조 제2항 제3호)
③ 영 제16조 제2항
④ 시·도경찰청장 → 관할 경찰서장(영 제16조 제3항)

정답 ③

04 청원경찰법령상 무기관리수칙에 관한 설명으로 옳지 않은 것은?
2009년 기출

① 청원주가 무기와 탄약을 대여받았을 때에는 경찰청장이 정하는 무기·탄약 출납부 및 무기장비 운영카드를 갖춰 두고 기록하여야 한다.
② 청원주는 무기와 탄약의 관리를 위하여 관리책임자를 지정하고 관할 경찰서장에게 그 사실을 통보하여야 한다.
③ 무기고 및 탄약고는 복층에 설치하고 환기·방습·방화 및 총받침대 등의 시설을 갖추어야 한다.
④ 탄약고는 무기고와 떨어진 곳에 설치하고, 그 위치는 사무실이나 그 밖에 여러 사람을 수용하거나 여러 사람이 오고 가는 시설로부터 격리되어야 한다.

해설
①·②·④ 규칙 제16조 제1항 제1호·제2호·제4호
③ 복층 → 단층(규칙 제16조 제1항 제3호)

정답 ③

05 청원경찰법령상 청원경찰의 무기대여 및 무기관리에 관한 설명으로 옳은 것은?
2009년 기출

① 청원주는 대여받은 무기와 탄약이 분실되는 등의 사고가 발생했을 때에는 지체 없이 그 사유를 관할 경찰서장에게 통보해야 한다.
② 청원주 및 청원경찰은 대통령령으로 정하는 무기관리수칙을 준수하여야 한다.
③ 청원주는 자신이 국가에 기부채납하지 않은 무기도 대여신청 후 국가로부터 대여받아 휴대할 수 있다.
④ 청원경찰은 무기를 손질하거나 조작할 때에는 반드시 총구를 바닥으로 향하게 하여야 한다.

해설 ① 규칙 제16조 제1항 제7호
② 대통령령 → 행정안전부령(영 제16조 제4항)
③ 국가에 기부채납된 무기에 한정하여 대여받을 수 있다(영 제16조 제2항).
④ 바닥으로 → 공중으로(규칙 제16조 제3항 제4호)

정답 ①

06 청원경찰법령상 무기관리수칙 등에 관한 설명으로 옳지 않은 것은? 2010년 기출

① 청원주는 무기와 탄약의 관리를 위하여 관리책임자를 지정하고 관할 경찰서장을 거쳐 관할 시·도경찰청장에게 그 사실을 통보하여야 한다.
② 청원주가 청원경찰이 휴대할 무기를 대여받으려는 경우에는 관할 경찰서장을 거쳐 시·도경찰청장에게 무기대여를 신청하여야 한다.
③ 대여받은 무기와 탄약을 청원주가 청원경찰에게 출납하려는 경우에는 원칙적으로 소총의 탄약은 1정당 15발 이내, 권총의 탄약은 1정당 7발 이내로 출납하여야 한다.
④ 청원주는 무기와 탄약을 출납하였을 때에는 무기·탄약 출납부에 그 출납사항을 기록하여야 한다.

해설 ① 청원주는 무기와 탄약의 관리를 위하여 관리책임자를 지정하고 관할 경찰서장에게 그 사실을 통보하여야 한다(규칙 제16조 제1항 제2호).
② 영 제16조 제1항
③·④ 규칙 제16조 제2항 제2호·제1호

정답 ①

07 청원경찰법령상 청원경찰의 복제와 무기휴대에 관한 설명으로 옳지 않은 것은? 2013년 기출

① 시·도경찰청장은 청원경찰이 직무를 수행하기 위하여 필요하다고 인정하면 청원주의 신청을 받아 관할 경찰서장으로 하여금 청원경찰에게 무기를 대여하여 지니게 할 수 있다.
② 청원주가 청원경찰이 휴대할 무기를 대여받으려는 경우에는 관할 경찰서장을 거쳐 시·도경찰청장에게 무기 대여를 신청해야 한다.
③ 청원주는 대여받은 무기와 탄약이 분실되거나 도난당하거나 빼앗기거나 훼손되는 등의 사고가 발생했을 때에는 지체 없이 그 사유를 관할 군부대장에게 통보해야 한다.
④ 청원주로부터 무기와 탄약을 지급받은 청원경찰은 무기를 인계인수할 때에는 반드시 "앞에 총" 자세에서 "검사 총"을 해야 한다.

해설 ① 법 제8조 제2항
② 영 제16조 제1항
③ 관할 군부대장 → 관할 경찰서장(규칙 제16조 제1항 제7호)
④ 규칙 제16조 제3항 제1호

정답 ③

08 청원경찰법령상 무기관리수칙에 관한 설명으로 옳지 않은 것은?

2016년 기출

① 청원주는 대여받은 무기와 탄약이 분실되거나 도난당하거나 빼앗기거나 훼손되는 등의 사고가 발생했을 때에는 지체 없이 그 사유를 지방자치단체장에게 통보해야 한다.
② 청원주가 무기와 탄약을 대여받았을 때에는 경찰청장이 정하는 무기·탄약 출납부 및 무기장비 운영카드를 갖춰 두고 기록하여야 한다.
③ 청원주는 수리가 필요한 무기가 있을 때에는 그 목록과 무기장비 운영카드를 첨부하여 관할 경찰서장에게 수리를 요청할 수 있다.
④ 청원주는 주벽이 심한 청원경찰에게 무기와 탄약을 지급해서는 아니되며, 지급한 무기와 탄약은 회수하여야 한다.

해설 ① 지방자치단체장 → 관할 경찰서장(규칙 제16조 제1항 제7호)
② 규칙 제16조 제1항 제1호
③ 규칙 제16조 제2항 제4호
④ 출제 당시에는 옳은 지문이었으나, 2022. 11. 10. 개정 시 삭제되었다(규칙 제16조 제4항 참조).

정답 ①·④

09 청원경찰법령상 청원주의 무기관리수칙에 관한 설명으로 옳은 것은?

2018년 기출

① 탄약고는 무기고와 떨어진 곳에 설치하고, 그 위치는 사무실이나 그 밖에 여러 사람을 수용하거나 여러 사람이 오고 가는 시설로부터 인접해 있어야 한다.
② 무기와 탄약을 대여 받았을 때에는 시·도경찰청장이 정하는 무기·탄약 출납부 등을 갖춰 두고 기록하여야 한다.
③ 대여 받은 무기와 탄약이 분실되거나 도난당하는 등의 사고가 발생했을 때에는 지체 없이 그 사유를 관할 경찰서장에게 통보해야 한다.
④ 청원경찰에게 지급한 무기와 탄약은 매월 1회 이상 손질하게 하여야 한다.

해설 ① 인접해 있어야 한다 → 격리되어야 한다(규칙 제16조 제1항 제4호)
② 시·도경찰청장이 → 경찰청장(규칙 제16조 제1항 제1호)
③ 규칙 제16조 제1항 제7호
④ 매월 → 매주(규칙 제16조 제2항 제3호)

정답 ③

10 청원경찰법령상 청원주의 무기관리수칙에 관한 설명으로 옳지 않은 것은? 〈2022년 기출〉

① 청원주가 무기와 탄약을 대여받았을 때에는 경찰청장이 정하는 무기·탄약 출납부 및 무기장비 운영카드를 갖춰 두고 기록하여야 한다.
② 청원주는 무기와 탄약의 관리를 위하여 관리책임자를 지정하고 관할 경찰서장에게 그 사실을 통보하여야 한다.
③ 무기고와 탄약고에는 이중 잠금장치를 하고, 열쇠는 숙직책임자가 보관하되, 근무시간 이후에는 관리책임자에게 인계하여 보관시켜야 한다.
④ 청원주는 경찰청장이 정하는 바에 따라 매월 무기와 탄약의 관리 실태를 파악하여 다음 달 3일까지 관할 경찰서장에게 통보하여야 한다.

해설 ①·②·④ 규칙 제16조 제1항 제1호·제2호·제6호
③ 숙직책임자 → 관리책임자 / 관리책임자 → 숙직책임자(규칙 제16조 제1항 제5호)

 ③

11 청원경찰법령상 무기관리수칙에 관한 설명으로 옳지 않은 것은? 〈2024년 기출〉

① 청원주가 무기와 탄약을 대여받았을 때에는 경찰청장이 정하는 무기·탄약 출납부 및 무기장비 운영카드를 갖춰 두고 기록하여야 한다.
② 청원주는 무기와 탄약이 분실되었을 때에는 경찰청장이 정하는 바에 따라 그 전액을 배상해야 하지만, 전시·사변·천재지변이나 그 밖의 불가항력적인 사유가 있다고 경찰청장이 인정하였을 때에는 그렇지 않다.
③ 청원주로부터 무기와 탄약을 지급받은 청원경찰은 무기를 지급받거나 반납할 때에는 반드시 "앞에 총" 자세에서 "검사 총"을 하여야 한다.
④ 청원주는 사직 의사를 밝힌 청원경찰에게 무기와 탄약을 지급해서는 안 되며, 지급한 무기와 탄약은 즉시 회수해야 한다.

해설 ① 규칙 제16조 제1항 제1호
② 경찰청장이 인정 → 시·도경찰청장이 인정(규칙 제16조 제1항 제8호)
③ 규칙 제16조 제3항 제1호
④ 규칙 제16조 제4항

 ②

12 다음 중 청원주의 무기관리수칙에 대한 설명으로 틀린 것을 모두 고른 것은?

ㄱ. 청원주가 무기와 탄약을 대여받았을 때에는 경찰청장이 정하는 무기·탄약 대여대장 및 무기장비 운영카드를 갖춰 두고 기록하여야 한다.
ㄴ. 무기고와 탄약고에는 이중 잠금장치를 하고, 열쇠는 청원주가 보관하되, 근무시간 이후에는 교대근무자에게 인계하여 보관시켜야 한다.
ㄷ. 청원주는 관할 경찰관서장이 정하는 바에 따라 매월 무기와 탄약의 관리 실태를 파악하여 다음 달 3일까지 관할 경찰서장에게 통보하여야 한다.
ㄹ. 청원주는 대여받은 무기와 탄약이 분실되거나 도난당하거나 빼앗기거나 훼손되는 등의 사고가 발생했을 때에는 24시간 이내에 그 사유를 관할 경찰서장에게 통보해야 한다.
ㅁ. 탄약고는 무기고와 같은 장소에 설치하고, 그 위치는 사무실로부터 격리되어야 한다.

① ㄱ, ㄷ, ㄹ
② ㄱ, ㄴ, ㅁ
③ ㄴ, ㄹ, ㅁ
④ ㄱ, ㄴ, ㄷ, ㄹ, ㅁ

해설
ㄱ. 무기·탄약 대여대장 → 무기·탄약 출납부(규칙 제16조 제1항 제1호)
ㄴ. 청원주 → 관리책임자 / 교대근무자 → 숙직책임자(규칙 제16조 제1항 제5호)
ㄷ. 관할 경찰관서장이 → 경찰청장이(규칙 제16조 제1항 제6호)
ㄹ. 24시간 이내에 → 지체 없이(규칙 제16조 제1항 제7호)
ㅁ. 같은 장소 → 떨어진 곳(규칙 제16조 제1항 4호)

정답 ④

13 다음 ( ) 안의 A, B에 알맞은 숫자는? 2006년 기출

청원주가 청원경찰에게 무기 및 탄약을 출납할 때 소총은 1정당 (A)발 이내, 권총은 1정당 (B)발 이내로 하여야 한다.

① A : 10, B : 5
② A : 15, B : 7
③ A : 15, B : 5
④ A : 10, B : 7

해설 소총의 탄약은 1정당 '15발' 이내, 권총의 탄약은 1정당 '7발' 이내로 출납하여야 한다(규칙 제16조 제2항 제2호).

정답 ②

14 청원경찰법령상 무기 및 탄약을 지급받은 청원경찰이 준수해야 할 사항 중 맞는 것은? 2007년 기출

① 별도의 지시가 없는 한 무기와 탄약을 분리하여 휴대한다.
② 무기를 타인에게 보관시킬 수 없으나, 손질은 의뢰할 수 있다.
③ 근무시간 이후에는 다음 근무시간까지 자신만이 아는 비밀스런 장소에 보관해두어야 한다.
④ 무기를 손질하거나 조작할 때는 반드시 총구가 지면을 향하도록 해야 한다.

해설 ① 규칙 제16조 제3항 제2호
② 손질도 의뢰할 수 없다(규칙 제16조 제3항 제3호).
③ 근무시간 이후에는 무기와 탄약을 청원주에게 반납하거나 교대근무자에게 인계하여야 한다(규칙 제16조 제3항 제6호).
④ 지면을 → 공중으로(규칙 제16조 제3항 제4호)

정답 ①

15 청원경찰법령상 청원주로부터 무기 및 탄약을 지급받은 청원경찰의 무기관리수칙에 관한 내용으로 옳은 것을 모두 고른 것은?   2012년 기출

> ㄱ. 지급받은 무기는 다른 사람에게 보관하거나 휴대시킬 수 없으며 손질을 의뢰할 수 없다.
> ㄴ. 무기와 탄약을 지급받았을 때에는 별도의 지시가 없으면 무기와 탄약을 분리하여 휴대하여야 하며, 소총은 "우로 어깨 걸어 총"의 자세를 유지하고, 권총은 "권총집에 넣어 총"의 자세를 유지하여야 한다.
> ㄷ. 무기를 손질 또는 조작할 때에는 반드시 총구를 바닥으로 향하여야 한다.
> ㄹ. 무기를 지급받거나 반납할 때 또는 인계인수할 때에는 반드시 "검사총" 자세 이후 "앞에 총"을 하여야 한다.

① ㄱ, ㄴ
② ㄱ, ㄹ
③ ㄴ, ㄷ
④ ㄷ, ㄹ

해설 ㄱ. 규칙 제16조 제3항 제3호
ㄴ. 규칙 제16조 제3항 제2호
ㄷ. 바닥으로 → 공중으로(규칙 제16조 제3항 제4호)
ㄹ. "앞에 총" 자세에서 "검사 총"을 하여야 한다(규칙 제16조 제3항 제1호).

정답 ①

16 청원경찰법령상 무기관리수칙에 관한 설명으로 옳지 않은 것은?   2015년 기출

① 청원주는 청원경찰에게 지급한 무기와 탄약을 매주 1회 이상 손질하게 하여야 한다.
② 청원주는 사직 의사를 밝힌 청원경찰에게 무기와 탄약을 지급해서는 안 된다.
③ 청원주는 수리가 필요한 무기가 있을 때에는 그 목록과 무기장비 운영카드를 첨부하여 관할 시·도경찰청장에게 수리를 요청할 수 있다.
④ 청원경찰은 무기를 지급받거나 반납할 때 또는 인계인수할 때에는 반드시 '앞에 총' 자세에서 '검사 총'을 하여야 한다.

해설 ① 규칙 제16조 제2항 제3호
② 규칙 제16조 제4항 제3호
③ 시·도경찰청장 → 경찰서장(규칙 제16조 제2항 제4호)
④ 규칙 제16조 제3항 제1호

정답 ③

17 청원경찰법령상 무기관리수칙에 관한 설명으로 옳지 않은 것은? 2023년 기출

① 무기고와 탄약고에는 이중 잠금장치를 하고, 열쇠는 관리책임자가 보관하되, 근무시간 이후에는 숙직책임자에게 인계하여 보관시켜야 한다.
② 소총의 탄약은 1정당 10발 이내, 권총의 탄약은 1정당 5발 이내로 출납하여야 한다.
③ 청원주는 무기와 탄약이 분실되거나 도난당하거나 빼앗기거나 훼손되었을 때에는 경찰청장이 정하는 바에 따라 그 전액을 배상하는 것이 원칙이다.
④ 청원경찰에게 지급한 무기와 탄약은 매주 1회 이상 손질하게 하여야 한다.

해설 ① 규칙 제16조 제1항 제5호
② 10발 → 15발 / 5발 → 7발(규칙 제16조 제2항 제2호)
③ 규칙 제16조 제1항 제8호
④ 규칙 제16조 제2항 제3호

정답 ②

18 청원경찰법령상 무기와 탄약을 지급받은 청원경찰의 준수사항으로 옳지 않은 것은? 2019년 기출

① 무기를 지급받거나 반납할 때 또는 인계인수할 때에는 반드시 "앞에 총" 자세에서 "검사 총"을 하여야 한다.
② 무기와 탄약을 지급받았을 때에는 별도의 지시가 없으면 무기와 탄약을 분리하여 휴대하여야 한다.
③ 지급받은 무기는 다른 사람에게 보관 또는 휴대하게 할 수 없으며 손질을 의뢰할 수 없다.
④ 근무시간 이후에는 무기와 탄약을 관리책임자에게 반납하여야 한다.

해설 ①·②·③ 규칙 제16조 제3항 제1호·제2호·제3호
④ 근무시간 이후에는 무기와 탄약을 '청원주'에게 반납하거나 교대근무자에게 인계하여야 한다(규칙 제16조 제3항 제6호).

정답 ④

19 청원경찰법령상 청원경찰에 관한 설명으로 옳은 것은? 2009년 기출

① 청원경찰의 복무에 관하여는 지방공무원법에 관한 규정을 준용한다.
② 지방자치단체에 근무하는 청원경찰의 직무상 불법행위에 대한 배상책임에 관하여는 민법의 규정에 의한다.
③ 청원주는 형사사건으로 조사대상이 된 자에게는 무기 및 탄약을 지급하여서는 아니된다.
④ 경찰서장은 관할 청원경찰에 대하여 그 직무집행에 관하여 필요한 교육을 매월 4시간 이상 실시하여야 한다.

해설
① 지방공무원법 → 국가공무원법 및 경찰공무원법(법 제5조 제4항)
② 민법 → 국가배상법(법 제10조의2 참조)
③ 규칙 제16조 제4항 제2호
④ 청원주는 소속 청원경찰에게 그 직무집행에 필요한 교육을 매월 4시간 이상 하여야 한다(규칙 제13조 제1항).

정답 ③

20 청원경찰법령상 청원주가 무기 및 탄약을 지급해서는 안 되며 이미 지급된 무기 및 탄약도 회수해야 하는 대상이 되지 않는 청원경찰을 모두 고른 것은?

| ㄱ. 가정환경이 불화한 사람 | ㄴ. 전과가 있는 사람 |
| ㄷ. 민사사건의 피고가 된 사람 | ㄹ. 이혼경력이 있는 사람 |

① ㄱ, ㄴ
② ㄴ, ㄷ
③ ㄷ, ㄹ
④ ㄱ, ㄴ, ㄷ, ㄹ

해설 ㄱ, ㄴ, ㄷ, ㄹ 모두 청원경찰법령상 무기·탄약의 지급제한 및 회수 대상자가 아니다(규칙 제16조 제4항 참조).

정답 ④

21 청원경찰법령상 청원주가 무기와 탄약을 지급해서는 안되는 청원경찰로 명시된 자는?

2014년 기출수정

① 민사소송의 피고로 소송 계류 중인 사람
② 사직 의사를 밝힌 사람
③ 주벽(酒癖)이 심한 사람
④ 변태적 성벽(性癖)이 있는 사람

해설 민사소송의 피고로 소송 계류 중인 사람은 명시되어 있지 않으며, 주벽이 심한 사람과 변태적 성벽이 있는 사람은 2022. 11. 10. 개정시 삭제되었다(규칙 제16조 제4항 참조).

정답 ②

22 청원경찰법령상 청원주가 무기와 탄약을 지급할 수 있는 청원경찰은?

2016년 기출수정

① 직무상 비위(非違)로 징계 대상이 된 사람
② 사직 의사를 밝힌 사람
③ 형사사건으로 조사 대상이 된 사람
④ 근무 중 휴대전화를 자주 사용하는 사람

해설 ①·②·③의 경우에는 무기와 탄약의 지급제한 대상에 해당하나, ④는 해당하지 않는다(규칙 제16조 제4항 참조).

정답 ④

23 청원경찰법령상 청원주가 무기와 탄약을 지급해서는 아니 되는 사람을 모두 고른 것은?

2021년 기출수정

> ㄱ. 형사사건으로 조사 대상이 된 사람
> ㄴ. 사직 의사를 밝힌 사람
> ㄷ. 평소에 불평이 심하고 염세적인 사람
> ㄹ. 치매, 조현병, 재발성 우울장애 등의 정신질환으로 인하여 무기와 탄약의 휴대가 적합하지 않다고 해당 분야 전문의가 인정하는 사람

① ㄱ, ㄷ
② ㄱ, ㄴ, ㄹ
③ ㄴ, ㄷ, ㄹ
④ ㄱ, ㄴ, ㄷ, ㄹ

해설 2022. 11. 10. 개정시 무기와 탄약의 지급제한 대상에서 ㄷ은 삭제되었으며, ㄹ은 신설되었다(규칙 제16조 제4항 참조).

정답 ②

24 청원경찰법령상 무기지급금지 및 회수절차에 관한 설명으로 옳은 것은?

① 청원주는 무기와 탄약을 지급하지 않거나 회수할 때에는 결정 통지서를 작성하여 7일 이내에 해당 청원경찰에게 통지해야 한다. 다만, 지급한 무기와 탄약의 신속한 회수가 필요하다고 인정되는 경우에는 무기와 탄약을 먼저 회수한 후 통지서를 내줄 수 있다.
② 청원주는 청원경찰에게 무기와 탄약을 지급하지 않거나 회수한 경우 지체 없이 관할 경찰서장에게 결정 통보서를 작성하여 통보해야 한다.
③ ②에 따라 통보를 받은 관할 경찰서장은 통보받은 날부터 15일 이내에 무기와 탄약의 지급제한 또는 회수의 적정성을 판단하기 위해 현장을 방문하여 해당 청원경찰의 의견을 청취하고 필요한 조치를 할 수 있다.
④ 청원주는 무기지급제한 및 회수사유가 소멸하게 된 경우에는 청원경찰에게 무기와 탄약을 지급할 수 있다.

해설 ① 7일 이내 → 지체 없이(규칙 제16조 제5항)
② 지체 없이 → 7일 이내(규칙 제16조 제6항)
③ 15일 이내 → 14일 이내(규칙 제16조 제7항)
④ 규칙 제16조 제8항

정답 ④

25 청원경찰법령상 무기지급금지 및 회수절차에 관한 설명으로 옳은 것은?

① 청원주는 무기와 탄약을 지급하지 않거나 회수할 때에는 결정 통지서를 작성하여 지체 없이 관할 경찰서장에게 통지해야 한다.
② 청원주는 청원경찰에게 무기와 탄약을 지급하지 않거나 회수한 경우 7일 이내 관할 경찰서장에게 결정 통보서를 작성하여 통보해야 한다.
③ ②에 따라 통보를 받은 관할 경찰서장은 통보받은 날부터 14일 이내에 무기와 탄약의 지급제한 또는 회수의 적정성을 판단하기 위해 현장을 방문하여 해당 청원주의 의견을 청취하고 필요한 조치를 할 수 있다.
④ 청원주는 무기지급제한 및 회수사유가 소멸하게 된 경우에는 청원경찰에게 무기와 탄약을 지급해야 한다.

> **해설**
> ① 관할 경찰서장 → 해당 청원경찰(규칙 제16조 제5항)
> ② 규칙 제16조 제6항
> ③ 청원주 → 청원경찰(규칙 제16조 제7항)
> ④ 지급해야 한다 → 지급할 수 있다(규칙 제16조 제8항)

 ②

CHAPTER 05 보칙 및 벌칙·과태료

제1절 보칙

I 감독 등

1 감독

(1) 감독주체

① 청원주의 지도·감독주체 : 시·도경찰청장은 청원경찰의 효율적인 운영을 위하여 청원주를 지도하며 감독상 필요한 명령을 할 수 있다(법 제9조의3 제2항).

② 경비구역의 감독주체 : 관할 경찰서장은 매달 1회 이상 청원경찰을 배치한 경비구역에 대하여 다음의 사항을 감독하여야 한다(영 제17조).
  ㉠ 복무규율과 근무상황
  ㉡ 무기의 관리 및 취급 사항

③ 청원경찰의 감독주체 : 청원주는 항상 소속 청원경찰의 근무상황을 감독하고, 근무수행에 필요한 교육을 하여야 한다(법 제9조의3 제1항).

(2) 감독자의 지정

2명 이상의 청원경찰을 배치한 사업장의 청원주는 청원경찰의 지휘·감독을 위하여 청원경찰 중에서 유능한 사람을 선정하여 감독자로 지정하여야 한다. 감독자는 조장, 반장 또는 대장으로 하며, 그 지정기준은 다음과 같다(규칙 제19조).

근무인원	직급별 지정기준		
	조장	반장	대장
9명까지	1명		
10명 이상 29명 이하	2~3명	1명	
30명 이상 40명 이하	3~4명	1명	
41명 이상 60명 이하	6명	2명	1명
61명 이상 120명 이하	12명	4명	1명

2 경비전화 가설

(1) 가설권자
관할 경찰서장은 청원주의 신청에 따라 경비를 위하여 필요하다고 인정할 때에는 청원경찰이 배치된 사업장에 경비전화를 가설할 수 있다(규칙 제20조 제1항).

(2) 비용부담
경비전화를 가설할 때 드는 비용은 청원주가 부담한다(규칙 제20조 제2항).

Ⅲ 권한의 위임

1 시·도경찰청장의 권한위임

(1) 의 의
「청원경찰법」에 따른 시·도경찰청장의 권한은 그 일부를 대통령령으로 정하는 바에 따라 관할 경찰서장에게 위임할 수 있다(법 제10조의3).

(2) 위임권한
시·도경찰청장은 다음의 권한을 관할 경찰서장에게 위임한다. 다만, 청원경찰을 배치하고 있는 사업장이 하나의 경찰서의 관할구역에 있는 경우로 한정한다(영 제20조).

> ① 청원경찰 배치의 결정 및 요청에 관한 권한
> ② 청원경찰의 임용승인에 관한 권한
> ③ 청원주에 대한 지도 및 감독상 필요한 명령에 관한 권한
> ④ 과태료 부과·징수에 관한 권한

2 청원주의 권한위임

(1) 위임권한
「경비업법」에 따른 경비업자가 중요시설의 경비를 도급받았을 때에는 청원주는 그 사업장에 배치된 청원경찰의 근무배치 및 감독에 관한 권한을 해당 경비업자에게 위임할 수 있다(영 제19조 제1항).

(2) 보수·신분상 불이익금지
청원주는 경비업자에게 청원경찰의 근무배치 및 감독에 관한 권한을 위임한 경우에 이를 이유로 청원경찰의 보수나 신분상의 불이익을 주어서는 아니된다(영 제19조 제2항).

Ⅲ 민감정보 및 고유식별정보의 처리

시·도경찰청장 또는 경찰서장은 다음의 사무를 수행하기 위하여 불가피한 경우 「개인정보 보호법」에 따른 건강에 관한 정보와 같은 법 시행령에 따른 범죄경력자료에 해당하는 정보, 주민등록번호 또는 외국인등록번호가 포함된 자료를 처리할 수 있다(영 제20조의2).

> ① 청원경찰의 임용·배치 등 인사관리에 관한 사무
> ② 청원경찰의 제복 착용 및 무기 휴대에 관한 사무
> ③ 청원주에 대한 지도·감독에 관한 사무
> ④ 위 ①·②·③의 사무를 수행하기 위하여 필요한 사무

제2절 벌칙 및 과태료

Ⅰ 벌칙

1 직권남용금지

청원경찰이 직무를 수행할 때 직권을 남용하여 국민에게 해를 끼친 경우에는 6개월 이하의 징역이나 금고에 처한다(법 제10조 제1항).

2 쟁의행위금지

청원경찰은 파업, 태업 또는 그 밖에 업무의 정상적인 운영을 방해하는 일체의 쟁의행위를 하여서는 아니된다(법 제9조의4).[110] 이를 위반하여 파업, 태업 또는 그 밖에 업무의 정상적인 운영을 방해하는 쟁의행위를 한 사람은 1년 이하의 징역 또는 1천만원 이하의 벌금에 처한다(법 제11조).

---

[110] 개정 전 법률에 의하면 청원경찰은 단결권, 단체교섭권 및 단체행동권을 제한받고 있었다. 이와 관련 헌법재판소는 헌법불합치결정을 선고하였고(헌재 2017.9.28, 2015헌마653), 이에 청원경찰에 대한 단체행동권을 제외한 단결권과 단체교섭권을 인정하도록 개정(2018.9.18.)된 것이다.

Ⅲ 과태료

1 과태료 부과대상

다음의 어느 하나에 해당하는 자에게는 500만원 이하의 과태료를 부과한다(법 제12조 제1항).

> ① 시·도경찰청장의 배치결정을 받지 아니하고 청원경찰을 배치한 자
> ② 시·도경찰청장의 승인을 받지 아니하고 청원경찰을 임용한 자
> ③ 정당한 사유 없이 경찰청장이 고시한 최저부담기준액 이상의 보수를 지급하지 아니한 자
> ④ 청원경찰의 효율적인 운영을 위하여 시·도경찰청장이 발한 감독상 필요한 명령을 정당한 사유 없이 이행하지 아니한 자

2 과태료 부과기준

과태료의 부과기준은 다음과 같다(영 제21조 제1항 별표2).

위반행위	과태료 금액
① 시·도경찰청장의 배치결정을 받지 않고 국가중요시설(국가정보원장이 지정하는 국가보안목표시설을 말함)에 청원경찰을 배치한 경우	500만원
시·도경찰청장의 배치결정을 받지 않고 국가중요시설 외의 시설에 청원경찰을 배치한 경우	400만원
② 시·도경찰청장의 승인을 받지 않고 임용 결격사유에 해당하는 청원경찰을 임용한 경우	500만원
시·도경찰청장의 승인을 받지 않고 임용 결격사유에 해당하지 않는 청원경찰을 임용한 경우	300만원
③ 정당한 사유 없이 경찰청장이 고시한 최저부담기준액 이상의 보수를 지급하지 않은 경우	500만원
④ 시·도경찰청장의 감독상 필요한 총기·실탄 및 분사기에 관한 명령을 정당한 사유 없이 이행하지 않은 경우	500만원
시·도경찰청장의 감독상 필요한 총기·실탄 및 분사기에 관한 명령 외의 명령을 정당한 사유 없이 이행하지 않은 경우	300만원

3 과태료 부과·징수

(1) 부과·징수권자
과태료는 대통령령으로 정하는 바에 따라 시·도경찰청장이 부과·징수한다(법 제12조 제2항).

(2) 가중·감경사유
① 시·도경찰청장은 위반행위의 동기, 내용 및 위반의 정도 등을 고려하여 과태료 부과기준에 따른 과태료 금액의 100분의 50의 범위에서 그 금액을 줄이거나 늘릴 수 있다(영 제21조 제2항 본문).
② 다만, 늘리는 경우에는 법정 과태료 금액의 상한을 초과할 수 없다(영 제21조 제2항 단서).

(3) 부과 고지서 등
① 과태료 부과의 사전 통지는 과태료 부과 사전 통지서에 따른다(규칙 제24조 제1항).
② 과태료의 부과는 과태료 부과 고지서에 따른다(규칙 제24조 제2항).
③ 경찰서장은 과태료처분을 하였을 때에는 과태료 부과 및 징수 사항을 과태료 수납부에 기록하고 정리하여야 한다(규칙 제24조 제3항).

5 보칙 및 벌칙·과태료

Target · 경비업법
기출 및 예상문제

제1절 보칙

01 청원경찰법령상 청원경찰의 효율적인 운영을 위하여 청원주를 지도하며 감독상 필요한 명령을 할 수 있는 자는? 2022년 기출

① 경찰서장 ② 시·도경찰청장
③ 지구대장 또는 파출소장 ④ 경찰청장

> **해설** '시·도경찰청장'은 청원경찰의 효율적인 운영을 위하여 청원주를 지도하며 감독상 필요한 명령을 할 수 있다(법 제9조의3 제1항). 그러나 시·도경찰청장은 청원주에 대한 지도 및 감독상 필요한 명령에 관한 권한을 '관할경찰서장'에게 위임한다(영 제20조 제3호). 따라서 ①도 복수정답으로 인정되었다.
>
> **정답** ① · ②

02 청원경찰법령의 내용으로 옳은 것은? 2019년 기출

① 청원주는 항상 소속 청원경찰의 근무상황을 감독하고, 근무 수행에 필요한 교육을 하여야 한다.
② 청원경찰 업무에 종사하는 사람은 「형법」에 따른 벌칙을 적용할 때에도 공무원으로 보지 않는다.
③ 청원경찰(국가기관이나 지방자치단체에 근무하는 청원경찰은 제외)의 직무상 불법행위에 대한 배상책임에 관하여는 「국가배상법」의 규정을 따른다.
④ 청원경찰이 직무를 수행할 때 직권을 남용하여 국민에게 해를 끼친 경우에는 6개월 이하의 금고나 구류에 처한다.

> **해설** ① 법 제9조의3 제1항
> ② 보지 않는다 → 본다(법 제10조 제2항)
> ③ 국가배상법 → 민법(법 제10조의2)
> ④ 금고나 구류 → 징역이나 금고(법 제10조 제1항)
>
> **정답** ①

03 청원경찰법령상 청원경찰의 감독에 관한 설명으로 옳지 않은 것은?

2023년 기출

① 청원주는 항상 소속 청원경찰의 근무 상황을 감독하고, 근무 수행에 필요한 교육을 하여야 한다.
② 시·도경찰청장은 청원경찰의 효율적인 운영을 위하여 청원주를 지도하며 감독상 필요한 명령을 할 수 있다.
③ 관할 경찰서장은 매주 1회 이상 청원경찰을 배치한 경비구역에 대하여 복무규율과 근무 상황, 무기의 관리 및 취급 사항을 감독하여야 한다.
④ 2명 이상의 청원경찰을 배치한 사업장의 청원주는 청원경찰의 지휘·감독을 위하여 청원경찰 중에서 유능한 사람을 선정하여 감독자로 지정하여야 한다.

해설
①·② 법 제9조의3 제1항·제2항
③ 매주 → 매달(영 제17조)
④ 규칙 제19조 제1항

정답 ③

04 다음 중 청원경찰법령상 감독 등에 대한 설명으로 옳은 것은?

① 관할 경찰서장은 항상 소속 청원경찰의 근무 상황을 감독하고, 근무 수행에 필요한 교육을 하여야 한다.
② 경찰청장 또는 시·도경찰청장은 청원경찰의 효율적인 운영을 위하여 청원주를 지도하며 감독상 필요한 명령을 할 수 있다.
③ 시·도경찰청장 또는 관할 경찰관서장은 소속 경찰공무원으로 하여금 청원경찰 배치장소에 출입하여 근무상황 및 교육훈련상황 등을 감독하며 필요한 명령을 하게 할 수 있다.
④ 관할 경찰서장은 매달 1회 이상 청원경찰을 배치한 경비구역에 대하여 복무규율과 근무상황, 무기의 관리 및 취급 사항을 감독하여야 한다.

해설
① 관할 경찰서장은 → 청원주는(법 제9조의3 제1항)
② 경찰청장 또는 시·도경찰청장 → 시·도경찰청장(법 제9조의3 제2항)
③ 청원경찰 → 경비원(경비업법 제24조 제2항의 내용이다)
④ 영 제17조

정답 ④

05 청원경찰법령상 청원경찰의 직무 등에 관한 설명으로 옳지 않은 것은?

2018년 기출

① 「경찰관직무집행법」에 따른 직무 외의 수사활동 등 사법경찰관리의 직무를 수행해서는 아니 된다.
② 청원경찰 업무에 종사하는 사람은 「형법」이나 그 밖의 법령에 따른 벌칙을 적용할 때에는 공무원으로 본다.
③ 청원경찰이 직무를 수행할 때 직권을 남용하여 국민에게 해를 끼친 경우에는 6개월 이하의 징역이나 금고에 처한다.
④ 관할 경찰서장은 매달 2회 이상 청원경찰의 복무규율과 근무 상황을 감독하여야 한다.

해설 ① 규칙 제21조 제2항
② 법 제10조 제2항
③ 법 제10조 제1항
④ 매달 2회 이상 → 매달 1회 이상(영 제17조)

정답 ④

06 다음 중 청원경찰법령상 관할 경찰서장이 매달 1회 이상 청원경찰을 배치한 경비구역에 대하여 감독할 사항이 아닌 것은?

① 복무규율
② 근무상황
③ 무기의 관리 및 취급사항
④ 비밀취급 사항

해설 관할 경찰서장은 매달 1회 이상 청원경찰을 배치한 경비구역에 대하여 복무규율과 근무상황, 무기의 관리 및 취급사항을 감독하여야 한다(영 제17조).

정답 ④

07 청원경찰법령상 청원경찰의 감독에 관한 설명으로 옳지 않은 것은?   2024년 기출

① 청원주는 항상 소속 청원경찰의 근무 상황을 감독하여야 한다.
② 청원주는 소속 청원경찰에게 근무 수행에 필요한 교육을 하여야 한다.
③ 관할 경찰서장은 매달 1회 이상 청원경찰을 배치한 경비구역에 대하여 복무규율과 근무 상황을 감독하여야 한다.
④ 2명 이상의 청원경찰을 배치한 사업장의 청원주는 청원경찰의 지휘·감독을 위하여 청원경찰 중에서 경력이 많은 사람을 선정하여 감독자로 지정하여야 한다.

해설 ①·② 법 제9조의3 제1항
③ 영 제17조 제1호
④ 경력이 많은 → 유능한(규칙 제19조)

정답 ④

08 청원경찰법령상 청원경찰의 지휘·감독을 위한 감독자 지정기준에 관한 설명으로 옳지 않은 것은?
2015년 기출

① 근무인원이 9명인 경우 반장 1명을 지정하여야 한다.
② 근무인원이 30명인 경우 반장 1명, 조장 3~4명을 지정하여야 한다.
③ 근무인원이 60명인 경우 대장 1명, 반장 2명, 조장 6명을 지정하여야 한다.
④ 근무인원이 100명인 경우 대장 1명, 반장 4명, 조장 12명을 지정하여야 한다.

해설 ① 근무인원이 9명인 경우 '조장' 1명을 지정하여야 한다(규칙 제19조 제2항 별표4 참조).
②·③·④ 규칙 제19조 제2항 별표4 참조

정답 ①

09 청원경찰법령상 사업장의 청원주가 감독자 지정기준에 의할 때 근무인원이 100명일 경우에 대장, 반장, 조장의 인원을 순서대로 나열한 것은? 2017년 기출

① 0명, 1명, 4명
② 1명, 2명, 6명
③ 1명, 4명, 12명
④ 1명, 6명, 15명

해설 근무인원이 61명 이상 120명 이하인 경우에는 대장 1명, 반장 4명, 조장 12명을 지정하여야 한다(규칙 제19조 별표4 참조).

정답 ③

10 청원경찰법령상 청원경찰의 배치 근무인원별 감독자 지정기준으로 옳지 않은 것은? 2020년 기출

① 근무인원 7명 : 조장 1명
② 근무인원 37명 : 반장 1명, 조장 5명
③ 근무인원 57명 : 대장 1명, 반장 2명, 조장 6명
④ 근무인원 97명 : 대장 1명, 반장 4명, 조장 12명

해설 근무인원이 30명 이상 40명 이하인 경우 반장 1명, 조장 3~4명을 지정하여야 한다(규칙 제19조 제2항 별표4 참조).

정답 ②

11 청원경찰법령상 감독자 지정기준에 관한 내용으로 옳은 것은? 2021년 기출

① 근무인원이 10명 이상 29명 이하 : 반장 1명, 조장 1명
② 근무인원이 30명 이상 40명 이하 : 반장 1명, 조장 3~4명
③ 근무인원이 41명 이상 60명 이하 : 대장 1명, 반장 2명, 조장 4~5명
④ 근무인원이 61명 이상 120명 이하 : 대장 1명, 반장 3명, 조장 10명

해설 ①은 반장 1명, 조장 2~3명, ③은 대장 1명, 반장 2명, 조장 6명, ④는 대장 1명, 반장 4명, 조장 12명이다(규칙 제19조 제2항 별표4 참조).

정답 ②

12 청원경찰법령상 내용으로 옳지 않은 것은? 2011년 기출

① 2명 이상의 청원경찰을 배치한 사업장의 청원주는 청원경찰의 지휘·감독을 위하여 청원경찰 중에서 유능한 사람을 선정하여 감독자로 지정하여야 한다.
② 관할 경찰서장은 청원주의 신청에 따라 경비를 위하여 필요하다고 인정할 때에는 청원경찰이 배치된 사업장에 경비전화를 가설할 수 있으며, 가설에 드는 비용은 관할 경찰서장이 부담한다.
③ 청원경찰이 직무를 수행할 때에는 경비목적을 위하여 필요한 최소한의 범위에서 하여야 한다.
④ 시·도경찰청장, 관할 경찰서장 또는 청원주는 청원경찰에게 표창을 수여할 수 있다.

해설 ① 규칙 제19조 제1항
② 관할 경찰서장이 부담 → 청원주가 부담(규칙 제20조 제2항)
③ 규칙 제21조 제1항
④ 규칙 제18조

정답 ②

13 청원경찰법령상 청원경찰을 배치하고 있는 사업장이 하나의 경찰서 관할구역 안에 있는 경우 시·도경찰청장이 관할 경찰서장에게 위임할 수 없는 권한은?   2009년 기출

① 청원경찰의 배치결정 및 요청에 관한 권한
② 청원경찰의 임용승인에 관한 권한
③ 청원경찰의 특수복장 착용에 대한 승인 권한
④ 과태료 부과·징수에 관한 권한

해설 시·도경찰청장은 다음의 권한을 관할 경찰서장에게 위임한다. 다만, 청원경찰을 배치하고 있는 사업장이 하나의 경찰서의 관할구역에 있는 경우로 한정한다(영 제20조).
㉠ 청원경찰 배치의 결정 및 요청에 관한 권한
㉡ 청원경찰의 임용승인에 관한 권한
㉢ 청원주에 대한 지도 및 감독상 필요한 명령에 관한 권한
㉣ 과태료 부과·징수에 관한 권한

정답 ③

14 청원경찰법령상 관할 경찰서장에게 위임된 권한이 아닌 것은? (청원경찰을 배치하고 있는 사업장이 하나의 경찰서의 관할구역에 있는 경우에 한함)   2011년 기출

① 청원주에 대한 지도 및 감독상 필요한 명령에 관한 권한
② 청원경찰 임용승인에 관한 권한
③ 청원경찰 배치의 결정 및 요청에 관한 권한
④ 청원경찰에게 지급할 봉급·수당의 최저부담기준 결정에 관한 권한

해설 ④는 위임된 권한이 아니다(영 제20조 참조).

정답 ④

15 청원경찰법령상 관할 경찰서장에게 위임할 수 있는 시·도경찰청장의 권한이 아닌 것은?   2012년 기출

① 청원경찰 배치의 결정 및 요청
② 청원경찰의 임용승인
③ 청원경찰의 징계처분 요청
④ 청원경찰법상 과태료 부과·징수

해설 ③은 위임할 수 있는 권한이 아니다(영 제20조 참조).

정답 ③

16 청원경찰을 배치한 A은행은 서울 서초구 서초동에 소재하고 있다. 이 경우 청원경찰법령상 서울특별시경찰청장이 서초경찰서장에게 위임할 수 있는 권한으로 옳지 않은 것은? _{2017년 기출}

① 청원경찰 배치의 결정 및 요청에 관한 권한
② 청원경찰의 임용승인에 관한 권한
③ 청원주에 대한 지도 및 감독상 필요한 명령에 관한 권한
④ 청원경찰의 무기 대여 및 휴대에 관한 권한

해설 위임할 수 있는 권한은 ①·②·③과 과태료 부과·징수에 관한 권한이다(영 제20조 참조). 따라서 ④는 위임할 수 있는 권한에 해당하지 않는다.

정답 ④

17 청원경찰법령상 청원경찰을 배치하고 있는 사업장이 하나의 경찰서의 관할구역에 있는 경우, 시·도경찰청장이 관할 경찰서장에게 위임하는 권한으로 명시되지 않은 것은? _{2020년 기출}

① 청원경찰 배치의 결정 및 요청에 관한 권한
② 청원경찰의 임용승인에 관한 권한
③ 무기의 관리 및 취급사항을 감독하는 권한
④ 청원주에 대한 지도 및 감독상 필요한 명령에 관한 권한

해설 ①·②·④ 영 제20조 참조
③ 관할 경찰서장은 매달 1회 이상 청원경찰을 배치한 경비구역에 대하여 복무규율과 근무 상황, 무기의 관리 및 취급 사항을 감독하여야 한다(영 제17조).

정답 ③

18 다음은 청원경찰법령의 내용이다. 정오(正誤)가 바르게 나열된 것은?

> ㄱ. 시·도경찰청장, 관할 경찰서장 또는 청원주는 성실히 직무를 수행하여 근무성적이 탁월한 청원경찰에게 우등상을 수여할 수 있다.
> ㄴ. 2명 이상의 청원경찰을 배치한 사업장의 청원주는 청원경찰의 지휘·감독을 위하여 청원경찰 중에서 연장자를 선정하여 감독자로 지정하여야 한다.
> ㄷ. 청원경찰이 직무를 수행할 때에 「경찰관 직무집행법」에 따라 하여야 할 모든 보고는 관할 경찰서장에게 구두로 보고하기 전에 서면으로 보고하고 그 지시에 따라야 한다.
> ㄹ. 「경비업법」에 따른 경비업자가 중요 시설의 경비를 도급받았을 때에는 청원주는 그 사업장에 배치된 청원경찰의 임용 및 해임에 관한 권한을 해당 경비업자에게 위임할 수 있다.
> ㅁ. 청원경찰은 평상근무 중에 총기를 휴대하지 아니할 때에는 분사기를 휴대하여야 한다.

① ㄱ(O), ㄴ(O), ㄷ(O), ㄹ(O), ㅁ(O)
② ㄱ(O), ㄴ(×), ㄷ(O), ㄹ(×), ㅁ(O)
③ ㄱ(×), ㄴ(O), ㄷ(×), ㄹ(O), ㅁ(×)
④ ㄱ(×), ㄴ(×), ㄷ(×), ㄹ(×), ㅁ(O)

> [해설] ㄱ. 우등상 → 공적상(규칙 제18조)
> ㄴ. 연장자를 → 유능한 사람을(규칙 제19조 제1항)
> ㄷ. 관할 경찰서장에게 서면으로 보고하기 전에 지체 없이 구두로 보고하고 그 지시에 따라야 한다 (규칙 제22조).
> ㄹ. 임용 및 해임에 관한 권한 → 근무 배치 및 감독에 관한 권한(영 제19조 제1항)
> ㅁ. 규칙 제9조 제3항
>
> 정답 ④

19 청원경찰법령에 관한 내용으로 옳지 않은 것은? 2012년 기출

① 청원경찰 업무에 종사하는 사람은 형법이나 그 밖의 법령에 따른 벌칙을 적용할 때에는 공무원으로 본다.
② 경비업법에 따른 경비업자가 중요시설의 경비를 도급받았을 때에는 시·도경찰청장은 그 사업장에 배치된 청원경찰의 근무 배치 및 감독에 관한 권한을 해당 경비업자에게 위임할 수 있다.
③ 청원경찰을 배치하고 있는 사업장이 하나의 경찰서의 관할구역에 있는 경우 시·도경찰청장은 청원주에 대한 지도 및 감독상 필요한 명령에 관한 권한을 관할경찰서장에게 위임한다.
④ 관할 경찰서장은 매달 1회 이상 청원경찰을 배치한 경비구역에 대하여 복무규율과 근무상황, 무기의 관리 및 취급 사항을 감독하여야 한다.

> [해설] ① 법 제10조 제2항
> ② 시·도경찰청장은 → 청원주는(영 제19조 제1항)
> ③ 영 제20조
> ④ 영 제17조
>
> 정답 ②

20 다음 중 시·도경찰청장이 청원경찰의 임용 등에 관한 사무를 수행하기 위하여 불가피한 경우 처리할 수 있는 민감정보 및 고유식별정보에 해당하지 않는 것은?

① 건강에 관한 정보
② 범죄경력자료에 해당하는 자료
③ 운전면허의 면허번호가 포함된 자료
④ 주민등록번호가 포함된 자료

> [해설] 건강에 관한 정보와 범죄경력자료에 해당하는 정보, 주민등록번호 또는 외국인등록번호가 포함된 자료를 처리할 수 있다(영 제20조의2).
>
> 정답 ③

21 청원경찰법령상 민감정보 및 고유식별정보를 처리할 수 있는 사무가 아닌 것은?

① 청원주에 대한 지도·감독에 관한 사무
② 청원경찰의 제복 착용 및 무기 휴대에 관한 사무
③ 청원주에 대한 과태료 부과·징수에 관한 사무
④ 청원경찰의 임용, 배치 등 인사관리에 관한 사무

해설 시·도경찰청장 또는 경찰서장은 ①·②·④ 등의 사무를 수행하기 위하여 불가피한 경우 민간정보 및 고유식별정보를 처리할 수 있다(영 제20조의2 참조).

정답 ③

22 다음 중 청원경찰법령상 내용으로 옳은 것은?

① 청원주가 갖춰 두어야 할 문서와 장부의 서식은 행정안전부령으로 정한다.
② 경찰서장은 청원주에 대한 지도·감독에 관한 사무를 수행하기 위하여 불가피한 경우 주민등록번호가 포함된 자료를 처리할 수 있다.
③ 3명 이상의 청원경찰을 배치한 사업장의 청원주는 청원경찰의 지휘·감독을 위하여 청원경찰 중에서 유능한 사람을 선정하여 감독자로 지정하여야 한다.
④ 시·도경찰청장은 청원경찰의 배치에 관한 사무를 수행하기 위하여 불가피한 경우 노동조합·정당 가입에 관한 정보가 포함된 자료를 처리할 수 있다.

해설 ① 행정안전부령으로 정한다 → 경찰관서에서 사용하는 서식을 준용한다(규칙 제17조 제4항)
② 영 제20조의2
③ 3명 → 2명(규칙 제19조 제1항)
④ 노동조합·정당 가입에 관한 정보 → 건강에 관한 정보(영 제20조의2)

정답 ②

제2절 벌칙 및 과태료

01 청원경찰이 직무를 수행함에 있어서 직권을 남용하여 국민에게 해를 끼친 경우 처벌은?

2004년 기출

① 6월 이하의 징역이나 금고
② 2년 이하의 징역이나 금고
③ 1년 이하의 징역이나 금고
④ 3년 이하의 징역이나 금고

해설 청원경찰이 직무를 수행할 때 직권을 남용하여 국민에게 해를 끼친 경우에는 6개월 이하의 징역이나 금고에 처한다(법 제10조 제1항).

정답 ①

02 다음은 청원경찰법령의 내용이다. 정오(O·X)를 바르게 나열한 것은?

> ㄱ. 파업, 태업 또는 그 밖에 업무의 정상적인 운영을 방해하는 쟁의행위를 한 사람은 1년 이하의 징역 또는 200만원 이하의 벌금에 처한다.
> ㄴ. 청원경찰이 직무를 수행할 때 직권을 남용하여 국민에게 해를 끼친 경우에는 6개월 이하의 징역 또는 1천만원 이하의 벌금에 처한다.
> ㄷ. 이 법에 따른 경찰청장의 권한은 그 일부를 대통령령으로 정하는 바에 따라 시·도경찰청장에게 위임할 수 있다.
> ㄹ. 청원경찰은 청원주와 배치된 기관·시설 또는 사업장 등의 구역을 관할하는 경찰서장의 감독을 받아 그 경비구역만의 경비를 목적으로 필요한 범위에서 「경찰공무원법」에 따른 경찰관의 직무를 수행한다.
> ㅁ. 청원주는 「총포·도검·화약류 등의 안전관리에 관한 법률」에 따른 무기의 소지허가를 받아 청원경찰로 하여금 그 무기를 휴대하여 직무를 수행하게 할 수 있다.

	ㄱ	ㄴ	ㄷ	ㄹ	ㅁ
①	O	O	O	O	O
②	O	×	O	×	O
③	×	O	×	O	×
④	×	×	×	×	×

해설
ㄱ. 200만원 → 1천만원(법 제11조)
ㄴ. 1천만원 이하의 벌금 → 금고(법 제10조 제1항)
ㄷ. 경찰청장의 권한 → 시·도경찰청장의 권한 / 시·도경찰청장에게 → 관할 경찰서장에게(법 제10조의3)
ㄹ. 경찰공무원법 → 경찰관직무집행법(법 제2조)
ㅁ. 무기 → 분사기(영 제15조)

정답 ④

03 청원경찰법령상 벌칙과 과태료에 관한 설명으로 옳은 것은?   2022년 기출

① 파업, 태업 또는 그 밖에 업무의 정상적인 운영을 방해하는 쟁의행위를 한 청원경찰은 1년 이하의 징역 또는 1천만원 이하의 벌금에 처한다.
② 시·도경찰청장의 배치 결정을 받지 아니하고 청원경찰을 배치하거나 시·도경찰청장의 승인을 받지 아니하고 청원경찰을 임용한 청원주는 1년 이하의 징역 또는 1천만원 이하의 벌금에 처한다.
③ 정당한 사유 없이 경찰청장이 고시한 최저부담기준액 이상의 보수를 지급하지 아니한 청원주는 1년 이하의 징역 또는 1천만원 이하의 벌금에 처한다.
④ 시·도경찰청장의 감독상 필요한 명령을 정당한 사유 없이 이행하지 아니한 청원주는 1년 이하의 징역 또는 1천만원 이하의 벌금에 처한다.

해설   ① 법 제11조
       ②·③·④ 500만원 이하의 과태료를 부과한다(법 제12조 제1항).

 ①

04 청원경찰법령상 청원경찰에 관한 설명으로 옳지 않은 것은?   2023년 기출

① 청원경찰이 그 배치지의 특수성 등으로 특수복장을 착용할 필요가 있을 때에는 청원주는 시·도경찰청장의 승인을 받아 특수복장을 착용하게 할 수 있다.
② 청원주는 배치폐지나 배치인원 감축으로 과원(過員)이 되는 청원경찰 인원을 그 기관·시설 또는 사업장 내의 유사 업무에 종사하게 하거나 다른 시설·사업장 등에 재배치하는 등 청원경찰의 고용이 보장될 수 있도록 노력하여야 한다.
③ 청원경찰이 배치된 사업장이 하나의 경찰서의 관할구역에 있는 경우에는 시·도경찰청장은 청원주에 대한 지도 및 감독상 필요한 명령의 권한을 관할 경찰서장에게 위임한다.
④ 청원경찰이 직무를 수행할 때 직권을 남용하여 국민에게 해를 끼친 경우에는 1년 이하의 징역이나 금고에 처한다.

해설   ①·②·③ 영 제14조 제3항·법 제10조의5 제3항·영 제20조 제3호
       ④ 1년 → 6개월(법 제10조 제1항)

 ④

05 청원경찰법령상 청원경찰의 신분 및 직무수행에 관한 설명으로 옳지 않은 것은? 2024년 기출

① 청원경찰은 파업, 태업 또는 그 밖에 업무의 정상적인 운영을 방해하는 일체의 쟁의행위를 하여서는 아니 된다.
② 청원경찰이 직무를 수행할 때 직권을 남용하여 국민에게 해를 끼친 경우에는 1년 이하의 징역이나 금고에 처한다.
③ 청원경찰 업무에 종사하는 사람은 「형법」이나 그 밖의 법령에 따른 벌칙을 적용할 때에는 공무원으로 본다.
④ 청원경찰(국가기관이나 지방자치단체에 근무하는 청원경찰은 제외)의 직무상 불법행위에 대한 배상책임에 관하여는 「민법」의 규정을 따른다.

해설
① 법 제9조의4
② 1년 → 6개월(법 제10조 제1항)
③ 법 제10조 제2항
④ 법 제10조의2

정답 ②

06 청원경찰법령상 500만원 이하의 과태료 처분의 대상이 되는 자가 아닌 것은? 2007년 기출

① 정당한 사유 없이 경찰청장이 고시한 최저부담기준액 이상의 보수를 지급하지 아니한 자
② 시·도경찰청장의 승인을 받지 않고 청원경찰을 임용한 자
③ 시·도경찰청장의 청원주에 대한 지도·감독상 필요한 명령을 정당한 사유 없이 이행하지 아니한 자
④ 시·도경찰청장에게 신청을 하지 않고 무기대여를 받으려는 자

해설 다음의 어느 하나에 해당하는 자에게는 500만원 이하의 과태료를 부과한다(법 제12조 제1항).
㉠ 시·도경찰청장의 배치 결정을 받지 아니하고 청원경찰을 배치하거나 시·도경찰청장의 승인을 받지 아니하고 청원경찰을 임용한 자
㉡ 정당한 사유 없이 경찰청장이 고시한 최저부담기준액 이상의 보수를 지급하지 아니한 자
㉢ 시·도경찰청장이 발한 감독상 필요한 명령을 정당한 사유 없이 이행하지 아니한 자

정답 ④

07 청원경찰법령상 과태료 처분 대상이 아닌 것은? 2010년 기출

① 시·도경찰청장의 배치결정을 받지 아니하고 청원경찰을 배치한 자
② 시·도경찰청장의 승인을 받지 아니하고 청원경찰을 임용한 자
③ 정당한 사유없이 경찰청장이 고시한 최저부담기준액 이상의 보수를 지급한 자
④ 청원경찰의 효율적인 운영을 위하여 시·도경찰청장이 발한 감독상 필요한 명령을 정당한 사유없이 이행하지 아니한 자

해설 ①·②·④ 과태료 처분 대상이다(법 제12조 제1항 참조).
③ 정당한 사유 없이 경찰청장이 고시한 최저부담기준액 이상의 보수를 지급하지 아니한 자가 과태료 처분 대상이다(법 제12조 제1항 제2호).

정답 ③

08 청원경찰법령상 다음의 위반행위에 따른 과태료 부과기준으로 옳게 짝지어진 것은? 2011년 기출

> ㄱ. 시·도경찰청장의 감독상 필요한 총기·실탄 및 분사기에 관한 명령을 정당한 사유 없이 이행하지 않은 경우
> ㄴ. 시·도경찰청장의 승인을 받지 않고 국가공무원법상 임용결격사유에 해당하는 청원경찰을 임용한 경우

① ㄱ : 300만원, ㄴ : 400만원
② ㄱ : 400만원, ㄴ : 400만원
③ ㄱ : 400만원, ㄴ : 500만원
④ ㄱ : 500만원, ㄴ : 500만원

해설 ㄱ, ㄴ의 경우 모두 500만원의 과태료를 부과한다(영 제21조 제1항 별표2 참조).

정답 ④

09 청원경찰법령상 벌칙 및 과태료에 관한 내용으로 옳지 않은 것은? 2012년 기출

① 청원경찰이 직무를 수행할 때 직권을 남용하여 국민에게 해를 끼친 경우 6개월 이하의 징역이나 금고에 처한다.
② 정당한 사유 없이 경찰청장이 고시한 최저부담기준액 이상의 보수를 지급하지 아니한 청원주에게는 500만원 이하의 과태료를 부과한다.
③ 청원경찰이 파업, 태업 또는 그 밖에 업무의 정상적인 운영을 방해하는 쟁의행위를 한 경우 1년 이하의 징역 또는 1천만원 이하의 벌금에 처한다.
④ 청원경찰로서 직무에 관하여 거짓으로 보고하거나 통보하는 자에게는 500만원 이하의 과태료를 부과한다.

해설 ① 법 제10조 제1항
② 영 제21조 제1항 별표2 제3호
③ 법 제11조
④ 과태료 부과대상이 아니다(법 제12조 제1항 참조).

정답 ④

10 청원경찰법령상 과태료의 부과기준금액이 가장 적은 것은? (단, 과태료의 경감이나 가중은 고려하지 않는다.)　　2013년 기출

① 시·도경찰청장의 승인을 받지 않고 임용 결격사유에 해당하는 청원경찰을 임용한 경우
② 시·도경찰청장의 배치 결정을 받지 않고 국가중요시설 외의 시설에 청원경찰을 배치한 경우
③ 정당한 사유 없이 경찰청장이 고시한 최저부담기준액 이상의 보수를 지급하지 않은 경우
④ 총기·실탄 및 분사기에 관한 시·도경찰청장의 감독상 필요한 명령을 정당한 사유없이 이행하지 않은 경우

> 해설　①·③·④ 500만원의 과태료를 부과한다(영 제21조 제1항 별표2 참조).
> 　　　② 400만원의 과태료를 부과한다(영 제21조 제1항 별표2 참조).

 정답 ②

11 청원경찰법상 500만원 이하의 과태료를 부과하는 대상이 아닌 자는?　　2015년 기출

① 시·도경찰청장의 배치 결정을 받지 아니하고 청원경찰을 배치한 자
② 정당한 사유 없이 경찰청장이 고시한 최저부담기준액 이상의 보수를 지급하지 아니한 자
③ 시·도경찰청장의 감독상 필요한 명령을 정당한 사유 없이 이행하지 아니한 자
④ 청원경찰로서 직무에 관하여 허위로 보고한 자

> 해설　①·②·③ 법 제12조 제1항
> 　　　④ 과태료 부과대상은 아니다. 다만, 징계사유는 될 수 있다(법 제5조의2 제1항, 법 제5조 제4항 참조).

 정답 ④

12 청원경찰법령상 과태료 부과기준 금액이 500만원에 해당하지 않는 경우는?　　2018년 기출

① 임용 결격사유에 해당하지 않는 청원경찰을 시·도경찰청장의 승인을 받지 않고 임용한 경우
② 시·도경찰청장의 배치 결정을 받지 않고 국가정보원장이 지정하는 국가보안 목표시설에 청원경찰을 배치한 경우
③ 정당한 사유 없이 경찰청장이 고시한 최저부담기준액 이상의 보수를 지급하지 않은 경우
④ 시·도경찰청장의 감독상 필요한 총기·실탄 및 분사기에 관한 명령을 정당한 사유 없이 이행하지 않은 경우

> 해설　①은 300만원, ②·③·④는 500만원의 과태료를 부과한다(영 제21조 제1항 별표2).

정답 ①

13 청원경찰법령상 과태료의 부과기준에서 과태료 금액이 다른 것은?   2021년 기출

① 시·도경찰청장의 배치 결정을 받지 않고 국가중요시설(국가정보원장이 지정하는 국가보안목표시설을 말한다)에 청원경찰을 배치한 경우
② 시·도경찰청장의 승인을 받지 않고 임용 결격사유에 해당하는 청원경찰을 임용한 경우
③ 시·도경찰청장의 감독상 필요한 복무규율과 근무 상황에 관한 명령을 정당한 사유 없이 이행하지 않은 경우
④ 정당한 사유 없이 경찰청장이 고시한 최저부담기준액 이상의 보수를 지급하지 않은 경우

해설 ①·②·④는 500만원, ③은 300만원의 과태료를 부과한다(영 제21조 제1항 별표2 참조).

 ③

14 청원경찰법령상 과태료에 관한 설명으로 옳지 않은 것은?   2023년 기출

① 과태료는 대통령령으로 정하는 바에 따라 시·도경찰청장이 부과·징수한다.
② 정당한 사유 없이 경찰청장이 고시한 최저부담기준액 이상의 보수를 지급하지 아니한 자에게는 300만원 이하의 과태료를 부과한다.
③ 시·도경찰청장의 배치 결정을 받지 아니하고 청원경찰을 배치하거나 시·도경찰청장의 승인을 받지 아니하고 청원경찰을 임용한 자에게는 500만원 이하의 과태료를 부과한다.
④ 시·도경찰청장은 위반행위의 동기, 내용 및 위반의 정도 등을 고려하여 과태료 금액의 100분의 50의 범위에서 그 금액을 줄이거나 늘릴 수 있다.

해설 ① 법 제12조 제2항
② 300만원 → 500만원(법 제12조 제1항 제2호)
③ 법 제12조 제1항 제1호
④ 영 제21조 제2항

 ②

15 청원경찰법령상 과태료에 관한 설명으로 옳지 않은 것은? (단, 가중·감경은 고려하지 않음)
    2024년 기출

① 시·도경찰청장의 배치 결정을 받지 아니하고 청원경찰을 배치한 경우 1,000만원 이하의 과태료가 부과된다.
② 정당한 사유 없이 경찰청장이 고시한 최저부담기준액 이상의 보수를 지급하지 아니한 경우 500만원 이하의 과태료가 부과된다.
③ 감독상 필요한 명령을 정당한 사유 없이 이행하지 아니하였을 경우 500만원 이하의 과태료가 부과된다.
④ 경찰서장은 과태료처분을 하였을 때에는 과태료 부과 및 징수 사항을 과태료 수납부에 기록하고 정리하여야 한다.

해설 ① 1,000만원 → 500만원(법 제12조 제1항 제1호)
② · ③ 법 제12조 제1항 제2호 · 제3호
④ 규칙 제24조 제3항

정답 ①

16 다음 중 청원경찰법령상 과태료 부과기준에 의할 때 과태료 금액이 다른 하나는?

① 시 · 도경찰청장의 배치결정을 받지 않고 국가중요시설에 청원경찰을 배치한 경우
② 시 · 도경찰청장의 승인을 받지 않고 임용 결격사유에 해당하는 청원경찰을 임용한 경우
③ 정당한 사유 없이 경찰청장이 고시한 최저부담기준액 이상의 보수를 지급하지 않은 경우
④ 시 · 도경찰청장의 감독상 필요한 장구에 관한 명령을 정당한 사유 없이 이행하지 않은 경우

해설 ① · ② · ③은 500만원이며, ④는 300만원이다(영 제21조 제1항 별표2).

정답 ④

17 청원경찰법 제12조(과태료) 제2항에 관한 규정이다. (　)안에 들어갈 내용으로 옳은 것은?

2016년 기출

제1항에 따른 과태료는 대통령령으로 정하는 바에 따라 (　)이(가) 부과 · 징수한다.

① 경찰청장
② 시 · 도경찰청장
③ 지방자치단체장
④ 청원주

해설 과태료는 대통령령으로 정하는 바에 따라 '시 · 도경찰청장'이 부과 · 징수한다(법 제12조 제2항).

정답 ②

18 청원경찰법령상 벌칙과 과태료에 관한 설명으로 옳지 않은 것은?

2019년 기출

① 시 · 도경찰청장의 승인을 받지 아니하고 청원경찰을 임용한 자에게는 500만원 이하의 과태료를 부과한다.
② 시 · 도경찰청장은 위반행위의 동기, 내용 및 위반의 정도 등을 고려하여 대통령령에서 정한 과태료 금액의 100분의 50의 범위에서 그 금액을 줄일 수 있다.
③ 경찰청장은 과태료처분을 하였을 때에는 과태료 부과 및 징수 사항을 과태료 수납부에 기록하고 정리하여야 한다.
④ 파업 등 쟁의행위를 한 청원경찰은 1년 이하의 징역 또는 1천만원 이하의 벌금에 처한다.

해설 ① 법 제12조 제1항 제1호
② 영 제21조 제2항
③ 경찰청장 → 경찰서장(규칙 제24조 제3항)
④ 법 제11조

정답 ③

19 청원경찰법령상 과태료에 관한 설명으로 옳지 않은 것은?   2020년 기출

① 시·도경찰청장의 배치 결정을 받지 아니하고 청원경찰을 배치한 자에게는 500만원 이하의 과태료를 부과한다.
② 과태료는 대통령령으로 정하는 바에 따라 시·도경찰청장이 부과·징수한다.
③ 경찰서장은 과태료처분을 하였을 때에는 과태료 부과 및 징수 사항을 과태료 수납부에 기록하고 정리하여야 한다.
④ 경찰서장은 위반행위의 동기, 내용 및 위반의 정도 등을 고려하여 과태료 금액의 3분의 1의 범위에서 그 금액을 줄이거나 늘릴 수 있다.

해설
① 법 제12조 제1항 제1호
② 법 제12조 제2항
③ 규칙 제24조 제3항
④ 경찰서장 → 시·도경찰청장 / 3분의 1 → 100분의 50(영 제21조 제2항)

정답 ④

20 청원경찰법령상 과태료와 관련한 설명으로 옳은 것은?

① 과태료는 행정안전부령으로 정하는 바에 따라 시·도경찰청장이 부과·징수한다.
② 시·도경찰청장은 위반행위의 동기, 내용 및 위반의 정도 등을 고려하여 과태료 부과기준에 따른 과태료 금액의 100분의 30의 범위에서 그 금액을 줄이거나 늘릴 수 있다.
③ 시·도경찰청장은 위반행위의 동기 등을 고려하여 과태료 금액을 늘리는 경우에는 법정 과태료 금액의 상한을 초과할 수 있다.
④ 경찰서장은 과태료처분을 하였을 때에는 과태료 부과 및 징수 사항을 과태료 수납부에 기록하고 정리하여야 한다.

해설
① 행정안전부령 → 대통령령(법 제12조 제2항)
② 100분의 30 → 100분의 50(영 제21조 제2항 본문)
③ 있다 → 없다(영 제21조 제2항 단서)
④ 규칙 제24조 제3항

정답 ④

■ 저자 약력

_ 최경철

- 경희대학교 법과대학 법학과 졸업
- 경기대학교 대학원 경호보안학과 졸업(경호보안학 박사)
- 제12회 일반경비지도사 합격
- 제13회 기계경비지도사 합격
- 2023년 교통안전관리자 합격
- 대한안전관리공사 특수경비원 담당 경비지도사
- 한림법학원 편집과장
- 한국민간보안산업연구원 연구원
- 신변보호사 자격시험 출제위원
- 청원경찰 채용시험 출제위원
- 방호직 공무원 면접 심사위원
- KBS시큐리티 경비원 직무교육 강사
- 현대경제연구소 경비원 직무교육 강사
- 동서울대학교 경비지도사 시험대비 특강 강사
- KBS스포츠예술과학원 강사
- 한국수레평생교육원 강사
- 한국직업방송 강사
- 경기대학교 시큐리티매니지먼트학과 강사
- 경찰인재개발원 외래 강사
- 부산사하구청, 부산북구청, 대구동구청, 달성군청 등 방범교육강사
- 현) 한국보안관리학회 정회원
- 현) 사단법인 한국경비지도사협회 부회장 및 강사
- 현) 대구과학대학교 경찰경호행정과 교수

주요 논저

- 경비업법 특급마무리
- New Target 법학개론
- New Target 민간경비론(공저)
- 한국 경찰과 민간경비의 치안공조 연구(공저)
- 경비업법령의 문제점과 개정방향
- 보안산업 발전을 위한 경비업법 개정방안
- 공동주택 경비업무에 대한 경비업법 적용의 비판적 검토
- 경비업 허가의 법적 성질에 관한 고찰
- 경비지도사 보수교육 도입에 관한 소고
- 교통유도경비제도 도입에 따른 법체계 논의
- 공동주택 경비원의 감시적 근로자 승인여부에 관한 연구
- 민간경비교육 입법정책의 연혁에 따른 비판적 고찰

_ 안황권

- 경기대학교 법정대학 행정학과 졸업
- 경기대학교 대학원 행정학과 졸업(행정학 박사)
- 요코하마국립대 대학원 국제사회과학연구과 객원연구원
- 조지메이슨대학교, 롱아일랜드대학교 객원연구원
- 한국항공대학교 강사, 미드웨스트대학교 강사
- 경찰종합학교, 경찰대학, 수사보안연수원, 중앙소방학교 강사
- 강원도경찰청, 강원도공무원교육원 강사
- 국군방송(KBS 4 FM) 해설담당, 학교법인 진리학원 감사
- 경기도, 인천시, 대구시, 충청남도, 충청북도, 전라남도 등 공무원 시험 출제위원
- 수원시, 파주시, 구리시, 정읍시 등 공무원시험 출제위원
- 경찰청 교통안전시설 및 규제 심의위원회 위원
- 경비지도사시험 출제위원, 선정위원, 평가위원
- 한국민간보안산업연구원 원장
- 사단법인 한국경비협회 연구자문교수
- 사단법인 서울경비협회 연구자문교수
- 사단법인 한국경비지도사협회 연구자문교수
- 한국시큐리티정책학회 회장
- 한국민간경비학회·경호경비학회 부회장
- (사) 한국공안행정학회·한국위기관리학회 경기지회장
- 한국치안행정학회 부회장·(사)한국융합보안학회 부회장
- 한국경비신문 논설위원
- 재단법인 유영학술재단 이사
- 재단법인 문주장학재단 이사
- 경기대학교 재무처장, 예술체육대학장, 스포츠과학대학원장
- 경기대학교 시큐리티매니지먼트학과 교수

주요 논저

- 민간경비학
- 시설경비론
- 경호비서학
- 경호론(공저)
- 신경호경비법론(공저)
- 시큐리티인적자원관리론
- 비교시큐리티제도(공저) 외 다수
- "한국경비업법의 문제점과 개정방안에 관한 연구" 외 다수

New Target 경비업법

저자와의
협의하에
인지생략

2019년	4월	25일	초 판 1쇄	인쇄·발행
2020년	4월	24일	개정판 1쇄	인쇄·발행
2021년	4월	26일	개정 2판 1쇄	인쇄·발행
2022년	3월	15일	개정 3판 1쇄	인쇄·발행
2023년	3월	31일	개정 4판 1쇄	인쇄·발행
2024년	3월	26일	개정 5판 1쇄	인쇄·발행
2025년	2월	10일	개정 6판 1쇄	인쇄·발행

저 자·최경철, 안황권　**발행인**·김성권　**발행처**·도서출판 웅비
주 소·서울시 강남구 강남대로 136길 5-4, 501호(논현동, 정빌딩)
Tel 02) 2264-4543
Fax 02) 2264-4544
교재문의·(사)한국경비지도사협회 www.ksia.kr
　　　　　Tel. (02) 470-4262
　　　　　Fax. (02) 470-4269
　　　　　E-mail. ksia0112@ksia.kr
　　　　　서울특별시 강동구 올림픽로 697(천호동, 호집빌딩 4층)

본서의 無斷轉載·複製를 禁함
본서의 무단전재·복제행위는 저작권법 제136조 제1항에 의거 5년 이하의
징역 또는 5,000만 원 이하의 벌금에 처하거나 이를 병과할 수 있습니다.

파본은 구입처에서 교환하시기 바랍니다.

ISBN 979-11-5506-672-0(13360)

정가 30,000원